| 陈 敏 编著 |

青少年校外教育项目活动课程实施指南

主 编：陈 敏
副主编：程光煜 谭红艳 蒋晓春
编 委：陈小红 邹 慧 李 强
刘若萍 罗志群 郑少冰
杨舒瑜 秦 伟 杨滢畅
李 娜 黄秀娟 王红霞
傅潇潇 蔡冠峰 张 娟
张惠英 王彦媛 陈 莹
傅宜盛

SPM 南方传媒
全国优秀出版社
全国百佳图书出版单位
广东教育出版社
·广 州·

图书在版编目（CIP）数据

青少年校外教育项目活动课程实施指南 / 陈敏编著 .— 广州 ：广东教育出版社，2021. 11（2023. 1重印）

ISBN 978-7-5548-4534-9

Ⅰ. ①青… Ⅱ. ①陈… Ⅲ. ①青少年教育—校外教育—活动课程—课程建设—指南 Ⅳ. ①G775-62

中国版本图书馆CIP数据核字（2021）第205467号

责任编辑：严洪超　曹可凡
责任校对：谭　曦
责任技编：杨启承　陈　瑾
装帧设计：陈宇丹

青少年校外教育项目活动课程实施指南
QINGSHAONIAN XIAOWAI JIAOYU XIANGMU HUODONG KECHENG SHISHI ZHINAN

广东教育出版社出版发行
（广州市环市东路472号12–15楼）
邮政编码：510075
网址：http://www.gjs.cn
广州市岭美文化科技有限公司印刷
（广州市荔湾区花地大道南海南工商贸易区A幢）
787毫米×1092毫米　16开本　33印张　660 000字
2021年11月第1版　2023年1月第2次印刷
ISBN 978-7-5548-4534-9
定价：168.00元
质量监督电话：020-87613102　邮箱：gjs-quality@nfcb.com.cn
购书咨询电话：020-87772438

序一

随着国家教育综合改革的全面展开和不断深化，在基础教育改革的背景下，青少年校外教育遇到了前所未有的挑战，这些挑战一方面源于宏观教育环境的变化，另一方面源于校外教育的自身发展需求。

青少年校外教育作为基础教育的重要组成部分，是在学校以外对青少年学生进行的有目的、有计划、有组织的多样化教育活动。近年来，人们对校外教育的认识发生了很大变化，越来越认识到校外教育在青少年成长过程中所发挥的重要作用。青少年在校外教育过程中所学会的技能、掌握的本领、获得的知识将影响其一生的发展。

青少年校外教育机构课程建设正处于起步阶段，与持续发展的战略目标还存在差距。面对学校教育轰轰烈烈的课程改革和社会上可替代性教育形态的不断涌现，青少年校外教育亟须通过课程建设来从容面对挑战、实现新形势下的持续发展。我们的活动课程设计要解决好“传统与现代”“传承与发展”的问题，为课程注入更多内涵，加强青少年校外教育的创新研究，丰富完善校外教育的供给体系，探索校外教育新业态与发展模式。

校外教育的本质属性是教育，是不同于校内教育的“教育”。课程是校外教育发展的核心，传统课程缺少整体设计和知识关联度，滞后于社会、科技、文化的发展，体系封闭。校外教育需要与时俱进，求新求变，体现时代性，富有创造性，走在教育改革和社会发展的前沿，打破就校外教育论校外教育的思维限制，突出校外教育的前瞻性、灵活性、实践性的特点。

教育正在从“知识时代”迈向提升内在品质的“核心素养时代”，发展“青少年志趣”，培养“核心素养”已经成为当前及未来青少年校外教育课程建设的重要任务。作为融艺术、科技、体育、多元文化为一体的大型公益性青少年儿童教育机构，广州市番禺区星海青少年宫多年来一直思考如何开展青少年校外教育活动，探索活动课程的构建与系统开发，并积累了大量活动课程实施案例，把青少年校外教育活动课程建设带入一个新的阶段。其以发展学生核心素养为纲，着力建设和完善校外教育活动课程建设。

《青少年校外教育项目活动课程实施指南》（以下简称《指南》）是国内校外教育领域第一本活动课程实施指南类书籍，为少年宫、青少年活动中心、儿童活动中心、青少年素养教育基地以及其他校外教育机构提供了活动课程体系以及实施方案，是一本非常具有操作性和指引性的活动课程实施指导用书。《指南》创新性地构建活动课程结构体系，将其划分为文艺类、语言类、美术类、体育类、科技类和综合类项目六大板块，选取了目前青少年校外教育领域普遍开展的教学项目，有较大的参考价值。每一个项目板块由若干活动课程支撑，每门课程根据青少年儿童的年龄特点和课程的难易程度实行分级教学或团队教学，并对每门活动课程提供详细的实施方案，包括课程性质、课程目标、课程结构、课程教学方案和课程评价等。《指南》为青少年校外教育提供了一种参考工具，便于教师在操作上直接采用；为青少年校外教育同行提供一种参考路径，便于在更好地理解活动课程框架基础上，对其原有的活动课程体系进行优化或整合；便于把教学活动单元放在一个更大、更连贯、更结构化的项目框架中进行设计，为青少年校外教育模式提供了一种示范和指导方法。

特别值得一提的是，《指南》也是广州市番禺区星海青少年宫建宫十五年研究实践的成果。其间，作者持续地在校外教育领域深耕细作，不断探索和实践，在理论和实践上都积累了丰富的经验。作者以多项教育科学规划课题研究为载体，聚力青少年校外教育活动课程开发，研究成果之一是在校外教育活动课程内容和模式上创新性地建立了阶梯式项目活动课程体系，开发出青少年校外教育特色活动课程。这些课程既符合青少年校外教育的特点，使其成为真正“活动中的教育”，又充分满足青少年在兴趣、技能、特色发展和综合素养等方面的需求，为青少年校外教育在知识的拓展性、内容的创新性、形式的多样性和内涵的衍生性等方面提供课程保障。

几十年来，针对青少年校外教育发展我们做了很多思考和研究，但缺少一定深度的思考。随着教育改革的深化以及社会的发展，我们应该多做一些深层的思考和深入的研究。广州市番禺区星海青少年宫在青少年校外教育机构管理、校外教育发展、教师队伍建设、课程研发等方面走在了全国同行的前列，值得我们学习与借鉴。非常感谢广州市番禺区星海青少年宫的教师们在青少年校外教育的实践和研究，感谢教师们的辛勤付出。

中国教育学会少年儿童校外教育分会原副理事长兼秘书长

王振民

序二

百年大计，教育为本。青少年教育在国家和民族发展中的重要性，不言而喻。青少年校外教育是我国基础教育的重要组成部分，是在学校以外对青少年学生进行的有目的、有计划、有组织的多样化教育活动。作为社会教育范畴的校外教育，在对青少年进行德智体美劳等多方面的核心素养的培养与训练上，作用是不可忽视的，已成为青少年健康成长不可缺少的重要组成部分。青少年校外教育与学校教育是素质教育的一体两翼，其教育角色正由学校教育的延续和补充向与学校教育融合转变。青少年校外教育是素质教育实施过程中不可或缺的一个有机组成部分，为广大青少年提供促进身心健康和个性发展的教育环境，承担着青少年思想品德、身心健康、知识技能、文化娱乐等方面培养的教育重任。现阶段青少年校外教育没有各种条条框框的束缚，有更多的课程自主权，可以更大程度地培养青少年的兴趣爱好，满足其成长需求，是中国教育改革的最佳试验田。

广州市番禺区星海青少年宫多年来一直思考如何运用好青少年校外教育课程的自主权，如何体现自身教育素养的专业性，《青少年校外教育项目活动课程实施指南》承载着“星宫”人更多的爱和责任，活动课程的建设定位在将知识的传授、技能的培养与思想品德的陶冶相互融合，以一种内在的系统性和整体性，将看上去显得分散和零碎的课程内容贯穿其中，这正是青少年校外教育活动课程建设的关键所在；在知识传授和技能培养的过程中，不断磨砺青少年的意志品质，提高其自我管理的能力和自我约束的素养，以此体现青少年校外教育的重要内涵。

给本书作序的过程也是我的一次学习之旅，感受到“星宫”在过去十五年中的所思、所想和所做，得到一种启发和激励。这是一本值得反复翻阅的指南，为当下青少年校外教育活动课程建设过程中“技能与素养如何平衡”“普及与提高如何协调”“标准化与开放性如何融合”提出了一个思考的方向，为促进青少年校外教育活动课程专业化和规范化提供了一个实践的范例，是一次非常可贵的探索。

广东省青少年宫协会会长

黄南冰

前言

校外教育和学校教育一样，是整个教育事业的重要组成部分，青少年[①]校外教育是在学校以外对青少年学生进行的有目的、有计划、有组织的多样化教育活动。青少年校外教育与学校教育是素质教育的一体两翼，不仅是培养青少年核心素养的重要途径，更是提升青少年道德践行能力和社会适应能力的助推器；青少年校外教育与学校教育一起构建起促进青少年全面健康发展的完整学习圈。青少年校外教育通过活动课程达到教育目的，活动课程的建设是促进青少年校外教育有序、有效、规范和可持续发展的保障。伴随着中国教育改革的进程，对青少年校外教育活动课程提出更高的要求，不仅要遵循青少年的发展规律，营造适合其年龄和个性特点的活动环境，还要注重活动课程的专业化和规范化建设，使其更加贴近青少年的思想实际和生活实际。与此同时，随着社会的进步和发展，青少年及其家长对活动课程的需求越来越多元化、优质化，对活动课程内容的选择越来越多样化、自主化。学校教育强调共性教育，依据"课程标准"培育全面发展的社会主义建设者和接班人；校外教育注重个性发展，以满足兴趣爱好为培养目标，促进青少年的全面健康成长，而在课程建设依据方面国家没有出台相关政策，缺乏更好彰显其独特作用的课程建设标准。因此，青少年校外教育项目活动课程建设的困扰就是如何制订科学、合理的活动课程规划并有效地实施。

作者从事青少年校外教育工作三十多年，经历了校外教育发展的多个阶段，一直思考"校外教育应该奉献给青少年最宝贵的东西是什么？又应该以怎样的形式更好地给予他们？如何通过校外教育让青少年掌握各种技能，锤炼各种本领，拥有幸福和快乐的童年？如何帮助青少年树立缔造未来的理想、信念和勇气？如何培养他们自主、自信、自立的意识"这些问题，并不断探索通过实践来尝试解答这些问题。在此过程中，作者深深体会到青少年校外教育一定要凸显自身对青少年成长的独特作用，青少年校外教育要被社会真正认可，其课程建设的标准化和规范化是关键。作者所在的广州市番禺区星海青少年宫（以下简称"星宫"）已走过15个年头，"星宫"一直认为青少年校外教育的可持续发展离不开课程建设的专业化和规范化。"星宫"一直呼吁、倡

① 本书中的"青少年"指青少年儿童。

导青少年校外教育活动课程要有既符合自身特点，又兼具规范性和可操作性的实施指南，以此来引导青少年校外教育正确开展规范化和标准化的活动课程。为全面贯彻党的教育方针，坚持教育与生产劳动、社会实践相结合，引导学生深入理解和践行社会主义核心价值观，充分发挥青少年校外教育活动课程在立德树人中的重要作用，“星宫”一直探索青少年校外教育活动课程内容和模式的创新，以多项教育科学规划课题研究为载体，建立阶梯式项目活动课程体系，为青少年校外教育活动课程建设提供规范性和指导性的文本纲要——《青少年校外教育项目活动课程实施指南》（以下简称《指南》），旨在为青少年校外教育活动课程的建设提供参考思路。

《指南》在国内首次提出青少年校外教育活动课程建设的实施操作建议，为活动课程建设提供专业性指导，对活动课程专业化标准的建设具有参考价值，对青少年校外教育的专业化发展具有促进作用。《指南》从宏观层面对青少年校外教育活动课程定位、课程理念、课程目标、课程结构、课程内容、教学方法、教学标准、课程评价和实施建议等进行阐述；从微观层面将青少年校外教育活动课程划分为提高艺术修养的文艺类、培养沟通交往能力的语言类、提高审美能力的美术类、强身健体的体育类、培养勇于探究精神的科技类、发展人文底蕴和责任担当的综合类等丰富、多元、与时俱进的六大项目板块，充分满足青少年全面而有个性的发展需求；同时为六大项目板块提供一系列专业、规范、可持续、普及和提高并举的活动课程实施方案，包括课程性质、核心素养、课程目标、课程内容、教学方案、课程评价和实施建议等。

《指南》的创新之处在于活动课程实施方案的整体化、结构化、规范化和标准化。其整体化体现在从整体上架构青少年校外活动课程体系，注重活动课程之间的关联性和互补性，使其不仅符合国家教育发展纲要培养方向，而且符合当今社会对青少年素质教育的新要求；其结构化体现在以思维导图的形式呈现课程结构，突出活动课程的逻辑性、连通性，有助于《指南》使用者融会贯通，优化自己的课程认知结构，避免造成课程结构失衡；其规范化体现在精心组织课程单元、课程模块、教学内容和教学时长，规范课程实施，提升课程质量和实施效能；其标准化体现在活动课程实施方案中提供明确的课程目标、完整的课程结构、适切的教学方案、聚焦目标的课程评价和恰当的实施建议，为《指南》使用者提供青少年校外教育活动课程“教什么”“怎么教”“教得如何”等教学标准。

青少年校外活动课程建设是永不止步、与时俱进、不断探索、不断实践的系统工程。在面对“研究青少年校外教育活动课程建设到底要做什么？怎样做更规范？怎样检验做的效果”这些问题时，“星宫”从不同的侧面、多个维度大胆探索，深入思考。《指南》是“星宫”青少年校外教育实践探索的一个阶段性成果，是对已有活动课程建设经验的提炼和完善；既对青少年校外教育活动课程的建设要素做出必要的规范，构建整体课程体系框架，又为青少年校外教育同行开展活动课程建设提供一种视角、一种方式、一种参考，为其活动课程建设方向给予启示、指引和促进，同时也开放性地为各青少年校外教育单位结合实际进行活动课程建设留出具体操作空间。《指南》是青少年校外教育活动课程实施方案的初次探索，希望能起到抛砖引玉的作用，吸引更多有志于青少年校外教育可持续发展的管理者、教师、专业研究人员共同参与、共同推动活动课程建设的科学发展；期望青少年校外教育立足于缔造未来，在“把最宝贵的东西给予儿童”的教育理念引领下，通过提供科学、优质和规范的青少年校外教育活动课程，为青少年提供心灵教育、社会教育和生活教育，培养乐观积极、热爱生活的社会主义事业合格建设者和接班人。

目录

第一篇

青少年校外教育项目活动课程实施指南总论

为全面贯彻党的教育方针，坚持教育与生产劳动、社会实践相结合，引导少年儿童深入理解和践行社会主义核心价值观，充分发挥青少年校外教育活动课程在立德树人中的重要作用，特制订本项目活动课程实施指南。本篇为整个项目活动课程实施指南的总论篇，包括对青少年校外教育项目活动课程的概念界定，阐述青少年校外教育项目活动课程的性质和基本理念，提出青少年校外教育项目活动课程设计原则、课程目标和课程体系框架。

第一章 青少年校外教育项目活动课程概述

第一节 青少年校外教育项目活动课程的界定

一、活动课程

“课程”是教育科学化、专业化的标志。杜威提出的“活动课程”倡导儿童中心主义，强调“做中学、学中做”教育理念。国内学者对活动课程有多种定义，其中有代表性的定义如下：

（1）学者杨亮功认为活动课程即经验课程或设计课程，是以兴趣领域为课程组织的基础。编班是有弹性的，学生随着兴趣的转移进入其他班级。

（2）学者刘克兰认为活动课程是以儿童的生活活动为课程内容，以儿童的兴趣、需要和能力为编制课程的出发点，掌握解决实际生活问题的知识，培养兴趣、能力和各种品质的课程理论。

（3）学者王策三认为活动课程是一系列的儿童自己组织的活动，儿童通过活动学习，获得生活经验，解决实际问题，锻炼自身能力。

（4）学者李秉德认为活动课程是侧重于学生的直接经验的课程，主要特点在于动手做，在于脱离书本而亲身体验生活，以获得直接经验。

（5）学者靳玉乐认为活动课程是学生通过各种有目的、有计划、有组织的活动获得的促进身心全面发展的教育性经验。

（6）学者杨金玉认为活动课程的目标是充分而有特色地发展学生基本素质，主要内容是最新信息和学生的直接经验，它是由各种实践活动项目和特定活动方式组成的一种具有辅助性的课程形态。

二、青少年校外教育项目活动课程

结合学者对活动课程的定义，作者认为青少年校外教育活动课程由包括少年宫、青少年活动中心、儿童活动中心、青少年素质教育基地在内的公办或民办校外等教育机构开展，以学生主体性活动为构成要素，通过主动参与、亲自实践的方式，以帮助学生获得直接经验或体验、促进其个性发展、提升其综合素质为目的，使学生的兴趣爱好得到培养、技能得到提升、综合素质得到提高的一种有组织的、规范化和专业化的教育活动。

第二节　青少年校外教育项目活动课程的性质

一、青少年校外教育项目活动课程的使命

校外教育不是现有学校教育的依附，而是独立于学校教育的，它通过自身独特的社会实践活动形式以及实践性、趣味性、生活化的教育方式，来达成学生综合素养的培养，使学生成为一个健全的社会人，学会快乐生活。

青少年校外教育活动课程为学生的发展开辟面向生活、面向自然、面向社会的广阔时空，为青少年提供丰富而适合的校外教育活动课程，满足青少年成长的需求，帮助其个性化、系统性地开发自身潜能，增强其与伙伴、与社会、与自然和谐互动的能力，陶冶情操，培养良好的个性品质，提升青少年的综合素质。开展校外教育活动课程有助于打造一支具有高度专业水准的专兼职相结合的校外教育教师队伍，使他们善于做人、精于从业、乐于生活，形成一个运用知识、经验和研究以改进实践的学习共同体。

二、青少年校外教育项目活动课程的基本性质

青少年校外教育项目活动课程作为一种基本的课程形态，不是简单的在教学层面上一种教学活动方式，而是在课程层面上一种具有独立形态的课程。

1. 青少年校外教育项目活动课程是一种经验性课程

青少年校外教育项目活动课程超越具有严密的知识体系和技能体系的学科界限，强调以学生的经验、社会实际、社会需要为核心，以项目活动的形式对课程资源进行整合，有效地培养和发展学生解决问题的能力、探究精神和技能操作综合能力。

2. 青少年校外教育项目活动课程是一种实践性课程

青少年校外教育项目活动课程不是单一的以知识传授为基本方式、以知识结果的获得为直接目的的学习活动，而是更加注重学生多样性的实践性学习，更加强调学生对实际活动过程的亲历和体验。

3. 青少年校外教育项目活动课程是一种综合性课程

青少年校外教育项目活动课程突破在教材、课堂和学校等方面的局限，使其课程活动空间向自然环境、生活领域和社会生活领域延伸，加强学生对自然的了解、对社会的了解，进而让学生与自然、与社会、与生活的联系更加密切。

三、青少年校外教育项目活动课程的特点

青少年校外教育项目活动促进了学生在情感、态度和价值观等方面的全面健康发展，其课程具有实践性、开放性、综合性和自主性等特点。

1. 实践性

实践性是青少年校外教育项目活动课程的基本特性。青少年校外教育活动课程以项目活动为主要形式，引导学生体验丰富多样的实践性学习活动。通过学生的亲身经历来感受生活，帮助他们学会发现、学会探究、学会实践，形成把直接经验和间接经验结合的自觉意识。

2. 开放性

青少年校外教育项目活动课程面向学生的个性发展，在课程目标、课程内容、活动方式等方面具有较大的自由度，这为学生和指导教师发挥自己的个性特长和才能提供了广阔的空间，从而形成一个开放的学习过程。与此同时，青少年校外教育项目活动课程的实施过程是一个包括教师、学生、家长及校外指导专家在内的多方参与的开放式过程。

3. 综合性

学生的生活世界由个人、社会、自然等基本要素构成，这些基本要素是彼此交融的有机整体，学生与自然、与他人或社会、与自我的关系是生活世界中最普遍的关系。学生所面对的生活世界决定了青少年校外教育项目活动课程促进学生全面健康发展的教育价值；学生全面健康发展的育人目标决定了青少年校外教育项目活动课程的综合性。

4. 自主性

青少年校外教育项目活动课程充分尊重学生的兴趣爱好，充分发挥其主体作用，为调动学生的积极性开辟广阔的空间。青少年校外教育项目活动课程开放的活动领域或活动内容、开放的活动方式和活动过程，为发挥学生学习的自主性创造了条件。

第三节　青少年校外教育项目活动课程的基本理念

青少年校外教育项目活动课程可以让学生扩大视野、培养能力、增长知识，既动手又动脑，发展个性特长，增进身心健康发展。活动课程既有利于学生多方面能力的培养，如非智力因素、良好行为品质、动手能力及创造力与综合能力等方面的培养，又有利于扩展他们的知识领域、培养广泛的兴趣、陶冶丰富的情感。

一、突出学生主体，尊重个体差异

青少年校外教育项目活动课程以“素质教育”为主导，以“育人为本”为宗旨，确立以学生为主体的教学地位，有的放矢地开展教学活动，把落实学生的学习需求作为教学内容的根本，设计丰富、生动的教学内容，播撒兴趣的种子，拓宽学生视野和眼界。在教学活动过程中以学生为中心，激发其学习兴趣，感受活动课程的乐趣，尊重学生个性发展。

二、突出活动过程，倡导体验参与

青少年校外教育项目活动课程注重实践过程的教学方法与手段，设计各具特色的教学实践活动，引导学生进行实践与体验。通过文艺类项目活动课程的学习，感受艺术之美，开阔在艺术领域的视野；通过语言类项目活动课程的学习，在提高沟通交往能力的同时，体验语言艺术中的多种表现形式；通过美术类项目活动课程的学习，提高审美能力；通过体育类项目活动课程的学习，不仅能强身健体，还能增强学生的自信；通过科技类项目活动课程的学习，采用“科学、精准、多元化”的训练方法，在提高学生动手操作能力的同时，培养勇于探究的精神，让科技走进学生的生活；通过综合类项目活动课程的学习，让学生“体验一次、学会一点、快乐一回”，发展人文底蕴和责任担当，在“实践—认知—再实践—再认知”的活动过程中达成教育的“知行合一”。

三、突出多元评价，促进能力发展

青少年校外教育项目活动课程构建活动课程多元评价体系，促进学生的能力发展。通过知识与技能的综合评价、过程与方法的综合评价、情感态度与价值观的综合评价，提升学生的兴趣，挖掘学生的潜能，提升学生的人文素养，促进学生综合实践能力和创造能力的发展。

第二章

青少年校外教育项目活动课程建设

第一节　青少年校外教育项目活动课程的设计原则

青少年校外教育项目活动课程的设计遵循以学生为中心的原则、实践性原则、开放性原则以及通用性与民族性、地方性相结合的原则。

一、以学生为中心的原则

不同年龄段的学生，甚至同一年龄段的学生，其知识水平、技能水平和经验水平都有可能存在较大的差异。青少年校外教育项目活动课程的设计需要坚持以学生为中心的原则，突出其主体地位，教师主要起指导、辅助、协调和监督的作用；充分考虑学生已有的知识和经验、年龄和兴趣，把握传授知识和技能的难度，通过各种活动体验来建构知识和技能，确保学生能够在有限的时间内经过学习和训练达成课程目标。

每一门活动课程都有其侧重点，设计活动课程前需事先考查学生是否具备该活动课程所涉及的基础知识和基本技能，并对活动课程内容加以限制。青少年校外教育项目活动课程的设计要为学生创造更多的动手动脑机会，创设情境促使其尝试多种解决问题的方法，提高解决问题的能力；增强他们的学习自主性，让他们意识到自己是学习的主人。青少年校外教育项目活动课程的设计要能够充分激发或引起学生的兴趣，使其产生求知的欲望。

二、实践性原则

青少年校外教育项目活动课程设计的实践性体现在课程内容要具有实践性，要从学生的生活世界中选择课程内容，不能随意主观臆断脱离实际的课程内容。要尽量设计一些贴近他们生活、实践性强的活动课程，其课程内容要符合学生知识、技能和经验获得的规律，将课程的理论知识和实践操作融合其中，通过项目活动实践促进学生的全面发展，而学生在完成一个与他们的实际生活密切相关且比较有趣的活动时，往往能够专心致志、乐此不疲。

三、开放性原则

青少年校外教育项目活动课程在教学内容、教学过程实施、空间组织上与学校教育有较大的区别，其课程体系不是特定的知识体系，而是具有明显的开放性。青少年校外教育项目活动课程关注学生的整个生活世界，可以从自然、环境、社会、科技、文艺、语言、美术、体育等方面，寻找学生感兴趣的恰当课程内容。青少年校外教育活动课程涉及的题材越广泛，学生就越有兴趣参与。在进行活动课程设计时，问题的解决过程和方法应是多种多样的，要为学生创造性的发挥留有余地。

四、通用性与民族性、地方性相结合的原则

青少年校外教育项目活动课程设计时要注意学生的民族差异、个体差异和兴趣爱好的区别，做到普及与提高相结合，通用性与民族性、地方性相结合的原则。设计活动课程同时需要考虑地域环境、经济发展、社会需求以及师资条件、场地设施、经费来源等方面的实际情况，突出重点，扬长避短，发挥优势。既要突出特色，又要注意其可行性和时效性。

总之，青少年校外教育项目活动课程要面向学生的个性发展，尊重其个体发展的特殊需要，教师可以根据实际条件和学生各自的特长，分类指导，设计不同的课程内容、实施形式、课时安排和评价方式，强调学生在活动过程中获得学习体验和创造性发展。

第二节　青少年校外教育项目活动课程的目标

一、青少年校外教育项目活动课程的核心素养

青少年校外教育项目活动课程培养学生的核心素养，通过科技、运动、艺术和文化项目使学生能够学会学习、乐于学习和善于学习，养成具有一定品德修养和社会责

任的公民道德素养；通过科技、艺术和文化项目使学生能够勇于创新、敢于创新，并能学以致用；通过艺术和文化项目使学生能够提高审美情趣、感悟鉴赏能力，培养具有国家意识和文化自信的国家认同感，积淀文化底蕴，培养人文情怀；通过运动项目使学生能够身心健康、体魄强健、人格健全；通过科技和文化项目使学生能够具有科学精神、追求真理、实事求是。

二、青少年校外教育项目活动课程总目标

青少年校外教育的目标要以国家的教育政策、理念和方针为基准。目前，《国家中长期教育改革和发展规划纲要（2010—2020年）》《基础教育课程改革纲要（试行）》《中小学综合实践活动课程指导纲要》《中小学青少年校外教育活动课程指导纲要》是统领整个国家教育的政策性文件。其中《基础教育课程改革纲要（试行）》对基础教育阶段的课程目标提出了新的要求，指出新课程要培养学生的创新精神、实践能力、科学和人文素养以及环境意识；《中小学综合实践活动课程指导纲要》提出的课程总目标为学生能从个体生活、社会生活及与大自然的接触中获得丰富的实践经验，形成并逐步提升对自然、社会和自我之内在联系的整体认识，具有价值体认、责任担当、问题解决、创意物化等方面的意识和能力；《中小学青少年校外教育活动课程指导纲要》指出，校外教育的目标需要符合素质教育的要求，应与新课程改革的课程目标在方向上相一致，同时发挥校外教育在校外领域“全面而又个性育人”上的独特作用。

对照国家教育政策，结合青少年校外教育的实际情况，青少年校外教育的整体目标是学生通过参与校外教育活动课程，激发好奇心，发现其兴趣爱好和潜能，增强其合作交流能力，使其学会学习、勇于实践创新并发展其特长，促进其核心素养的养成，成长为健康快乐、富有个性特长的社会主义建设者和接班人。青少年校外教育活动课程总目标的确立是对校外教育的核心教育理念和育人目标的准确定位。青少年校外教育活动课程体系的框架、整体课程的设置与分类、课程的教学方案、课程的实施和评价均以此目标为依据。

第三节　青少年校外教育项目活动课程体系框架

一、青少年校外教育项目活动课程体系

青少年校外教育与学校教育是素质教育的一体两翼，为促进素质教育的实施奠定

基础。构建完善的校外教育活动课程体系，可以让学生的知识视角变得更加开阔，让学生的个性得到有效彰显、兴趣得到发挥，扩大学生全面健康发展的空间。本书构建结构完善的青少年校外教育活动课程体系框架，由提高艺术修养的文艺类、培养沟通交往能力的语言类、提高审美能力的美术类、强身健体的体育类、培养勇于探究精神的科技类、发展人文底蕴和责任担当的综合类等丰富、多元、与时俱进的六大项目板块构成，每一个项目板块均设置不同的系列课程，根据学生的年龄特点、学习水平以及课程的难易程度设置分级课程和团队课程，为学生提供系统完善的课外教育活动课程体系。分级课程包括启蒙级、初级、中级和高级等课程，其中，启蒙级课程持续学习时间不超过一个学期，这些课程灵活、开放，注重新颖与趣味性，满足学生在多个领域尝试和体验的需求，着眼于激发学生的兴趣取向，开阔其视野，让他们能有印象深刻的体验；初级课程和中级课程持续学习时间超过一个学期，这些课程面向学生涉及的基本理念，以激发兴趣、培养基本素养、发掘潜能为主要目的；高级课程持续学习时间超过一个学期，这些课程以让有专长素养的学生通过系统的先修式学习来提升专业能力为目的；团队课程持续学习时间超过一学期，这些课程是对既有兴趣取向又有专长潜能的学生进行系统的专业提升式的课程，以提升专业能力为目的。

二、青少年校外教育项目活动课程设置

为充分满足学生全面而有个性的发展需求，对应文艺类、语言类、美术类、体育类、科技类和综合类等六大项目板块，提供一系列专业、规范、可持续、普及和提高并举的活动课程，具体清单如下。

活动项目	活动课程
文艺类	中国舞活动课程实施指南 / 陈小红　陈思颖　黄楚雯　滕挺
	芭蕾舞活动课程实施指南 / 傅潇潇　刘洋
	拉丁舞活动课程实施指南 / 赵一霖
	管乐活动课程实施指南 / 许嘉洪
	弦乐活动课程实施指南 / 林楚君　孟珑
	民族器乐活动课程实施指南 / 杨滢畅
	合唱活动课程实施指南 / 秦伟　卫喆
	语言艺术活动课程实施指南 / 陈敏　李娜　孙宝萍

（续表）

活动项目	活动课程
语言类	“乐笔尔”文学社活动课程实施指南 / 谭红艳　黄秀娟　邹慧
	绘本“悦”读活动课程实施指南 / 王红霞
	“小嘴巴”英语剧乐社活动课程实施指南 / 杨舒瑜
美术类	美术活动课程实施指南 / 刘若萍
	美术手工活动课程实施指南 / 陈海祺
	美术素描活动课程实施指南 / 李颖
	卡通漫画活动课程实施指南 / 李晓龙　刘若萍
	陶艺活动课程实施指南 / 徐丹娜
	玻璃工艺活动课程实施指南 / 王朝虹　林晓彤
	书法活动课程实施指南 / 李佩谕
体育类	少儿艺术体操活动课程实施指南 / 张娟
	武术活动课程实施指南 / 江山
	跆拳道活动课程实施指南 / 肖扬　李军
	象棋活动课程实施指南 / 黎嘉伟
	篮球活动课程实施指南 / 程光煜　苏德军
科技类	模拟飞行活动课程实施指南 / 蔡冠峰
	模型制作活动课程实施指南 / 黄启健
	智能机器人活动课程实施指南 / 李强
	无线电测向运动活动课程实施指南 / 李强　麦昆源
	“博士星 STEM”活动课程实施指南 / 谭红艳　李强
综合类	夏（冬）令营研学活动课程实施指南 / 罗志群　张薇薇
	“劳动 +”活动课程实施指南 / 蒋晓春　郑少冰
	“流动少年宫”活动课程实施指南 / 陈敏　谭红艳

第二篇
文艺类项目活动课程

艺术教育是美育的重要组成部分，文艺类项目活动课程是艺术教育的重要课程类别，此类课程对加强少年儿童全面健康发展起到重要的推动作用，具有一定的现实意义。本篇活动课程内容包括中国舞、芭蕾舞、拉丁舞、管乐、弦乐、民族器乐、合唱、语言艺术等活动课程。这些活动课程将高雅的文艺技术较科学及完善地融入实践和体验学习中，培养健康的体魄、高雅的审美，使学生树立高尚的品质、健全的人格。

第一章

中国舞活动课程实施指南

陈小红　陈思颖　黄楚雯　滕挺

第一节　中国舞活动课程概述

一、中国舞活动课程的性质

中国舞是相对于外国舞而言具有明显中国传统风格特色和历史文化而形成的具有自身动作体系和审美标准的舞种总称。在成人舞蹈专业领域主要包含中国的古典舞和民族民间舞，现今在少儿舞蹈教学中，还包括中国的现（当）代舞，是面向广大少年儿童推行素质教育的舞蹈课程。

中国舞活动课程以能力发展为导向，以“育人为本”为宗旨，以“素质教育”为主导，以舞蹈专业素质普及教育为目标，以渗透启发式教育为手段。在教学过程中注重德育渗透，以“文化德育”为指导理念，树立文化自信，充分挖掘舞蹈教材文化内涵，引导学生了解中华优秀传统文化，继承发扬中国文化艺术，从而实现立德树人的育人功能。在舞蹈实践和体验活动过程中，以学生为中心，激发学生对舞蹈学习的兴趣，强调个性化教育，实现学生的个性和谐发展；注重实践体验，促进能力发展，注重实践过程的教学方法与手段，并结合观摩、交流、演出、舞蹈赛事等活动，设计各具特色的教学实践活动，引导学生进行创编等实践体验，培养学生的舞蹈综合表现能力和创造能力，同时不断改进教师教学理念及手段，使教师在教育情感以及专业知识和技能上得到增值，以促进学生的舞蹈综合能力发展。

二、中国舞活动课程的特点

中国舞活动课程综合了十几年来作者所在单位各专业教师的教学经验，并借鉴中国舞蹈家协会最新中国舞考级教材、北京舞蹈学院中国舞考级教材、民族民间舞考级教材等内容。在教材内容上板块分支细致，另有独特的创编训练，在教学中也强调渗透德育理念，整体课程呈现综合性、体验性、创造性、表演性和传承性。

1. 中国舞活动课程具有综合性

中国舞活动课程注重舞蹈项目课程核心素养的培养，过程中不仅仅学习了舞蹈动作和剧目，更全面锻炼提升了学生舞蹈能力。中国舞活动课程离不开音乐、诗歌、美术等因素，是一种综合性的艺术形象，活动过程中学生收获的不仅仅是良好的体态和气质，更极大地增强和丰富了舞蹈艺术的表现能力，同时相应地促进了舞蹈艺术的发展。中国舞活动课程围绕中国学生发展的六大核心素养，明确学生学习舞蹈项目后所应形成的必备品格和关键能力，主要包括舞蹈感知、创意表达、审美情趣、文化理解四个方面，这也是舞蹈项目育人价值的一个集中体现。

2. 中国舞活动课程具有体验性

中国舞活动课程利用丰富、多元化的教学手段，注重活动过程的体验，帮助学生加深对肢体动作、音乐节奏的感悟与表现，综合提高学生的舞蹈能力发展。学生学习舞蹈的过程也是了解文化、讲故事、表达情感的过程，在体验的过程中培养各项综合能力。例如，学生在学习舞蹈动作的过程中提升了观察与模仿能力，在即兴舞蹈的过程中提升了即兴与表现能力，在师生一起学习完成剧目作品的过程中提升了交流与合作能力，在舞蹈剧目的创编过程中提升了创造与求新能力，在整个剧目的完成过程中提升了综合能力。

3. 中国舞活动课程具有创造性

中国舞活动课程利用教学过程的实践体验培养学生的舞蹈创造能力，充分调动学生参与创编的主动性，成为舞蹈的主人。当学生学习了各种不同风格的舞蹈时，加深了对舞蹈的理解，能调动之前学习过的相关知识进行舞蹈创编，在学习创编的过程中提升了舞蹈创造与审美能力，从而使被动的学习动作变成主动的创作，过程中也将理论与实践相结合，建构起学生对文化的理解与艺术的审美，这种从被动学习到主动参与的创造过程，更加直接地达到了舞蹈美育的教育目的。

4. 中国舞活动课程具有表演性

中国舞活动课程具有很强的表演性，无论是创作还是表演的过程都能给学生和观众带来很好的观赏体验，在学习的过程中学生不仅提升了表现能力，也提高了艺术鉴赏、审美能力等。它不同于文学家借助于语言、雕刻家借助于木石、画家借助于色彩去创造形象，舞蹈语汇有流动性、连续性、节奏感和情感表现力，给观众带来最直观的美的感受。

5. 中国舞活动课程具有传承性

中国舞活动课程的教学内容汇集了中国几千年历史时期的传统文化，汇集了各民族地域的风格特点及人文特色，具有明显的传承性。中国舞的审美特征下隐藏的是中国对于天地自然和宇宙的哲学思想理念，也是中国古代文化得以延续的突出表现，它作为一种艺术的文化传承媒介发挥着重要作用，体现着它的丰富文化价值，所以中国舞活动课程的学习过程不仅是艺术化身体，满足舞蹈对于美的追求，更是在切身体验、表达、理解及传承中国文化的精髓，向人们弘扬中国文化的深厚与博大。

三、中国舞活动课程的核心素养

以能力发展为导向，以“育人为本”为宗旨，以“素质教育”为主导，以舞蹈专业素质普及教育为目标，以渗透启发式教育为手段的中国舞活动课程，所体现的核心素养在于以下四个方面：①模仿与表现力；②即兴与交流、合作能力；③创造与求新能力；④文化传承与融合能力。这几方面全面立体地提升舞蹈审美与鉴赏能力，体现中国舞活动课程全面发展与培养学生综合素养的育人功能。

第二节　中国舞活动课程目标

一、中国舞活动课程的总目标

1. 知识与技能

掌握中国舞的基本软开度、身体要求、舞姿要求和基础技巧技能，充分锻炼学生的身体协调性与表现力，认识与学习中国舞种中所包括的古典舞、民族民间舞以及现（当）代舞等不同风格的动作特点与表演特色，综合提高舞蹈欣赏能力和审美能力。学会独立或合作进行表现中国舞蹈作品或片段、组合，能大胆自行创编舞蹈动作或片段、组合，培育思索的习惯，开发学生的情商、智力与创造力。

2. 过程与方法

改革传统舞蹈教学的固有模式，以“研学后教”的理论为指导，以分级式教学模式为主线，注重以兴趣导向为抓手，在“寓教于乐”的教学方式中彰显德育的价值，采用“导入式”进行舞蹈动作的开发与创编。

3. 情感态度与价值观

挖掘各舞种教材的文化背景及内涵，感受中国舞博大精深的文化艺术魅力，从身心两方面提升熏陶鉴赏和感受力，培养良好的学习习惯和对美好事物的向往，从而树立正确的舞蹈艺术价值观，发挥舞蹈美育功能。

二、中国舞活动课程的单元目标

单元	维度	教学目标
启蒙阶段	知识与技能	认识音乐节拍，认识身体部位和建立空间感；初步进行身体软开度、小关节控制力训练，改变身体自然形态，提高身体的直立感；大胆运用肢体动作表现音乐中的情绪
	过程与方法	抓住学生幼儿阶段生理、心理特征，采用兴趣导入、形象讲解、游戏导入等多元教学方式，寓教于乐，营造愉快课堂气氛
	情感态度与价值观	引导学生用身体发现美、表现美，初步培养学生对舞蹈的兴趣与好奇心，体会交流、合作的乐趣
初级阶段	知识与技能	逐步强化地面基训，增加训练难度；初步接触扶把，进行简单的动作训练；加强下肢节奏运动的协调能力，认知练习简单古典、芭蕾舞姿；强化表情，特别是眼睛训练，学生创编动作训练可适当扩大表演空间
	过程与方法	抓住学生幼儿阶段生理、心理特征，采用兴趣导入、形象讲解、游戏导入等多元教学方式，寓教于乐，营造愉快课堂气氛
	情感态度与价值观	培养学生吃苦耐劳的坚持精神；在创编表演训练中开始尝试喜怒哀乐的不同情绪情感表达；在课堂常规习惯中渗透集体主义精神
中级阶段	知识与技能	着重进行把杆（双手扶把）的开、绷、直的训练，为中间训练打下良好的基础；逐步强化腿部肌肉的控制能力，舞步训练，增加身韵训练，民族民间舞组合训练；从简短元素训练进入综合训练；强调表演力及舞蹈动作创编能力
	过程与方法	抓住学生低年龄阶段生理、心理特征，在“寓教于乐”教学方式基础上，强调教师的示范及讲解，加强引导学生主动思考，探究学习，导入式开展舞蹈创编练习
	情感态度与价值观	感受民族地域的真、善、美，在潜移默化中进行德育渗透

（续表）

单元	维度	教学目标
高级阶段	知识与技能	重点进行扶把基训，增强动作爆发力；增加中间踢腿及部分技巧动作，如跳、转等动作的初步技巧训练；表演课以民族民间舞蹈组合为主，掌握民族民间舞的身体韵律，懂得用呼吸带动身体舞蹈；懂得如何表现舞蹈韵律的美与线条感，逐步培养创编组合中的队形变化意识
	过程与方法	逐步培养学生主动探究学习，注重肌肉发力及关节运用等细节的讲解与练习，包括针对眼神与情感的传达、代入；加强学生对身体的自我掌控力及情感表现力
	情感态度与价值观	从身心两方面共同熏陶学生的鉴赏力和感受力，通过学习接触各种民族风格舞蹈，感受中国舞蹈的丰富多彩，感受各民族所蕴含的不同民族文化底蕴和人文风情
团队阶段	知识与技能	巩固加强软开度、爆发力、表现力等各项基本能力，进一步学习一些跳、转、翻等技术技巧；完整表达作品的动作技巧及思想含义，以及细腻的情感情绪表演要点；注重作品中队形、队列的空间把握度以及眼余光的利用，深入体验主题性片段的舞蹈创编
	过程与方法	重点培养学生学习舞蹈的主动性及自律性，注重对肌肉发力及关节运用等细节的自我消化及练习过程，重点加强学生对身体的自我掌控力及情感表现力
	情感态度与价值观	通过作品表演及创编学习，把握如何通过真情实感表现舞蹈韵律的美与线条感，从身心两方面提升熏陶学生的鉴赏力和感受力、创造力，表达舞蹈作品的思想内涵与潜在含义、合作及团队精神，全面提高舞蹈综合表演水平

第三节　中国舞活动课程结构

依据中国舞活动课程目标，在充分考虑其课程性质和课程特点的前提下，根据学生的年龄特点和基础水平，将中国舞活动课程划分为分级和团队两个课程层次，其中分级课程按启蒙阶段、初级阶段、中级阶段和高级阶段逐级递进，每个阶段都有各自的侧重点，除启蒙阶段外，其余阶段原则上需有前面阶段的学习基础。团队阶段每学期需经过统一组织的专业面试进行选拔。中国舞活动课程结构如下页图所示。

- 中国舞活动课程
  - 分级课程
    - 启蒙阶段
    - 初级阶段
    - 中级阶段
    - 高级阶段
  - 团队课程
    - 预备团
    - 中团
    - 大团

第四节　中国舞活动课程教学方案

课程类别：文艺类

课程名称：中国舞活动课程

适用对象：4～16岁学生

学生基础要求：根据各阶段开班年龄设置要求，除启蒙阶段外，其余阶段原则上需有前面阶段的学习基础，团队阶段每学期需经过统一组织的专业面试进行选拔。

课时说明：

（1）启蒙阶段至高级阶段：15周/学期，1次学习/周，2课时/次（45分钟/课时），总计30课时/学期。

（2）团队阶段：15周/学期，1次学习/周，4课时/次（45分钟/课时），总计60课时/学期。

一、分级课程

1. 启蒙阶段课程教学方案

启蒙阶段的学习时长为一个学年，学生年龄为4～5岁，一个学期为30课时，一课时为45分钟。

单元	模块	教学内容	教学方法	教学标准	课时
第一学期	认知概念	1. 学会排队； 2. 认识八个舞台方位； 3. 认识身体各部位	游戏法、情境导入法、示范法、练习法	1. 横竖排概念清晰； 2. 学会分辨空间方位； 3. 熟悉身体各部位名称	4
	地面训练	1. 上身训练（提腰、松腰）； 2. 压胯，耗胯（趴青蛙）； 3. 勾绷脚； 4. 压前腿； 5. 转腰	讲授法、示范法、游戏法、练习法	1. 运用吸气吐气，初步感受上身收紧、放松状态； 2. 初步解决胯部160°左右柔韧度； 3. 感知脚部小关节的发力勾绷； 4. 视学生情况拉伸前腿柔韧度； 5. 初步学会运用腰部肌肉扭动	16
	表演训练	1. 提压手腕组合； 2. 兰花手组合	讲授法、示范法、练习法	1. 感知手腕关节的运用； 2. 掌握了解手型特点，感受指尖末梢神经的发力	8
	创编训练	踏步拍手打节奏	游戏法、示范法、练习法	初步培养节奏感、手脚并用的协调性	2

（续表）

单元	模块	教学内容	教学方法	教学标准	课时
第二学期	地面训练	1. 勾绷脚（节奏上的变化）； 2. 双吸腿； 3. 开合胯； 4. 压前腿	讲授法、示范法、游戏法、练习法	1. 初步学会脚部小关节的发力运用； 2. 感知腿部肌肉收紧状态； 3. 基本解决胯部160°柔韧性； 4. 在双腿收紧拉长的状态下解决下前腰约160°柔韧性	12
	把下训练	1. 眼睛方位训练（视线转移及定点练习）； 2. 绕手腕； 3. 步法练习：平踏步、蹦跳步（加拍手节奏）	讲授法、示范法、游戏法、练习法	1. 初步学会点、面、线的视线转移； 2. 学会感知手腕灵活协调性； 3. 进一步培养节奏感、手脚并用的协调性	10
	表演训练	8个8拍的小舞蹈	启发法、示范法、游戏法、练习法	注重舞蹈内容情绪渗透和引导	4
	节奏和创编训练	1. 听音乐踩节奏练习； 2. 听音乐即兴造型或动作练习	启发法、感受法、游戏法	1. 学会运用身体配合音乐节奏； 2. 能初步独立创编舞姿	4

2. 初级阶段课程教学方案

初级阶段的学习时长为一个学年，学生年龄为5～6岁，一个学期为30课时，一课时为45分钟。

单元	模块	教学内容	教学方法	教学标准	课时
第一学期	地面训练	1. 勾绷脚； 2. 横叉压旁腿； 3. 勾绷脚压前腿； 4. 竖叉练习准备（后吸前压腿、前吸后压腿）； 5. 后撑腰	讲授法、示范法、游戏法、练习法	1. 掌握脚背与脚尖运用； 2. 基本解决胯根软开度； 3. 腿部韧带充分拉伸； 4. 掌握竖叉动作要领； 5. 初步感知腰部用力方法	8
	把上训练	1. 把杆压肩； 2. 脚的练习； 3. 正步半蹲	讲授法、示范法、练习法	1. 初步解决肩部柔韧性； 2. 感受腿部肌肉运用及站姿形体要求； 3. 初步感受膝盖韧带拉伸	8

（续表）

单元	模块	教学内容	教学方法	教学标准	课时
第一学期	把下训练	1. 中国古典舞手位舞姿练习； 2. 摊推手位	讲授法、示范法、练习法	1. 认知古典舞手位； 2. 掌握摊推手路线运用	6
	表演训练	两个舞蹈小组合	讲授法、示范法、游戏法、启发法、练习法	注重舞蹈内容情绪的渗透和引导，独立完成简短组合（可参考中国舞考级教材）	4
	创编训练	1. 四拍舞步练习； 2. 听音乐即兴动物形象练习	启发法、游戏法、练习法	1. 掌握腿部协调运用； 2. 学会用舞姿模仿动物形象，自行编排结束动作造型	4
第二学期	地面训练	1. 竖叉； 2. 勾绷脚； 3. 旁吸伸腿； 4. 旁踢腿 90°； 5. 跪下腰	讲授法、示范法、练习法	1. 解决竖叉 180°； 2. 掌握勾绷脚环动路线及质感运用； 3. 解决平衡力，腿部路线； 4. 掌握踢旁腿要领，开绷直； 5. 掌握中段控制力	8
	把上训练	1. 把杆站姿； 2. 一位半蹲； 3. 把杆一位擦地（两旁）	讲授法、示范法、练习法	1. 感受一、二位标准站姿； 2. 掌握身体直立感； 3. 掌握脚与地面擦地路线，解决开绷直	8
	把下训练	1. 古典舞手位练习（单手）； 2. 步法训练（小碎步、吸跳步）	讲授法、示范法、练习法	1. 掌握古典舞手位舞姿； 2. 掌握步法要领	6
	表演训练	舞步和舞姿练习	讲授法、示范法、练习法	独立完成简短组合（参考中国舞蹈家协会考级 2～4 级教材）	4
	创编训练	1. 创编舞姿动作； 2. 听音乐即兴表演练习	启发法、游戏法、练习法	1. 引导学员自行编排各种高、中、低空间舞姿动作； 2. 能准确表达音乐及舞蹈情绪	4

3. 中级阶段课程教学方案

中级阶段的学习时长为两个学年，学生年龄为6～8岁，一个学期为30课时，一课时为45分钟。

单元	模块	教学内容	教学方法	教学标准	课时
第一学期	地面训练	1. 双伸坐抬腿； 2. 耗、压竖叉练习； 3. 吸伸腿； 4. 躺地撑腰，站立起身	讲授法、示范法、练习法	1. 掌握中段与腿部的控制力与规范性，达到竖叉的柔韧性要求； 2. 掌握胯根控制力及腿部质感； 3. 掌握下腰后重心转换及腰部发力点	4
	把上训练	1. 把杆耗腿（前、旁）； 2. 把杆擦地（向前）； 3. 把杆半全蹲练习（正步，一位）； 4. 把杆小踢腿（分解）； 5. 把杆小八字位蹲立	讲授法、示范法、练习法	1. 掌握耗腿的规范性（开、绷、直）；规范站姿，脚与地面的接触，强调外开； 2. 保持身体的直立蹲，收紧中段，练习腿部的质感； 3. 保持身体直立蹲，收紧中段	8
	把下训练	1. 头部组合； 2. 古典手位组合； 3. 步法训练； 4. 身韵	讲授法、示范法、练习法	1. 掌握头部运动（低头、仰头、倾头、转头、点头、摇头）； 2. 掌握代表性古典手位（背手、提襟、单山手、单按手、单托手、摊推手、单晃手）； 3. 掌握几个步法，强调节奏感（抬踢步、踏踮步、三拍舞步）； 4. 初步掌握身法韵律（提、沉）	8
	表演训练	藏族舞蹈基本动律（两个组合）	讲授法、示范法、练习法	掌握藏族舞的基本动律，了解地域文化	6
	创编训练	听音乐即兴感受练习	启发法、游戏法	引导学生根据音乐的情绪表达喜、怒、哀、乐情感	4

（续表）

单元	模块	教学内容	教学方法	教学标准	课时
第二学期	地面训练	1. 站立下后腰； 2. 仰卧踢前、旁腿（120°以上）、跪立踢后腿； 3. 波浪舞姿组合； 4. 腰部练习	讲授法、示范法、练习法	1. 教师保护学生完成下腰； 2. 掌握踢腿的速度、力量； 3. 掌握手部小关节运动（小浪花，参考中国舞考级教材）； 4. 掌握腰部的控制力	6
	把上训练	1. 把杆一、二、三位半全蹲； 2. 把杆擦地（前、旁、后）； 3. 把杆小踢腿（前、旁）； 4. 把杆划圈； 5. 把杆压前、旁、后腿	讲授法、示范法、练习法	1. 掌握把杆蹲的规范性练习； 2. 掌握擦地的开、绷、直、延伸； 3. 掌握小踢腿的速度、力量及延伸感； 4. 初步掌握脚尖划半圈的路线； 5. 掌握开、绷、直、延伸要领，强调压腿的规范性	10
	把下训练	1. 一位小跳（分解）； 2. 身韵	讲授法、示范法、练习法	1. 掌握空中绷脚，落地蹲起缓冲力量； 2. 掌握上身呼吸韵律：提、沉、含、仰	4
	表演训练	藏族舞蹈综合组合（三个组合）	讲授法、示范法、练习法	了解藏族舞的特征与文化，掌握藏族舞的动律	8
	创编训练	听音乐即兴表演小情节练习	启发法、游戏法	完成教师给予的命题，自行创作有情节的舞蹈	2

（续表）

单元	模块	教学内容	教学方法	教学标准	课时
第三学期	把上训练	1. 把杆搬前、旁腿（单手）； 2. 把杆一、二、三、五位半全蹲（双手）； 3. 把杆擦地（双手）； 4. 把杆小踢腿； 5. 把杆一位擦地划圈（双手）； 6. 把杆单腿蹲准备动作； 7. 把杆前、旁大踢腿（单、双手）	讲授法、示范法、练习法	1. 掌握搬腿的平衡力； 2. 强调标准站姿，训练挺拔度； 3. 掌握擦地要领，擦地时要求开、绷、直； 4. 掌握小踢腿的外开、速度、质感； 5. 掌握脚尖划圈的路线，完成要领：开、绷、直、延伸； 6. 掌握单腿蹲动力腿与主力腿的同时蹲起配合，动力腿保持外开出腿； 7. 掌握踢腿的速度、力量	12
	把下训练	1. 身韵组合（提、沉、冲、靠、合、仰、移）； 2. 手部舞姿练习； 3. 一、二、五位小跳； 4. 二、五位中跳	讲授法、示范法、练习法	1. 掌握呼吸与身法的运动； 2. 掌握小舞花路线及手腕转动； 3. 掌握空中绷脚，落地蹲起缓冲力量，前脚掌先落地； 4. 掌握空中膝盖、脚背绷直，要求高度及停挂感	6
	表演训练	东北秧歌（两个组合）	讲授法、示范法、练习法	了解东北秧歌的特征及动律	8
	创编训练	1. 听音乐即兴表演练习； 2. 自行创编两个八拍有主题动作	启发法、游戏法	1. 感受音乐情感，引导大胆表现； 2. 根据主题创编舞蹈动作	4

（续表）

单元	模块	教学内容	教学方法	教学标准	课时
第四学期	把上训练	1. 把杆搬前、旁腿（单手）； 2. 把杆蹲（单手）； 3. 把杆五位擦地（双手）； 4. 把杆五位小踢腿（双手）； 5. 把杆一位擦地划圈； 6. 把杆五位单腿蹲（双手）； 7. 把杆前、旁、后踢腿（单手）	讲授法、示范法、练习法	1. 单手搬腿，掌握主力腿重心能力； 2. 掌握半蹲、全蹲要领； 3. 学习、掌握五位擦地出收腿要领； 4. 掌握小踢腿动作爆发力； 5. 掌握划圈开、绷、直要领； 6. 掌握单腿蹲动作，主力与动力腿配合； 7. 掌握踢腿爆发力及快起慢下要领	14
	把下训练	1. 身韵（横移、转腰）； 2. 单双晃手； 3. 五位小跳； 4. 二、五位中跳	讲授法、示范法、练习法	1. 掌握身韵元素，灵活运用腰部做动作； 2. 掌握晃手运动路线，动作与呼吸的配合； 3. 掌握空中绷脚，落地蹲起缓冲力量，前脚掌先下地； 4. 空中绷直，要求高度，换脚位时动作严谨	4
	表演训练	东北秧歌综合组合（三个组合）	讲授法、示范法、练习法	学习、掌握东北秧歌动作风格特征	8
	创编训练	1. 听音乐即兴表演练习； 2. 自行创编两个八拍有主题动作	启发法、游戏法	1. 感受音乐情感、引导大胆表现； 2. 根据主题创编舞蹈动作	4

4. 高级阶段课程教学方案

高级阶段的学习时长为两个学年，学生年龄为8～10岁，一个学期为30课时，一课时为45分钟。

学期	模块	教学内容	教学方法	教学标准	课时
第一学期	把上训练	1. 把杆一、二、四、五位蹲（单手）； 2. 把杆五位擦地（单手）； 3. 把杆五位前、旁、后小踢腿（单手）； 4. 把杆一位划圈带舞姿（单手）； 5. 把杆单腿蹲（单手）； 6. 把杆腰组合	讲授法、示范法、练习法	1. 掌握各脚位蹲的要领（相同点和不同点）； 2. 掌握五位擦地脚出和回与地面的关系； 3. 掌握小踢腿爆发力，并收回五位； 4. 划圈腿部开、绷、直，训练舞姿优美性； 5. 训练肢体控制力、协调性； 6. 掌握腰运动路线	12
	把下训练	1. 身韵组合（参考中国舞蹈家协会考级7～8级教材）； 2. 中间大踢腿； 3. 圆场步（单一练习）	讲授法、示范法、练习法	1. 训练呼吸与动作间的协调配合； 2. 解决踢腿爆发力及重心转换； 3. 掌握圆场步双脚运动要点	6
	表演训练	傣族舞蹈基本动律（两个组合）	讲授法、示范法、练习法	了解傣族舞蹈的文化及动作韵律	8
	创编训练	1. 听音乐命题即兴表演练习； 2. 自行创编两个八拍主题动作	启发法、练习法	1. 学会根据命题大胆即兴表现； 2. 学会寻找动机发展动作	4
第二学期	把上训练	1. 把杆舞姿蹲； 2. 把杆五位擦地小踢腿组合； 3. 把杆划圈抬腿组合（抬腿25°）； 4. 把杆舞姿单腿蹲立半脚尖； 5. 把杆前、旁、后小弹腿（双手）； 6. 把杆腰组合； 7. 把杆平转准备练习	讲授法、示范法、练习法	1. 掌握蹲的动作要领； 2. 掌握擦地小踢腿动作特点（相同点与不同点）； 3. 训练腿部肌肉控制力； 4. 训练动作协调性与肢体控制力； 5. 训练腿部爆发力； 6. 掌握腰部运动路线，舞姿动作优美性； 7. 分解练习扶把平转动作	10

（续表）

学期	模块	教学内容	教学方法	教学标准	课时
第二学期	把下训练	1. 圆场步舞姿组合； 2. 身韵组合（参考中国舞蹈家协会考级9～10级教材）； 3. 摇臂组合； 4. 云手	讲授法、示范法、练习法	1. 掌握圆场步脚步运动轨迹及协调性； 2. 训练呼吸与动作间的协调配合； 3. 掌握摇臂动作要领，与腰部、呼吸协调配合； 4. 掌握云手动作要领，与腰部、呼吸协调配合	6
	表演训练	傣族舞蹈综合组合（三个组合）	讲授法、示范法、练习法	学习、掌握傣族舞蹈风格特征	10
	创编训练	1. 听音乐命题即兴表演练习； 2. 自行创编4个八拍有主题动作	启发法、练习法	1. 找准命题中的关键元素，即兴表现； 2. 初步掌握动机发展动作方法，了解创作三要素	4
第三学期	把上训练	1. 把杆蹲组合； 2. 把杆腰组合； 3. 把杆大踢腿	讲授法、示范法、练习法	1. 掌握动作要领； 2. 掌握动作互相配合协调性； 3. 训练腿部爆发力	8
	把下训练	1. 中间跳跃练习； 2. 平转单一训练； 3. 绞柱； 4. 圆场步舞姿综合组合	讲授法、示范法、练习法	1. 掌握空中绷脚，下地蹲起缓冲力量，前脚掌先下地； 2. 训练脚与身体协调配合； 3. 掌握腿部运动路线； 4. 掌握圆场步脚步运动轨迹及协调性，训练动作优美性	4
	表演训练	1. 古典舞组合； 2. 蒙古族舞蹈基本动律（两个组合）	讲授法、示范法、练习法	1. 训练身体与呼吸协调配合，动作优美性； 2. 了解蒙古族舞蹈动作的特征及动律	14
	创编训练	1. 听音乐即兴表演练习； 2. 自行创编八个八拍主题性动作组合	启发法、练习法	1. 找准命题中关键元素的提炼，即兴表现； 2. 掌握动机发展动作，运用创作三要素连接动作	4

（续表）

学期	模块	教学内容	教学方法	教学标准	课时
第四学期	把上训练	1. 把杆大踢腿； 2. 把杆搬前、旁、后腿； 3. 把杆腰； 4. 把杆单腿蹲控制（90°）	讲授法、示范法、练习法	1. 训练腿部爆发力； 2. 掌握搬腿要领； 3. 掌握动作路线，训练动作优美性； 4. 训练肌肉控制力	8
	把下训练	1. 大跳舞姿组合； 2. 中间搬腿； 3. 中间甩腰、下大腰； 4. 平转舞姿组合	讲授法、示范法、练习法	1. 掌握大跳要领，训练动作优美性； 2. 训练搬腿稳定性； 3. 训练腰部力量； 4. 掌握平转要领，训练动作优美性	6
	表演训练	1. 古典舞舞姿组合； 2. 蒙古族舞蹈综合组合（三个组合）	讲授法、示范法、练习法	1. 训练身体与呼吸协调配合，动作优美； 2. 掌握蒙古族舞蹈风格特征	14
	创编训练	1. 听音乐命题即兴表演练习； 2. 分组进行命题性组合创编	启发法、练习法	1. 深入引导，大胆想象表现； 2. 初步学会组合创编的队形变化及动作层次搭配	2

二、团队课程

团队阶段的学习时长为两个学年，其中预备团学生年龄为6～8岁，中团学生年龄为9～11岁，大团学生年龄为12～16岁，一个学期为60课时，一课时为45分钟。

1. 预备团课程教学方案

单元	模块	教学内容	教学方法	教学标准	课时
预备团	把上训练	1. 蹲； 2. 擦地； 3. 小踢腿； 4. 单腿蹲； 5. 组合控制	讲授法、示范法、练习法	1. 掌握各脚位蹲的要领； 2. 掌握脚与地面摩擦运动轨迹； 3. 训练腿部爆发力； 4. 训练双腿协调配合，腿部高度在45°； 5. 训练胯根力量，肌肉收紧，腿部高度在45°～90°	10

（续表）

单元	模块	教学内容	教学方法	教学标准	课时
预备团	把下训练	1. 踢搬腿； 2. 行进大踢腿； 3. 小跳； 4. 中跳	讲授法、示范法、练习法	1. 掌握搬腿正确姿势，高度在160°～180°； 2. 训练腿部爆发力； 3. 掌握空中绷脚，落地蹲起缓冲力； 4. 空中绷直，要求高度	10
	表演训练	1. 身韵综合组合； 2. 藏族舞蹈组合、东北秧歌组合	讲授法、示范法、练习法	1. 训练动作与呼吸协调配合，注重舞姿优美； 2. 掌握民族民间舞的风格特点，做出动作韵味	10
	剧目训练	1. 学习本宫优秀保留作品（1～2个）； 2. 排练演出及比赛作品	讲授法、示范法、启发法、练习法	1. 达到原版作品水平，锻炼学生表演能力； 2. 强化训练，完美表现作品内涵及舞蹈形象	30

2. 中团课程教学方案

单元	模块	教学内容	教学方法	教学标准	课时
中团	把上训练	1. 擦地； 2. 小踢腿； 3. 单腿蹲； 4. 腰组合； 5. 控制组合	讲授法、示范法、练习法	1. 掌握脚与地面摩擦运动轨迹； 2. 训练腿部爆发力； 3. 训练双腿协调配合，高度在90°； 4. 掌握胸腰、中腰、大腰准确位置，做出各个腰训练动作的运动路线； 5. 训练胯根力量，肌肉收紧，高度在60°～90°	10
	把下训练	1. 踢搬前转旁转后腿； 2. 行进大踢腿； 3. 小跳、中跳组合； 4. 大跳组合	讲授法、示范法、练习法	1. 掌握搬腿正确姿势，高度保持在160°～180°； 2. 训练腿部爆发力、准确转换重心； 3. 掌握空中绷脚，落地蹲起，前脚掌先落地，空中绷直并要求高度； 4. 掌握各大跳的运动路线	10

（续表）

单元	模块	教学内容	教学方法	教学标准	课时
中团	表演训练	1. 身韵综合组合； 2. 傣族舞蹈组合、维吾尔族舞蹈组合	讲授法、示范法、练习法	1. 训练动作与呼吸协调配合，注重舞姿优美； 2. 掌握民族民间舞的风格特点，做出动作韵味	10
	剧目训练	1. 学习本宫优秀保留作品（1个）； 2. 排练演出及比赛作品	讲授法、示范法、启发法、练习法	1. 达到原版作品水平，锻炼学生表演能力； 2. 强化训练，完美表现作品内涵及舞蹈形象	30

3. 大团课程教学方案

单元	模块	教学内容	教学方法	教学标准	课时
大团	把上训练	1. 擦地； 2. 单腿蹲； 3. 控制组合	讲授法、示范法、练习法	1. 掌握脚与地面摩擦运动轨迹； 2. 训练双腿协调配合，高度在90°； 3. 训练胯根力量，肌肉收紧，高度在60°～90°	7
	把下训练	1. 踢搬腿； 2. 行进大踢腿； 3. 大跳组合	讲授法、示范法、练习法	1. 掌握搬腿正确姿势，高度在160°～180°； 2. 训练腿部爆发力、准确转换重心； 3. 掌握各大跳的运动路线并要求一定高度	8
	表演训练	1. 古典舞（独舞）； 2. 民族民间舞（独舞）	启发法、练习法	独立完成学习舞蹈组合或剧目	15
	剧目训练	排练演出及比赛作品	讲授法、示范法、启发法、练习法	强化训练，完美表现作品内涵及舞蹈形象	30

第五节　中国舞活动课程评价

一、评价方式

1. 注重过程性评价

主要评价学生在舞蹈学习过程中的兴趣、态度、积极性和效果，评价学生学习舞蹈过程中所达成的核心素养。

2. 采取多元评价方式

采取多重视角，如教师评价、学生自我评价与相互评价、师生交互评价、家长评价、社会评价等多元评价方式。

二、评价主体

1. 学生自评与互评

学生自评是等级评价的有机组成部分，有利于更全面、更深入地体现学生的综合素质，其具体形式可以是学生表述优劣之处、自我鉴定、自我评估等。通过中国舞课堂活动或课堂交流展示，采用全班互评、小组间互评的方式，对舞蹈动作协调性、舞蹈情感表现力、自我表现力、动作创编能力等进行自评和互评。

2. 教师评价

教师评价是通过三维目标的知识与技能、过程与方法、情感态度与价值观三方面来进行。在知识形成的过程中注重学生自我探究，主动发现问题并解决问题，同时在注重知识与技能评价的基础上，对学生的协调性、舞蹈艺术情感、音乐理解力、自我表现力、动作创编能力等形成状况进行评价。

3. 家长评价

通过课堂活动展示、教学交流展示等活动，家长可用课堂现场评价、表格教学评定表、问卷调查表的多元评价方式对学生在中国舞学习中课堂习惯的养成、舞蹈动作的协调性、舞蹈情感的表现力、表演力、表演自信、合作能力和教师教学水平等进行评价。

三、评价内容

评价维度	评价内容	评价选项
知识与技能	熟练掌握该学习阶段的基本技能动作要求； 能用正确的舞姿，自然、有情感地完成舞蹈组合和剧目； 了解课程中不同舞蹈风格，各民族民间舞蹈的人文特征、地域风情及表演特色； 具有舞蹈模仿力、肢体和情感表现力； 大胆想象，具有舞蹈动作及片段组合的自主创编能力	□目标达成 □基本达成 □还需努力
过程与方法	课堂学习态度端正，积极投入； 有良好学习习惯，能自主学习和相互练习； 积极参与交流展示、演出及比赛； 能自我评价及对他人评价； 课堂作业及家庭作业完成度高	□目标达成 □基本达成 □还需努力
情感态度与价值观	有浓厚的学习兴趣； 有舞蹈表现自信； 有正确的舞蹈艺术价值观； 具备一定的舞蹈审美能力与感受力	□目标达成 □基本达成 □还需努力

四、评价程序

学生自评 → 学生互评 → 教师评价 → 家长评价

第六节　中国舞活动课程实施建议

一、教学建议

（1）在认知教学中根据学生的认知规律特点来进行中国舞教学，同时可以借用辅助性的教具，如视频、图片等，用有趣味性的元素、生活性元素等激发学生的认知好奇心，以达到最佳的教学效果。

（2）在实践教学中既要注重多元化科学的训练方法，也要注重引导学生自主学习，并密切联系学生自身的特点，以更大化地激发和释放学生个人的舞蹈潜能、表现力及创造力等。

（3）在交流互动教学中针对教学内容中的地面练习、柔韧性练习、把杆练习、中间练习、跳跃练习以及表演和创编练习等活动，积极更新传统教学观念，改变课堂交流教学结构。要根据不同的教学特点和教学需求来制订不同的交流活动设计，既要让学生在最大程度上感受到通过交流活动课程所收获的进步，也要培养学生的合作交流能力。

（4）在展示表演活动中要切合学生的学习需求和教学特点，展示活动形式包括个体展示、小组展示、集体展示、交流互听、汇报表演、参加竞赛等活动，既要有融合性，也要有独立性；既有多元的合作展示，也有单一的独立展示。

二、评价建议

1. 学生评价建议

在学生自评和互评前应对学生进行引导性培训，讲明评价的意义、内容、标准、方法和注意事项。尤其要注意避免教师和他人对学生互评进行的干预，同时注意引导学生不要只关注同学的不足和缺点，让评价变相成为“挑错”和“指责”，尽量减轻学生的心理压力和评价可能对同伴关系产生的消极影响。

2. 教师评价建议

在教学知识与技能、过程与方法的评价中要重过程、重应用、重体验、重全员参与。中国舞学习评价应发挥其激励与发展功能，使学生从评价中获得成功的体验。激发学生学习兴趣，积极参与学习活动，提高中国舞学习水平。教师要关注学生在学习活动中的表现与反应，并给予必要和及时的评价效果的反馈，适当的鼓励性评价和指导性评价。

3. 家长评价建议

根据实际情况，可以在阶段性教学中组织家长开放课堂进行评价，并要求家长写出综合性评语或填写问卷调查表，在评价后进行教学评价反馈。

第二章 芭蕾舞活动课程实施指南

傅潇潇　刘洋

第一节　芭蕾舞活动课程概述

一、芭蕾舞活动课程的性质

芭蕾舞活动课程是以“普及舞蹈教育，提高国民素质”为宗旨，以实现高水平舞蹈普及美育教育为目标，基于项目实施的活动课程。

活动课程突出学生主体，尊重个体差异，确立以学生为主体的教学地位，有助于教学活动有的放矢地开展，切实将学生的学习需求作为教学内容的根本，从学生的年龄特点、兴趣特点入手，使芭蕾舞教学内容更加丰富、生动。通过建立具有“高阶性、创新性、挑战度”的“金课”课程，来区分于传统舞蹈教学下，只注重动作讲解，而忽略了对学生情感层次挖掘的旧课程模式。

二、芭蕾舞活动课程的特点

1. 芭蕾舞活动课程具有综合性

芭蕾舞不仅仅是一门肢体训练课程，同时也是培养学生艺术素质的过程，在融音乐感悟、戏剧体验与形体训练为一体的学习基础上，才能够真正地表现出芭蕾舞的感染力，实现个人情感的抒发。

2. 芭蕾舞活动课程具有体验性

丰富的、细腻的情感体验有助于学生加深对肢体动作、音乐节奏的领悟，充实学生内心世界的艺术领悟能力，并将这种感悟更好地通过表演表现出来，实现舞蹈教学目标。

3. 芭蕾舞活动课程具有多元性

在以“普及舞蹈教育，提高国民素质”为宗旨，以“实现高水平舞蹈普及美育教育”为目标的前提下，芭蕾舞活动课程中融入舞蹈辅助训练，运用科学而精准的新方法及运动与舞蹈相融合训练的新模式，课程设置上已不能再停留在单纯的技能传授层面上，而是更多地考虑在艺术课程里融合多元素、多学科、多样化的跨界教学手段以及创新教学模式，来切合不同年龄段学生的心理成长和身体健康发展的需求。

4. 芭蕾舞活动课程具有适切性

非单一性、纯粹性的芭蕾舞训练模式，而是运用多元训练模式融合运动训练来进行课程授课，符合学生的身体发展和心理成长的认知发展。鼓励学生积极性和创造性发挥，尊重学生在活动课程学习中的个体特色，强化艺术和道德等方面的内在整合。

三、芭蕾舞活动课程的核心素养

激发学习芭蕾舞的兴趣，领略芭蕾舞艺术的美妙，感受国际文化的多元性，培养良好学习习惯和对美好事物的向往，从而树立长期学习芭蕾舞的愿望及具备初步的舞蹈审美能力。

以“研学后教”的理论为指导，从“研学”出发培养和激发学生的研究能力和创造能力，通过用专研精神、研究态度与科学研究的基本方式，来开展教与学的双边活动，调动学生自己和同学、教师之间的自主探究和创新。

掌握芭蕾舞的普及课程内容，理解和认识芭蕾舞不同时代的风格，学会独立或合作进行表演和创编芭蕾舞的小片段或组合。在注重技巧动作掌握的同时，还要提升学生心灵世界的体现。

第二节　芭蕾舞活动课程目标

一、芭蕾舞活动课程的总目标

1. 认知活动目标

通过认知活动，使学生了解芭蕾舞是所有舞蹈的基础，学过芭蕾舞再去学习其他舞种就会容易一些；知道芭蕾舞是人类有史以来最科学的人体训练方式，芭蕾舞的每一个训练阶段和动作都与人体自然的发展规律相吻合。

2. 实践活动目标

通过运用科学训练实践，规范学生的身体形态，解决肢体柔韧性、协调性和核心稳定性问题，使学生对芭蕾舞基本功训练有更进一步的认知，并熟练掌握在舞蹈中如何控制身体的技巧，培养学生对舞蹈的兴趣，释放学生的舞蹈潜能，激发个人的舞蹈感觉和舞蹈表现力。

3. 交流活动目标

一是交流芭蕾舞基本功训练的体会，包括地面练习、柔韧性练习、把杆练习、中间练习、跳跃练习（小跳、中跳、大跳）以及足尖练习等体会；二是交流从扶把训练开始，逐渐移到中间，以及各种复杂技巧训练的体会。通过交流活动，学生逐渐从认知自己的肢体到熟练掌握如何运用自己的肢体。

4. 展示活动目标

通过芭蕾舞表演活动，学生展示协调性、节奏感、音乐理解力、自我表现力、协同合作能力，从而完善学生综合素质，并全面立体地提高学生修养及审美意识。

二、芭蕾舞活动课程的单元目标

（一）芭蕾舞教学目标

1. 技能训练目标

以芭蕾舞教学法为基础和指导，根据教学法及课程内容循序渐进、分级学习，在可控制的能力范围内，达到芭蕾舞动作标准和掌握基础技巧技能“转”和“跳”，以及芭蕾舞脚尖舞蹈组合和外国民族民间舞蹈等。

2. 审美能力目标

学习、欣赏不同风格的芭蕾舞，逐步了解芭蕾舞的特点与表演特色，在音乐感悟与形体训练一体的学习基础上，提高芭蕾舞的欣赏能力和审美能力。

3. 艺术情感目标

掌握学习的方法，培养健康的情感，把生活中的情感与舞蹈、音乐融合在一起，通过肢体语言与艺术情感表达手法来展现舞蹈的思想内涵。

（二）舞蹈辅助训练目标

1. 体能训练目标

循序渐进、分级学习舞蹈辅助课程的核心训练，提高体能，增强舞蹈力量。

2. 形体训练目标

掌握小肌肉群训练的要领，提高核心稳定性。

3. 融合训练目标

将芭蕾舞艺术与运动训练进行多元融合，运用科学而精准的训练方法，提升核心稳定性和肌群可控能力。

第三节　芭蕾舞活动课程结构

依据芭蕾舞活动课程目标，在充分考虑其课程性质和课程特点的前提下，根据学生的年龄特点和基础水平，将芭蕾舞活动课程划分为分级和团队两个课程层次，其中分级课程按启蒙阶段、A级阶段、B级阶段、C级阶段、D级阶段、E级阶段、F级阶段、G级阶段、H级阶段逐级递进，每个阶段都有各自的侧重点。团队课程按芭蕾舞团预备小班、芭蕾舞团预备大班、芭蕾舞团小班和芭蕾舞团大班逐级递进。芭蕾舞活动课程结构如下图所示。

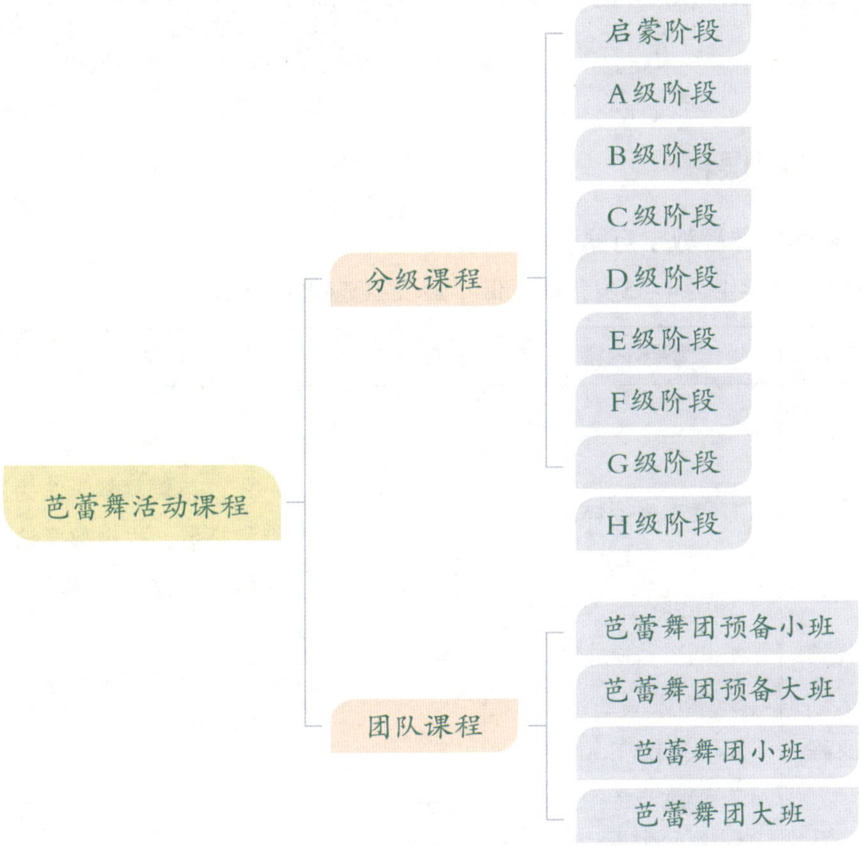

第四节　芭蕾舞活动课程教学方案

课程类别： 文艺类

课程名称： 芭蕾舞活动课程

适用对象： 4～16岁学生

学生基础要求： 根据青少年宫的开班设置设定，切合芭蕾舞普及分层分级课程年龄段要求和低年龄段儿童学习规律的特征，在招生开设班级年龄段和基础要求上，要符合学生的学习心理年龄和身体肌肉科学训练规律。

课时说明：

（1）启蒙阶段至H级阶段课程：15周/学期，1次学习/周，2课时/次（45分钟/课时），总计30课时/学期。

（2）团队课程：15周/学期，1次学习/周，4课时/次（45分钟/课时），总计60课时/学期。

一、分级课程

1. 启蒙阶段课程教学方案

启蒙阶段的学生为4~5岁，属于低年龄段零基础的学生。

单元	模块	教学内容	教学方法	教学标准	课时
启蒙阶段	芭蕾舞基础课程	1. 基本坐姿体态； 2. 勾、绷脚练习等； 3. 压腿； 4. 站姿； 5. Port De Bras； 6. Temps Saute； 7. 跑跳步练习等； 8. 舞蹈组合（趣味性舞蹈4个八拍）	示范教学法、对比教学法、互动点评教学法	1. 以芭蕾舞教学法为基础和指导，根据教学法及课程内容完成启蒙阶段教学，在可控制的能力范围内，达到芭蕾舞动作要求的绷、直、立； 2. 基本了解身体的各个关节以及初级认知感知身体肌肉的发力； 3. 清晰芭蕾舞审美标准	24
	舞蹈辅助训练板块	1. 筋膜拉伸； 2. 身体认知； 3. 身体核心训练（启蒙级）		了解身体的各个关节以及初级认知感知身体肌肉的发力	6

2. A级阶段课程教学方案

A级阶段的学生为5~6岁，接受过启蒙阶段学习。

单元	模块	教学内容	教学方法	教学标准	课时
A级阶段	芭蕾舞基础课程	1. 勾、绷脚练习； 2. 外开练习； 3. 压腿； 4. 踢腿（前、旁）等； 5. 脚位训练； 6. Demi Plie； 7. Battement Tendu； 8. Battement Tendu Jete分解训练； 9. Releve等； 10. 行进步和行礼； 11. Port De Bras； 12. Galop； 13. Temps Saute； 14. 舞蹈组合（带有队形训练）等	示范教学法、对比教学法、互动点评教学法、自主游戏教学法、情境导入教学法	1. 以芭蕾舞教学法为基础和指导，根据教学法及课程内容完成A级阶段教学，在可控制的能力范围内，达到芭蕾舞动作要求的开、绷、直、立； 2. 着重把杆板块的训练，擦地、小踢脚、半脚尖等	26
	舞蹈辅助训练板块	1. 呼吸训练（认知）； 2. 核心训练（初级）		了解呼吸的方法，感知身体的核心肌肉群的发力感	4

3. B级阶段课程教学方案

B级阶段的学生为6～7岁，接受过A级阶段学习，或是具备A级阶段水平。

单元	模块	教学内容	教学方法	教学标准	课时
B级阶段	芭蕾舞基础课程	1. 外开练习（腿部动作训练）； 2. Grand Battement Jete等； 3. Plie； 4. Battement Tendu； 5. Rond De Jambe a Terre； 6. Battement Fondu等； 7. Releve行进步； 8. Port De Bras； 9. Pas Emboite； 10. Temps Saute； 11. Pas Echappe等； 12. 舞蹈组合（带有队形训练）	示范教学法、对比教学法、互动点评教学法、自主游戏教学法、情境导入教学法	1. 以芭蕾舞教学法为基础和指导，根据教学法及课程内容完成B级阶段教学，在可控制的能力范围内，达到芭蕾舞动作要求的开、绷、直、立； 2. 把杆训练动作改变为单手扶把，掌握单手扶把的重心转换； 3. 学会欣赏简单的芭蕾舞剧，对芭蕾的表演形成初步了解	26
	舞蹈辅助训练板块	1. 呼吸训练（激活）； 2. 核心训练（初级）； 3. 平衡稳定训练（初级）		掌握呼吸训练，学会通过呼吸法带动提升核心训练和初步了解平衡稳定性的发力方式	4

4. C级阶段课程教学方案

C级阶段的学生为7～9岁，接受过B级阶段学习，或是具备B级阶段水平。从C级阶段开始，课程训练涉及芭蕾舞把杆训练和外国代表性舞蹈学习，学习的时间会多增加两个学期。

单元	模块	教学内容	教学方法	教学标准	课时
C级阶段	芭蕾舞基础课程	1. 在B级阶段的基础上，部分基础动作从双手改变为单手扶把训练； 2. Battement Frappe； 3. Battement Releve Lente； 4. Grand Battement Jete等； 5. 小舞步； 6. Battement Tendu和Demi Plie； 7. Battement Tendu Jete； 8. Port De Bras； 9. Temps Saute； 10. Pas Assemble； 11. Balance舞步组合； 12. 外国民间舞组合等	示范教学法、对比教学法、互动点评教学法、自主游戏教学法、情境导入教学法	1. 以芭蕾舞教学法为基础和指导，根据教学法及课程内容，完成C级阶段教学，在可控制的能力范围内，达到芭蕾舞动作要求的开、绷、直、立； 2. 把杆组合训练节奏的加快； 3. 要了解掌握外国民间舞蹈——俄罗斯舞蹈表演风格和舞步特点	26
	舞蹈辅助训练板块	1. 小球核心训练（初级）； 2. 平衡稳定训练（中级）； 3. 核心训练（中级）		激活和提升身体核心、腿部肌肉的发力感知，在舞蹈辅助训练中提升平衡稳定	4

5. D级阶段课程教学方案

D级阶段的学生为8～10岁，接受过C级阶段学习，或是具备C级阶段水平。

单元	模块	教学内容	教学方法	教学标准	课时
D级阶段	芭蕾舞基础课程	1. D级阶段把杆组合训练节奏从四拍提升到二拍； 2. Battement Developpe； 3. Grand Battment Jete； 4. 转的准备动作； 5. Pas De Basque； 6. Pas Glissade； 7. Pas Jete； 8. Sissonne Fermee； 9. Pas Echappe； 10、小快板舞步组合、外国民间舞组合等	示范教学法、对比教学法、互动点评教学法	1. 以芭蕾舞教学法为基础和指导，根据教学法及课程内容完成D级阶段教学，在可控制的能力范围内，达到芭蕾舞动作要求的开、绷、直、立； 2. 掌握芭蕾舞脚尖的发力方法和把杆训练组合； 3. 掌握外国民间舞蹈Polka舞步特点	26
	舞蹈辅助训练板块	1. 小球核心训练（中级）； 2. 大球核心稳定训练（初级）； 3. 提高肌肉记忆训练（初级）； 4. 激活腿部动作和跳跃能力训练（初级）		激活大球训练中核心的发力感，提升身体核心稳定性，通过肌肉记忆训练达到肌肉运动轨迹的养成	4

6. E级阶段课程教学方案

E级阶段的学生为9~11岁，接受过D级阶段学习，或是具备D级阶段水平。

单元	模块	教学内容	教学方法	教学标准	课时
E级阶段	芭蕾舞基础课程	1. Battement Petit Battement Sur Le Cou-De-Pled； 2. Battement Developpe； 3. Rond De Jambe En L Air等； 4. Pirouette； 5. Sissonne Ouverte等； 6. Releve（一位）； 7. Assemble Soutenu； 8. Pas De Bourree Simple； 9. 行进步宫廷舞蹈等	示范教学法、对比教学法、互动点评教学法	1. 以芭蕾舞教学法为基础和指导，根据教学法及课程内容完成E级阶段教学，在可控制的能力范围内，达到芭蕾舞动作要求的开、绷、直、立； 2. 学习俄罗斯舞蹈的步法和风格特征	26
	舞蹈辅助训练板块	1. 运动呼吸训练（初级）； 2. 小球核心训练（高级）； 3. 大球舞蹈辅助训练（中级）； 4. 提高肌肉记忆训练（初级）； 5. 激活腿部动作和跳跃能力训练（中级）		掌握运动呼吸法对于舞蹈核心肌肉发力感的提升，在肌肉记忆训练中提升核心稳定性	4

7. F级阶段课程教学方案

F级阶段的学生为10~12岁，接受过E级阶段学习，或是具备E级阶段水平。

单元	模块	教学内容	教学方法	教学标准	课时
F级阶段	芭蕾舞基础课程	1. 加强脚背和脚腕的力量，在动作训练组合里加入从全脚到Releve的训练等； 2. 中间和把杆训练相同，加入Epaulement方向舞姿的训练等； 3. Pas Echappe； 4. 五位Releve和Sissonne Simple； 5. Pas Jete； 6. Pas De Bourree Suivi； 7. Tarantella等	示范教学法、对比教学法、互动点评教学法	1. 以芭蕾舞教学法为基础和指导，根据教学法及课程内容完成F级阶段教学，在可控制的能力范围内，达到芭蕾舞动作要求的开、绷、直、立； 2. 掌握Tarantella的步法和风格特点	26
	舞蹈辅助训练板块	1. 运动呼吸训练（中级）； 2. 大球舞蹈辅助训练（高级）； 3. 核心训练（高级）； 4. 提高肌肉记忆训练（中级），激活腿部动作和跳跃能力训练（中级）		掌握运动呼吸法在舞蹈训练和表演中的运用，提升身体核心在舞蹈中的稳定性，激活腿部动作和跳跃能力，掌握肌肉的发力方式	4

8. G级阶段教学方案

G级阶段的学生为11～13岁，接受过F级阶段学习，或是具备F级阶段水平。

单元	模块	教学内容	教学方法	教学标准	课时
G级阶段	芭蕾舞基础课程	1. Battement Fondu和Rond De Jambe En L Air加入Releve训练等； 2. Epaulement方向舞姿的训练加入Releve； 3. Glissade带向前方向等； 4. Coupe Ballonne和Pas De Bourree等； 5. 外国民间舞蹈、芭蕾舞小舞段或小变奏	示范教学法、对比教学法、互动点评教学法	1. 以芭蕾舞教学法为基础和指导，根据教学法及课程内容完成G级阶段教学，在可控制的能力范围内，达到芭蕾舞动作要求的开、绷、直、立； 2. 拥有独立完成小变奏的能力； 3. 学习外国民间舞蹈——西班牙和俄罗斯舞段	26
	舞蹈辅助训练板块	1. 运动呼吸训练（中级）； 2. 提高肌肉记忆训练（中级）； 3. 核心训练（高级）； 4. BOSU平衡训练（初级）； 5. 激活腿部动作和跳跃能力训练（高级）		1. 把运动呼吸法融合在舞蹈训练和表演中； 2. 在平衡训练中，提升身体核心控制和肌肉记忆方面的能力	4

9. H级阶段课程教学方案

H级阶段的学生为12~14岁，接受过G级阶段学习，或是具备G级阶段水平。

单元	模块	教学内容	教学方法	教学标准	课时
H级阶段	芭蕾舞基础课程	1. 芭蕾舞基础训练把杆练习：Battement Tendu，Plie，Battenment Tendu jete，Rond De Jambe，Battement Fondu Enchainement等； 2. 芭蕾舞基础训练中间练习：Tendu，Adage Enchainement，跳跃组合等； 3. 脚尖技巧技能等； 4. 外国民间舞蹈、芭蕾舞变奏	示范教学法、对比教学法、互动点评教学法	1. 以芭蕾舞教学法为基础和指导，根据教学法及课程内容完成H级阶段教学，在可控制的能力范围内，达到芭蕾舞动作要求的开、绷、直、立； 2. 独立完成一段芭蕾舞变奏	26
	舞蹈辅助训练板块	1. 运动呼吸和提高肌肉记忆训练（高级）； 2. 核心和平衡训练（高级）； 3. 提升腿部动作和跳跃能力训练（高级）		掌握运动呼吸、平衡核心在舞蹈中的运用	4

二、团队课程

芭蕾舞团队课程的设置和排演片段的选择，由各个团队教师根据学生的学习程度和能力进行制订。

1. 预备小班课程教学方案

芭蕾舞团预备小班的学生为7~10岁，接受过芭蕾舞B级阶段学习，或是具备B级阶段水平。

单元	模块	教学内容	教学方法	教学标准	课时
预备小班	芭蕾舞基础课程	1. 芭蕾舞专业二年级水平把杆课程训练（不含芭蕾脚尖）； 2. 芭蕾舞专业二年级水平中间课程训练（不含芭蕾脚尖）； 3. 排演本宫保留芭蕾舞剧目（外国代表性舞蹈为主）	示范教学法、对比教学法、互动点评教学法	以芭蕾舞教学法为基础和指导，根据教学法及教学内容完成预备小班教学，在可控制的能力范围内，达到芭蕾舞动作要求的开、绷、直、立和掌握代表性舞蹈的舞步特点、表演风格	52
	舞蹈辅助训练板块	1. 平衡稳定训练（中级）； 2. 核心训练（中级）； 3. 提高肌肉记忆训练（中级）； 4. 运动呼吸训练（初级）		掌握运动呼吸法在舞蹈训练和表演中的运用，提升身体核心在舞蹈中的稳定性	8

2. 预备大班课程教学方案

预备大班的学生为9～12岁，有一定的外国代表性舞蹈表演水平或具备普通班C级阶段水平。

单元	模块	教学内容	教学方法	教学标准	课时
预备大班	芭蕾舞基础课程	1. 芭蕾舞专业二年级水平把杆课程训练（加强脚和脚背力量训练，从全脚发展到半脚尖和脚尖）； 2. 芭蕾舞专业二年级水平中间课程训练，芭蕾舞专业二年级水平脚尖课程训练； 3. 排演外国代表性舞蹈和经典芭蕾舞剧目（芭蕾舞片段为主）	示范教学法、对比教学法、互动点评教学法	以芭蕾舞教学法为基础和指导，根据教学法及课程内容完成预备大班教学，在可控制的能力范围内，达到芭蕾舞动作要求的开、绷、直、立和掌握古典芭蕾的表演方式	52
	舞蹈辅助训练板块	1. 核心训练（高级）； 2. 提高肌肉记忆训练（中级）； 3. 激活腿部动作和跳跃能力训练（初级）		掌握身体核心力量在舞蹈表演中的运用，在激活腿部动作和跳跃能力中掌握肌肉的发力方式	8

3. 小班课程教学方案

小班的学生为11～14岁，有一定的芭蕾舞表演水平或是具备芭蕾舞足尖基础水平。

单元	模块	教学内容	教学方法	教学标准	课时
小班	芭蕾舞基础课程	1. 芭蕾舞专业三年级水平把杆课程训练、芭蕾舞专业三年级水平中间课程训练； 2. 学习简单的En Tournant、Pirouette（En Dehor、En Dedan）、Grand Pirouette（En Dehor、En Dedan）等； 3. 排演经典芭蕾舞剧目（芭蕾舞古典片段为主）、民族芭蕾、现代芭蕾	示范教学法、对比教学法、互动点评教学法	以芭蕾舞教学法为基础和指导，根据教学法及课程内容完成团队班级教学，在可控制的能力范围内，达到芭蕾舞动作要求的开、绷、直、立，初步掌握民族芭蕾、现代芭蕾的舞蹈特征和表演风格	52
	舞蹈辅助训练板块	1. 核心训练（高阶）； 2. BOSU平衡训练（小器械课程）； 3. 激活腿部动作和跳跃能力训练（中级）； 4. 运动呼吸训练（中级）		掌握呼吸法的运用，提升身体平衡力和身体核心力量在舞蹈中的运作	8

4. 大班课程教学方案

大班的学生为13～16岁，具备芭蕾舞足尖中级或以上水平，具有一定的技巧技能。

单元	模块	教学内容	教学方法	教学标准	课时
大班	芭蕾舞基础课程	1. 芭蕾舞专业四年级水平把杆课程训练，芭蕾舞专业四年级水平中间课程训练； 2. 加强各种在半脚尖和脚尖的动作的稳定性，发展手臂和躯干的可塑性； 3. 排演经典芭蕾舞剧目（领舞和独舞为主），民族芭蕾、现代芭蕾、爵士芭蕾	示范教学法、对比教学法、互动点评教学法	以芭蕾舞教学法为基础和指导，根据教学法及课程内容完成大班教学，在可控制的能力范围内，达到芭蕾舞动作要求的开、绷、直、立和初步掌握多种芭蕾舞的表演风格	52

（续表）

单元	模块	教学内容	教学方法	教学标准	课时
大班	舞蹈辅助训练板块	1. 核心训练（高级）； 2. BOSU平衡训练（小器械课程）； 3. 激活腿部动作和跳跃能力训练（高级）； 4. 运动呼吸训练（高级）	示范教学法、对比教学法、互动点评教学法	熟悉运用呼吸法和了解身体肌肉运动原理在舞蹈中的重要作用	8

第五节　芭蕾舞活动课程评价

一、评价主体

1. 学生自评与互评

学生自评是等级评价的有机组成部分，有利于更全面、更深入地体现学生的综合素质，其具体形式可以是学生表述优劣之处、自我鉴定、自我评估等。通过芭蕾舞课堂活动或课堂交流展示，采用全班互评、小组内互评、小组间互评的方式，对舞蹈动作协调性、舞蹈情感表现力、自我表现力、协同合作能力等进行自评和互评。

2. 教师评价

芭蕾舞学习的评价是通过三维目标的知识与技能、过程与方法、情感态度与价值观三方面对芭蕾舞知识形成的过程和学会发现问题、分析问题、解决问题方面进行的评价，同时在注重知识与技能评价的基础上，深入对学生的协调性、舞蹈艺术情感、音乐理解力、自我表现力、协同合作能力、综合素质能力的形成状况进行评价。

3. 家长评价

通过课堂活动展示、教学交流展示等活动，家长可用课堂现场评价、表格教学评定表、问卷调查表等多元评价方式对学生在芭蕾舞学习中课堂习惯的养成、舞蹈动作的协调性、舞蹈情感的表现力、表演自信、合作能力和教师教学水平等进行评价。

二、评价内容

1. 三维目标评价

评价维度	评价内容	评价选项
知识与技能	了解身体的肌肉构造，理解芭蕾舞的基本要求“开、绷、直”； 掌握芭蕾舞基础技巧技能、脚尖； 通过舞蹈辅助训练模式，掌握身体核心稳定性和协调性； 提高模仿力、舞蹈肢体和情感表现力； 进入芭蕾舞半专业化课程学习	□目标达成 □基本达成 □还需努力
过程与方法	在模仿舞蹈动作的基础上，培养和激发学生的研究能力和创造能力； 学会用专研精神、研究态度与科学研究的基本方式，来开展教与学的双边活动，调动学生本人和同学、教师之间的自主探究和创新； 应用到生活中，探索与提炼舞蹈动作，并将情感与舞蹈、音乐融合在一起，展现舞蹈的艺术情感	□目标达成 □基本达成 □还需努力
情感态度与价值观	感受芭蕾舞艺术的魅力，参与多元化的项目课程活动，了解芭蕾舞的风格与发展，感受国际文化的多元性； 培养良好学习习惯和对美好事物的向往； 树立长期学习芭蕾舞的愿望及具备初步的舞蹈审美能力	□目标达成 □基本达成 □还需努力

2. 项目目标评价

（1）芭蕾舞教学目标评价。

评价维度	评价内容	评价选项
技能训练	分级教学，逐步让学生掌握芭蕾舞基础课程的核心内容——“开、绷、直、立”； 学会运用基础技巧技能完成“转”和“中跳”的大小组合； 要学会模仿动作，学会理解芭蕾舞蹈专用术语、语汇； 中、高级阶段要掌握对脚尖动作的控制，以及运用脚尖完成基础的技巧技能	□目标达成 □基本达成 □还需努力
审美能力	会欣赏、懂欣赏芭蕾舞的表演基本风格特征，掌握舞蹈片段的基础审美能力； 通过了解芭蕾舞剧的时代特点与表演特色，提高对舞蹈片段的欣赏能力	□目标达成 □基本达成 □还需努力
艺术情感	掌握学习方法，培养健康向上的情感； 将生活中的情感与舞蹈、音乐融合在一起，通过肢体语言与艺术情感表达手法来展现舞蹈的思想内涵	□目标达成 □基本达成 □还需努力

（2）舞蹈辅助训练目标评价。

评价维度	评价内容	评价选项
体能训练	感受、感知身体的骨骼和肌肉构成； 掌握肌肉训练的基本方法，提高肌肉在舞蹈中的发力途径	□目标达成 □基本达成 □还需努力
形体训练	掌握核心训练的要领，通过肌肉训练，改变身体形态的不良状态； 通过小肌肉群训练，提升核心稳定性，帮助解放身体的固化，在舞蹈中展现形体优美和轻盈	□目标达成 □基本达成 □还需努力
融合训练	进行舞蹈艺术与运动训练的多元结合训练，掌握身体肌肉在舞蹈中的发力和运用； 运用科学而精准的训练方法，通过融合辅助课程练习，提升舞蹈中肌肉群的核心稳定性，同时提升肌群的可控能力； 提高舞蹈表演中身体的舞蹈力量能力与身体的保护能力	□目标达成 □基本达成 □还需努力

三、评价程序

学生自评 → 小组互评 → 教师评价 → 家长评价

第六节 芭蕾舞活动课程实施建议

一、教学建议

1. 认知活动教学建议

认知活动目标：教师通过组织认知活动，使学生了解芭蕾舞是所有舞蹈的基础，学习芭蕾舞后再去学习其他舞种会相对更容易一些；知道芭蕾舞训练是人类有史以来最科学的人体训练方式，芭蕾舞的每一个训练阶段和动作都与人体自然的发展规律相吻合。

教学建议：根据学生的认知规律特点来进行芭蕾舞教学，同时可以借用辅助性的教具，用趣味性的元素激发学生的认知好奇心。

2. 实践活动教学建议

实践活动目标：教师通过运用科学训练实践，规范学生的身体形态，解决学生肢体柔韧性、协调性和核心稳定性问题，使学生对芭蕾舞基本功训练有更进一步的认知，在掌握舞蹈中如何控制身体展现舞蹈技巧的同时，培养学生对舞蹈的兴趣，释放学生的舞蹈潜能，激发个人的舞蹈感觉和舞蹈表现力。

教学建议：在实践教学中既要注重多元化科学的训练方法，也要注重引导学生自主学习，并密切联系学生自身的特点，以更大化地激发和释放学生个人的舞蹈潜能、感觉和表现力等。

3. 交流活动教学建议

交流活动目标：一是交流芭蕾舞基本功训练的体会（柔韧性练习、地面练习、把杆练习、中间练习、跳跃练习以及足尖练习等）；二是交流从扶把训练开始，逐渐移到中间练习，以及各种复杂技巧训练的体会。通过交流活动，学生逐渐从认知自己的肢体到熟练掌握如何运用肢体展现舞蹈技能与情感表现。

教学建议：更新传统教学观念，改变课堂交流教学结构，要根据不同的教学特点和教学需求来进行有特色的交流活动设计，既要让学生在最大程度上感受到通过交流活动课程所收获的进步，也要培养学生的实践能力。

4. 展示活动教学建议

展示活动目标：通过芭蕾舞表演活动，展示学生的协调性、节奏感、音乐理解力、自我表现力、协同合作能力，从而完善学生综合素质，并全面立体地提高学生修养及审美意识。

教学建议：要切合学生的学习需求和教学特点，以“学生发展为本”“发展学生个性，培养开放型人才”为目标，展示活动形式既要有融合性，也要有独立性；既有多元的合作展示，也有单一的独立展示。

二、评价建议

1. 学生评价建议

在学生自评与互评前应对学生进行引导性培训，说明评价的意义、内容、标准、方法和注意事项。尤其要注意避免教师和他人对学生互评进行的干预，同时也要注意引导学生不要只关注同学的不足和缺点，让评价变相成为“挑错”和“指责”，尽量减轻学生的心理压力和评价可能带来对同伴关系产生的消极影响。

2. 教师评价建议

在教学知识与技能、过程与方法的评价中要重过程、重应用、重体验、重全员参与。芭蕾舞学习评价应发挥其激励与发展功能，使学生从评价中获得成功的体验。激发学生学习兴趣，让学生积极参与学习活动，提高芭蕾舞学习水平。教师要关注学生在学习活动中的表现与反应，并给予必要和及时的评价效果的反馈、适当的鼓励性评价和指导性评价。

3. 家长评价建议

有条件的可以在阶段性教学中组织家长进行评价，并要求家长写出综合性评语，在评价过后进行教学评价反馈。

三、资源开发与利用

1. 教学设计

结合教学目标的需要，开展教研课、公开课，撰写教学设计，为课程教育目标服务。

2. 教学录像

尽量组合不同类型的资源，特别是将教学录像资源结合起来，形成配套教学辅助资源，使学生深入理解课程内容。

3. 教学案例

鼓励教师以新课程理念和教育理念为基础，多组织教学说课和教学案例分享，从而提高、强化教师的教学能力和对课程的整合能力。

4. 教研论文

组织教师参加各类教育、教研活动，鼓励教师撰写、发表教研论文，提升教师在专业和教育教研方面的不断反思、学习以及专研的意识。

5. 教学信息化

在重视面授课堂教学的学习氛围和营造课后学习复习自主性的同时，注重推广运用现代信息网络技术，推进“云课堂”的建设和应用。开拓线上网络教学和线下面授教学的混合模式，开设线上互动微课堂、活动交流展示微舞台等，开辟“智能教育平台”新途径。

第三章

拉丁舞活动课程实施指南

赵一霖

第一节　拉丁舞活动课程概述

一、拉丁舞活动课程的性质

拉丁舞是国际标准舞，对舞种动作和着装有着统一的评判标准。拉丁舞激情、浪漫，又富有活力，其火热的艺术表现形式，深受广大民众的喜爱。拉丁舞活动课程突出学生为主体，尊重个体差异性，在稳抓基本功的同时，以引导为主，通过讲解舞种文化，讲解动作、音乐切分。运用“学教并重”的教学方法，让学生从被动学习变成主动学习。在中高级班中，学生来自不同培训机构，身体条件、舞蹈水平各不相同，拉丁舞活动课程根据具体情况，为学生打造不同的套路组合。拉丁舞活动课程通过改善教学模式，创新教学法，在原有的模式下，运用多模式引导学生学习。在教学过程中一改往常的教师教、学生模仿的固有模式。

二、拉丁舞活动课程的特点

1. 拉丁舞活动课程具有体系性

拉丁舞具有十分完整的体系，每个分类相互联系却各不相同。国标舞有拉丁舞和摩登舞两大项目，又名体育舞蹈，拉丁舞有五个舞种，分别为伦巴舞、恰恰舞、牛仔舞、桑巴舞和斗牛舞。

2. 拉丁舞活动课程具有多元性

作为多民族的拉丁文化，是多种文化元素的融合。拉丁舞和国标舞、爵士舞的融合，更具有美感。拉丁舞的多元性还表现在功能的多元性，如社交、娱乐等。拉丁舞是一种国际上通用的“形体语言”，是全世界统一标准的舞蹈。

3. 拉丁舞活动课程具有灵活性

拉丁舞的特点是舞伴之间可贴身，可分离，各自在固定范围内辐射式地变换方向角度，展现舞姿。步法灵活多变，各舞种通过对胯部及身体摆动不同的技术要求，完成各种舞步，表现各种风格。拉丁舞舞姿妩媚潇洒，婀娜多姿；风格生动活泼，热情奔放；曲调缠绵浪漫，活泼热烈，节奏感强；着装浪漫洒脱。拉丁舞的场地也非常灵活，它时而以娱乐运动形式出现在娱乐厅，时而以锻炼形式出现在广场、公园、运动场等。

4. 拉丁舞活动课程具有竞技性

世界冠军对体育舞蹈训练方法的信息反馈表明，体育舞蹈可以作为一种大强度训练法，在美的旋律中进行生物学改造，它能挖掘人的潜力，充分发挥人的本质力量去与“极限”拼搏，去创造新的世界纪录。据50名体育舞蹈班学员的心率测试结果，体育舞蹈与国际上流行的有氧运动、有氧操、有氧舞蹈是有区别的，有氧运动的心率指标一般在125 ~ 150次/分，而体育舞蹈中有些舞种的心率指标已超过180次/分，如快步舞、恰恰、加依夫等。拉丁舞既是一种有氧运动，又是一种无氧运动。

5. 拉丁舞活动课程具有观赏性

当代世界上的思潮趋向是追求平安稳定，通俗文艺向高雅文艺发展，拉丁舞由自娱性向娱人性发展，并以它相对稳定的高雅文明形态步入世界舞坛。在国际性文艺节的舞台上，就有体育舞蹈表演，在电视节目中也有体育舞蹈欣赏。

三、拉丁舞活动课程的核心素养

拉丁舞是一门热情的舞蹈，学习拉丁舞需要学生百分百的热情与投入。拉丁舞能给人以真善美的教育，提高民族的精神文明水平。真：拉丁舞的真就是真实、真诚、实事求是，舞蹈表演必须在真实的基础上，才能为人所喜爱；善：拉丁舞仍然继承交际舞交际性的特点，它是人际交往、感情交流、沟通心灵的工具；美：对于舞蹈家来说，美是毕生追求的目的。所以，体育舞蹈之功能，就在于真、善、美的教育，它可以教育人们去追求崇高的思想境界，医治人们心灵上的创伤，提高民族的精神素质。而拉丁舞教师则恰恰要教会学生表达自己对舞蹈的热爱，这样的“教”其实就是教师自己要能够将对舞蹈的热情表现出来。让学生们也习惯这样的表达，这就是拉丁舞的核心素养。

第二节 拉丁舞活动课程目标

一、拉丁舞活动课程的总目标

激发学生对舞蹈的热爱，对艺术、世界文化的兴趣。面对困难，想着如何解决问题，改变现状，而不是逃避。陶冶情操的同时养成自信、乐观、热情的性格，培养正确的竞技意识，让学生能在舞蹈中快乐学习。

掌握基本的发力技巧，可以熟练掌握并表达整体的套路组合。舞蹈动作流畅，并能表达剧目基本感情色彩与异国文化。通过运用组合进行简单的创编。明白拉丁舞的基本形态特点，手与身体的练习，后背与跨位的联系，最后形成统一的身体框架。通过竞技比赛，提高学生的表现力，培养正确的竞赛精神。通过服装与发式，身体姿态的正确认识，提升学生的审美能力。

二、拉丁舞活动课程的单元目标

1. 启蒙阶段

（1）找到基本直立感，拥有良好的体态。

（2）找到手部发力/收紧的感觉，懂得拉丁舞发力点。

（3）跟随音乐完成伦巴舞基本步，有基本的乐感、节奏感、理解音乐的能力。

（4）克服学生不爱动、不爱说话的特点。

（5）重点是对学生基本功的练习，基本功是后续一切的基础，所以一开始一定要有良好的基本功基础。

2. 初级阶段

（1）结合音乐，能较好完成恰恰舞基本步，建立基本的拉丁舞框架。

（2）完成铜牌套路——恰恰套路组合，具有良好的拉丁舞感。

（3）培养学生自信、自强、坚毅的性格以及乐于与人交往的态度。

（4）身体尽量伸直，使头部、肩部、胯形成三点一线。

（5）巩固之前学习的舞步，开始简单的同学间的搭伴跳舞，鼓励表现力好的学生当众展示。

3. 中级阶段

（1）在控制好重心，保持好牛仔弹性的前提下，完成基本舞步。

（2）能跟上慢音乐的牛仔舞曲，整体套路有一定的表演能力，建立正确的拉丁舞框架，整体舞感不偏移，节奏正确，身体协调。

（3）完成银牌套路——伦巴套路组合、恰恰套路组合、牛仔套路组合。

（4）让学生掌握一定的拉丁舞审美知识、艺术鉴赏知识，塑造人的形体美、舞蹈美、个性美以及心灵美。

（5）启迪学生智慧，陶冶学生情操，使学生的身心得到健康发展。

4. 高级阶段

（1）在控制好身体形态、保持好桑巴弹性的前提下，完成基本舞步。

（2）在能较好完成基本步的情况下，对整体套路有较好的表演能力。

（3）完成金牌套路——伦巴套路组合、恰恰套路组合、牛仔套路组合、桑巴套路组合，由培养特长向启发创造延伸。

（4）培养学生团结协作的意识，增强学生的集体荣誉感。培养学生良好的道德情操，提升学生道德素养以及知识水平。

（5）让学生的形体得到较大改善，培养优秀的乐感及协调性，掌握一定的拉丁舞基本要领及一些基本的舞台艺术表现手法。

第三节　拉丁舞活动课程结构

依据拉丁舞活动课程目标，在充分考虑其课程性质和课程特点的前提下，根据学生的年龄特点和基础水平，将拉丁舞活动课程按启蒙阶段、初级阶段、中级阶段和高级阶段逐级递进，每个阶段都有各自的侧重点。拉丁舞活动课程结构如下图所示。

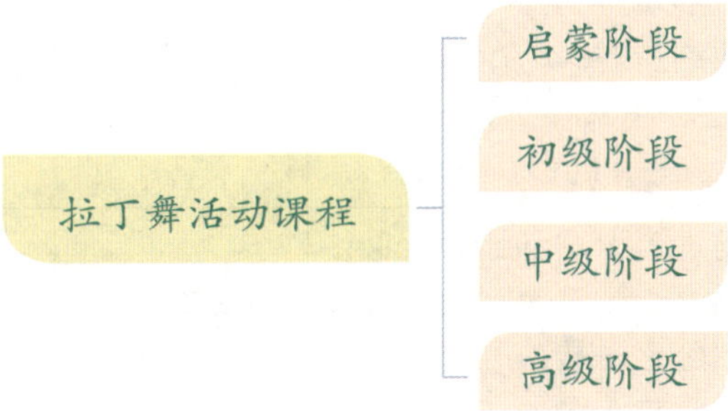

第四节　拉丁舞活动课程教学方案

课程类别：文艺类

课程名称：拉丁舞活动课程

适用对象：6～15岁学生

学生基础要求：课程分为4个阶段，根据各阶段开班年龄设置要求，除启蒙阶段外，其余阶段原则上需有前面阶段的学习基础。

课时说明：15周/学期，1次学习/周，2课时/次（45分钟/课时），总计30课时/学期。

拉丁舞活动课程分为启蒙阶段、初级阶段、中级阶段和高级阶段。

1. 启蒙阶段课程教学方案

启蒙阶段学习时长为一个学年，学生年龄为6～7岁，一个学期为30课时，一课时为45分钟。

单元	模块	教学内容	教学方法	教学标准	课时
第一学期	伦巴站姿训练	1. 基本站姿； 2. 后点地练习（左右）； 3. 旁点地练习（左右）	讲述教学法、分解教学法、示范教学法	找到基本直立感	4
	伦巴手部练习组合	1. 单手； 2. 双手； 3. 上左（上右）		找到手部发力/收紧的感觉	4
	伦巴舞基本步	1. 律动； 2. 移动 Basic Movement； 3. 库克拉恰 Cucarachas； 4. 方形步； 5. 纽约步 New York； 6. 定点转 Spot Turn； 7. 手拉手 Hand to Hand		跟随音乐，完成基本舞步	22
第二学期	伦巴舞基本步	1. 前进走步 Orward Walks； 2. 后退走步 Back Walks； 3. 四分之一转； 4. 滑门步（男）； 5. 滑门步（女）	讲述教学法、分解教学法、示范教学法	跟随音乐，能基本完成舞步小组合	30

2. 初级阶段课程教学方案

初级阶段学习时长为一个学年，学生年龄为7～8岁，一个学期为30课时，一课时为45分钟。

单元	模块	教学内容	教学方法	教学标准	课时
第一学期	恰恰舞基本步	1. 原地换重心； 2. 横并步； 3. 方形步； 4. 纽约步 New York； 5. 定点转 Spot Turn； 6. 手拉手 Hand to Hand； 7. 时间步	讲述教学法、分解教学法、现场教学法、情境引入法	结合音乐，能较好完成舞步并找到前脚掌重心，大腿内侧发力	30

（续表）

单元	模块	教学内容	教学方法	教学标准	课时
第二学期	恰恰舞基本步	1. 前进锁步 Forward Walks； 2. 后退锁步 Back Walks； 3. 四分之一转； 4. 朗德步 Romde Chasse	讲述教学法、分解教学法、现场教学法、情境引入法、课堂讨论法	结合音乐，能较好完成舞步并找到前脚掌重心，大腿内侧发力	30

3. 中级阶段课程教学方案

中级阶段学习时长为两个学年，学生年龄为8～9岁，一个学期为30课时，一课时为45分钟。根据学生具体情况，第一、第二学期各选一支Cbdf建议性套路进行学习，课时为10课时。

单元	模块	教学内容	教学方法	教学标准	课时
第一学期	牛仔舞基本步	1. 基本步Basic Movement； 2. 基本步带转身； 3. 前进追步； 4. 后退追步； 5. 脚掌换步和追步； 6. 原地踢腿Kick in Places； 7. 美式急转American Spin	讲述教学法、分解教学法、完整教学法、现场教学法、情境引入法、课堂讨论法	在控制好重心，保持好牛仔弹性的前提下，完成基本舞步	30
第二学期	牛仔舞基本步	1. 抛转步； 2. 登山步； 3. 风车步； 4. 背后换手	讲述教学法、分解教学法、现场教学法、情境引入法、课堂讨论法	能跟上慢音乐的牛仔舞曲，整体套路有一定的表演能力	30
第三学期	套路组合	1. Cbdf伦巴银牌建议性步型； 2. Cbdf恰恰银牌建议性步型	讲述教学法、分解教学法、现场教学法、情境引入法、课堂讨论法	能跟上慢音乐的伦巴、恰恰舞曲，整体套路有一定的表演能力	30
第四学期	套路组合	Cbdf牛仔银牌建议性步型	讲述教学法、分解教学法、现场教学法、情境引入法、课堂讨论法	能跟上慢音乐的牛仔舞曲，整体套路有一定的表演能力	30

4. 高级阶段课程教学方案

高级阶段学习时长为两个学年，学生年龄为10～12岁，一个学期为30课时，一课时为45分钟。

单元	模块	教学内容	教学方法	教学标准	课时
第一学期	桑巴基本步	1. 直行基本步； 2. 叉形步； 3. 博塔弗戈 Botafoges； 4. 沃尔塔 Voltas； 5. 桑巴锁步 Samba Locks； 6. 走步 Samba Walk	分解教学法、现场教学法、情境引入法、课堂讨论法、自主学习法	在控制好身体形态，保持好桑巴弹性的前提下，完成基本舞步	30
第二学期	套路组合	1. Cbdf 伦巴金牌套路； 2. Cbdf 桑巴金牌套路	分解教学法、现场教学法、情境引入法、课堂讨论法、自主学习法	在较好完成基本步的情况下，整体套路有较好的表演能力	30
第三学期	套路组合	1. Cbdf 恰恰金牌套路； 2. Cbdf 牛仔金牌套路	分解教学法、现场教学法、情境引入法、课堂讨论法、自主学习法	在较好完成基本步的情况下，整体套路有较好的表演能力	30
第四学期	套路组合	Cbdf 斗牛金牌套路	分解教学法、现场教学法、情境引入法、课堂讨论法、自主学习法	在较好完成基本步的情况下，整体套路有较好的表演能力	30

第五节　拉丁舞活动课程评价

一、评价主体

1. 学生自评与互评

学生自评是等级评价的有机组成部分，有利于更全面、更深入地体现学生的综合素质，其具体形式可以是学生表述优劣之处、自我鉴定、自我评估等。通过拉丁舞课堂活动或课堂交流展示，采用全班互评、小组间互评的方式，对舞蹈动作协调性、舞蹈情感表现力、自我表现力、协同合作能力等进行自评与互评。

2. 教师评价

拉丁舞学习的评价是通过三维目标的知识与技能、过程与方法、情感态度与价值观三方面来对拉丁舞知识形成的过程和学会发现问题、分析问题、解决问题方面进行评价，同时在注重知识与技能评价的基础上，对学生的协调性、舞蹈艺术情感、音乐理解、自我表现、协同合作能力、综合素质能力的形成状况进行综合评价。

3. 家长评价

通过课堂活动展示、教学交流展示等活动，家长可用课堂现场评价、表格教学评定表、问卷调查表的多元评价方式对学生在拉丁舞学习中课堂习惯的养成、舞蹈动作的协调性、舞蹈情感的表现力、表演力、表演自信、合作能力和教师教学水平等进行评价。

二、评价内容

单元	评价维度	评价内容	评价选项
启蒙阶段	知识与技能	音乐：学生能合上伦巴舞音乐节奏，并掌握一些节奏的变化。 身体：掌控身体姿态、基本手位、基本脚位、手臂、手指、手腕、脚踝和膝盖等动作要领。 步法：能完成组合，并掌握方位	□目标达成 □基本达成 □还需努力
	过程与方法	根据学生低年龄生理、心理特征，进行手位、基本步、表演的入门训练。改变身体自然形态，提高身体的直立感	
	情感态度与价值观	促进学生自主学习，培养学生自信、大方的性格，对美的感受	
初级阶段	知识与技能	音乐：学生能合上恰恰舞音乐节奏，并掌握一些节奏的变化。 身体：初步掌控身体姿态、基本手位、基本脚位、手臂、手指、手腕、脚踝和膝盖等动作要领。 步法：初步动作，能基本完成组合，并掌握方位。 完成五个伦巴舞基本步时手臂能找到延伸的感觉。 完成五个伦巴舞基本步时脚能找到踩地板的感觉	□目标达成 □基本达成 □还需努力
	过程与方法	根据学生低年龄生理、心理特征，进行手位、基本步、表演的入门训练。改变身体自然形态，提高身体的直立感，找到脚下发力的重心	
	情感态度与价值观	促进学生自主学习，培养学生自信、大方的性格，对美的感受。培养一定的竞赛意识	

（续表）

单元	评价维度	评价内容	评价选项
中级阶段	知识与技能	音乐：能合上牛仔舞音乐节奏，并掌握一些节奏的变化。 身体：掌控身体姿态、基本手位、基本脚位、手臂、手指、手腕、脚踝和膝盖等动作要领。 步法：初步动作，能基本完成组合，并掌握方位。 完成五个牛仔舞基本步时手臂能找到延伸的感觉，并找到弹性。 开始找挤压的感觉，能完成部分身体动作	□目标达成 □基本达成 □还需努力
	过程与方法	根据学生的年龄生理和心理特征，进行基本步、套路组合的练习。改变身体自然形态，提高身体的直立感。找到脚下发力的重心。找到一定的身体挤压感	
	情感态度与价值观	促进学生自主学习，培养学生自信、大方的性格，对美的感受。通过组内竞赛，培养正确的竞争意识	
高级阶段	知识与技能	音乐：学生能合上桑巴舞音乐节奏，并掌握一些节奏的变化。 身体：初步掌控身体姿态、基本手位、基本脚位、手臂、手指、手腕、脚踝和膝盖等动作要领。 步法：初步动作，能基本完成组合，并掌握方位。 完成五个桑巴舞基本步延伸的感觉。 能将上身的挤压联系到中段，能灵活运用到后背肌肉群，能灵活运动臀位线及周围肌肉群	□目标达成 □基本达成 □还需努力
	过程与方法	根据学生的年龄生理和心理特征，进行基本步、套路组合的练习。改变身体自然形态，提高身体的直立感。找到脚下发力的重心。找到身体挤压时与脚下的联系	
	情感态度与价值观	促进学生自主学习，培养学生自信、大方的性格，对美的感受。通过组内竞赛，培养正确的竞争意识	

三、评价程序

学生自评 → 教师评价 → 家长评价 → 比赛成绩

第六节　拉丁舞活动课程实施建议

一、教学建议

基本功的练习比较枯燥乏味，但是又特别重要，教师通过不同的训练方式，锻炼学生不同的肌肉群，先练习大肌肉群，逐步提升至小肌肉群。

在常规的教学模式下，引入先进的、系统的、科学的教学模式，提升学生实践能力。

二、评价建议

对学生的动作、服饰，按中国正规的竞赛标准来要求。

三、资源开发与利用

1. 录像教学

让学生欣赏高水平赛事职业组选手的动作，同时按学生年龄播放国内少儿精英组赛事录像进行比对。

2. 教案、论文研讨

通过学习优秀案例，组织教师进行案例撰写，对教学法进行不断反思、调研。

第四章 管乐活动课程实施指南

许嘉洪

第一节 管乐活动课程概述

一、管乐活动课程的性质

管乐教育是青年鼓队、管乐队教育和西方管乐器教育的总称，是顺应时代主题发展和教育水平需求，以培养青少年综合能力为目标，帮助青少年树立正确的世界观、人生观和价值观的一种艺术教育形式。作为艺术教育的一个范畴，在学生素质的培养中起着非常重要的作用，对人才素质的培养具有特殊的意义。作为音乐教育的有机组成部分，管乐艺术教育可以提高学生的审美情趣和审美判断力，促进学生智力、身心健康成长，培养学生的创新精神和实践能力。

管乐活动课程以能力发展为导向，以普及音乐教育为目标，以学生为主体，从学生的实际情况入手，制订不同的教学内容，让每个学生都能最大限度地挖掘自己的潜能。在管乐活动课程演奏或乐队训练中，既能提高学生的参与度和投入度，提高音乐素养，又能为其提供一种感知、表现和创造音乐的体验。

二、管乐活动课程的特点

管乐活动课程具有辅德、益智、健体功能，管乐演奏是长期手、脑、心、耳、眼合一的不断练习，促进学生的观察力、理解力、记忆力、想象力、操作能力的全面发展。

1. 管乐活动课程具有体验性

管乐合奏是管乐项目的一种演奏形式，合奏的体验有助于学生提高视奏能力及对演奏技术的理解，把技术和乐感相结合，以实现教学目标。学生在单独练习时有一定的学习局限性，参加管乐合奏训练后，接触到大量不同风格、不同难度的乐谱，同时在合奏过程中跟其他学生互相取长补短，能全面提高演奏水平。

2. 管乐活动课程具有综合性

管乐器种类多，除了单独演奏，还有管乐重奏、管乐合奏等多种形式。因此管乐不仅是一门技能课程，还能锻炼学生的合作能力，在协作的过程中实现效果的最大化。

3. 管乐活动课程具有创新性

管乐活动课程以团队为核心。学生在启蒙阶段就要建立起团队合作的理念，一切以集体利益为重，并且学习如何互相聆听、配合。相较于其他种类的课外活动，管乐教育有着提高学生综合素质的特殊优势和功能。每一首乐曲的演奏，都需要每一个成员的共同参与，相互的磨合会增加彼此的信任，增强彼此间的交流能力和表达能力。反复的训练会拉近同学间的情感和友谊，培养出坚持不懈、持之以恒的学习态度。参加活动或演出更是可以体现和锻炼团队的集体荣誉感、向心力和责任心。所以，就学生的终身发展而言，管乐教育能够帮助学生在未来的求学、生活道路上更加容易、快速地融入新的团队和环境当中去。

管乐活动课程为学生创造更多的舞台。舞台使人成长，为学生提供不同的舞台可以让他们得到最大的锻炼，同时教师也会根据学生的个性特点，给学生不同的机会展示自我，务求让所有学生都得到锻炼。

三、管乐活动课程的核心素养

本课程紧跟教育改革、课程改革的步伐，在以核心素养为导向的改革理念下进行器乐教学，在课程中渗透德育内容，坚持活动育人，提高学生的审美能力和对艺术的感知能力。在管乐教学过程中加强德育教育，锻炼学生的毅力，传递正能量，帮助学生建立正确的价值观；学生在学习乐器的同时，也提高了对其他事物的反应能力，能更好地适应不同的环境和人际关系，在学校和社会上也有更强的生存能力；管乐团作为目前国际上覆盖面最广、数量最多的乐团形式，在国与国之间、城市与城市之间的文化交流上能达到很好的效果，彰显水平的同时也可以增进双方之间的友谊。

第二节　管乐活动课程目标

一、管乐活动课程的总目标

让学生认识和接触管乐器，了解管乐的发展历史、乐器的类别和特点，不同的乐器有不同的演奏方法，感受音乐的魅力，提高艺术审美眼光；树立正确、健康的价值观，学生能够表达自己在生活中的情感。

掌握正确的呼吸法、发音方法，熟练演奏各种基本节奏型和了解各种调性的音阶，正确演奏不同的演奏记号，正确表达音乐表情术语。能够具备基本的“听唱”能力，掌握并加深理解节奏、音准等基本要素的概念，理解与同声部的其他人、其他声部如何建立合作关系，能够通过聆听来找到自己在乐队中的位置。具备演奏基本功，具备独奏、重奏和合奏能力，提高演奏和协作能力。

二、管乐活动课程的单元目标

（一）分级课程目标

1. 启蒙阶段

了解乐器结构、发音原理以及正确的呼吸方法，掌握五线谱和简单的乐理知识，能够吹奏一个八度以内的音高；掌握全音符、二分音符和四分音符节奏型，演奏出正确的声音，演奏简单的小乐曲。

2. 初级阶段

掌握一升一降以内的音阶；扩展音域到一个半八度以内；掌握八分音符、十六分音符节奏型；能够进行简单的二重奏；能够较快地辨别出简单的节奏型，了解音阶调性。

3. 中级阶段

掌握两升两降以内的音阶；能够吹出一个半八度的音域；掌握大切分、小切分、大附点、小附点和混合节奏型；难度适中的重奏练习，出现错位节奏型；能够演奏程度较浅的管乐团、交响乐团管乐声部乐队片段。

4. 高级阶段

掌握三升三降或以上的音阶；掌握两个八度以内的音域；掌握复合拍子、更加复杂的节奏型；掌握双吐、三吐等高级技巧（某些乐器）；能够进行难度较大的重奏练习，演奏程度较深的管乐团、交响乐团管乐声部乐队片段。

（二）团队课程目标

1. 管乐预备团

掌握排练难度在0.5～1级的管乐合奏曲目，学会4/4、3/4、2/4拍子，吹奏音域在一个八度以内，能够将节奏做到整齐；能够掌握基本的合奏技能，养成合奏的习惯。

2. 管乐团

排练各类管乐团作品，难度从1.5级到3.5级不等，掌握3/8、6/8拍，具有转换拍子、变化速度的能力，吹奏音域在一个半八度以内，节奏难度增大，出现各种独奏片段。能够较快地反应出合奏课程的乐谱内容，具备一定的自我改正能力。

3. 爵士乐团

能够演奏Swing和Funk等现代风格的作品，能够吹奏节奏多变、强弱规律与古典音乐不同的作品，能够即兴演奏；能够掌握爵士音阶、布鲁斯音阶等基本演奏技巧。

4. 交响乐团

能够排练中外交响乐作品，掌握复杂多变的节奏和调性，掌握发音技巧、演奏技巧，具备较强的心理素质和较好的合作观念。

第三节 管乐活动课程结构

依据管乐活动课程目标，在充分考虑其课程性质和课程特点的前提下，根据学生的年龄特点和基础水平，将管乐活动课程划分为铜管、木管和团队三个课程层次，其中铜管、木管课程按启蒙阶段、初级阶段、中级阶段和高级阶段逐级递进，每个阶段都有各自的侧重点；团队课程由管乐预备团、管乐团、爵士乐团和交响乐团组成。管乐活动课程结构如下图所示。

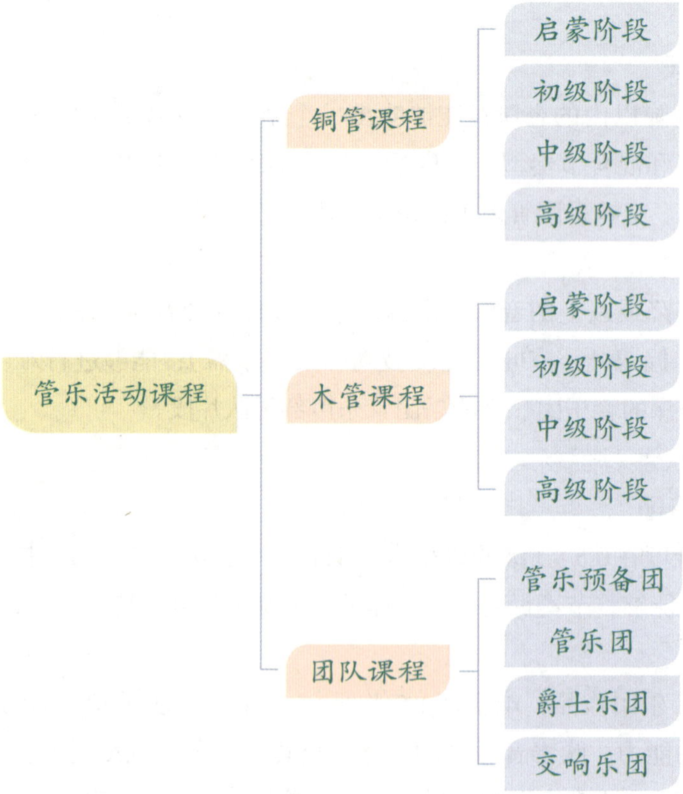

第四节　管乐活动课程教学方案

课程类别：文艺类

课程名称：管乐活动课程

适用对象：小学至高中学龄段学生

学生基础要求：

1. 具备良好的生理条件，如牙齿整齐、手指长度适中、嘴唇厚度合适相应的乐器、呼吸系统没有重大疾病。

2. 有基本的听辨音高能力和节奏感。

课时说明：15周/学期，1次学习/周，2课时/次（45分钟/课时），总计30课时/学期。

一、铜管课程

1. 启蒙阶段课程教学方案

单元	模块	教学内容	教学方法	教学标准	课时
启蒙阶段	演奏技能	1. 了解乐器结构和发音原理，学习正确的呼吸法； 2. 学习吐音和连音，吹奏音域达到一个八度以内； 3. 长音练习和巩固训练	讲授法、听辨法	演奏出饱满、通透的声音，能演奏简单的小乐曲	30
	乐理知识	1. 学习五线谱和简单的乐理知识； 2. 学习全音符、二分音符和四分音符节奏型； 3. 学习4/4、3/4、2/4拍子		能够掌握全音符、二分音符等节奏型，熟悉三种基本拍子	

2. 初级阶段课程教学方案

单元	模块	教学内容	教学方法	教学标准	课时
初级阶段	演奏技能	1. 练习一升一降以内的大小调音阶； 2. 音域拓展到一个半八度以内； 3. 学习基本、常见的音乐术语； 4. 简单的二重奏	模仿法、解析法	发音正确，有一定的音阶调性基础，掌握相应的演奏法，能按要求演奏3级或以下的乐曲	30
	乐理知识	1. 学习八分音符、十六分音符、三连音、大附点、小附点节奏型； 2. 学习3/8、6/8拍		理解八分音符、十六分音符等稍微复杂的节奏型并正确运用	

3. 中级阶段课程教学方案

单元	模块	教学内容	教学方法	教学标准	课时
中级阶段	演奏技能	1. 练习两升两降以内的大小调音阶； 2. 一个半八度的音域； 3. 难度适中的重奏练习； 4. 程度较浅的管乐团、交响乐团管乐声部乐队片段，选自全球不同作曲家的作品，如贝多芬、海顿的作品	自主探究法、互助教学法	学生对乐曲有一定的理解，有自主学习能力，能演奏有一定技巧性和音乐性的乐曲	30
	乐理知识	1. 学习大切分、小切分、连续切分、三十二分音符、长短倚音、波音、颤音等节奏型； 2. 学习2/2、6/4、9/8、12/8等复合拍子		熟悉运用各种已学的节奏型	

4. 高级阶段课程教学方案

单元	模块	教学内容	教学方法	教学标准	课时
高级阶段	演奏技能	1. 练习三升三降或以上的大小调音阶； 2. 两个八度以内的音域； 3. 学习双吐、三吐等高级吐音技巧（某些乐器）； 4. 难度较大的重奏练习； 5. 程度较深的管乐团、交响乐团管乐声部乐队片段，选自全球不同作曲家的作品，如柴可夫斯基、马勒的作品	创设情境法、自主探究法	学生能够自行学习、理解难度较大的乐曲，对乐曲风格把握准确，演奏水平较高	30
	乐理知识	1. 学习五连音、六连音、七连音； 2. 学习5/4、5/8、7/8等混合拍子； 3. 理解并熟练移调		熟悉运用各种已学的节奏型	

二、木管课程

1. 启蒙阶段课程教学方案

单元	模块	教学内容	教学方法	教学标准	课时
启蒙阶段	演奏技能	1. 了解乐器结构和发音原理，学习正确的呼吸法； 2. 学习吐音和连音，吹奏音域达到一个八度； 3. 长音练习和巩固训练	讲授法、听辨法	演奏出饱满、通透的声音，能演奏简单的小乐曲	30
	乐理知识	1. 学习五线谱和简单的乐理知识； 2. 学习全音符、二分音符和四分音符节奏型； 3. 学习4/4、3/4、2/4拍子		能够掌握全音符、二分音符等节奏型，熟悉三种基本拍子	

2. 初级阶段课程教学方案

单元	模块	教学内容	教学方法	教学标准	课时
初级阶段	演奏技能	1. 练习一升一降以内的大小调音阶； 2. 音域拓展到一个半八度； 3. 学习基本、常见的音乐术语； 4. 简单的二重奏	模仿法、解析法	发音正确，有一定的音阶调性基础，能正确演奏相应的演奏法，能按要求演奏3级或以下的乐曲	30
	乐理知识	1. 学习八分音符、十六分音符、三连音、大附点、小附点节奏型； 2. 学习3/8、6/8拍		理解八分音符、十六分音符等稍微复杂的节奏型并正确运用	

3. 中级阶段课程教学方案

单元	模块	教学内容	教学方法	教学标准	课时
中级阶段	演奏技能	1. 练习两升两降以内的大小调音阶； 2. 两个八度的音域； 3. 难度适中的重奏练习； 4. 程度较浅的管乐团、交响乐团管乐声部乐队片段，选自全球不同作曲家的作品，如贝多芬、海顿的作品	自主探究法、互助教学法	学生对乐曲有一定的理解，有自主学习能力，能演奏有一定技巧性和音乐性的乐曲	30
	乐理知识	1. 学习大切分、小切分、连续切分、三十二分音符、长短倚音、波音、颤音等节奏型； 2. 学习2/2、6/4、9/8、12/8等复合拍子		熟悉运用各种已学的节奏型	

4. 高级阶段课程教学方案

单元	模块	教学内容	教学方法	教学标准	课时
高级阶段	演奏技能	1. 练习三升三降或以上的大小调音阶； 2. 两个八度以上的音域； 3. 学习双吐、三吐等高级吐音技巧（某些乐器）； 4. 难度较大的重奏练习； 5. 程度较深的管乐团、交响乐团管乐声部乐队片段，选自全球不同作曲家的作品，如柴可夫斯基、马勒的作品	创设情境法、自主探究法	学生能够自行学习、理解难度较大的乐曲，对乐曲风格把握准确，演奏水平较高	30
	乐理知识	1. 学习五连音、六连音、七连音； 2. 学习5/4、5/8、7/8等混合拍子； 3. 理解并熟练移调		熟悉运用各种已学的节奏型	

三、团队课程

1. 管乐预备团课程教学方案

单元	模块	教学内容	教学方法	教学标准	课时
管乐预备团	合奏训练内容	1. 排练难度在0.5～1级的管乐合奏曲目，学生程度大概在学习乐器半年到一年； 2. 锻炼学生养成看指挥、自主数拍子的合奏习惯	讲授法、记录法	学生能够掌握基本的合奏技能，养成合奏的习惯	30
	乐理知识	1. 学习4/4、3/4、2/4拍子； 2. 音域在一个八度或以内； 3. 节奏简单、整齐			

2. 管乐团课程教学方案

单元	模块	教学内容	教学方法	教学标准	课时
管乐团	合奏训练内容	排练难度在1.5～3.5级的管乐合奏曲目，学生程度大概在学习乐器两年以上	对比法、记录法、探究法	学生能够较快地掌握合奏课程的乐谱内容，具备一定的自我修正能力	30
	乐理知识	1. 增加3/8、6/8拍，可能出现转换拍子，乐曲有速度和风格上的变化； 2. 音域在一个半八度以内			

3. 爵士乐团课程教学方案

单元	模块	教学内容	教学方法	教学标准	课时
爵士乐团	合奏训练内容	爵士大乐队编制，排练Swing、拉丁、流行等音乐风格的作品，学生程度大概在学习乐器两年或以上	对比法、聆听法、即兴法	学生能够掌握爵士音阶、布鲁斯音阶等基本演奏技巧	30
	乐理知识	1. 学习Swing节奏； 2. 练习连续切分、跨小节连线等古典音乐中少见的节奏型； 3. 学习即兴演奏			

4. 交响乐团课程教学方案

单元	模块	教学内容	教学方法	教学标准	课时
交响乐团	合奏训练内容	排练中外交响乐作品，学生程度大概在学习乐器三年或以上	对比法、聆听法	学生的发音技巧、演奏技巧、心理素质都较强，而且有较好的合作观念	30
	乐理知识	有较多的音乐术语，节奏型较为复杂，基本涵盖已学的所有乐理知识			

第五节　管乐活动课程评价

一、评价主体

1. 学生自评与互评

评价演奏的完整性与正确率。

2. 教师评价

评价学生课堂表现、声部之间互相配合情况等。

3. 家长评价

评价学生课后练习情况、教师教学水平等。

二、评价内容

评价维度	评价内容	评价选项
技能目标	了解乐器的结构，学习发音的基本原理； 掌握各种调性的音阶、各种演奏法； 熟练运用单拍子、复拍子和混合拍子； 完整演奏练习曲、乐曲和乐队片段	□目标达成 □基本达成 □还需努力
审美能力目标	感受管乐器的魅力，了解西方音乐史的发展； 开阔艺术领域的眼界； 建立并提高对音乐作品的审美能力	□目标达成 □基本达成 □还需努力
情感目标	培养对音乐艺术的价值观； 通过欣赏音乐，结合自身情况正确表达个人情感； 在学习音乐的过程中增强自信心	□目标达成 □基本达成 □还需努力

三、评价程序

学生自评 → 小组互评 → 教师评价 → 家长评价

第六节 管乐活动课程实施建议

一、教学建议

1. 不同分级的教学建议

启蒙阶段：以规范、标准为主，打好基础；

初级阶段：巩固基本功，要求学生按照标准进一步提高；

中级阶段：在学生的能力范围内适当增加挑战性，强调多元化教学，接触不同类别的音乐；

高级阶段：将技术与乐感相结合，鼓励学生多听多尝试，加强学习的自主性，同时教学上要求更为严谨。

2. 活动课程的教学建议

（1）在课堂上要根据学生的实际情况因材施教，用不同的方法让学生进入状态；

（2）在合奏课堂上要提高效率，排练内容和时长的分配、对乐队成员的关注和互动要把控好；

（3）在展示活动中要给予学生足够的鼓励和信心，让学生能从每一次的演出中获取成就感，要保持互动。

二、评价建议

1. 学生评价建议

根据学生的演奏完整性进行自评与互评。

2. 教师评价建议

根据学生的课堂表现、协作能力进行评价。

3. 家长评价建议

根据学生学习情况、教师教学水平进行评价。

三、资源开发与利用

1. 教学设计

根据教学目标和学生情况，撰写教学设计。

2. 教学案例

多鼓励教师进行总结并分享教学案例，互相学习。

3. 教学录像

通过不同的教学或活动录像，让学生不断总结、学习，吸取经验。

4. 教研论文

通过撰写教研论文，让教师总结自身的经验。

第五章 弦乐活动课程实施指南

林楚君　孟珑

第一节　弦乐活动课程概述

一、弦乐活动课程的性质

弦乐是一门器乐音乐艺术，通过脑、手、心相结合的方式进行演奏训练，弦乐演奏有着强烈的音乐感染力和丰富的音乐表现力。弦乐活动课程以学生为主体，以能力发展为导向，以实现高水平的弦乐普及教育为目标，从学生的年龄特点、兴趣特点入手，使弦乐教学内容更加丰富、生动且有趣。弦乐活动课程强调突出活动过程，鼓励、倡导学生体验参与，引导学生探寻和体验弦乐艺术之美。在弦乐教学实践中，以实现高水平的弦乐普及教育为目标，强调学以致用，为学生打造展示自我的艺术实践平台，建立基于素质教育音乐美育发展的多元评价体系，促进学生的能力发展。

二、弦乐活动课程的特点

1. 弦乐活动课程具有综合性

弦乐课程是一门融合演奏技术、音乐基础理论、音乐审美与艺术情感表达的器乐音乐培训课程。

2. 弦乐活动课程具有实践性

学生通过系统的学习，对所学的知识和技能加以运用实践，让学生从中培养出感知音乐、表达音乐的能力，提高审美情趣。

3. 弦乐活动课程具有创新性

弦乐活动课程的设置并非只注重纯技术性的训练，而是在各弦乐专家的引领下，立足于不同地区的地域特征及弦乐教学现状，综合各专业教师的教学经验，借鉴国内外权威的青少年弦乐普及教学训练教材。在教材内容上，强调把德育理念渗透到教学中，课程整体呈现出科学性、综合性、实践性、多样性。

三、弦乐活动课程的核心素养

音乐是声音的艺术，好的音乐可以净化心灵、陶冶情操，使人积极向上。音乐教育以审美为核心，主要作用于人的情感世界，音乐基础知识和基础技能的学习，应有机地渗透在音乐艺术中。在弦乐演奏实践中，对音准、节奏、表现方式和情感表达等方面的准确把控，让学生能够更深刻地理解音乐语言，从而更好地帮助学生进行音乐的表达和培养学生对演奏的兴趣。弦乐活动课程除了教授弦乐的演奏技能技巧之外，还在课程中有目的、有计划地启发和培养学生的音乐感知力、音乐表现力和音乐创造力，引导学生通过演奏，积极地表达内心的情感，旨在提高学生的音乐素养和审美情趣。而在弦乐学习过程中，学生会遇到各种各样的问题，比如演奏的精准程度，眼、手、脑的协调配合等，技艺的不断提高必须经过日积月累的练习才能得以实现。这个精益求精的过程可以增强学生的韧性与耐性，培养学生吃苦耐劳的优秀品质。

与此同时，乐队的合奏训练可以培养学生的社会素养。在个别教育中，独自学习的环境加上严酷的学业竞争的现状，很容易给学生造成“分数至上”“以自我为中心”等不良引导。乐队合奏的完成需要每一个成员的紧密配合，在与团队成员进行沟通和磨合的过程中，培养和提高学生的协作能力，能够在一定程度上补足我国现阶段教育在团队合作互助精神培养上的空缺，帮助学生树立关心他人、团结协作、以集体利益为重的正确观念。

第二节 弦乐活动课程目标

一、弦乐活动课程的总目标

了解弦乐是历史悠久的西洋乐器种类，认识不同的世界音乐文化和艺术内涵。掌握基础演奏技巧，激发学生学习弦乐的兴趣，挖掘和培养学生的音乐表现力、音乐创造力。通过学习弦乐演奏，提高学生的个人或团队演奏水平、音乐理解力和合奏能力，使得学生具有较高的审美能力和艺术修养，以及全方位的自主探究精神和创新意识。

二、弦乐活动课程的单元目标

（一）分级课程目标

1. 启蒙阶段

识记五线谱及其组成部分、常用的音符及休止符，学习简单的节奏型（二八及前后半拍等），可以进行适当的基础视唱练耳训练。掌握正确持琴、持弓姿势，训练右手运弓的稳定性，学会左手按弦，能够简单地划分弓段，学会一个八度的A大调音阶、D大调音阶。能够演奏简单的乐曲。

2. 初级阶段

认识并运用附点音符、附点节奏、十六分音符及休止符，掌握调号、连音记号、力度记号；学会一个八度的G大调音阶、C大调音阶；掌握顿弓、连弓的拉奏，掌握四分附点节奏（大附点）、四十六节奏型等节奏组合的拉奏，掌握中弓弓段的拉奏。能够独奏2~3级乐曲。

3. 中级阶段

理解并运用三连音、切分节奏、前八后十六、前十六后八等节奏型，掌握常用的音乐表情术语、关系大小调和学会音程。掌握两个八度和三个八度的音阶（两升降以内），掌握三连音、切分节奏、前八后十六节奏、前十六后八节奏的演奏以及换把、泛音演奏，掌握跳弓的演奏方法，初步掌握双音训练要领。能够独奏4～6级乐曲。

4. 高级阶段

掌握五连音、六连音、七连音等精准节奏，理解常用的音乐表情术语，掌握关系大小调、和弦（三和弦、七和弦）。能够进行三个八度的音阶练习（五升降以内），包括自然音阶、琶音（五组三和弦分解+两组七和弦分解）、三度模进、半音阶，三、六、八度双音音阶（视情况增加伸指八度和十度），学会复拍子和混合节奏训练，学会进阶的左手技巧训练，学会连顿弓等各种特殊弓法，学习进阶的双音训练。能够独奏7级或以上程度的乐曲。

（二）团队课程目标

1. 合奏基础课

通过合奏基础弦乐二或三重奏，学生初步理解合奏概念，形成基本合奏意识，能够合奏1～2级曲目。

2. 弦乐二团

通过正规编制的弦乐团合奏训练，学生形成不同乐器声部的合奏意识，兼顾关注声部关系，养成看指挥的习惯，能够合奏2～3.5级的曲目。

3. 弦乐一团

通过正规编制的弦乐团进阶合奏训练，学生进一步提高合奏意识，养成看指挥的习惯，兼顾声部之间的和声组成及声部关系，统一演奏法，能较好地把握作品的音乐风格。能够合奏3.5～5级的曲目。

4. 交响乐团

通过完整编制的管弦乐团合奏训练，学生能够具有高度成熟的合奏意识和较强的视奏能力、音乐表现力，且能精准把握不同的音乐风格。能够合奏5级以上的曲目。

第三节　弦乐活动课程结构

依据弦乐活动课程目标，在充分考虑其课程性质和课程特点的前提下，根据学生的年龄特点和基础水平，将弦乐活动课程划分为分级课程和团队课程两个层次，其中分级课程按启蒙阶段、初级阶段、中级阶段和高级阶段逐级递进，每个阶段都有各自的侧重点；团队课程按合奏基础课、弦乐二团、弦乐一团和交响乐团逐级递进。弦乐活动课程结构如下图所示。

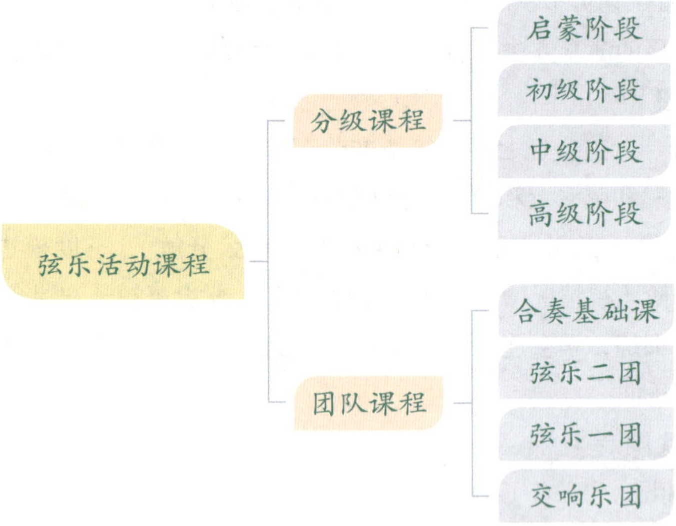

第四节　弦乐活动课程教学方案

课程类别：文艺类

课程名称：弦乐活动课程

适用对象：幼儿园中班至高中学龄段学生

学生基础要求：

1. 具备符合弦乐演奏要求的生理条件，如手指长度与手掌部分比例适中（手指过短的不适宜），指头及指关节力量较好，手指蹼张开度较好，两手协调性较好等。

2. 分级课程：启蒙阶段——0～1级；初级阶段——2～3级；中级阶段——4～6级；高级阶段——7级或以上。

3. 团队课程：合奏基础课——3级；弦乐二团——4～5级；弦乐一团——5～6级；交响乐团——7级或以上。

课时说明：

（1）分级课程：1课时/次（60分钟/课时），总计15课时/学期。

（2）团队课程：合奏基础课为2课时/次（45分钟/课时），总计30课时/学期；弦乐二团、弦乐一团和交响乐团为4课时/次（45分钟/课时），总计60课时/学期。

弦乐活动课程分为分级课程和团队课程。弦乐分级课程教学中，选取的曲目为常用的弦乐教材或国内弦乐社会音乐水平测试教材中对应程度的乐曲；团队课程训练中，选取的曲目均为各青少年乐队训练教材中对应程度的作品。

一、分级课程

1. 启蒙阶段课程教学方案

单元	模块	教学内容	教学方法	教学标准	课时
启蒙阶段	乐理及视唱练耳	1. 认识五线谱及其组成部分； 2. 认识常用的音符及休止符； 3. 学习简单的节奏型（二八及前后半拍等）； 4. 基础的视唱练耳训练	识记为主、口诀记忆	学生能快速辨别谱面的内容，并且准确地唱出来	3.5
	基本功训练	1. 持琴和持弓姿势训练； 2. 空弦练习（训练右手运弓的稳定性）； 3. 左手按弦练习； 4. 简单的弓段划分使用学习（全弓、上半弓和下半弓）； 5. 一个八度的A大调音阶、D大调音阶	结合教师示范，讲解动作要领，学生自行练习，教师从旁指导纠正，进行评价	学生能基本掌握正确的演奏动作，并且稳定、流畅地完成演奏	7
	乐曲	演奏简单的乐曲	学生打拍唱谱，教师讲解演奏要点并示范，学生自行练习，教师从旁指导纠正，进行评价	学生能在教师、家长的引导下，相对独立地完成视谱和演奏练习，熟练、流畅地唱谱和演奏乐曲	4.5

2. 初级阶段课程教学方案

单元	模块	教学内容	教学方法	教学标准	课时
初级阶段	乐理及视唱练耳	1. 附点音符及附点节奏； 2. 十六分音符及休止符的认识和运用； 3. 调号； 4. 连音记号； 5. 力度记号	在原有的乐理知识基础上，增加新内容的讲述，辅以形象生动的比喻，帮助学生理解	学生能快速辨别谱面的内容，并且准确唱出来	3.5
	基本功训练	1. 一个八度的G大调音阶、C大调音阶； 2. 顿弓、连弓的拉奏； 3. 四分附点节奏（大附点）、四十六节奏型等节奏组合的拉奏； 4. 中弓弓段的拉奏； 5. 强弱变化（力度记号）的拉奏	在掌握相应的乐理知识的前提下，教授不同调性的音阶，并进行演奏练习，结合教师示范，讲解演奏要领，学生自行练习，教师从旁指导纠正，进行评价	1. 学生能够快速掌握不同调性音阶，并正确地演奏； 2. 学生能掌握正确的演奏方法，并熟练运用	7
	乐曲	学习独奏2～3级乐曲	学生打拍唱谱，教师讲解演奏要点，视情况进行示范，学生自行练习，教师从旁指导纠正，进行评价	学生能完全独立地进行视谱和演奏练习，熟练、流畅地完成乐曲的演奏	4.5

3. 中级阶段课程教学方案

单元	模块	教学内容	教学方法	教学标准	课时
中级阶段	乐理及视唱练耳	1. 三连音、切分节奏、前八后十六、前十六后八等节奏型的认识和运用； 2. 常用的音乐表情术语； 3. 关系大小调； 4. 音程	在原有的乐理知识基础上，增加新内容的讲述，侧重于逻辑分析的记忆方法	学生能快速辨别谱面的内容，并且准确地唱出来和运用到演奏当中。强化学生的识记能力，加强学生的独立思考能力	4

（续表）

单元	模块	教学内容	教学方法	教学标准	课时
中级阶段	基本功训练	1. 两个八度和三个八度的音阶（两升降以内）； 2. 三连音、切分节奏、前八后十六、前十六后八等节奏型的演奏； 3. 换把、泛音演奏； 4. 跳弓； 5. 初级的双音训练	在掌握相应的乐理知识的前提下，教授不同调性的音阶，并进行演奏练习；结合教师示范，讲解演奏要领，学生自行练习，教师从旁指导纠正，进行评价	1. 学生能快速表现出不同调性音阶，并正确地演奏； 2. 学生能掌握正确的演奏方法，并熟练运用	6
	乐曲	学习独奏4～6级乐曲	学生自行视谱练习，并自行记录疑难问题，教师针对学生的问题进行讲解，视情况加以示范，进行评价	学生能完全独立地进行视谱和演奏练习，并能较好地在教师引导下进行合理的音乐表达	5

4. 高级阶段课程教学方案

单元	模块	教学内容	教学方法	教学标准	课时
高级阶段	乐理及视唱练耳	1. 五连音、六连音、七连音等较复杂的节奏型； 2. 常用的音乐表情术语； 3. 关系大小调； 4. 和弦（三和弦、七和弦）	根据演奏学习所需，增加新内容的讲述，侧重于逻辑分析的记忆方法	学生能快速辨别谱面的内容，并且准确地唱出来和运用到演奏当中。强化学生的识记能力，加强学生的独立思考能力	4

（续表）

单元	模块	教学内容	教学方法	教学标准	课时
高级阶段	基本功训练	1. 三个八度的音阶练习（五升降以内），包括音阶上下行、琶音（五组三和弦分解+两组七和弦分解）、三度模进、半音阶，三、六、八度双音音阶（视情况增加伸指八度和十度）； 2. 复拍子和混合节奏训练； 3. 进阶的左手技巧训练； 4. 连顿弓等各种特殊弓法； 5. 进阶的双音训练	音阶内容进入更完整、全面的训练，结合教师示范，讲解演奏要领，学生自行练习，教师从旁指导纠正，进行评价	1. 学生能快速反映不同调性音阶，并正确地演奏； 2. 学生能掌握正确的演奏方法，并熟练运用	6
	乐曲	学习独奏7级或以上程度的乐曲	学生自行视谱练习，并自行记录疑难问题，教师针对学生的问题进行讲解，视情况加以示范，进行评价	学生能完全独立地进行视谱和演奏练习，并能较好地在教师引导下进行合理的音乐表达，准确把握音乐风格	5

二、团队课程

1. 合奏基础课课程教学方案

单元	模块	教学内容	教学方法	教学标准	课时
合奏基础课	合奏能力训练	弦乐二或三重奏训练	同一专业项目的重奏训练	能看懂指挥手势，有初步的重奏合作意识	15
	音乐素养	学习初步的合奏概念			6
	团队展示	合奏1～2级曲目			9

2. 弦乐二团课程教学方案

单元	模块	教学内容	教学方法	教学标准	课时
弦乐二团	合奏能力训练	弦乐室内乐团合奏训练	正规编制（包含第一小提琴、第二小提琴、中提琴、大提琴和倍低音提琴声部）的弦乐团合奏训练，以难度较低的音乐作品作为训练内容	养成看指挥的习惯，有一定的合奏意识，同时能兼顾关注声部关系，正确按照谱面标记和指挥的要求进行演奏	20
	音乐素养	培养合奏意识			16
	团队展示	合奏2～3.5级曲目			24

3. 弦乐一团课程教学方案

单元	模块	教学内容	教学方法	教学标准	课时
弦乐一团	合奏能力训练	弦乐室内乐团合奏训练	正规编制（包含第一小提琴、第二小提琴、中提琴、大提琴和倍低音提琴声部）的弦乐团合奏训练，以中等难度的音乐作品作为训练内容	有较好的合奏意识，同时能关注声部之间的和声组成及声部关系，演奏法统一，能较好地把握作品的音乐风格	20
	音乐素养	提高合奏意识			14
	团队展示	合奏3.5～5级曲目			26

4. 交响乐团课程教学方案

单元	模块	教学内容	教学方法	教学标准	课时
交响乐团	合奏能力训练	管弦乐合奏训练	完整编制的管弦乐团合奏训练，以中外经典作品作为训练内容	随时关注指挥的指示，视奏能力、合奏意识强，声部间配合紧密，默契度高，演奏法统一，且能精准地把握不同的音乐风格	12
	音乐素养	音乐风格的把握			12
	团队展示	合奏5级以上曲目			36

第五节　弦乐活动课程评价

一、评价主体

1. 学生自评与互评

学生自评是等级评价的有机组成部分，有利于更全面、更深入地体现学生的综合素质。其具体形式可以是学生表述优劣之处、自我鉴定、自我评估等。通过弦乐课堂活动或课堂交流展示，采用全班互评、小组内互评、小组间互评的方式，对演奏的完成程度、音乐情感表现力、演奏状态、协同合作能力等进行自评和互评。

2. 教师评价

弦乐学习的评价是通过三维目标的知识与技能、过程与方法、情感态度与价值观三方面来对弦乐知识形成的过程和学会发现问题、分析问题、解决问题等方面进行的评价。同时，在注重知识与技能评价的基础上，深入对学生课堂表现、演奏能力、音乐理解力、音乐艺术情感的表现力、演奏状态、协同合作能力及综合素质能力等方面进行综合评价。

3. 家长评价

通过课堂活动展示、教学交流展示等活动，家长可用课堂现场评价、教师教学评定表、问卷调查表等多元评价方式，对学生在弦乐学习中课堂表现、演奏能力、对音乐的理解能力、音乐艺术情感的表现力、演奏状态、协同合作能力和教师教学水平等进行综合评定。

二、评价内容

评价维度	评价内容	评价选项
知识与技能	掌握弦乐演奏的相关知识和技巧； 了解不同时期作品的风格特征，学会运用所学的演奏技巧进行音乐表达； 通过规范的合奏训练，培养学生的协作能力	□目标达成 □基本达成 □还需努力
过程与方法	在掌握弦乐演奏基本技巧的基础上，培养和激发学生的思维能力和音乐表达能力； 通过专研精神调动学生之间、师生之间的自主性和积极性，形成全方位的自主探究和创新； 结合生活中的例子，探索与研究演奏相关的问题，并将演奏、情感与音乐融合在一起，展现弦乐音乐的艺术情感	□目标达成 □基本达成 □还需努力
情感态度与价值观	感受弦乐艺术的魅力，参与多元化的项目课程活动，了解弦乐的发展与不同时期的风格特征，感受国际文化的多元性； 培养良好的学习习惯和对美好事物的向往； 树立长期学习弦乐演奏的愿望及具备一定的音乐审美能力	□目标达成 □基本达成 □还需努力

三、评价程序

学生自评 → 小组互评 → 教师评价 → 家长评价

第六节　弦乐活动课程实施建议

一、教学建议

1. 认知活动教学建议

认知活动目标：学生了解弦乐是历史悠久的西洋乐器种类，弦乐在音乐和乐器发展史上都占有重要的地位。学习弦乐演奏，不仅学习演奏乐器，更通过学习演奏去认识不同的世界音乐文化和艺术内涵。

教学建议：根据学生不同年龄的心智特征和认知规律特点来进行弦乐教学，同时可以借助多媒体资源辅助教学，通过结合游戏教学等趣味性的教学手段激发学生学习兴趣。

2. 实践活动教学建议

实践活动目标：通过科学、严谨的训练实践，规范学生的演奏基础，在掌握演奏技巧的同时，培养对音乐的兴趣，激发音乐表现力。

教学建议：在实践教学中，既要注重融入多元化的科学训练方法，也要注重引导学生自主学习，并密切联系学生自身的特点，更大化地激发和释放学生个人的音乐潜能、音乐感知能力和音乐表现力等。

3. 交流活动教学建议

交流活动目标：一是交流弦乐基本技巧训练的体会，包括右手运弓练习（平、连、顿、跳）和左手技术练习（手型、换把、揉弦等）；二是交流音乐表达的手段和方式。通过交流活动，学生学会从客观的角度审视自己的演奏，并能从中获得更多前进的动力。

教学建议：更新传统教学观念，改变课堂交流教学结构，要根据不同的教学特点和教学需求来进行不同的交流活动设计。既要让学生在最大程度上感受到通过交流活动课程所收获的进步，也要培养学生的自主学习能力。

4. 展示活动教学建议

展示活动目标：通过个人或团队的表演活动，展示学生的演奏水平、音乐理解力、表现力和合奏能力，全面提高学生的审美能力和艺术修养。

教学建议：要切合学生的学习需求和教学特点，以“学生发展为本”“发展学生个性，培养开放型人才”为目标，既要有独立性，也要有融合性，同时也要力求创新，提升学生的思维广度。

二、评价建议

1. 学生评价建议

在学生自评和互评之前，应对学生进行引导性培训，说明评价的意义、内容、标准、方法和注意事项，尤其要注意的是避免教师和他人对学生互评进行的干预，同时注意引导学生不要只关注同学的不足和缺点，让评价变相成为“挑错”和“指责”，尽量减轻学生的心理压力和评价可能带来的对同伴关系产生的消极影响。

2. 教师评价建议

在教学知识与技能、过程与方法的评价中要重过程、重应用、重体验、重实践、重全员参与。弦乐学习评价应发挥其激励与发展的作用，使学生从评价中获得成就感。激发学生学习兴趣，让学生积极参与学习活动，提高弦乐学习水平。教师要关注学生在学习活动中的表现与反应，并给予必要和及时的评价效果的反馈、适当的鼓励性评价和指导性评价。

3. 家长评价建议

可以在阶段性教学中组织家长进行评价，并要求家长写出综合性评语，在评价过后进行教学评价反馈。

三、资源开发与利用

1. 教学设计

围绕教学目标，撰写教学设计，进行教研课、公开课等系列教学教研活动，为课程教育目标服务。

2. 教学录像

整合不同类型的资源，特别是将教学录像资源结合起来，使学生更加直观地理解课程内容。

3. 教学案例

鼓励教师以新课程理念和教育理念为基础，多组织教学说课和教学案例分享，从而提高、强化教师的教学能力和对课程的整合能力。

4. 教研论文

通过组织教师参加各类教育教研活动，鼓励教师撰写、发表教研论文，培养和提升教师在专业和教育教研方面的不断反思、学习以及专研的意识。

第六章

民族器乐活动课程实施指南

杨滢畅

第一节 民族器乐活动课程概述

一、民族器乐活动课程的性质

民族器乐活动课程以音乐审美为核心的基本理念，贯穿整个民族器乐课程，在潜移默化中培育学生美好的情操、健全的人格，引导学生对音乐表现形式和情感内涵的整体把握，领会音乐要素在音乐表现中的作用。

民族器乐活动课程遵循“以道为宗，以古圣先贤为师”的人文理念，在民族器乐课程的具体训练和排演过程中引入中国传统“礼乐”的概念。复兴传统从“养正、养气、养心”做起，让民乐团的学生，不再流于形式上的演奏，而是深刻理解传统音乐的文化内涵，深刻感知中华传统文化自强不息的本能，从而身体力行，弘扬传统文化。

二、民族器乐活动课程的特点

1. 民族器乐活动课程的养“正”性

在民乐团的具体训练和排演过程中，引入中国传统“正坐”法。从正坐开始，养正、养气、养心。

2. 民族器乐活动课程的“礼乐”融合

不仅强调“乐”的正宗技法传承，而且强调与之相对应的“礼”形式；不仅强调“礼”的形式，更着重强调“礼”的内容，做到“礼乐”合一，再现传统民乐的真正风貌。

3. 民族器乐活动课程的民乐“接地”性

在教学实践中有效地融入地区民间音乐的特色，改善并加强民乐团在训练与教学过程中对地方音乐素材的运用。

三、民族器乐活动课程的核心素养

民族器乐活动课程紧跟教育改革、课程改革的步伐，在以核心素养为导向的改革理念下，进行器乐教学，以期寻求“音乐本位”与“育人本位”相结合的教学活动手段，促进核心素养在器乐学科的落实。在教学实践中，运用“养正、融合、接地气”等方法进行实践和研究。

第二节　民族器乐活动课程目标

一、民族器乐活动课程的总目标

1. 提高学生音乐修养

运用各种方法，引导学生在不断合作探究、交流实践过程中形成积极主动的学习态度。培养学生对音乐的兴趣，发展音乐感受与鉴赏能力、表现能力和创造能力，提升音乐修养，最终使其成为具有高尚的道德情趣、健全的人格品质、健康的身心素质、全面和谐发展的现代人。

2. 增强学生演奏技能

学生在学习器乐演奏过程中，逐渐熟悉音乐语言的含义及其表达和结构，养成初步的演奏习惯，形成一定的音乐记忆、注意力、音乐理解和一些音乐的基本概念等。在学习过程中，培养出相应的音乐悟性和创造性的想象力，以及对音乐形象要素的理解力，并能把这些音乐形象在演奏中具象化的能力，逐渐形成自己对音乐作品的诠释和理解。

3. 塑造学生良好品性

榜样的力量是无穷的，充分利用学生身边的好榜样来进行引导，加强正面教育和说服教育，提高学生的道德认识，激发学生养成良好行为习惯的动机。

二、民族器乐活动课程的单元目标

1. 初级阶段

认识乐谱及其组成部分，学会简单的间奏型及调号、连音记号和力度记号；会一个八度音阶，学会弦乐的顿弓、连弓拉奏，弹拨乐轮指、弹挑，吹管乐吐音，会用饱满的音色演奏并且带有强弱色彩。学会一首简易乐曲（1～3级）。

2. 中级阶段

学会三连音、切分节奏、前八后十六等节奏型的运用，会认识常用的表情术语和关系大小调等。会演奏2～3首乐曲（4～5级）。

3. 高级阶段

学会五连音、六连音等进准节奏，会各种技巧性指法。能演奏4首以上曲目（6级以上）。

4. 民族乐团

掌握合奏概念，由浅入深地培养合奏意识，加强团队协作能力；通过演奏中国音乐，了解不同时期的作品风格特点，提高学生的艺术审美能力；能够充分发挥想象力、表现力和创造力，把生活中的情感与音乐融合在一起，通过演奏表达音乐的内涵。

第三节　民族器乐活动课程结构

依据民族器乐活动课程目标，在充分考虑其课程性质和课程特点的前提下，根据学生的年龄特点和基础水平，将民族器乐活动课程划分为分级和团队两个课程层次，其中分级项目按初级阶段、中级阶段和高级阶段逐级递进，每个阶段都有各自的侧重点。民族器乐活动课程结构如下图所示。

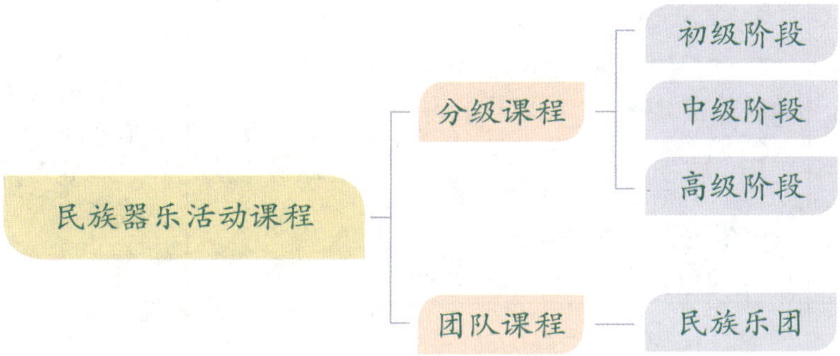

第四节　民族器乐活动课程教学方案

课程类别：文艺类

课程名称：民族器乐活动课程

适用对象：小学至高中学龄段学生

学生基础要求：具备良好的生理条件，如牙齿整齐、手指长度适中；有基本的听辨音高能力和节奏感。

课时说明：15周/学期，1次学习/周，2课时/次（45分钟/课时），总计30课时/学期。

民族器乐活动课程分为分级课程和团队课程。分级课程分为初级阶段、中级阶段和高级阶段三个级别的课程。民乐课程对学生学习的起点要求是先前已有相关知识经验，终点是社会期望，中间有许多不同的发展水平。器乐学习必须从学生原有的经验出发，通过一系列的教学手段和方法，逐步达成对音乐基本概念的理解。

一、分级课程

1. 初级阶段课程教学方案

单元	模块	教学内容	教学方法	教学标准	课时
初级阶段	乐理及视唱练耳	1. 认识乐谱及其组成部分； 2. 学习简单的节奏型； 3. 调号； 4. 连音记号； 5. 力度记号	讲授法、解析法	学生能快速辨别谱面的内容，并且准确地唱出来	8
	基本功训练	1. 一个八度的音阶； 2. 弦乐的顿弓、连弓拉奏，弹拨乐轮指、弹挑，吹管乐吐音； 3. 四分附点节奏（大附点）、四十六节奏型等节奏组合； 4. 饱满的音色演奏； 5. 强弱变化（力度记号）演奏	演示法、互动教学法	学生能基本掌握正确的演奏动作，并且稳定、流畅地完成演奏	9
	乐曲	1. 学会一首简易的广东音乐； 2. 乐曲程度1～3级	演示法、创设情境法、自主探究法	学生能在教师的指导下，相对独立地完成视谱和演奏，初步了解广东音乐的风格	8
	养正养心	1. 布置学生回家看一篇《世说新语》中的小故事； 2. 课间抽10分钟让学生各自探讨故事的内容及自己的评价； 3. 教师总结归纳； 4. 闭上眼睛正坐10分钟，回顾所学、所思、所想	讨论法、创设情境法	树立学生正气品质，达到正气教学、正气育人的效果	5

2. 中级阶段课程教学方案

单元	模块	教学内容	教学方法	教学标准	课时
中级阶段	乐理及视唱练耳	1. 三连音、切分节奏、前八后十六、前十六后八等节奏型的认识和运用； 2. 常用的音乐表情术语； 3. 关系大小调； 4. 音程	讲授法、解析法	学生能快速辨别谱面的内容，并且准确地唱出来	8

（续表）

单元	模块	教学内容	教学方法	教学标准	课时
中级阶段	基本功训练	1. 两个八度的音阶（两升降以内）； 2. 三连音、切分节奏、前八后十六、前十六后八等节奏型的演奏； 3. 换把、泛音演奏； 4. 初级的双音训练	演示法、互动教学法	学生能基本掌握正确的演奏动作，并且稳定、流畅地完成演奏	9
	乐曲	1. 演奏2～3首广东音乐； 2. 乐曲程度4～5级	演示法、创设情境法、自主探究法	学生能在教师指导下，相对独立地完成视谱和演奏练习，较为了解广东音乐的演奏技巧	8
	养正养心	1. 推荐学生看《世说新语》《中国古代寓言故事》中的小故事； 2. 课间抽10分钟让学生各自探讨故事的内容及自己的评价； 3. 教师总结归纳； 4. 闭上眼睛正坐10分钟，回顾所学、所思、所想	讨论法、创设情境法	通过小故事，告诉学生要知书达理，成为身正、言正、行正、品正之人。以史为鉴，古为今用	5

3. 高级阶段课程教学方案

单元	模块	教学内容	教学方法	教学标准	课时
高级阶段	乐理及视唱练耳	1. 五连音、六连音、七连音等精准节奏； 2. 常用的音乐表情术语； 3. 关系大小调； 4. 和弦	讲授法、解析法	学生能快速辨别谱面的内容，并且准确地唱出来	8
	基本功训练	1. 三个八度的音阶（五升降以内）； 2. 混合节奏训练； 3. 进阶的左手技巧训练； 4. 各种技巧性指法	演示法、互动教学法	学生能基本掌握正确的演奏动作，并且稳定、流畅地完成演奏	9

（续表）

单元	模块	教学内容	教学方法	教学标准	课时
高级阶段	乐曲	1. 能演奏4首以上广东音乐； 2. 曲目程度约6级以上	演示法、创设情境法、自主探究法	学生能有一定的视奏能力，较好把握广东音乐的味道	8
	养正养心	1. 推荐学生看《二刻拍案惊奇》或《儒林外史》； 2. 课间抽10分钟让学生各自探讨故事的内容及自己的评价； 3. 教师总结归纳； 4. 闭上眼睛正坐10分钟，回顾所学、所思、所想	讨论法、创设情境法	通过小故事，告诉学生要知书达理，成为身正、言正、行正、品正之人。以史为鉴，古为今用	5

二、团队课程

民族乐团课程教学方案

单元	模块	教学内容	教学方法	教学标准	课时
民族乐团	合奏能力训练	按弹拨组、拉弦组、吹管组、打击乐组进行基础合奏训练，包括节奏、音色、指法技能等	实践法、强化法	能有效地进行合作演奏，做到统一音色、节奏准确，指法、弓法一致	16
	音乐素养	排练作品时教师给予引导，鼓励学生课后查找相关材料进行历史、人文方面的拓展	谈话法、讨论法	能理解音乐作品，通过课后拓展知道作曲家的创作意图	8
	团队展示	每学期展示呈现2~3首乐曲	呈现法	能够完整演奏作品	6

第五节　民族器乐活动课程评价

一、评价主体

1. 学生自评与互评

学生自评是等级评价的有机组成部分，有利于更全面、更深入地体现学生的综合素质。其具体形式可以是学生表述优劣之处、自我鉴定、自我评估等。通过课堂活动或交流展示，采用全班（全团）互评、小组内互评、小组间互评。

2. 教师评价

器乐学习的评价通过知识与技能、过程与方法、情感态度与价值观三方面来进行。在注重知识与技能评价的基础上，对学生课堂表现、学习态度、行为习惯、演奏能力、音乐艺术情感的表现力等方面进行评价。

3. 家长评价

通过课堂活动展示、教学交流展示等活动，家长可用课堂现场评价、教师教学评定表、问卷调查表等多元评价方式，对学生在器乐学习中课堂表现、演奏能力、协同合作能力以及教师教学水平等进行评定。

二、评价内容

评价维度	评价内容	评价选项
知识与技能	掌握民族器乐演奏的相关知识和技巧； 了解本土音乐文化不同时期作品的风格特征，学会运用所学的技巧进行音乐表达； 通过规范的合奏训练，培养学生的协作能力	□目标达成 □基本达成 □还需努力
过程与方法	在掌握民族器乐演奏基本技巧的基础上，培养和激发学生的思维能力和音乐表达能力； 通过专研精神调动学生之间、师生之间的自主性和积极性，形成全方位的自主探究和创新； 结合生活中的例子，探索与研究演奏相关的问题，并将演奏、情感与音乐融合在一起	□目标达成 □基本达成 □还需努力

（续表）

评价维度	评价内容	评价选项
情感态度与价值观	感受民族音乐的魅力，参与多元化的项目课程活动，了解中国乐器和中国音乐的发展与不同时期的风格特征； 培养良好的学习习惯和态度，学生互相友爱帮助； 树立正确的审美观	□目标达成 □基本达成 □还需努力

三、评价程序

学生自评 → 小组互评 → 教师评价 → 家长评价

第六节　民族器乐活动课程实施建议

一、教学建议

1. 认知活动教学建议

认知活动目标：学生了解中国音乐文化博大精深，了解音乐在人格养成、文化生活和国家礼仪方面有着重要的作用和地位。

教学建议：根据学生不同年龄的心智特征和认知规律特点来进行教学，同时可以借助多媒体资源辅助教学，结合故事、神话等其他趣味性的教学手段激发学生的学习兴趣。

2. 实践活动教学建议

实践活动目标：教师通过运用科学、严谨的训练实践，规范学生的演奏基础，使学生掌握演奏技巧的同时，培养其对音乐的兴趣，激发音乐表现力。

教学建议：在实践教学中，既要注重融入多元化的科学训练方法，也要注重引导学生自主学习，并密切联系学生自身的特点，以更大化地激发和释放学生个人的音乐潜能、音乐感知能力和音乐表现力等。

3. 交流活动教学建议

交流活动目标：开展小型演奏会、大师讲座、参观国内一流民族乐团、与其他青少年乐团交流学习等，使学生学会从客观的角度审视自己的演奏，并能从与同龄人的交流沟通中获得更多前进的动力。

教学建议：更新传统教学观念，改变课堂交流教学结构，要根据不同的教学特点和教学需求来进行不同的交流活动设计。既要让学生在最大程度上感受到通过交流活动课程所收获的进步，也要培养学生的自主学习能力。

4. 展示活动教学建议

展示活动目标：通过个人或团队的表演活动，展示学生的演奏水平、音乐理解力、表现力和合奏能力，全面提高学生的审美能力和艺术修养。

教学建议：以“音乐本位”与“育人本位”相结合的教学活动手段，重视发挥学生个性，展示学生特长。

二、资源开发与利用

1. 教学设计

结合教学目标的需要，展开教研课、公开课，撰写教学设计，为课程教育目标服务。

2. 教学录像

尽量组合不同类型的资源，特别是将教学录像资源结合起来，形成配套教学辅助资源，使学生深入理解课程内容。

3. 教学案例

鼓励教师以新课程理念和教育理念为基础，多组织教学说课和教学案例分享，从而提高、强化教师的教学能力和对课程的整合能力。

4. 教研论文

通过组织教师参加各类教育、教研活动，鼓励教师撰写、发表教研论文，开发和提升教师在专业和教育教研方面的不断反思、学习以及专研的意识。

第七章

合唱活动课程实施指南

秦伟　卫喆

第一节　合唱活动课程概述

一、合唱活动课程的性质

合唱是涵盖了音乐艺术、语言艺术、戏剧表演艺术、舞蹈艺术、舞台艺术等象征时代文明的一种综合表演艺术。合唱作为能够陶冶情操、提高国民素质的集体活动，较为强调共性，旨在培养学生团结友爱、互相帮助的团队精神。合唱艺术是综合音乐学习的最佳途径，因为合唱学习是将视唱练耳、和声、曲式结构、声乐技巧、舞台表演等多方面结合的全方面学习，它是最直接、最有效的音乐普及手段。

教育部发布的《国家中长期教育改革和发展规划纲要（2010—2020年）》指出中小学校的艺术教育开展是学校进行素质教育的重要内容，对于培养学生的全面素质能力影响深远。《义务教育音乐课程标准（2011年版）》明确提出："要更加重视并着力加强合唱教学，使学生感受多声部的音乐丰富表现力，尽早积累与他人合作演唱的经验，培养集体意识及协调、合作能力。"

合唱活动课程是以能力发展为导向，以"普及合唱艺术，提高国民素质"为宗旨，以实现高水平合唱演出团为引领，基于项目实施的活动课程。

二、合唱活动课程的特点

合唱活动课程中充分发挥了个性与共性的原则，通过合唱曲目的选择、编配，有目的地传导音乐美育的信息，可以充分发挥人体多种感官的功能，达到音乐教育的最佳效果。积极参与和组织合唱的教学，是加强美育工程建设的一条正确途径。

1. 合唱活动课程具有知识综合性

合唱的教学与艺术实践，综合了声乐、乐理、和声、艺术心理学、音乐历史、指挥法等学科，使之相互渗透整体发展而成为一门艺术。合唱教育的信息具有知识综合性的特点。

2. 合唱活动课程信息传导具有多途径性

合唱教育通过对具体作品的学习，改变了传统教育过程中声乐训练、和声学、视唱、练耳等学科先通过一种途径的学习，然后再进行艺术实践的传统方式，使以往单一的纯理论与技巧的学习，通过综合的方法，在艺术实践过程中融汇起来，从而节省了人力、财力与时间，使艺术音乐教育信息的传导能力和效果大大增强。

3. 合唱活动课程信息能量具有可创造性

合唱教育借助学生的想象空间，以喜爱歌咏集体活动为前提，借助特定的曲目，将音乐知识潜移默化地传授给学生，在轻松快乐的氛围中进行。这样就由教师与学生共同创造艺术作品，给予了音乐教育的信息无限的空间。

4. 合唱活动课程具有灵活性

合唱活动课程信息具有灵活性，它不像传统的音乐教育过程那样受教育者要获取知识，必须通过课堂听讲或阅读文字教材。合唱教育在歌队与指导教师的共同艺术实践中，随时都可以根据学生自己的情况和条件，灵活地选择有利于学生的学习的方法与途径，全面地、有选择地参加艺术实践，获得学生希望获得的知识，这就使合唱教育在信息利用方面具备了极大的灵活性。

合唱活动课程的上述特点，既是其有别于传统的集体音乐教育的根本标志，也是其与传统艺术教育模式相比优越的根源所在，这是一种符合当今实际的有效的音乐教育形式。

三、合唱活动课程的核心素养

音乐核心素养是学生通过音乐的训练和教学，在音乐创造力、音乐表现力和音乐理解反应能力上得到有效提高，并能在音乐活动中，进行积极参与和表现。它不仅要注重学生合唱技巧、音乐表现能力以及音乐素养方面的培养，还要在合唱学习训练的过程中，强调对学生道德情操、创新能力以及情感体验等方面的培养。音乐核心素养主要包括合唱技巧、音乐能力表现、人文素养提高、合唱文化鉴定四个方面。

1. 合唱技巧

合唱技巧是合唱学习和合唱实践的基础，是学生对合唱艺术语言、艺术形象、思想情感的感受和认知。

2. 音乐能力表现

音乐能力表现是创造性的合唱艺术表现活动，是学生在合唱学习中想象力、表现力、创造力的体现。

3. 人文素养提高

人文素养提高是指培养高雅人文情怀、提高学生的审美价值观、实现学生人格真善美的塑造。

4. 合唱文化鉴赏

合唱文化鉴赏是从不同文化角度认识合唱艺术，主要是指鉴赏、文化认同和内心领悟等方面，以达到增强文化自信的目的。

第二节　合唱活动课程目标

一、合唱活动课程的总目标

1. 知识与技能

合唱和一般的唱歌的最大不同之处就在于它更强调学生的团结协作，因此，教师在合唱教学中如何引导学生团结协作达成合唱效果十分重要。但是由于学生的音乐水平参差不齐，部分学生会在合唱学习中想要展现自己而提高音量，部分学生又会因为自卑等问题在合唱中降低音量，这样合唱的整体效果是很不好的。因此，教师在进行合唱教学时还要注重端正学生的学习态度，培养他们的合作意识，让他们更好地参与到合唱教学中来。掌握合唱的系统知识，理解和认识合唱作品不同时代、不同国家的风格，学会合作进行表演。在注重技巧掌握的同时，还要注重提升学生思想道德品质。

2. 过程与方法

以“合作共育”的理论为指导，培养和激发学生的音乐表现能力和创造能力，通过用专研精神、研究态度的基本方式，来开展教与学的双边活动，调动学生和同学、教师之间的自主探究和创新。

3. 情感态度与价值观

激发学习合唱的兴趣，感受合唱艺术的美妙，培养学生良好的学习习惯和对美好事物的向往，从而树立长期学习合唱的愿望及具备初步的音乐审美能力。学生正处于个性发展和审美形成的初步阶段，在此阶段，教师在进行合唱教学时要充分尊重学生的个性差异，尊重学生的音乐审美，使学生形成正确的审美情趣。学生的音乐基础参差不齐，对于音乐基础较好的学生，教师可以激励他们进一步学习；对于音乐基础较差或一些有自卑心理的学生，教师首先要帮助他们树立起合唱信心，对他们进行耐心的指导，多鼓励和表扬，使他们在合唱学习中能更投入、更有信心。合唱教学难以开展的很大一部分原因是学生缺乏对合唱的学习兴趣。作为教师，在进行合唱教学时，首先需要培养学生的合唱学习兴趣，使学生主动参与到合唱学习中。教师可以借助现代信息技术来营造合唱学习的氛围，激发学生的学习兴趣，让学生直观地感受音乐的魅力，通过听觉和视觉的双重感官刺激，激发学生的学习热情。此外，教师在具体的合唱理论知识教学过程中，也要注重趣味性，让学生保持对合唱的学习兴趣。

二、合唱活动课程的单元目标

1. 启蒙阶段

学生是零基础，需要学习乐理基础知识，初步感知声乐演唱的方法，需要歌曲表演上的指导。

2. 初级阶段

班级中有一部分学生已初步了解基本乐理和演唱基本要求，但另一部分插班生基础较薄弱，需进一步学习良好的歌唱状态，进行视唱练耳和合唱的基础训练。

3. 中级阶段

学生已掌握和运用中级视唱练耳和乐理知识，具有一定声乐演唱能力，但在和声能力和音色方面还需进一步提高。在学习声乐演唱技巧方面，还需进行和声训练及中级合唱技能的提高培训。

4. 高级阶段

学生已养成良好的歌唱习惯，并已打下良好的音乐基础，具有一定的和声表现力。学生学习主动性强，但在和声平衡和难度方面还需提高。学生在演唱技巧方面还需进行多声部训练，深入学习合唱演唱技巧，进行中小型合唱作品训练，提高歌曲表现能力，培养高级合唱技能，为合唱演出团提供支持。

5. 演出团

学生已具备良好而又全面的音乐素质，且具有良好的合作意识，但在音色变化与和谐程度方面还有欠缺，需进一步提高训练要求，进行综合素养方面的合唱表演能力训练，以及中外经典合唱作品专业系统的训练，通过比赛及演出，培养全面型音乐人才，关注培养有潜力的学生，使学生得到更好的发展。

第三节　合唱活动课程结构

合唱活动课程指南将围绕核心素养和校外教育的特性，依据合唱的特点，设计相关模块的教学内容，并按照学生的基础分为启蒙阶段、初级阶段、中级阶段、高级阶段、演出团五个层次递进的阶段，每个阶段都有各自的侧重点。合唱活动课程结构如下图所示。

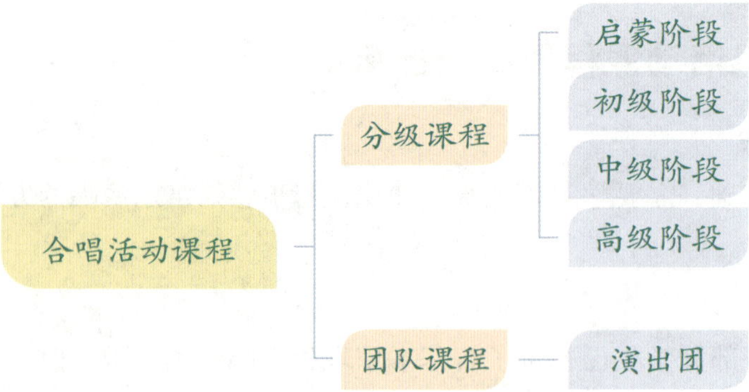

第四节　合唱活动课程教学方案

课程类别：文艺类

课程名称：合唱活动课程

适用对象：5～15岁学生

学生基础要求：具备良好的声音条件，如音色明亮、嗓音有可塑性；有基本的视唱练耳能力（每个级别要求不同）。

课时说明：

（1）分级课程：15周/学期，1次学习/周，2课时/次（45分钟/课时），总计30课时/学期。

（2）团队课程：15周/学期，1次学习/周，4课时/次（45分钟/课时），总计60课时/学期。

一、分级课程

1. 启蒙阶段课程教学方案

启蒙阶段课程分两个学期完成，每个环节须按教材进行教学，教材选用秦伟著的《少儿合唱训练教材1》，第一学期学习1～8课，第二学期学习9～16课。

单元	模块	教学内容	教学方法	教学标准	课时
第一学期	合唱曲目	《小鸟开会》《月姑娘》《河水》《老乌鸦》《我的影子》《不倒翁》《我和祖国站一道》《三轮车》	讲授法、游戏法、创编法	1. 学会歌唱时的正确站姿、表情及基本的歌唱状态； 2. 学会认和数五线谱，听简单的单音和二音组并唱出唱名； 3. 学会全音符、二分音符、四分音符、八分音符、十六分音符、休止符及拍号的应用； 4. 学会认识二八、十六八、八十六、四个十六等典型节奏型	30
	练声曲、视唱练耳、乐理	1. 同音反复和连贯的发声练习，钢琴辅助下完成简短视唱； 2. 三度内音程模唱，听辨单音和音组，学习典型常见节奏型和C大调音阶			

（续表）

单元	模块	教学内容	教学方法	教学标准	课时
第二学期	合唱曲目	《小白兔有礼貌》《小青蛙》《山上的孩子》《萤火虫》《我用蜡笔画自然》《互帮互助一家亲》《彩虹》《山里娃》	讲授法、游戏法、创编法	学会短呼吸和长呼吸，学会用干净平稳的声音演唱	30
	练声曲、视唱练耳、乐理	单音模唱，双音模唱视唱曲每课3首，发声练习每课2首，每课一个乐理知识点		1. 学会十六分音符的应用，认识反复记号、附点四分音符和附点八分音符； 2. 学会模唱旋律音程和简单的和声音程，学会听辨简单典型节奏组合	

2. 初级阶段课程教学方案

初级阶段课程分为两个学期完成，每个环节须按教材进行教学，教材选用秦伟著的《童声合唱训练教程2（基础篇）》，第一学期学习1～6课，第二学期学习7～13课。

单元	模块	教学内容	教学方法	教学标准	课时
第一学期	二声部合唱曲目训练	《打冬瓜》《祈祷》《灯火》《小酒窝》《笑眯眯》	讲授法、创编法、游戏法	学会用正确的呼吸方法唱出统一的音色，演唱时有表情，会加舞蹈动作或声势	30
	练声曲、视唱练耳、乐理	教材每课有具体单音模唱，双音模唱、听唱训练教学内容，每课均练习一首节奏游戏，视唱曲每课3首，发声练习每课2首，每课一个乐理知识点及一首多声部合作		认识两个八度内的五线谱，学会读基础节奏型组合，学会小附点和大附点以及装饰音的应用，了解什么是卡农和C自然大调的关系小调，学会拍号的书写及保持音记号和力度记号的应用	

（续表）

单元	模块	教学内容	教学方法	教学标准	课时
第二学期	二声部合唱曲目训练	《小花伞》《种果树》《祖国是个大家庭》《蟹将军》《唱着歌儿去春游》等	讲授法、创编法、游戏法	学会用正确的呼吸方法唱出统一的音色，养成唱歌时始终保持积极状态的习惯	30
	练声曲、视唱练耳、乐理	教材每课有具体单音模唱，双音模唱、听唱训练教学内容，每课均练习一首节奏游戏，视唱曲每课3首，发声练习每课2首，每课一个乐理知识点及一首多声部合作		1. 学会短呼吸和长呼吸，认识切分节奏，能模唱单音、双音、和声音程及基础节奏型组合，学会应用反复记号，理解音域和单、复拍子； 2. 学会听、记简单的四小节节奏和旋律	

3. 中级阶段课程教学方案

中级阶段课程分为两个学期完成，视唱练耳及节奏练习教材选用花城出版社出版、刘小明编著的《视唱练耳基础教程》和上海音乐学院视唱练耳教研组编著的《二声部视唱基础教程》。第一学期歌曲作品选用童声飞翔《中华少儿歌曲精选2》、杨鸿年中外童声合唱精品曲选等。第二学期歌唱作品教材选用童声飞翔《中华少儿歌曲精选1（10岁以下）》、童声飞翔《中华少儿歌曲精选2（10岁以下）》、顾晓萌编著的《小伙伴之歌》、香港儿童合唱团中级组歌集、杨鸿年中外童声合唱精品曲目。

单元	模块	教学内容	教学方法	教学标准	课时
第一学期	二声部、三声部合唱曲目训练	1. 二声部曲目2首、三声部曲目1首、浏览曲目2首； 2.《小姑娘小花伞》《春天就是我》《春风》《牧童之歌》《春天》《小小世界》《越过彩虹》《留给我》等	讲授法、演示法、游戏法	唱歌时能做到状态积极，呼吸方法正确，有表现力，音色规范，能做出连跳和力度对比，达到音准要求	30

（续表）

单元	模块	教学内容	教学方法	教学标准	课时
第一学期	合唱练声曲目	单声部/二声部练声曲，可以是歌曲选段或自创	讲授法、演示法、游戏法	有良好积极的歌唱状态，可以应用恰当的呼吸方法	
	视唱练耳	1. 单声部视唱12首以上有价值的视唱曲，大约每周一条，共12条，剩下的时间可复习； 2. 二声部视唱8首二声部有价值的视唱曲。大约两周一条，共8条； 3. 听辨音组、原位和转位三和弦、属和弦、基础节奏型组合、音程性质		给个别音辅助就能顺利完成视唱，基本掌握视唱曲的节奏特点、四小节旋律和节奏听辨，听辨出大三和弦及转位的具体音及音程的性质	
	乐理	切分节奏的应用、五声音阶、属和弦、和声小调和旋律小调，每周讲解一个乐理知识点		学会切分节奏、学会八度内构唱音程，初步了解小调音阶和五声音阶	
第二学期	二声部、三声部合唱曲目训练	1. 二声部曲目2首、三声部曲目2首、浏览曲目2首； 2.《小鸟天堂》《让快乐飞翔》《好月亮走得这样静悄悄》《为你唱支歌》《妈妈谢谢你》《我们是春天》《我的小鸡》等	讲授法、演示法、游戏法	唱歌时能做到状态积极，呼吸方法正确，音色统一和谐，声部清晰	30
	合唱练声曲目	单声部/二声部练声曲，可以是歌曲难点部分选段或自创		声音位置统一、吐字咬字清晰，有大方自然的歌唱状态和稳定的气息支撑	

（续表）

单元	模块	教学内容	教学方法	教学标准	课时
第二学期	综合视唱练耳	1. 单声部视唱选用花城出版社出版、刘小明编著的《视唱练耳基础教程》中12首以上有价值的视唱曲，大约每周一条，共12条，剩下的时间可复习； 2. 二声部视唱选用上海音乐出版社出版、上海音乐学院视唱练耳教研组编著的《二声部视唱基础教程》中8首二声部有价值的视唱曲，大约两周一条，共8条； 3, 节奏游戏：节奏练习7条； 4. 听力方面：单音、旋律音程、和声音程、三和弦、三音组、四音组、五音组，从C向上、向下构唱八度内音程，听辨四小节乐句，四小节奏	讲授法、演示法、游戏法	听辨单音、音程、和弦音组时可以说出具体音和度数、性质，能从C向上、向下构唱八度内音程； 听辨四小节乐句和节奏时，能唱出具体音，并说出节奏型	
	综合乐理	三连音节奏、弱起小节、变化音与调号，每周讲解一个乐理知识点		学会应用三连音节奏、理解弱起小节的含义、学会应用常用变化音，背会调号规律	

4. 高级阶段课程教学方案

高级阶段课程分为两个学期完成，视唱练耳教材选用上海音乐出版社出版、罗晓海编著的《视唱综合教程》和上海音乐出版社出版、上海音乐学院视唱练耳教研组编著的《二声部视唱基础教程》，歌曲作品教材选用《最好听的中外童声合唱歌曲100首》《外国童声合唱精选72首》《校园合唱歌曲选》《中华少儿歌曲精选2（10岁以上）》等。

单元	模块	教学内容	教学方法	教学标准	课时
第一学期	二声部、三声部合唱曲目训练	1. 二声部曲目1首、三声部曲目2首、浏览曲目2首； 2.《小杜鹃》《小步舞曲》《月亮月光光》《红红的玫瑰》《孩子的声音》《和平，摇着风铃》《落雨大》《月光光》等	讲授法、演示法、游戏法	演唱时有音乐表现力，能做出强弱对比，学会控制音色变化，能做到声部平衡和谐	30
	合唱练声曲目	二声部/三声部练声曲		学会协调歌唱器官与共鸣器官的关系，有稳定的气息支持，能唱出圆润的音色，音域能扩张到两个八度	
	视唱练耳	1. 单声部视唱：大约两周一条，共8条，剩下的时间可复习； 2. 二声部视唱：大约两周一条，共6条； 3. 听力方面：音程、三和弦、七和弦，调内音程连接构唱（从主音开始）； 4. 节奏游戏：节奏练习8条		听力方面：能说出音程度数、能听出三和弦转位、七和弦原位的具体音和性质，学会构建三和弦和七和弦，熟练掌握半音阶、附点用法	
	乐理	1. 乐理：结合视唱谱和歌曲，每周重点讲解一个乐理知识点； 2. 有关内容：反附点、原位七和弦、根音、三音、五音、冠音、装饰音、半音阶		熟练掌握反附点的用法，熟练演唱调式音阶，熟练掌握半音阶，了解七和弦的构成	

（续表）

单元	模块	教学内容	教学方法	教学标准	课时
第二学期	二声部、三声部合唱曲目训练	高级阶段每学期要精学4~6首有代表性的二至三声部的作品，浏览2首二至三声部作品	讲授法、演示法、游戏法	音色清澈统一，各声部音准好，能对指挥手势做出正确的反应，演唱歌曲时能表现歌曲意境	30
	合唱练声曲目	二声部/三声部练声曲		熟练掌握急吸急呼和缓吸缓呼的变化应用，有稳定的气息支持	
	综合视唱练耳	1. 单声部视唱：视唱曲长的大约两周一条，短的一周一条，共9条，剩下的时间可复习； 2. 二声部视唱：大约两周一条，共6条； 3. 听力方面：单音、音程（包括增减音程）、三和弦、七和弦、指定根音及音程度数向上构唱或反之，听写四小节乐句和节奏，弹低音唱高八度或反之； 4. 节奏游戏：节奏练习8条		1. 要求唱出具体音，四小节奏、节拍听辨，学会从指定根音及音程度数向上构唱或反之； 2. 能听辨并写出四小节乐句和节奏，学会音区听辨	
	综合乐理	1. 乐理：结合视唱谱和歌曲，每周重点讲解一个乐理知识点； 2. 有关内容：增减音程、七和弦转位及性质、转调		熟练掌握各类和弦结构和性质，初步了解转调的含义	

二、团队课程

合唱演出团教材根据实际情况由指挥自选国内外经典的合唱作品。二声部视唱精选国外优秀多声部视唱曲，大约两周一条，共6条，集训时每天一条。

单元	模块	教学内容	教学方法	教学标准	课时
演出团	合唱经典曲目/新作品	三声部/八声部合唱曲目6首、浏览曲目4首，具体曲目由指挥教师选择	讲授法、演示法、游戏法	演唱时，能熟练调整共鸣腔和运用气息控制音色变化和力度变化，能准确表达歌曲内涵，音色变化丰富，转换自如，舞台表演富有表现力，能把握不同风格的作品，胜任承担大型演出及比赛任务，成为全面型音乐人才，综合艺术修养得以提高，学生之间的合作意识和人际交往能力获得增强	60
	多元素合唱练声曲目	二声部/三声部/四声部等练声曲		熟练掌握多种音色的控制，音域扩展到三个八度	
	四声部视唱练耳	1. 听辨单音、旋律音程、和声音程、三和弦、七和弦，四小节二声部乐句，全部要求唱出具体音，四小节奏、节拍听辨； 2. 所有和弦原位和转位，和弦连接		1. 学会听辨四小节双声部乐句，全部要求唱出具体音，能写出二声部四小节奏、节拍； 2. 学会所有和弦原位和转位，和弦连接； 3. 熟练演唱10首有价值的四声部视唱曲，熟练掌握和弦半音上下行	
	综合乐理	结合歌曲，每次重点讲解一个乐理知识点		熟练掌握所有常用和弦的原位和转位，调式及各类节奏组合	

第五节　合唱活动课程评价

合唱活动课程评价的主要目的是激励学生学会学习、发展潜能、建立自信，实现项目课程“立德树人”根本任务，改进教师的教学，使教师获得持续的发展。应建立以项目核心素养为导向的评价体系，评价应有利于学生了解自己的进步，了解在该项目上的发展潜能，建立自信，促进思维、表达、交流、创新等能力的提升。

一、评价原则

1. 总体性原则

从整体着眼，涵盖合唱活动课程目标的各个领域。评价要用发展的眼光，从不同阶段、不同方面的综合对比中，评价学生进步与发展。

2. 科学性原则

评价指标的确定和评价方法的选择应客观地反映和衡量学生学习某个项目后所具备的核心素养的水平与层次，应以项目课程的客观规律和青少年身心发展特点为依据，把评价融入教学的全过程，使自评、互评和他评有机地结合起来。

3. 可实施性原则

评价的内容和方法简单明了，易于推广。

二、评价方式

1. 采取多元性评价方式

应采取多视角评价，如教师评价、学生自评与互评、师生交互评价、家长评价、社会反响评价等。

2. 注重过程性评价

主要评价学生在合唱学习过程中的兴趣、态度、积极性和效果，评价学生学习合唱过程中所达成的素养。

3. 学习档案袋评价

合唱学习档案袋是用来记录学生参与合唱活动过程中不同阶段学习成效的手册，包括参加合唱活动过程记录、学习体会、所有相关的过程性多元评价记录等。教师根据学生合唱学习不同阶段的记录，比较其前后的表现，给予学生成长情况的评价。

4. 日常学习评价

主要评价学生在日常学习中所表现出来的素养与能力，主要有以下几种方式：课堂表现、自我评价、同学互评、阶段测试和期末测试等。具体可以利用学习档案形式反映学生学习情况及学习态度，评价学生完成指定任务的成效。

三、评价主体

1. 学生自评与互评

学生自评是等级评价的有机组成部分，有利于更全面、更深入地体现学生的综合素质。其具体形式可以是学生表述优劣之处、自我鉴定、自我评估等。通过课堂活动或交流展示，采用全班（全团）互评、小组内互评、小组间互评。

2. 教师评价

通过知识与技能、过程与方法、情感态度与价值观三方面来进行评价。在注重知识与技能评价的基础上，对学生课堂表现、学习态度、行为习惯、演唱能力、音乐艺术情感的表现力等方面进行评价。

3. 家长评价

通过课堂活动展示、教学交流展示等活动，家长可用课堂现场评价、教师教学评定表、问卷调查表等多元评价方式，对学生在合唱乐学习中的课堂表现、演唱能力、协同合作能力以及教师教学水平等进行评定。

四、评价内容

评价学生合唱项目核心素养达标程度；
评价学生合唱各个模块学习的总体水平；
评价学生学习合唱的兴趣和愿望；
评价学生表达意见和创意、与他人交流合作的意识与能力；
评价合唱教学内容支撑教学目标和适应教学对象的程度。

五、评价程序

学生自评 → 小组互评 → 教师评价 → 家长评价

第六节　合唱活动课程实施建议

一、教学建议

1. 学习活动教学建议

根据学生的自身特点来进行合唱教学，同时可以借用多媒体，用多种有趣的元素激发学生对合唱的热爱。

2. 实践活动教学建议

根据实践活动目标，通过科学系统的训练及丰富的舞台实践，让学生对合唱有更进一步的理解，开发学生的音乐潜能，激发个人的音乐激情。

3. 展示活动教学建议

通过既有融合性，也有独立性的多元合作展示，切合学生的学习需求和教学特点，以“以生为本”“活动育人”为目标，通过合唱表演活动，展示学生的乐感、节奏感、音乐理解力、自我表现力、协同合作能力，从而全面提高学生的艺术修养及审美意识，成为人格健全的人。

二、资源开发与利用

1. 教学设计

结合教学目标，开展教研课、公开课、大师课，撰写各类教学设计，为课程目标服务。

2. 教学录像

通过不同类型的资源组合，将不同级别、各个时期的教学录像资源保存起来，形成详细的教学辅助资源，作为学生在学习中深入理解课程内容的良好资源。

3. 教学案例

鼓励教师追随最新教学理念，通过组织教学说课和教学案例分享，提高教师的教学能力和应变能力。

4. 教研论文

鼓励教师积极撰写、发表教研论文，组织教师参加各类教研活动，提升教师在专业和教研理论方面的水平。

合唱活动课程指南强调在实践和体验的过程中激发学生对合唱学习的兴趣，在实施教学过程中应以学生为中心，让学生在合唱学习的实践中提高音乐表现力，实现学生的身心和谐发展。结合学校、社区、大型演出、大型赛事等活动，通过有意义的、开放性的情境或任务，引导学生进行深入实践体验，培养学生的合唱能力；注重艺术整合，如合唱与舞蹈、合唱与美术、合唱与科技等多元结合。应充分利用现代信息技术带来的丰富资源，以灵活多样的方式进行合唱教学，鼓励学生自主创新；充分体现校外课程的特殊性，发挥微课、远程授课等优势，以提高优良资源的开发利用效率。

总之，探索并形成合唱活动课程指南，能进一步明晰校外教育培训的教学理念、理论以及评价指标体系，挖掘并设计合唱项目的教育价值和内涵，从而进一步提高教师的全面素养，规范合唱的组织管理和实施办法，提升合唱活动课程建设的质量，有助于合唱育人功能的充分发挥。

第八章

语言艺术活动课程实施指南

陈敏　李娜　孙宝萍

第一节　语言艺术活动课程概述

一、语言艺术活动课程的性质

艺术来源于生活，高于生活。艺术作品中丰富、细腻的情感有着强烈的感染力。语言艺术活动课程利用优秀的文学艺术作品和戏剧作品进行施教，艺术作品中的高尚情感和优秀品质能打开学生美好的心灵世界，培养学生对真善美与假恶丑的辨析力，树立正确的价值观。通过美好情感的驱动，让学生爱上语言艺术并激励学生有更高的追求、更广的视野和更大的格局。语言艺术是一门综合艺术，包含主持、演讲、朗诵、表演等多种艺术形式。语言艺术教师不仅要落实多种艺术形式的教学，还要根据学生的能力和水平设置相应的艺术实践活动，挖掘学生的潜能与自我价值，在以多元融合、由浅入深的科学训练方法提高学生专业素养能力的同时，通过活动课程去体验和学习语言艺术中的多种表现形式，更好地感受语言艺术的魅力。

语言艺术活动课程以能力发展和提高核心素养为导向，以“普及标准普通话，提高国民素质”为宗旨，深入践行社会主义核心价值观，致力于通过专业知识和艺术作品的融合，在培养学生艺术素养的同时提升学生的使命感、信念感、自觉性和能动性，练就过硬本领，不断提高学习语言艺术的兴趣，紧跟时代，掌握文化知识和专业技能，从而提高人文综合素养。根据教育学、教育心理学的指引，建立符合新时代的育人观。确立以学生为主体的教学地位，切实将学生的学习需求作为教学内容的根本，从学生的年龄特点、兴趣特点、学习风格、现有基础、学习潜能入手，尊重个体差异、因材施教，将教学活动有的放矢地开展，使教学更具生动性、层次性与丰富性。

坚持以核心素养为导向，发挥评价的激励、引导、反省功能，助推学生核心素养的培养，促进学生能力的发展。落实语言的育人功能，建立具有导向性、多元性、科学性和可操作性的评价体系，围绕知识技能、学习态度、素质教育和美育发展，评价学生各个模块学习的总体水平、学习的兴趣和愿望、与他人交流合作的意识与能力、教学内容支撑教学目标和适应教学对象的程度等。

二、语言艺术活动课程的特点

校外教育语言艺术课是以兴趣为导向，以实践和体验为载体，以个性化教育为手段，以跨学科学习为表征的艺术教育课程。

1. 语言艺术活动课程具有综合性

语言艺术教学包含静态语言的理解能力与动态语言的表现能力。静态的语言文字具有丰富的文学内涵和思想性，动态的语言需要与动作、表情、声音等元素配合训练，并融入音乐、美术等艺术门类，从而实现多层次、多元化的个体综合素质发展要求，因此，语言艺术不是一门单一的语言训练课程。

2. 语言艺术活动课程具有体验性

语言艺术教学的综合性生成了多品种、多类型的课程内容，多样化的表现形式给予学生丰富的学习体验，在多维度的体验中培养学生的艺术领悟能力，并将这种体验从课堂迁移到舞台，从局部渗透到整体，通过语言训练或戏剧表演逐一予以呈现。

3. 语言艺术活动课程具有创造性

语言艺术是表演艺术，表演艺术的创造性赋予了语言艺术教学的创造属性。这种属性通过语言艺术教学的各种内容和表演形式呈现出来，从声、台、形、表的基础训练到诗歌朗诵、故事讲演、戏剧表演等教学内容均有体现，并且它是一个由低级向高级、由单一向融合转变的升级过程。

4. 语言艺术活动课程具有实践性

语言艺术进行的多品种、多样式的教学内容是从单一到多元、从局部到整体、从低级向高级递进的过程，涉及的众多专业训练效果的达成均经历模仿—内化—创造—实践展示的过程，每一个知识环节的掌握都是在学习、体验、实践、提升中获得的。

三、语言艺术活动课程的核心素养

语言艺术活动课程作为基础教育课程，其课程改革是为了能与现代社会发展相适应，能在培养学生思想道德素质、科学文化素质等方面发挥作用。依据《关于全面深化课程改革　落实立德树人根本任务的意见》，围绕项目特色和校外教育的育人特点，根据其“学生发展核心素养体系”，针对本课程制定如下四个核心素养：

1. 语言建构与运用

语言文字是文化的载体，正是民族语言文字，上下五千年悠久而灿烂的中华优秀传统文化才得以传承和弘扬。散文、诗歌、故事、儿童剧等优秀作品中的语言文字是语言艺术活动课程的重要载体，具有丰富的人文内涵。本课程融入文本语言理解与实际运用，构建语言思维，提升语文素养。

2. 文化传承与理解

优秀的语言艺术作品蕴含丰富的人生哲理、情怀，在教学中升华作品内涵，传承优秀文化，提炼其育人价值。在角色代入、情景模拟、艺术实践等活动中促进学生对中华优秀文化的理解与内化，从而理解并认同中华文化，增强文化自信。

3. 团队合作与交流

语言艺术教学的过程和方法凸显了合作学习的必要性。本课程注重学生学习过程中的合作与交流以及团队意识的培养，在多样化、多形式的合作学习和艺术实践中提升语言的表现能力、沟通能力、交流能力，并增进彼此的友谊与信任。

4. 审美鉴赏与创造

语言艺术教育是形成审美体验、发展审美能力的重要途径。学生不仅能感受语言艺术教学中的语言美、思想美、情感美，还能感受到服装、灯光、道具、舞美等呈现出来的创造美。学生通过阅读、表演优秀作品，体验其丰富情感、激发审美想象、感受思想魅力、领悟人生哲理，并逐渐学会运用语言艺术技能来表现美和创造美，形成自觉的审美意识和审美能力，养成高雅的审美情趣和高尚的品格。

第二节　语言艺术活动课程目标

一、语言艺术活动课程的总目标

1. 声音训练目标

循序渐进，从基础字音发声训练出发，进行音量、音质、音高的训练。做到发音准确、清晰，语音标准，音量可控，能灵活运用发声技巧，熟练、规范地使用标准普通话进行表演。

2. 台词训练目标

在声音训练的基础上，进行台词的基本功训练、基本技能训练和表演力训练，使学生掌握艺术语言应用的内外部技巧，在角色表演中做到吐字清晰，归音到位。不仅能够自如地表达台词，还能进行角色台词的再创造。

3. 形态训练目标

从单一的肢体训练开始，经过综合形体动作和姿态的训练，使学生肢体灵活可塑，逐步掌握肢体语言的运用，并能在语言表达、戏剧表演中熟练、自如地使用多种风格的形体语言，辅助角色的塑造。

4. 表演训练目标

将艺术语言与戏剧表演进行多元结合，掌握戏剧表演的基础知识和创造人物形象的基本方法，做到可以准确展现角色特点，把握舞台行动的创作环节，并在表演中熟练运用多种技巧自信地进行表演。

5. 审美能力目标

学习欣赏不同风格的语言艺术作品，在了解不同语言表演特点与表演特色的基础上，能用所学的专业知识对作品进行客观的评价，同时对艺术作品的思想性有一定的领悟力和鉴赏力。

6. 艺术情感目标

培养健康的情感，通过演绎优秀艺术作品达成德育渗透，在“文化德育”的滋养下，引导学生热爱生活、热爱艺术，并懂得观察和联系生活，把生活中的情感与语言、表演结合起来，正确地表达或抒发自己的情感。

7. 实践活动目标

通过各种艺术实践活动，规范、巩固学生正确发音，掌握在语言表演中声音控制的技巧，加深对语言表演基本功训练的认知，在排练、演出中解决学生日常表演自信心不足的问题，释放学生的潜能，激发个人的表现力。

8. 交流活动目标

在课堂学习过程中，学生能彼此交流学习经验，分享成功心得；在欣赏各类语言表演作品时，能交流观看作品时的感受，客观地予以评价，从而提升专业水平和综合能力，在交流中成长。

9. 展示活动目标

通过表演等展示活动，学生能提高自信心和综合艺术表现力，并促进合作能力和团队精神的形成。

二、语言艺术活动课程的单元目标

1. 启蒙阶段

启蒙阶段课程注重语言兴趣的启蒙，纠正发音，激发学生讲述的兴趣，促进学生语言表达清晰度的提升；口齿清晰，先慢后快地完成绕口令练习；大方自然地念唱儿歌和童谣；结合游戏练习简单的形体动作。

2. 初级阶段

初级阶段课程在延续启蒙阶段课程目标的同时重视学生标准普通话的训练，以肢体语言为辅助手段，通过融入简单情感来表达自我。

3. 中级阶段

中级阶段课程注重表演入门技巧的学习，注重多元语言表演能力的训练，通过动物模仿、人物模仿及学习创作等手段，让学生顺利完成童话作品表演与课本剧表演的展示。

4. 高级阶段

高级阶段课程以专业表演和主持能力为技能重点，通过创作练习、情景模拟等手段，让学生获得舞台专业表演能力。

5. 艺术团课程

艺术团课程以声、台、形、表高度融合为训练内容，加大实践力度，通过语言艺术基本功的学习以及戏剧演员的表演练习，让学生在演出实践中提高技能与素养，培养优秀的表演人才。

第三节　语言艺术活动课程结构

依据语言艺术活动课程目标，在充分考虑其课程性质和课程特点的前提下，根据学生的年龄特点和基础水平，将语言艺术活动课程划分为普通班和艺术团两个课程层次，其中普通班课程按启蒙阶段、初级阶段、中级阶段和高级阶段逐级递进，每个阶段都有各自的侧重点。艺术团课程按演员预备小班、演员预备大班、演员班逐级递进，每个阶段都有各自的侧重点。语言艺术活动课程结构如下图所示。

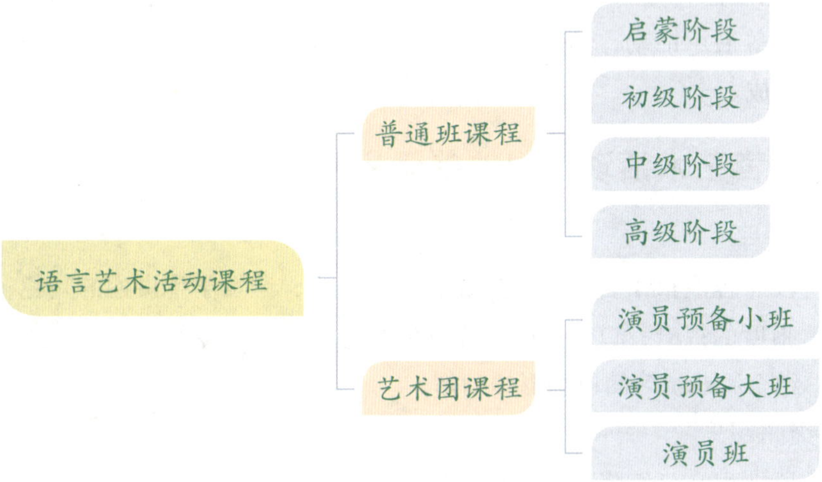

第四节　语言艺术活动课程教学方案

课程类别：文艺类

课程名称：语言艺术活动课程

适用对象：4～13岁学生

学生基础要求：有语言表达的兴趣，喜爱语言艺术，无先天发音生理障碍的适龄儿童。

课时说明：15周/学期，1次学习/周，2课时/次（45分钟/课时），总计30课时/学期。

一、普通班课程

1. 启蒙阶段课程教学方案

启蒙阶段学生年龄为4～5岁，学习时长为一个学年（2个学期），一个学年为60课时，一课时为45分钟。

单元	模块	教学内容	教学方法	教学标准	课时
第一学期	绕口令	（练字发音）《早晨早早起》《哥哥逮蝈蝈》《稀奇歌》《山里有个洞》《和和喝水》《肩扛一匹布》《山上一只虎》《毛毛和涛涛》《山羊上山》《四和十》	示范法、游戏法、对比法、练习法	1. 速度稍慢，节奏均匀，吐字清晰； 2. 自然、大声地念； 3. 重视纠正幼儿口语发声中的长拖尾音	8
	儿歌童谣	（简单表演，声音+形体训练）《数青蛙》《什么圆》《什么有腿不会走》《闹荷塘》《爬山虎》《蹦蹦跳》《变鬼脸》	示范法、游戏法、练习法	1. 声音洪亮、节奏明快； 2. 声音与动作协调； 3. 根据内容搭配简单动作	6

（续表）

单元	模块	教学内容	教学方法	教学标准	课时
第一学期	儿童小诗	（简单表演，声音+形体训练）《夕阳》《晚霞》《清晨》《月亮1》《月亮2》《星星1》《星星2》（备注：月亮1、月亮2，星星1、星星2分别代表不同的描述月亮、星星的两首小诗）	示范法、启发法、创作法、练习法	1. 声音洪亮，吐字清晰； 2. 面部及肢体放松； 3. 形体训练时搭配简单动作朗诵	8
	故事	（动物模仿、角色创作）《瓜》《妈妈，我已经长大》《狼来了》《我给小鸡起名字》	导入法、启发法、讲述法、练习法	1. 完整地讲述； 2. 划分人物对话，根据情境扮演角色	8
第二学期	绕口令	（练字发音、听力训练）《一平盆面》《大刀对单刀》《大车拉小车》《七加一》《大兔子》《三山撑四水》《十字路口指示灯》《莲花灯儿》《一二三》《有个小男孩儿》	示范法、引导法、对比法、练习法	1. 速度稍慢，节奏均匀，吐字清晰； 2. 自然、大声地念； 3. 继续重视纠正幼儿口语发声中的长拖尾音； 4. 节奏训练时采用简单韵律动作	8
	儿歌童谣	（简单表演，声音+形体）《树下狸猫把虎教》《十二月歌》《数猫猫》《板凳、板凳落落》	示范法、游戏法、练习法	1. 声音洪亮、节奏明快； 2. 声音与动作协调； 3. 根据内容搭配简单动作	6
	儿童诗	（情境融入）《灯塔妈妈》《雪花》《小蘑菇》《鸵鸟》《这样的孩子一定很少》《月亮》《月亮掉进水里》《我是三军总司令》	示范法、启发法、练习法	1. 声音洪亮，吐字清晰； 2. 面部及肢体放松； 3. 根据幼儿不同的声音性格特征，展现同一个作品不同的表现形式； 4. 形体训练时搭配简单动作进行朗诵	6
	故事	（动物模仿、角色创作）《两只老鼠胆子大》《乌鸦和狐狸》	导入法、启发法、讲述法、创作法、练习法	1. 完整地讲述； 2. 划分人物对话，根据情境扮演角色； 3. 搭配简单动作讲演故事	10

2. 初级阶段课程教学方案

初级阶段学生年龄为6～8岁，学习时长为两个学年（4个学期），一个学年为60课时，一课时为45分钟。

单元	模块	教学内容	教学方法	教学标准	课时
第一学期	绕口令	（练字发音）《毛毛和猫猫》《狗与猴》《分果果》《鹅过河》《登山》《三十三只山羊》《姥姥和淘淘》《“头”歌》《拉马车》《羊和狼》《路灯》《胖娃娃》	示范法、引导法、对比法、练习法	1. 语速中速，节奏均匀，吐字清楚； 2. 自然、大声地念唱； 3. 重视绕口令发声时的字正腔圆； 4. 搭配简单韵律动作	6
	儿歌童谣	（简单表演，声音+形体）《轻轻地》《布娃娃》《会叫的鞋子》《淘气包》《羞》《古怪歌》《孙悟空打妖怪》	示范法、游戏法、练习法	1. 声音响亮、节奏明快； 2. 声音与动作协调； 3. 根据内容搭配简单动作	6
	动物诗集	（简单表演，声音+形体）《狗和猫》《麻雀》《小鸟》《蝴蝶》《萤火虫》《燕子》《小老鼠》《蚂蚁》《蚊子》	示范法、启发法、练习法	1. 声音洪亮，吐字清晰； 2. 面部及肢体放松，慢慢开始进入绘声绘色朗诵	8
	故事	（动物模仿、角色创作）《羞》《聪明伶俐的小羊》《小鸡和小鸭》《鼻子和耳朵》	导入法、启发法、讲述法、创作法、练习法	1. 完整地讲述； 2. 划分人物对话，根据情境扮演角色； 3. 根据内容搭配简单动作	10
第二学期	绕口令	（练字发音）《砸缸》《肉和豆》《小母猪》《看杂志》《一平盆面》《大刀对单刀》《大车拉小车》《七加一》《大兔子》《三山撑四水》《十字路口指示灯》《莲花灯儿》《一二三》《有个小男孩儿》	示范法、游戏法、对比法、练习法	1. 语速中速，节奏均匀，吐字清晰； 2. 自然、大声地念； 3. 部分巩固练习的绕口令尽量不出现读错字错音； 4. 搭配简单韵律动作	6
	儿童小（短）诗	（简单表演，声音+形体）《小雨点》《四个太阳》《风》《云》	示范法、启发法、练习法	1. 声音洪亮、根据不同作品的主题，开始运用不同的音乐节奏进入作品朗诵； 2. 根据内容搭配简单动作，声音与动作协调	6

（续表）

单元	模块	教学内容	教学方法	教学标准	课时
第二学期	儿童诗	（简单表演，声音+形体）《芽》《小蜗牛》《不知道和小问号》	示范法、启发法、练习法	1. 声音洪亮，吐字清晰； 2. 面部及肢体放松； 3. 搭配简单动作，变换队形配乐朗诵	8
	故事	（动物模仿、角色创作）《苍蝇洗澡》《给老虎画像》《被鸡吃了的龙》《智斗大灰狼》	导入法、启发法、讲述法、创作法、练习法	1. 完整地讲述； 2. 划分人物对话，根据情境扮演角色； 3. 按照学生语言表达的不同情况，分单人或双人及多人练习	10
第三学期	绕口令	（练字发音）《一面小花鼓》《毛毛和涛涛》《四是四》《路东路南》《桌上放个盆》《高高山上一条藤》《陆小六》《三月三》	示范法、对比法、练习法	1. 语速中速，节奏均匀，吐字清晰； 2. 自然、大声地念； 3. 单人、双人、多人相对练习	6
	儿童诗	（简单表演，声音+形体）《下巴上的洞洞》《致老鼠》《哨声》《假如我当了爸爸妈妈》《乡愁》《纸船》《画夏天》《六一的早晨》	示范法、游戏法、启发法、表演法	1. 声音洪亮、不同的作品按照不同的语速、节奏控制； 2. 根据内容搭配简单动作； 3.《乡愁》《纸船》在此年级段较难，重点引导学生通过作品练习气息语言的轻重缓急	10
	儿童情景小剧	（简单表演，声音+形体）《快上学去吧》	示范法、排练法、启发法、创作法、表演法	1. 声音洪亮，吐字清晰； 2. 划分人物角色，按规定情境表演； 3. 通过排练开始感受角色、调度、舞台、团结协作	6
	故事	（动物模仿、角色创作）《狼和小羊》	导入法、启发法、创作法、表演法、	1. 完整地讲述； 2. 划分人物对话，根据情境扮演角色	8

（续表）

单元	模块	教学内容	教学方法	教学标准	课时
第四学期	绕口令	（练字发音）《板凳宽》《老爷堂上一面鼓》《七加一》《哥挎瓜筐》《粉红墙上画凤凰》《白石塔》《吃葡萄》《八百标兵奔北坡》《出南门》《报纸是报纸》《有个小孩子》《小猪扛锄头》	示范法、对比法、练习法	1. 语速中速，节奏均匀，吐字清晰； 2. 自然大声地念； 3. 单人、双人、多人相对练习	6
	古诗	（气息和韵律+变调练习）《"一"字诗》《悯农》《静夜思》《登鹳雀楼》《春晓》	示范法、启发法、表演法	1. 声音洪亮，语速中速； 2. 掌握诗的节奏和韵律； 3. 根据古诗内容增加气息、节奏控制	6
	儿童诗	（情境融入，声音+形体）《妈妈的爱》《假如我是……》《老师的背》《母亲》	示范法、启发法、练习法	1. 声音洪亮清晰； 2. 根据不同作品练习，了解发音原理，正确的呼吸方法，共鸣方法； 3. 根据内容搭配简单动作	6
	故事	（声音+形体+情感表现）《字典公公家里的争吵》《三只羊》《小花猫的胡子》	导入法、启发法、讲述法、创作法、表演法	1. 完整地讲述； 2. 划分人物对话，根据情境扮演角色	6
	相声	《学猜谜》《拇指和食指》	导入法、启发法、讲述法、创作法、表演法	1. 通过铺包袱、垫包袱、系包袱、抖包袱来揭露矛盾，在一逗一捧中发展故事情节，刻画人物形象； 2. 运用生动的俗语、歇后语、谚语、顺口溜、绕口令及贯口	6

3. 中级阶段课程教学方案

中级阶段学生年龄为8～10岁，学习时长为两个学年（4个学期），一个学年为60课时，一课时为45分钟。

单元	模块	教学内容	教学方法	教学标准	课时
第一学期	绕口令	（发音练习）《吃葡萄》《标兵与炮兵》《哥哥捉鸽》《稀奇歌》《补皮裤》《胖娃娃》《任命与人名》《通信不同姓》《报纸与抱子》	示范法、练习法、对比法、练习法	1. 语速中速，节奏均匀，吐字清晰； 2. 自然大声背诵； 3. 单人、双人、多人相对练习	6
	散文	《回忆》	启发法、示范法、讲述法	1. 声音洪亮、按作品表达的情境，引导学生通过气息、语速、语言的轻重、情感的自然流露朗诵； 2. 根据内容搭配肢体语言动作	4
	儿童诗	（情境交融，声音＋形体＋情感表现）《风》《夏夜里的声音》《我想穿过那条马路》《我有一个梦》《星星就像花儿一样》《鸟声》	示范法、启发法、演绎法	1. 声音洪亮，根据作品练习掌握中音区、低音区发声共鸣； 2. 根据内容搭配肢体语言动作	6
	故事	（动物模仿、角色创作）《小青蛙借尾巴》《驴子的坏主意》	启发法、讲述法、练习法、创作法、表演法	1. 完整地讲述； 2. 划分人物对话，根据情境扮演角色	8
	诗歌	《你，浪花里的一滴水》《和太阳比赛早起》	启发法、讲述法、练习法、创作法、表演法	训练音高、音长、音强、音色、语气节奏等变化以增强语言表现力和感染力	6
第二学期	贯口	（基本功强化训练）《报书目》《一道黑》	示范法、巩固法、对比法、练习法	1. 语速中速，节奏均匀，吐字清晰； 2. 自然大声地背诵； 3. 单人、双人、多人相对练习； 4. 即兴练习	6

（续表）

单元	模块	教学内容	教学方法	教学标准	课时
第二学期	诗歌	《少年中国梦》《妈妈的眼睛》《爱心之歌》《大自然的语言》	启发法、示范法、练习法	训练音高、音长、音强、音色、语气节奏等变化以增强语言表现力和感染力	6
	儿童情景小剧	《禽言兽语》	示范法、启发法、创作法、排练法、表演法	1. 声音洪亮，吐字清晰； 2. 释放自我，抛开杂念，按规定情境表演； 3. 通过排练开始感受不同类型角色、调度、舞台、团结协作	6
	故事	（动物模仿、角色创作）《森林之王》	启发法、讲述法、创作法、演绎法	1. 完整地讲述； 2. 划分人物对话，根据情境扮演角色	6
	相声	《一对好搭档》《颠倒词》	启发法、讲述法、创作法、演绎法	反映市井生活，绽放滑稽幽默	6
第三学期	绕口令儿化韵辨读训练	《刷牙》《张老六》《一二三》《老龙恼怒闹老农》《一个胖娃娃》《你会炖炖冻豆腐》《红木方》《一位爷爷他姓顾》《我们要学理化》《坡上立着一只鹅》《高高山上一条藤》《进了门儿》《有个小孩儿》《辨字》	示范法、对比法、练习法	1. 语速中快速，按绕口令不同的内容区分轻重缓急的节奏，吐字清晰； 2. 自然大声地背诵； 3. 单人、双人、多人相对练习； 4. 即兴练习	6
	儿童诗	《今天是儿童节》《独苗苗》《等我也长了胡子》《我喜欢你狐狸》	示范法、启发法、游戏法、练习法	1. 加大表演力度； 2. 正确掌握变音； 3. 杜绝错别字	8

（续表）

单元	模块	教学内容	教学方法	教学标准	课时
第三学期	儿童情景故事	《我是一个可大可小的人》《一对蝈蝈吹牛皮》《狡猾的狐狸》《笨笨猪》《火车的故事》	示范法、启发法、讲述法、创作法、表演法	1. 声音洪亮，运用通俗口语； 2. 释放自我，抛开杂念，按规定情境表演； 3. 通过排练开始感受不同类型角色、调度、舞台、团结协作	8
	散文	《天空就是云儿的家》《送给妈妈的礼物》《三月，绿色的三月》	导入法、启发法、讲述法、练习法	1. 声音洪亮、按作品表达的情境，引导学生通过气息、语速、语言的轻重、情感的自然流露朗诵； 2. 根据内容搭配肢体语言动作	8
第四学期	绕口令、贯口	参照上两学期教学内容	启发法、示范法、练习法	1. 声音洪亮，语速中快速； 2. 头脑反应灵活，用气自如，吐字清晰，口齿伶俐	4
	古诗	《山行》《花非花》《望庐山瀑布》《秋浦歌》《回乡偶书》《春夜喜雨》	启发法、示范法、练习法	1. 吐字要用力，归韵要圆润，收音要充分； 2. 掌握诗句的节奏和韵律	4
	诗歌	《小花》《绿叶》《六月的鲜花》《人生》《男孩好，女孩好》	示范法、游戏法、启发法、练习法	1. 重视词重音，语句重音； 2. 重视语法停顿，标点符号，内容分段落停顿，逻辑停顿，感情停顿	6
	儿童情景剧	《第一次》《上将与下士》	示范法、启发法、创作法、排练法、表演法	抛开杂念，投入角色扮演中，重视节奏、语调，从感情及作品内容出发来处理	8
	故事	（动物模仿、角色创作）《劝猪》《跳蚤》《狐假虎威》《猴子捞月》	启发法、讲述法、演绎法	1. 完整地讲述； 2. 划分人物对话，根据情境扮演角色； 3. 适应调换不同角色	8

4. 高级阶段课程教学方案

高级阶段学生年龄为10～12岁，学习时长为两个学年（4个学期），一个学年为60课时，一课时为45分钟。

单元	模块	教学内容	教学方法	教学标准	课时
第一学期	气息绕口令、贯口	《学好声韵辨四声》《满天星》《星星》《报山名》	示范法、对比法、练习法	1. 语速快速，节奏均匀，吐字清晰； 2. 自然、大声地背诵； 3. 每个字音要清晰、饱满、圆润，避免说话蹦字儿，不把字咬死	4
	儿化韵	《进了门儿》《有那么一个杂货店儿》《有个小孩叫小兰儿》	示范法、对比法、练习法	1. 语速快速，节奏均匀，吐字清晰； 2. 自然、大声地背诵； 3. 每个字音要清晰、饱满、圆润，避免说话蹦字儿，不把字咬死	4
	诗歌	《你别问这是什么》《妈妈心中的鸟》《一个孩子用糖纸面对世界》	示范法、启发法、练习法	1. 声音洪亮，眼神、面部其他器官的表情运用； 2. 根据内容搭配肢体语言动作	4
	儿童情景剧	（人物和动物角色创作、表演）《猴吃西瓜》《巨人和香蕉皮》《淘气包的悄悄话》《男子汉的绝交——一分钟》	示范法、启发法、创作法、排练法、表演法	抛开杂念，投入角色扮演中，重视节奏、语调，从感情及作品内容出发来处理	6
	主持	根据本学期所学内容自编主持稿	启发法、演绎法、排练法	1. 语音准确，语调自然顺畅，语句目的性强，表达准确； 2. 主持人站、走、坐等仪态训练	4
	寓言	（动物模仿、角色创作、表演）《狼和小羊》《乌龟与大象》《猫和老鼠》《新龟兔赛跑》	导入法、启发法、创作法、表演法	1. 显露作者的寓意； 2. 人物表演生动、适度； 3. 适当的夸张与渲染	8

（续表）

单元	模块	教学内容	教学方法	教学标准	课时
第二学期	贯口	（基本功强化练习）《数葫芦》《数九寒天冷风嗖》	示范法、对比法、练习法	1. 抓住绕口令段子中拗口的关键字，认真练习； 2. 不能就字音练字音，结合每段绕口令的意思、情绪来练	4
	诗歌	《祖国，我爱你！》《我爱你，中国！》《儿童节》《长大了的儿童节》《珍藏》	示范法、启发法、练习法	声音洪亮，根据不同的作品强调手势、体态动作的运用及重要性	8
	儿童情景剧	《珍惜》	示范法、启发法、创作法、排练法、表演法	抛开杂念，投入角色扮演中，重视节奏、语调，情绪，从感情及作品内容出发来处理	6
	散文	《可爱的小鸟》《火柴》	导入法、启发法、讲述法、演绎法	接近学生的心，从而进入触觉、视觉、听觉、嗅觉和味觉等感官的训练	6
	寓言	《狗的友谊》	导入法、启发法、讲述法、演绎法	1. 显露作者的寓意； 2. 人物表演生动、适度； 3. 适当的夸张与渲染	6
第三学期	贯口	（基本功强化练习）《报菜名》《正月里》	示范法、对比法、练习法	1. 展开具体而生动的想象，体会贯口中贯穿情绪与具体情绪变化； 2. 加快速度，反应敏捷，咬字器官配合灵活，呼吸均匀	4
	主持稿	汇报演出主持词	示范法、启发法、演绎法、排练法	1. 语音准确，语调自然顺畅，语句目的性强，表达准确； 2. 主持人站、走、坐等仪态训练	4
	相声	（说、学、逗、唱训练）《如此节约》	示范法、启发法、演绎法、排练法	反映市井生活，绽放滑稽幽默	4

（续表）

单元	模块	教学内容	教学方法	教学标准	课时
第三学期	诗歌	《太阳的话》《秘密》《飞进新年的大门》	示范法、启发法、练习法	引导学生自由选择作品，培养独立学习，增强自制力和自信心	6
	情景剧	《告诉大家一个可以大喊大叫的地方》《枪祭》《一头学问渊博的猪》	导入法、启发法、创作法、排练法、表演法	通过作品练习，着力挖掘和培养精神和品德的能力	4
	儿童剧	（进行综合表演能力训练）《蚊子和狮子》	导入法、启发法、创作法、排练法、表演法	1. 人物表演，力求神似，语言、表情、动作要自然、生动； 2. 人物性格鲜明	8
第四学期	小品	（人物模仿训练）《我和爸爸换角色》	示范法、创作法、排练法、表演法	1. 初步进行戏剧小品人物塑造； 2. 包括特征认识、情境概括、纠葛设置、情节结构、主题呈现、语言运用等	4
	相声	（说、学、逗、唱训练）《想不想长大》	示范法、创作法、排练法、表演法	反映市井生活，绽放滑稽幽默	4
	诗歌	《六月的鲜花一、二、三首》《探险者》《燕子》《地球万岁》	示范法、启发法、练习法	把书面语言变为情感真挚、语言铿锵、生动感人的有声语言	8
	情景剧	（综合表演能力训练）《地震中的父与子》《丰碑》	示范法、启发法、创作法、排练法、表演法	1. 叙述情节清楚； 2. 合理地与观众交流； 3. 根据剧情，角色之间准确地交流	10
	寓言	（综合表演能力训练）《乌鸦和狐狸》	导入法、启发法、创作法、排练法、表演法	1. 显露作者的寓意； 2. 人物表演生动、适度； 3. 适当的夸张与渲染	4

二、艺术团课程

演员预备小班：8～10岁；演员预备大班：10～11岁；演员班：8～13岁；一课时为45分钟，一学年60课时。

1. 演员预备小班课程教学方案

单元	模块	教学内容	教学方法	教学标准	课时
演员预备小班	台词训练	1. 口部操； 2. 气、声、字训练； 3. 绕口令； 4. 诗歌朗诵； 5. 寓言故事	讲授法、示范法、练习法	1. 掌握口腔各部位的训练方法； 2. 掌握科学发声的呼吸方法，能熟练运用； 3. 训练不同声母韵母的绕口令； 4. 学习分析文学作品并进行朗诵； 5. 掌握声音塑造，分角色进行表演	10
	表演训练	1. 注意力训练； 2. 感受练习； 3. 模仿练习	讲授法、示范法、练习法、表演法	1. 注意力与信念感； 2. 提升学生的身心感受能力； 3. 学会模仿	10
	综合训练	1. 分组诗歌朗诵展现； 2. 分组寓言故事表演	讲授法、示范法、排练法、表演法	1. 掌握基本功，理解作品，舞台呈现； 2. 掌握角色的特点，塑造声音，分组分角色进行舞台表演	10
	剧目排演	1. 学习一个优秀作品，以儿童剧为主； 2. 排练演出及比赛作品	讲授法、示范法、启发法、创作法、排练法、表演法	1. 达到原版作品水平，锻炼学生表演能力； 2. 强化训练，完美表现作品	30

2. 演员预备大班课程教学方案

单元	模块	教学内容	教学方法	教学标准	课时
演员预备大班	台词训练	1. 口部操； 2. 气、声、字训练； 3. 绕口令、贯口； 4. 散文朗诵； 5. 片段表演	讲授法、示范法、练习法	1. 掌握口腔各部位的训练方法，灵活运用不同位置进行练习； 2. 掌握科学发声的呼吸方法； 3. 训练不同声母、韵母、复合韵母的绕口令，并拓展练习； 4. 掌握基本功，学习分析文学作品并进行朗诵； 5. 掌握基本人物语言塑造方法	10
	表演训练	1. 想象力训练； 2. 情感练习； 3. 交流练习	讲授法、示范法、练习法、表演法	1. 训练学生运用想象力进行思考； 2. 掌握不同人物情感的行动和状态； 3. 做到真听、真看、真感受	10
	综合训练	1. 散文朗诵展示； 2. 经典表演片段排演	讲授法、示范法、排练法、表演法	1. 掌握基本功，理解作品，舞台朗诵展示； 2. 掌握片段里人物的行动线，找到最高任务	10
	剧目排演	1. 学习1~2个优秀作品，以儿童剧为主； 2. 排练演出及比赛作品	讲授法、示范法、启发法、创作法、排练法、表演法	1. 达到原版作品水平，锻炼学生表演能力； 2. 强化训练，完美表现作品	30

3. 演员班课程教学方案

单元	模块	教学内容	教学方法	教学标准	课时
演员班	台词训练	1. 台词基本功训练； 2. 戏剧独白； 3. 戏剧对白	讲授法、示范法、练习法	1. 掌握台词基本功训练； 2. 训练戏剧人物独白，挖掘人物行动线、心理线； 3. 掌握台词、潜台词，内心独白，语言行动	7
	表演训练	1. 行动三要素； 2. 规定情境练习； 3. 人物塑造练习	讲授法、示范法、练习法、表演法	1. 掌握行动三要素在表演中的关系； 2. 训练不同人物在不同规定情境下的舞台行动； 3. 掌握塑造人物的基本方法	8
	综合训练	1. 无言交流表演训练； 2. 交流表演训练	讲授法、示范法、排练法、表演法	1. 学生分组创编无言情境小品； 2. 掌握小品中的人物关系与规定情境	15
	剧目排演	排练演出及比赛作品	讲授法、示范法、启发法、创作法、排练法、表演法	1. 锻炼学生表演创编能力； 2. 强化训练，完美表现作品	30

备注：依据不同地域以及教学水平的差异，结合学生接受能力，教师可对以上教学方案中的教学内容作适度增减或者调换。如需增加，可选择快板、双簧、演讲、即兴训练等内容，并根据不同年级确定教材难易程度。

第五节　语言艺术活动课程评价

一、评价方式

1. 对学习过程和学习效果进行评价

对学生语言艺术学习过程中的学习兴趣、学习态度、团队协作积极性等方面进行评价，评价学习过程中核心素养的达成度，并在发现问题时及时辅导学生，帮助学生调整状态。

2. 从不同主体和视角进行评价

遵循评价的客观性，采用不同的主体和视角开展评价，包括教师评价、学生自评、学生互评、家长评价、社会评价等。

二、评价主体

1. 教师评价

根据语言艺术教学总目标，评价学生的学习兴趣；评价学生各种基本技能的学习效果；评价学生对多种表演形式的理解和掌握程度；评价学生的表现力、艺术创造力；评价学生在学习过程中的自主能力和团队合作能力；评价学生的综合素养和审美能力等。

2. 学生自评与互评

学生自评和互评是发挥学生主观能动性，强化自觉意识，培养善于发现问题，促成自我提升的有效途径。可对课堂表现、知识掌握、克己能力、互助精神等方面进行评价。评价方式有自评、小组或班级间互评。

3. 家长评价

家长评价是检验教学效果的有力手段。通过现场听课、观看展示活动等对学生的学习兴趣、学习行为、学习效果、获益程度以及教师教学水平等进行评价。可采用问卷调查、现场发言等方式进行评价。

三、评价内容

评价维度	评价内容	评价选项
基础技能 综合表现	基础字音发声正确，能说出标准普通话； 台词表达流畅自如，善于创造角色台词； 肢体语言应用得当，辅助角色塑造合理； 综合表演能力显著，艺术表现收放自如	□目标达成 □基本达成 □还需努力
实践提升 应用效果	积极参与实践，进步效果显著； 表演意识增强，懂得自我完善； 乐于分享观点，掌握沟通技巧； 合作能力提升，团队意识增强	□目标达成 □基本达成 □还需努力
情感态度 审美品质	拥有学习兴趣，坚持学习的意愿强； 善于精益求精，乐于追求艺术完美； 理解艺术内涵，正确表达自我情感； 具备鉴赏能力，养成优秀思想品质	□目标达成 □基本达成 □还需努力

备注：教师可以参考以上评价指标，结合当地学生水平和实际能力，选取或调整评价内容。

四、评价程序

学生自评 → 小组互评 → 教师评价 → 家长评价

第六节　语言艺术活动课程实施建议

一、教学建议

1. 情感认知教学建议

通过情感认知活动，学生了解语言艺术是一门综合艺术，是一种把文字作品转化为有声语言，运用各种语言手段、技法以及多种表演形式来实现表演，创造审美形象的艺术形式。明白语言艺术学习最重要的是语言基础的学习，包括但不限于朗诵、演讲等。

教学建议：要根据学生的年龄特点、认知水平循序渐进地进行语言艺术教学，有计划、有步骤地安排教学内容，同时可以借用互动性的教学活动、表演游戏等，使用有趣味性的元素激发学生的认知好奇心。

2. 技能训练教学建议

通过科学训练，巩固学生正确发音，让学生掌握在语言表演中声音控制的技巧，加深学生对语言表演基本功训练的认知。在排练、演出等各种艺术实践活动中提高学生艺术表演能力，并解决学生日常表演自信心不足的问题，释放学生的潜能，激发个人的表现力。

教学建议：理解技能训练活动对巩固知识、技能的重要性，挖掘各种方法，创设情境和机会，合理布局实践活动。发挥好课堂的拓展性和延伸性，在技能训练活动中既要注重多元化的科学方法，也要注重引导学生自主学习，积极参与，更大化地激发和释放学生潜能，提升艺术表现力。

3. 合作排演教学建议

在合作排演过程中能彼此交流学习经验，分享成功心得；在欣赏各类语言表演作品时，能交流观看作品时的感受，客观地予以评价，从而提升专业水平和基础能力，在交流中成长。

教学建议：更新教学观念，改变传统课堂交流形式。发挥学生主观能动性，鼓励学生围绕参与的学习和活动积极收集信息、整理思路，利用语言分享经验，交流体会等。让学生在最大程度上感受到通过交流活动所取得的收获，在交流实践中培养“学会反思、彼此欣赏、乐于分享”的品质，提高实践能力。

4. 作品展示教学建议

通过创作语言艺术作品和舞台剧展示等活动，提升学生的自信心和综合艺术表现力，促进合作能力和团队精神的形成，使展示活动成为学生综合素质发展的平台。

教学建议：要切合学生的学习需求和教学特点，以学生发展为本，以“发展学生个性，培养开放型人才”为目标，充分利用平面、立体空间，静态和动态相结合开展展示活动。展示活动形式既要有融合性，也要有独立性，既有多元的合作展示，也有单一的独立展示。

二、资源开发与利用

1. 教学设计

定期集中语言艺术教师进行研讨活动，结合教学目标的需要，开展教研课、公开课，撰写教学设计，为课程教育目标服务。

2. 教学录像

尽量整合不同类型的资源，特别是将教学录像资源结合起来，形成配套教学辅助资源，使学生深入理解课程内容。

3. 教学案例

鼓励教师以新课程理念和教育理念为基础，组织教学说课和教学案例分享，提高、强化教师的教学能力和对课程的整合能力。

4. 教研论文

组织教师参加语言艺术类的教研活动，帮助教师提高自身素质，鼓励教师撰写、发表教研论文，开发和提升教师在专业和教育教研方面的不断反思、学习以及专研的意识。

第三篇

语言类项目活动课程

语言是人们表达自我、交流情感、沟通观念的工具。语言类项目活动课程的学习有利于提高青少年语言能力、提升人文综合素养、培养健全人格，实现全面发展。在国家“双减”政策出台的背景下，语言类项目活动课程以语言、文字为媒介，根据项目活动目标的要求，以学生身心发展的规律和学习特点为依据，设置不同的活动形式，提升学生的人文素养和语言表达技能，且发展学生的思维能力、想象能力、鉴赏能力、审美能力，走出了一条符合国家“双减”政策的特色课程之路。语言类项目活动课程包括“乐笔尔”文学社活动课程、绘本“悦”读活动课程、“小嘴巴”英语剧乐社活动课程。

第一章

“乐笔尔”文学社活动课程实施指南

谭红艳　黄秀娟　邹慧

第一节　“乐笔尔”文学社活动课程概述

一、“乐笔尔”文学社活动课程的性质

文学社活动课程是一门综合性课程，是语言表达能力、想象能力、思维能力、创造能力等综合能力的体现。本课程以文学活动为中心，让学生在活动中积淀人文底蕴，在生活中加以反思和运用，形成自己的独特感受，提升思维力，最终实现人格健全、素养提升、全面发展的目的。

“乐笔尔”文学社活动课程是以发展学生综合素养为导向，以“让学生乐于动笔，表达自我，感受生活，传承文化，全面发展”为宗旨，以在实践活动中实现学生语言能力的提升、人文素养的提高为目标的基于项目实施的活动课程。本课程以学生为主体，尊重个体差异，将学生的学习需求作为教学内容的根本，从学生的年龄特点、兴趣特点入手，以丰富生动的教学内容、多元融合的课程体系、新颖有趣的教学形式、创新多样的实践活动，让学生乐于动笔，表达自我，感受生活，传承文化，提升人文素养。在此基础上，“乐笔尔”文学社活动课程构建多元化的活动成果展示及评价体系，促进学生综合能力发展。

二、“乐笔尔”文学社活动课程的特点

1.“乐笔尔”文学社活动课程具有综合性

文学社活动课程是一门有关语言思维综合性课程，它集学生的观察、感受、表达、提炼、想象、联想、构思等综合能力于一体。文学社活动囊括了培养学生观察感受生活、语言表达、分析归纳、阅读鉴赏、领悟情感等综合能力。因此，在文学社主题活动中不仅要注重生活感悟、情感体验，而且要注重知识与技能、过程与方法、情感态度与价值观的整体发展。

2.“乐笔尔”文学社活动课程具有自主性

学生是完整的独特的社会个体，文学社活动是建立在其真实的生活经历和独特的情感体验基础上的，因此文学社活动课程要充分发挥学生的主体性，应面向学生的真实广阔的生活，调动学生的积极性。教师不影响学生对生活的认识和感受，在整个教学过程中，达到师生之间、学生之间进行平等对话交流。

3.“乐笔尔”文学社活动课程具有实践性

生活体验和实践感知是学生写作素材的重要方法，因此要强化文学社活动课程的实践性，让学生体验生活，感知生活的喜怒哀乐；让学生观察自然界的万物，拓宽视野；让学生参与劳动实践，激发深刻的情感；让学生学习传统文化，在参与中获得深切的感受。通过丰富多彩的实践活动提升学生的综合素养，以最终实现学习向生活的完美回归，使课程充满智慧与活力。

4.“乐笔尔”文学社活动课程具有创新性

文学社活动课程作为一门实践性、操作性、综合性很强的课程，将知识理解与实践活动结合起来。为此，“乐笔尔”文学社活动课程探索了几种比较有效的文学活动课程组织形式。

（1）活动研讨形式。

活动研讨形式一般广泛地运用于组织、参与、观摩等各类活动。这类模式能让学生亲自参与，在活动研讨中理解相关的理论、知识和方法。

（2）文学影视欣赏形式。

文学影视欣赏形式通过让学生欣赏文学作品、电影作品等方法，理解、感悟、探索、体验生活和生命。文学让人沉思，提升语言和思维的能力，而电影作为一门综合的艺术，从语言艺术、音乐、美术等诸多方面给学生以审美体验和情感熏陶。

（3）“玩中学、学中玩”式的“实践—体验—创作”范式。

让学生通过实践体验，积累素材，感悟生活甚至生命的意义。通过创设活动情境，开展丰富多彩的实践活动，在“玩中学、学中玩”式的“实践—体验—创作”教学形式中构建“以体验为前提，以多种表达方式为手段，最后实现成果展示”的学习模式，主要有几种基本课程形式：观察想象系列、实践操作系列、情境表演系列、成功激励系列、社会实践系列、比赛系列、时尚应用系列、动手实验系列等。

三、“乐笔尔”文学社活动课程的核心素养

根据《关于全面深化课程改革　落实立德树人根本任务的意见》提出的中国学生在文化基础、自主发展、社会参与三个方面的六大核心素养培养要求，结合“乐笔尔”文学社活动课程的教学内容及培养目标，明确了本课程的三大核心素养：语言表达能力、综合实践能力、人文素养水平，这也是本活动课程育人价值的集中体现。

1. 语言表达能力

通过品读不同体裁的美文，理解和把握叙述、描写、抒情、议论等不同表达方式的特点，提高表情达意的能力；能够逻辑清晰、生动流畅地表达自己的观点和态度，富有思辨力；能够理解文学作品中的情感，表达富有感染力。

2. 综合实践能力

综合实践能力包含认知实践与社会性实践能力。让学生在实践操作中提升自己的动手水平，获得生活的认知。运用综合实践中获得的知识去解决实际问题，在解决问题的过程中获得个性发展，进而提高认知水平。

3. 人文素养水平

阅读和赏析名家名篇，获得审美体验，能主动发现美、认识美和创造美。学习传统文化，认识和了解传统文化表现形式。理解背诵蒙学经典作品、唐诗、宋词，增强文化自信和民族自豪感。

第二节 “乐笔尔”文学社活动课程目标

一、“乐笔尔”文学社活动课程的总目标

“乐笔尔”文学社活动课程以提高青少年文学素养、综合素质为目的，以培养喜爱阅读、乐于表达、热爱生活、身心健康的人为终极目标。课程以中华民族优秀文化遗产及世界优秀文学作品为核心，以丰富多彩的实践活动为载体，提高学生的阅读水平、赏析能力、表达能力和人文素养，引领学生认识和了解中华民族优秀的传统文化，继承和发扬传统文化精髓，增强文化自觉和自信，将文学社打造成人文教育的主阵地。同时，营造自由表达的氛围，激发学生挖掘表达自我、抒发自我的乐趣。从不同维度、不同角度、不同深度着手，开展各类实践活动和展示活动，培养青少年的创新意识和创新能力，切实提高青少年的表达水平和审美鉴赏能力。

1. 知识能力目标

品读及鉴赏美文，从中汲取营养，理解文章表达的内容和情感，感受语言的魅力，积累语言素材，提高理解能力、鉴赏能力、审美能力、思维能力和表达能力，激发想象力和创造力。

2. 语言口才目标

通过学生之间、师生之间的沟通，加强情感交流，提高表达能力。掌握语言表达的基本方法，能综合运用不同的语言表现手法，就某一问题、某一活动、某一现象进行思维加工，形成完整的观点和认识，表达自我，交流情感。

3. 审美能力目标

通过品读经典文学作品，感受语言文字的魅力，发现文学作品的语言之美、结构之美、立意之美、文本之美，从而培养学生发现美、欣赏美、创作美的能力，培养审美情趣，提高审美能力。

4. 文化认知目标

组织参加不同形式的文化活动，加深对传统民族文化的认识和了解，提升民族自豪感和文化自信，增强继承和发扬民族文化的责任意识。

5. 实践活动目标

以“参与实践，体会快乐，畅意表达”为指导思想，注重主体实践经验的积累，通过参加丰富多彩的实践活动，发挥主观能动性，从生活、实践中获取第一手素材，能在表达中融入真实的情感体验。

6. 展示活动目标

通过表达实践活动，将阅读的成果、思考的问题、形成的观点、达成的认识，以演讲、朗诵、辩论等不同的形式表现出来，同时还可以辅之以其他的艺术形式，不仅锻炼学生的表达能力，增强自信心，而且让学生的创新思维、表现力也能得到锻炼。

二、“乐笔尔”文学社活动课程的单元目标

1. 初级阶段

诵读篇幅短小的美文篇章或片段，初步感知文章的韵律美、语言美，熟背所学古诗、成语、《三字经》等部分篇章内容，熟读一定量的古文、古诗；理解文字传达的意思，会用自己的话复述故事内容；具备简单的表达能力，能根据一幅图或一个词语、一句话进行想象加工，叙述出通顺、完整的一段话。

2. 中级阶段

品读各类短文，认识不同文体的结构、语言特点；了解不同体裁文章的基本表达方法及结构特点；了解不同地区的民俗文化、区域文化；能在参与民俗文化活动和观察自然事物中认识到文学的运用价值；选学《诗经》、唐诗等部分篇章，能基本理解文字内容，识记其中部分篇章；能在集体中或舞台上大胆表达、表现自我。

3. 高级阶段

赏析名家名篇，认识叙述、描写、抒情、议论等不同表达方式的语言特点，能读懂文章内容，领悟作者表达的情感。通过欣赏和分析，提升理解能力、分析概括能力；能根据要求，综合运用描写、议论、抒情等表现手法，自主表达，提高语言表达

能力；赏析唐诗、宋词、《世说新语》等，能分析个别字词的特殊用法，初步涉猎传统艺术。

4. 超级阶段

鉴赏包括散文、杂文、议论文在内的不同文体的文学作品，通过对文学作品进行感受、体验、联想、分析和判断，获得审美享受；熟练掌握叙述、描写、抒情等表现手法的语言特点；能综合运用不同的语言表现手法，表达自我；了解社会，认识世界，并初步形成自己的语言风格；通过实践活动，了解岭南文化，增强学习和传承民族文化的自觉意识；学习《史记》等部分篇章，能通读文章，掌握文章传达的意思，并能结合自己的生活体验论述对其中个别句子的理解。

第三节 “乐笔尔”文学社活动课程结构

依据“乐笔尔”文学社活动课程目标，在充分考虑其课程性质和课程特点的前提下，根据学生的年龄特点、认知能力和语言水平，将“乐笔尔”文学社活动课程划分为初级阶段、中级阶段、高级阶段和超级阶段，每个阶段在相同的架构之下呈螺旋状逐级深入，又各有侧重点。“乐笔尔”文学社活动课程结构如下图所示。

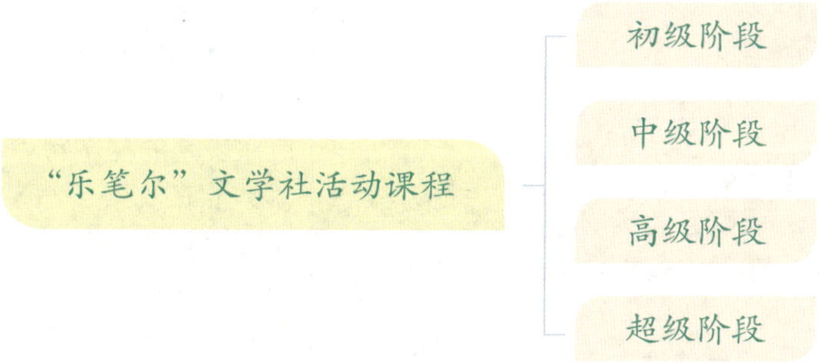

第四节 “乐笔尔”文学社活动课程教学方案

课程类别： 语言类
课程名称： “乐笔尔”文学社活动课程
适用对象： 6~15岁学生

学生基础要求：对应课程分级阶段的适龄学生。

课时说明：15周/学期，1次学习/周，2课时/次（45分钟/课时），总计30课时/学期，每个阶段各4个学期。

1. 初级阶段课程教学方案

学生年龄要求为6～8岁。

单元	模块	教学内容	教学方法	教学标准	课时
文学素养	美文诵读感知	1. 选学优秀小短文、童话、儿童诗歌等； 2. 选读《弟子规》《百家姓》《成语故事》《寓言故事》部分篇章； 3. 诵读古诗、《三字经》《千字文》部分篇章等	谈话法、 启发法、 情景教学法、 任务驱动法、 小组合作法	1. 有感情地诵读美文，初步感受语言的优美； 2. 了解文章表达的主要内容； 3. 能用自己的语言简单复述故事主要内容； 4. 熟知诗文背后的故事，了解历史文化； 5. 多次诵读美文达到背诵的效果； 6. 能用简单的图画或文字表达对美文的体会	32
	实践活动体验	1. 参观人文景观、各类展览； 2. 观察各类实物； 3. 观察各种自然现象； 4. 观察传统节日习俗等	探究法、 观察法、 小组合作法、 任务驱动法	1. 学会观察的基本方法； 2. 能观察出人文景观、实物、自然现象的基本特点； 3. 能在观察自然事物或参与实践活动中找到文学在其中的物化形式； 4. 能用图文、卡片的形式表述活动收获或感受； 5. 了解传统节日的来历、习俗等	24
	活动成果展示	图话本、文字作品等	讨论法、 欣赏法、 任务驱动法	1. 按照要求完成相关作品； 2. 通过展示活动成果激发表达的兴趣； 3. 在成果交流展示中互相学习，取长补短	16

（续表）

单元	模块	教学内容	教学方法	教学标准	课时
语言口才	语言思维开启	1. 趣味故事复述； 2. 图像描述； 3. 关键词语联想； 4. 情感符号表达等	启发法、 游戏法、 观察法、 讨论法	1. 了解“乐笔尔”的基本含义； 2. 能把所见所想用恰当的语言表述出来； 3. 愿意与同伴进行语言交流； 4. 能根据图画或者文字进行想象和演绎	32
	语言表达实践	1. 故事讲述； 2. 问题解答； 3. 趣味故事联想； 4. 自我介绍等	练习法、 小组合作法、 任务驱动法	1. 运用语言与人沟通； 2. 在公众场合大胆表达自己的想法； 3. 比较有条理地讲述简单的故事或解答清楚一个问题等	16

2. 中级阶段课程教学方案

学生年龄要求为8～10岁。

单元	模块	教学内容	教学方法	教学标准	课时
文学素养	美文品读认知	1. 精读不同文体的优秀读物； 2. 阅读古今中外经典童话故事（自选）； 3. 阅读科普读物； 4. 选学《诗经》、唐诗部分篇章等	谈话法、 启发法、 情景教学法、 任务驱动法	1. 理解美文的主要内容和表达形式； 2. 领会古文的大意，把握人物形象、精神内涵； 3. 感受美文（古文）表达的情感及意义； 4. 通过品读优美词语感受语言文字的魅力； 5. 用自己喜欢和合适的表达形式叙述对美文内容、人物和情感的认识和想法； 6. 找出美文中的优美词语并背诵积累	32

（续表）

单元	模块	教学内容	教学方法	教学标准	课时
文学素养	实践活动体验	1. 了解中国传统艺术（剪纸、书法、音乐、服饰等）； 2. 参与不同形式的民俗文化活动和各类展演活动； 3. 组织开展各种游戏、科学实验活动； 4. 观察自然事物、风景名胜等； 5. 参加各类劳动活动（拔草、种菜、收菜、粉刷墙等）	实践法、观察法、小组合作法、任务驱动法	1. 了解人文景观或展品中的文化内容； 2. 在观察自然事物或参与实践活动中初步感受文学在学习、社会、生活中的意义； 3. 结合学科知识或者自然常识、独特体验，从游戏活动或实验活动中提炼自己独立思考的能力； 4. 在民族传统艺术中把握传统文化的内涵； 5. 用自己喜欢的形式表述活动收获或感受； 6. 参加劳动实践，树立劳动意识	24
	活动成果展示	文学作品、手抄报、工艺作品等	讨论法、欣赏法、任务驱动法	1. 按照要求完成相关文学、手工作品； 2. 通过展示活动成果提高学习文学兴趣； 3. 在成果交流展示中互相学习，取长补短	16
语言口才	语言思维开发	1. 趣味故事联想； 2. 图像描述； 3. 思维导图； 4. 情感符号使用等	启发法、游戏法、观察法、讨论法	1. 理解和描述“乐笔尔”的含义； 2. 用生动语言表述所见所闻； 3. 能与教师、同伴流畅愉悦地交流； 4. 能从他人语言中揣摩其思维和心理活动	32

（续表）

单元	模块	教学内容	教学方法	教学标准	课时
语言口才	语言表达实践	1. 故事讲述； 2. 问题解答； 3. 主题解说； 4. 实验报告书； 5. 游戏体验表； 6. 自我介绍等	练习法、 小组合作法、 任务驱动法	1. 能根据语境或关键词语编故事； 2. 能较轻松自然以语言为媒介与人交流； 3. 能在集体场所或舞台大胆推荐好书、介绍自我； 4. 能用自己的语言流畅表达出在游戏活动或实验活动中的观察、发现、认识、思考； 5. 能较流利和有条理地叙述故事或把一个问题解答清楚； 6. 参加劳动实践，养成劳动习惯	16

3. 高级阶段课程教学方案

学生年龄要求为10～12岁。

单元	模块	教学内容	教学方法	教学标准	课时
文学素养	美文赏析悟知	1. 赏析精选的各类文章； 2. 鉴赏古文、名著部分篇章等（自选）； 3. 赏析唐诗、宋词、《二十四孝》《世说新语》《诗经》部分篇章（自选）	谈话法、 探究法、 情景教学法、 任务驱动法	1. 理解美文的主要内容和不同文体语言表达特点； 2. 能领悟作者表达的情感，建立正确人生观； 3. 通过分析美文的语言特点及表达形式感悟优秀传统文化的魅力； 4. 能用喜欢的表达形式阐述对美文内容、人情世故的理解及观点	32

（续表）

单元	模块	教学内容	教学方法	教学标准	课时
文学素养	实践活动感悟	1. 赏析优秀儿童电影、红色爱国影片； 2. 观看或参与各类文化活动； 3. 观察风土人情、社会现象； 4. 参加各类劳动活动（砌墙、手磨豆浆、打糍粑、扎篱笆等）	实践法、观察法、小组合作法、任务驱动法	1. 了解电影的文学表现形式，理解电影传递的情感和意义； 2. 能结合电影内容、社会活动及现象阐述自己的感想或提出相关建议； 3. 在各类文化活动中丰富文学知识、积累文学素材； 4. 在参与民俗文化活动和观察自然事物中认识文学在不同场所的运用价值； 5. 了解不同风格的民俗文化、区域文化，观察风土人情、社会现象等增强文化自信和民族自豪感； 6. 参加劳动实践，提升劳动素养	24
	活动成果交流	1. 分享文学作品； 2. 工艺作品交流等	反思法、小组合作法、任务驱动法	1. 按照要求完成相关文学作品、手工作品的分享与交流； 2. 通过交流活动成果提升文学素养； 3. 能在成果交流活动中养成“学会反思、彼此欣赏、乐于分享”的品质	16
语言口才	语言思维发展	1. 分析国际国内新闻热点； 2. 思维导图； 3. 主题演讲； 4. 问题辩论等	对比法、讨论法、演绎法、任务驱动法	1. 理解和阐述“乐笔尔”的寓意； 2. 引用和借鉴名家格言分析辩论某一问题，表达自己的观点； 3. 流畅、大方、自然地与人交流； 4. 从他人语言中推断其思维和心理变化，并学会用合适的言语激励、赞赏、说服、辩驳等	32

（续表）

单元	模块	教学内容	教学方法	教学标准	课时
语言口才	语言表达运用	1. 美食好书推荐会； 2. 小记者采访； 3. 小解说员、小导游在现场； 4. 演讲、辩论竞赛等	练习法、小组合作法、任务驱动法	1. 把某种美食或一本好书推荐给他人； 2. 就某个问题或现象现场采访老师、同学及家长； 3. 选用恰当形式担任某个活动解说员或导游； 4. 就某一主题进行演讲竞赛或辩论等	16

4. 超级阶段课程教学方案

学生年龄要求为12～15岁。

单元	模块	教学内容	教学方法	教学标准	课时
文学素养	美文鉴赏行知	1. 鉴赏中外名篇（散文、议论文、杂文、诗歌等）（自选）； 2. 通读、鉴赏中国名著及世界名著（自选）； 3. 鉴赏元曲中的经典章节（自选）； 4. 鉴赏《史记》等部分章节（自选）	谈话法、阅读指导法、探究法、情景教学法、任务驱动法	1. 熟练掌握不同文体的语言表达形式及特点； 2. 把握作者通过语言、人物、故事情节传达出的精神和理想、追求； 3. 通过分析美文的语言特点和表达方式、结构特点，感受文章的结构美、语言美、形式美、精神美； 4. 能结合具体情节分析文学作品中人物的性格、命运； 5. 以自己独特的角度赏析文学作品（人物塑造、语言特点、结构特征、叙述角度、环境创设等）	32

（续表）

单元	模块	教学内容	教学方法	教学标准	课时
文学素养	实践活动感悟	1. 赏析优秀电影； 2. 参观少年宫； 3. 社会角色扮演； 4. 参加并报道宫内学科； 5. 报道大型文艺演出； 6. 调研身边的岭南文化（童谣、方言、建筑、园林、习俗等）	实践法、讨论法、小组合作法、任务驱动法	1. 分析电影中的人物形象、表现手法、文学性、思想性； 2. 自选角度，为少年宫宣传片拍摄提供脚本； 3. 抓住不同职业或不同社会身份的人物特点对普通人物进行艺术加工，展现不同的人物风貌； 4. 以通讯员、记者身份深入演出现场，对演出活动进行现场报道； 5. 了解身边的岭南文化，认识其形式，把握其特点，渗透文化德育，增强文化自信	24
	活动成果交流	1. 剧本展示； 2. 即兴表演； 3. 通讯报道等	反思法、小组合作法、任务驱动法	1. 同题异构，相同的小说情节之下呈现不同的剧本结构； 2. 即兴演绎，锻炼即兴创作能力，提高自我效能，锻炼胆识； 3. 小组报道作品观摩，自评、互评、老师点评，相互学习借鉴； 4. 小组合作，小组比拼，小组之间及组员之间相互合作、取长补短、彼此成就	16

（续表）

单元	模块	教学内容	教学方法	教学标准	课时
语言口才	语言思维提升	1. 改编小说； 2. 课本剧创作； 3. 现场采访； 4. 虚拟情景等	对比法、 讨论法、 演绎法、 任务驱动法	1. 畅想“乐笔尔”的远景； 2. 抓住小说的关键情节，用戏剧的语言和形式改编、演绎故事； 3. 根据小说已有情节，对故事情节发展、人物命运进行合理改编； 4. 接受汇演采访任务，根据已掌握的少数资料（方案、宣传报道等）制订参访方案、预设报道流程及报道内容等； 5. 善于观察，能将现实生活中的所看所想运用到自己的作品中，真正体现文学来源于生活，但高于生活	32
	语言表达运用	1. 快闪演讲； 2. 诗词大会； 3. 现场解说员； 4. 人物评论； 5. 书评、影评； 6. 舞台剧创作等	实践法、 竞赛法、 小组合作法、 任务驱动法	1. 能根据规定主题，在公众场合进行即兴演讲，语言流畅，主题突出，能吸引观众的注意； 2. 模拟诗词大会，文学社学员以飞花令的形式背诵诗词古文等，巩固所学，锻炼胆识； 3. 参与各类展演活动，以记者的身份进行现场实时报道； 4. 结合所看书籍、电影等，自选角度，就其中的主题、情节人物、语言、结构等进行评论； 5. 能抓住小说要素，大胆想象，创作出具有个人特色的剧本，作为毕业作品进行舞台展示	16

第五节 “乐笔尔”文学社活动课程评价

一、评价方式

1. 注重过程性评价

主要评价学生在文学社学习活动过程中的兴趣、态度、积极性和效果，评价学生活动过程中所达成的核心素养。

2. 采取多元评价方式

采取多重视角，如教师评价、学生自我评价与相互评价、小组评价、师生交互评价、家长评价等多元评价方式。

3. 重视日常评价

注重日常学习评价，评价学生在文学社日常学习中所表现出来的素养水平与综合能力，日常学习评价内容主要是口头表达、书面表达、思维逻辑力、态度与价值观、知识面与视野、修养和性格、动手实操、领导力等，还包含一些可以量化的数据，如出勤情况、课堂问答、阅读量、活动参与量、展示交流情况等。

二、评价主体

1. 学生自评与互评

学生自评是等级评价的有机组成部分，有利于更全面、更深入地体现学生的综合素质，其具体形式可以是学生从学习态度、投入程度、活动准备等方面自评，还可以通过课堂交流、课堂展示、活动展示等形式，进行自评和互评。

2. 教师评价

根据“乐笔尔”文学社活动课程中构建的多元评价体系，教师采用知识与能力、过程与方法、情感态度与价值观的综合评价方式，对学生综合表现进行评价，促进学生综合素质的发展。

3. 家长评价

通过文学社开展的课堂活动展示、教学交流展示、学生作品展示、阅读朗诵展示、期末汇报等综合性的活动，家长可用课堂现场评价、问卷调查表、习作反馈表、活动参与评价表等多元评价方式对学生在文学社活动中阅读习惯的养成、语言综合表现力、思维的发展与提升、文学鉴赏与创造能力、文学素养的提升等方面进行评价。

三、评价内容

评价维度	评价内容	评价选项
知识与技能	1. 口头表达与书面表达不断提升； 2. 知识面与视野不断扩展； 3. 在各类活动中有效地表达自我； 4. 逻辑思维能力不断提高； 5. 动手实践水平不断提升； 6. 生活能力及解决问题的能力提高	□目标达成 □基本达成 □还需努力
过程与方法	1. 通过阅读及各类实践活动，扩充知识面、提升语言思维； 2. 体验生活，在生活中积累经验，积极反思与总结，获得知识与生活实践能力，并有效地表达与展示； 3. 积极参与各类活动，在活动中实践创新，从不同层面发挥所长，不断丰富知识面和实践动手能力，并能有效地解决生活中的问题	□目标达成 □基本达成 □还需努力
情感态度与价值观	1. 积极参与多元化课程活动，感受文学活动的乐趣； 2. 培养良好的学习习惯，保持对美好事物的向往与追求的热情； 3. 表达真情实感，能结合自身的观察与积累，从自我感知与体验实践中形成正确的价值观； 4. 健全人格，在学习生活中不断完善自我，促进身心健康	□目标达成 □基本达成 □还需努力

四、评价程序

学生自评 → 小组互评 → 教师评价 → 家长评价

第六节 “乐笔尔”文学社活动课程实施建议

一、教学建议

1. 教学板块的教学建议

“乐笔尔”文学社活动课程根据学生的理解能力和知识层次不同，将课程分为初级阶段、中级阶段、高级阶段和超级阶段，在文学素养、语言口才两大单元之下将教学内容分为美文学习、实践活动、活动成果交流、语言思维发展和语言表达运用五大模块，且有课时规定。但在实际的教学活动中，会根据需要将教学内容有机组合，融会贯通，因此教学内容及课时安排应根据教学需要灵活调整。

2. 实践活动的教学建议

在实践活动中，因为学生的年龄不同，表达能力、文学素养有差异，初级阶段和中级阶段重视积累和口头表达；高级阶段注重口头及书面表达，且注重个体的思维和情感的表达以及活动中自我的展示；超级阶段则注重创新思维的培养和综合实践能力的发展。

3. 教学内容的选取建议

根据各个年龄段学生的心理特点及认知水平，在教学任务及目标既定的情况下，教学内容的选择也各不相同。初级阶段的学生以形象思维为主，因此教学内容以有趣、生动的故事结合富有趣味性的课堂探究活动为主；中级阶段和高级阶段的学生的求知欲、好奇心强，动手能力强，可多开展实践活动，辅之以相对深度的文学作品；超级阶段的学生社会阅历、感受能力、领悟能力相对较强，知识面广，针对这些特点，组织较大规模的展示活动，研学活动更为适宜。

4. 交流展示活动的教学建议

展示环节要贴合学生的个性，体现课程特色和内容，而且展示的过程中尽量照顾每个学生的情绪，促进个性的发展。展示交流中鼓励学生将自己的想法和见解口头表达出来，但是学生因个性不同，对个别不愿展示的学生则不强求，注重因材施教。

二、资源开发与利用

1. 活动方案设计

本课程主要以活动课程的形式开展，因此需撰写活动方案，为课程教育目标服务。

2. 教学录像

尽量组合不同类型的资源，特别是将教学录像资源结合起来，形成配套教学辅助资源，使学生深入理解课程内容。

3. 教学案例

鼓励教师以新课程理念和教育理念为基础，多组织教师进行活动教研和活动案例分享，从而提高、强化教师的活动组织能力和对课程的整合能力。

4. 教研论文

通过组织教师参加各类教育、教研活动，鼓励教师撰写、发表教研论文，提升教师在专业和教育教研方面深入研究的意识。

第二章

绘本“悦”读活动课程实施指南

王红霞

第一节　绘本“悦”读活动课程概述

一、绘本“悦”读活动课程的性质

0～6岁婴幼儿时期，大脑生长发育分化速度较快，幼儿个体性差别也较大，幼儿思维具有形象性，且持续时间较短，从而阅读材料的选择、教学策略的使用、教学内容的设计都要符合幼儿的认知规律和生活经验，以激发幼儿的阅读兴趣，养成阅读习惯，获得阅读能力。

绘本“悦”读活动课程以《幼儿园教育指导纲要（试行）》中的语言教育为活动导向，主要针对3~6岁幼儿，以绘本阅读为载体，采取集体阅读组织形式，以阅读活动为主并融入多个领域教育教学的综合活动课程。

本课程尊重幼儿身心发展的规律和学习特点，发展幼儿语言能力、思维能力、想象能力和动手能力，以幼儿的身心和谐发展为最终目标，旨在培养人格健全的“完整儿童”，落实幼儿教育立德树人的根本任务。

二、绘本“悦”读活动课程的特点

1. 绘本“悦”读活动课程是获得终身学习能力的重要途径

0~6岁婴幼儿时期，是人智力潜能开发的关键期。心理学家和教育学家的研究表明，儿童早期阅读、计算能力对日后的智力发展影响最大，是一个人的终身发展应具备的基本能力。绘本“悦”读能够促进幼儿认知能力的发展、社会性的发展和语言能力的发展。因此，激发幼儿的阅读兴趣，培养幼儿良好的阅读习惯，教会幼儿阅读的方法，培养幼儿一定的阅读能力，是一项非常重要和必要的工作。

2. 绘本“悦”读活动课程以幼儿为主体，内容上体现多元融合，形式活泼有趣

幼儿的思维方式以形象具体思维为主，而且注意力持续时间较短，基于幼儿该年龄段的认知和思维特点，绘本“悦”读活动要区别于成人的阅读行为，要以幼儿为活动主体，调动幼儿原有生活经验，让幼儿充分发挥主观能动性，通过跨领域的多种教育教学形式，让幼儿参与活动，自主建构，获得新的知识、经验和技能，产生愉悦的情感体验。

3. 绘本“悦”读活动课程的阅读材料丰富、教学方法适宜

（1）从题材和体裁角度考量：绘本阅读材料要丰富，类型包含生活经验类绘本、情感体验类绘本、科普说明类绘本、民俗文化类绘本、散文诗歌类绘本、神话传说类绘本、寓言故事类绘本和童话故事类绘本等。绘本体裁不一样，语言风格也不一样；绘本题材不一样，知识经验和情感体会也不一样。让幼儿全方位地接触绘本阅读，对幼儿的语言、认知、思维和情感的发展都能起到积极的促进作用。

（2）从绘画风格角度考量：绘本画面风格要配合文本内容，起到相辅相成的作用。画面的艺术表现形式可以多元化，油画、水粉、丹青、泥塑、照片、剪纸等，都可以作为绘本的呈现样式。让幼儿在阅读绘本的同时，感受到美术的色彩与造型艺术魅力，促进幼儿形象思维和抽象思维的互动性。

（3）从语言文字表达的难易角度考量：幼儿绘本的文字部分要根据幼儿的年龄特点和语言学习规律，从易到难，循序渐进。语言表达难易程度有梯度，从词、短语、

短句、长句、复句，慢慢提升。

（4）从图文配置比例的角度考量：幼儿年龄越小，为其选择的绘本图画占页面比例越大，文字是对画面主要内容的对应或概括。随着幼儿年龄的增长，文字的比例逐渐提升，表述的信息更加详细。

（5）从文本内容科学性和思想性的角度考量：绘本内容要接近幼儿的生活经验，在情感倾向和价值取向方面要符合人类文明进步的潮流，要对幼儿的身心健康发展起到有益的熏陶，能促进幼儿人格健全和谐发展。

三、绘本“悦”读活动课程的核心素养

幼儿绘本“悦”读核心素养，是幼儿绘本“悦”读过程中需要且在将来能够使阅读主体成为成功阅读者的关键品格与关键能力，这种素养贯穿幼儿到成人阅读的过程中，具有很强的迁移性、连续性。幼儿绘本“悦”读的核心素养内容主要包括两大方面：一是阅读的关键情意品格——情感、态度、意志与价值观；二是阅读的关键实施能力——语言知觉能力、语言语境理解与阅读策略运用能力、语言审美鉴赏与创新能力、抽象思维能力、文化理解能力。

第二节　绘本“悦”读活动课程目标

一、绘本“悦”读活动课程的总目标

创设轻松愉悦的阅读氛围，激发幼儿的阅读兴趣，在阅读的过程中获得丰富的情感体验，感受阅读的快乐和满足，培养美好的情操和正确的价值观。

以“体验式阅读教学”为指导，以幼儿的主体体验为主、教师的引导为辅，幼儿在交互过程中，既获得自主学习的能力和方法，又能与同伴合作，学会学习，乐于表达，勇于创作。

幼儿从不同题材和体裁的绘本材料中获得丰富的知识经验、掌握良好的阅读方法和技巧，提高阅读理解能力和讲述水平以及迁移创作能力。

二、绘本“悦”读活动课程的单元目标

1. 启蒙阶段

在轻松愉悦的氛围中，通过阅读色彩鲜明和画面有趣的绘本，低龄幼儿萌发阅读兴趣，感受阅读的快乐；幼儿在教师的引导下学习观察画面，进行简单的实物和数量的认知，感知图文对应；幼儿在教师的示范下，学习有顺序地指读文字，能区别文字与图画，初步形成字音和字形对应意识。

2. 初级阶段

幼儿乐于参加集体阅读，对阅读充满兴趣，阅读注意力能持续一段时间；喜欢观察画面，发现画面里的关键信息，理解图画内容；懂得从左向右，从上向下、逐行、逐页朗读；对绘本中的关键词汇和句式感兴趣，尝试用自己的语言表达书面词语，积累词汇；通过教师的提问，学会思考和质疑，积极回答教师或同伴的问题。

3. 中级阶段

喜欢自己看图书，能理解主要内容；有细节观察的意识和能力，具备初步的判断、预测、关联和推理能力；能够滑读文字，将文字音形对应，流畅、有感情地朗读；喜欢与他人分享交流绘本中自己感兴趣的情节和人物，并表达自己的情感倾向。

4. 高级阶段

阅读内容丰富，喜欢读各种体裁和题材的绘本；乐于讨论和反思绘本内容，清楚连贯地表述自己的观点、看法和情绪情感；能借助图画闪卡讲述故事，会用多种形式（绘画、手工、表演、韵律）表达自己对阅读内容的理解。

第三节　绘本“悦”读活动课程结构

依据绘本“悦”读活动课程目标，在充分考虑其课程性质和课程特点的前提下，根据学生的年龄特点和基础水平，将绘本“悦”读活动课程学龄阶段按启蒙阶段、初级阶段、中级阶段和高级阶段逐级递进，每个阶段都有各自的侧重点。绘本“悦”读活动课程结构如下图所示。

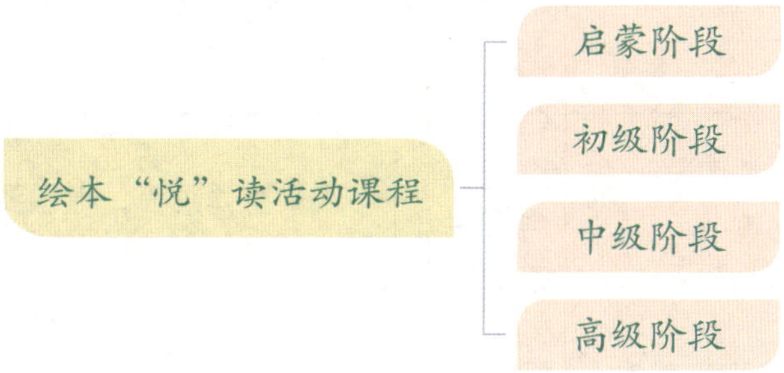

第四节　绘本“悦”读活动课程教学方案

课程类别：语言类

课程名称：绘本“悦”读活动课程

适用对象：3～6岁学生

学生基础要求：适龄幼儿、身心健康。

课时说明：15周/学期，1次学习/周，2课时/次（45分钟/课时），总计30课时/学期。

1. 启蒙阶段课程教学方案

启蒙阶段学生年龄为3岁，学习时长为一个学年，一个学期为15次课，一次课为90分钟（2个课时），30课时/学期，60课时/学年。每个学期有七个模块的教学内容，教师可根据学生的实际情况选择适宜的教学内容和相应的课时。

单元	模块	教学内容	教学方法	教学标准	课时
第一学期、第二学期	绘本认知	认知图书的构成	讲解法、直观法	认知图书：封面、封底、书名、页码	60
	行为习惯	1. 注意力保持； 2. 姿态动作； 3. 倾听习惯； 4. 发言习惯	示范法、讲解法、比较法、榜样法	1. 注意力持续保持5～10分钟； 2. 坐姿端正，正确捧书、逐页翻阅、爱护图书； 3. 安静、耐心倾听； 4. 举手轮流发言、站姿挺拔、声音洪亮	
	图画解密	观察图画，抓信息	提问法、讲解法	观察整体画面，抓主要信息	
	文本趣读	1. 指读文字； 2. 朗读文本	示范法、讲解法、比较法、榜样法	1. 指读文字：按照常规的阅读顺序，从左到右、从上到下指读文字，懂得文字音、形对应； 2. 朗读文本：融入情绪情感，注意语音、语调和语速轻重停延的艺术感	
	绘本复盘	1. 讲述画面； 2. 图画闪卡	示范法、讲解法、比较法、榜样法	1. 讲述画面：运用完整的短句，讲述单幅画面主要信息； 2. 图画闪卡：按绘本内容正确排序	
	欣赏交流	1. 情感态度； 2. 画面欣赏	示范法、榜样法、体验法	1. 表达自己对故事人物或情节的情感态度及原由； 2. 表达自己对画面内容的感受体验及原由	
	绘声绘色	字卡运用	游戏法、讲解法、示范法、练习法	根据绘本主题，融入歌曲韵律、涂鸦上色、超轻黏土制作等延伸活动	
		绘本延伸			

2. 初级阶段课程教学方案

初级阶段学生年龄为4岁，学习时长为一个学年，一个学期为15次课，一次课为90分钟（2个课时），30课时/学期，60课时/学年。每个学期有七个模块的教学内容，教师可根据学生的实际情况选择适宜的教学内容和相应的课时。

单元	模块	教学内容	教学方法	教学标准	课时
第一学期、第二学期	绘本认知	认知图书的构成和要素	讲解法、直观法	认知图书：扉页、蝴蝶页、出版社、作者	60
	行为习惯	1. 注意力保持； 2. 姿态动作； 3. 倾听习惯； 4. 发言习惯	示范法、讲解法、比较法、榜样法	1. 注意力持续保持10 ~ 15分钟； 2. 坐姿端正，正确捧书、逐页翻阅、爱护图书； 3. 安静、耐心倾听； 4. 举手轮流发言、站姿挺拔、声音洪亮	
	图画解密	观察图画，抓信息	提问法、讲解法	观察整体画面，抓主要信息	
	文本趣读	1. 指读文字； 2. 朗读文本	示范法、讲解法、比较法、榜样法	1. 指读文字：按照常规的阅读顺序，从左到右、从上到下指读文字，懂得文字音、形和义的对应； 2. 朗读文本：融入情绪情感，注意语音、语调和语速轻重停延的艺术感	
	绘本复盘	1. 讲述画面； 2. 图画闪卡	示范法、讲解法、比较法、榜样法	1. 讲述画面：运用完整的短句，有序地讲述相连画面的主要信息； 2. 图画闪卡：按绘本内容正确排序，对应讲述相关内容	
	欣赏交流	1. 情感态度； 2. 画面欣赏	示范法、榜样法、体验法	1. 表达自己对故事人物或情节的情感态度及原由； 2. 表达自己对画面内容的感受体验及原由	
	绘声绘色	字卡运用 绘本延伸	游戏法、讲解法、示范法、练习法	根据绘本主题，融入歌曲韵律、涂鸦上色、超轻黏土制作等延伸活动，并对作品进行分享与评价	

3. 中级阶段课程教学方案

中级阶段学生年龄为5岁，学习时长为一个学年，一个学期为15次课，一次课为90分钟（2个课时），30课时/学期，60课时/学年。每个学期有七个模块的教学内容，教师可根据学生的实际情况选择适宜的教学内容和相应的课时。

单元	模块	教学内容	教学方法	教学标准	课时
第一学期、第二学期	绘本认知	掌握图书的构成和要素	讲解法、直观法、体验法	学习自制图画书	60
	行为习惯	1. 注意力保持； 2. 姿态动作； 3. 倾听习惯； 4. 发言习惯	示范法、讲解法、比较法、榜样法	1. 注意力持续保持20～30分钟； 2. 爱护图书、整理图书、修补图书； 3. 安静、耐心倾听； 4. 举手轮流发言、站姿挺拔、声音洪亮	
	图画解密	观察图画，抓信息	提问法、讲解法	观察画面细节：感知人物表情，体会人物情绪情感，想象人物语言，预测故事发展	
	文本趣读	1. 滑读文字； 2. 朗读文本	示范法、讲解法、比较法、榜样法	1. 滑读文字：懂得切分词语，文字音、形和义对应； 2. 朗读文本：融入情绪情感，注意语音、语调和语速轻重停延的艺术感	
	绘本复盘	1. 讲述画面； 2. 图画闪卡	示范法、讲解法、比较法、榜样法	1. 讲述绘本：结合画面，抓住关键词，连贯讲述整个读本； 2. 图画闪卡：按绘本内容正确排序，生动地讲述画面主要内容	
	欣赏交流	1. 情感态度； 2. 画面欣赏	示范法、榜样法、体验法	1. 表达自己对故事人物或情节的情感态度及原由 2. 表达自己对画面内容的感受体验及原由	
	绘声绘色	字卡运用	游戏法、讲解法、示范法、练习法	根据绘本主题，融入歌曲韵律、思维画创作、超轻黏土制作等延伸活动，并对作品进行分享和评价	
		绘本延伸			

4. 高级阶段课程教学方案

高级阶段学生年龄为6岁，学习时长为一个学年，一个学期为15次课，一次课为90分钟（2个课时），30课时/学期，60课时/学年。每个学期有八个模块的教学内容，教师可根据学生的实际情况选择适宜的教学内容和相应的课时。

<table>
<tr><th>单元</th><th>模块</th><th>教学内容</th><th>教学方法</th><th>教学标准</th><th>课时</th></tr>
<tr><td rowspan="8">第一学期、第二学期</td><td>绘本认知</td><td>掌握图书的构成和要素</td><td>讲解法、直观法、体验法</td><td>熟练自制图画书</td><td rowspan="8">60</td></tr>
<tr><td>行为习惯</td><td>1. 注意力保持；
2. 姿态动作；
3. 倾听习惯；
4. 发言习惯</td><td>示范法、讲解法、比较法、榜样法</td><td>1. 注意力持续保持30～40分钟；
2. 爱护图书、整理图书、修补图书；
3. 安静、耐心倾听；
4. 举手轮流发言、站姿挺拔、声音响亮</td></tr>
<tr><td>自主阅读</td><td>幼儿独立阅读绘本</td><td>提问法、讲解法</td><td>结合图画和文字，感知画面细节，理解文本意义，读懂绘本的主要内容</td></tr>
<tr><td>有声“悦”读</td><td>倾听绘本，抓信息</td><td>提问法、讲解法</td><td>1. 集中注意力，安静认真倾听；
2. 在倾听过程中，根据提问，能够了解人物心理、想象人物语言以及预测情节发展</td></tr>
<tr><td>文本趣读</td><td>1. 视读文字；
2. 朗读文本</td><td>示范法、讲解法、比较法、榜样法</td><td>1. 目光注视文本，不再借助手指的辅助，能有意识切分词语，懂得文字音、形和义对应；
2. 朗读文本，融入情绪情感，注意语音、语调和语速轻重停延的艺术感</td></tr>
<tr><td>绘本复盘</td><td>1. 绘本讲述；
2. 闪卡讲述；
3. 自主讲述</td><td>示范法、讲解法、比较法、榜样法</td><td>1. 逐页翻阅绘本页面，结合画面，抓住关键词，连贯而流畅地讲述绘本；
2. 按绘本内容正确排序，生动而完整地讲述闪卡内容；
3. 理解绘本故事线索或内容节点，抓住关键词，不借助辅助物，自主讲述绘本</td></tr>
<tr><td>欣赏交流</td><td>1. 情感态度；
2. 画面欣赏</td><td>示范法、榜样法、体验法</td><td>1. 表达自己对故事人物或情节的情感态度及原由
2. 表达自己对画面内容的感受及原由；
3. 体会绘本深层次内涵，表达个人独特的感悟</td></tr>
<tr><td>绘声绘色</td><td>延伸创作</td><td>讲解法、示范法、练习法</td><td>根据绘本主题，融入歌曲韵律、思维画创作、超轻黏土制作等延伸活动，并对作品进行分享和评价</td></tr>
</table>

第五节 绘本“悦”读活动课程评价

一、评价方式

1. 诊断性评价

在学生参加绘本“悦”读活动课程前，制订相关量表，了解学生的兴趣、习惯、能力和需求，旨在了解学生的现有状况，为有效开展活动，满足全体学生个性化发展寻求依据，做好准备。

2. 形成性评价

在学生参加绘本“悦”读活动课程中，根据学生具体表现，有针对性地给予评价，旨在及时促进学生各方面能力的提升。

3. 终结性评价

在每学期结束时，针对学生一学期的表现给予终结性评价，旨在鼓励学生不断进步，同时在一定程度上帮助家长了解学生在学习绘本“悦”读课程后，获得的发展有待改进的地方。教师和家长协同合作，一同帮助学生学有所乐、学有所获。

二、评价主体

1. 学生自评与互评

活动中，学生自评互评养成习惯、参与性、表达能力和作品完成情况。

2. 教师评价

在活动过程中或学期结束时，教师评价学生养成习惯、阅读理解能力、语言表达能力和作业任务完成效果等综合能力。

3. 家长评价

通过教学反馈表的方式，让家长评价学生阅读兴趣、习惯及能力的发展变化；评价教师的日常教育教学水平和协同共育的沟通指导能力。

三、评价内容

（一）课程实施过程评价

（1）评价学生在集体阅读活动过程中的兴趣、习惯、态度、参与性和情绪表现。

（2）评价教师在组织绘本“悦”读活动课程中活动方案设计、教育教学技巧、活动组织能力和对学生的引导能力。

（3）评价绘本“悦”读活动过程中，教师与学生的互动、学生之间的互动、学生与教育资源的互动。

（二）课程效果评价

（1）评价学生参与绘本“悦”读活动课程学习后阅读理解能力、语言表达能力、思维创造能力等发展状况。

（2）评价教师在承担绘本“悦”读课程教育教学工作中获得专业提升的情况。

（3）评价绘本“悦”读活动课程产生的非预期结果。

（三）不同年龄学生阅读发展水平评价内容

每个学龄阶段含三个维度10项指标，每项指标记1分，总分10分，得分4分以下评“还需努力”，得分5～6分评“合格”，得分7～8分评“良好”、得分9～10分评“优秀”。

学龄阶段	评价维度	评价内容	评价选项
启蒙阶段	兴趣习惯	1. 对绘本感兴趣，阅读时注意力能持续5～10分钟； 2. 能正确持书，有序逐页翻阅； 3. 能够正确指读文字； 4. 积极参与，情绪愉悦	□优秀 □良好 □合格 □还需努力
	阅读策略	1. 能在教师的引导下，观察图画细节； 2. 能根据要求在图画中找到特定的信息； 3. 能根据图画内容，联想到自己的生活经验	
	图文理解	1. 能主动指认画面中自己熟悉的事物； 2. 能结合图画理解关键词语的含义； 3. 能用简单的词语或短句描述单页画面上的动作和事件	
初级阶段	兴趣习惯	1. 乐于参加阅读活动，阅读时安静专注； 2. 愿意和他人分享谈论故事； 3. 活动过程情绪愉悦，参与积极； 4. 有爱护图书的意识和习惯	□优秀 □良好 □合格 □还需努力
	阅读策略	1. 有意识地关注画面细节，比如人物的动作和表情； 2. 能根据故事中人物的动作表情，想象人物的语言、心理，感知人物的情绪情感； 3. 根据情节简单推测故事的发展	
	图文理解	1. 能结合故事情境和自身经验，尝试用自己的语言解释书面语言； 2. 能理解绘本中出现的特别句式，并掌握运用； 3. 能结合故事内容表达自己的情感倾向	

（续表）

学龄阶段	评价维度	评价内容	评价选项
中级阶段	兴趣习惯	1. 愿意阅读各种题材和体裁的绘本，有自己的偏好； 2. 喜欢自己看书，寻求发现和收获； 3. 乐于与同伴或成人交流故事内容与情节； 4. 积极参与活动过程中的各个环节，情绪饱满	□优秀 □良好 □合格 □还需努力
	阅读策略	1. 能根据画面细节，熟练地预测故事情节的发展； 2. 遇到不认识的文字，能根据上下文进行猜测； 3. 能根据图画的变化，讲述故事的主要内容	
	图文理解	1. 能够理解并使用结构图来总结归纳绘本内容； 2. 能对故事中的不同角色进行分析和评价； 3. 能在教师的引导下，归纳出故事发生的时间、地点、人物、事件等要素	
高级阶段	兴趣习惯	1. 乐于深入阅读，享受绘本带来的体验和快乐； 2. 乐于用不同的方式迁移自己对绘本的理解和感受，比如创作思维画、歌曲韵律、故事表演、手工制作等； 3. 喜欢自己创作绘本故事书	□优秀 □良好 □合格 □还需努力
	阅读策略	1. 能认读一定数量的常用词汇，绘本阅读时以文字阅读为主，图画欣赏为辅； 2. 能抓住关键词，复述故事； 3. 能感知故事的情节节点，对故事内容有整体的把握； 4. 能够迁移自己原有的知识经验，深入理解故事内容	
	图文理解	1. 能对绘本中的人物形象进行移情，陶冶情操； 2. 能够流畅并有感情地朗读文字，帮助自己深入理解故事，体会故事情境和人物形象； 3. 学习用思维导图，通过图画和简单的符号信息梳理归纳绘本的主要内容	

四、评价程序

学生自评 → 小组互评 → 教师评价 → 家长评价

第六节　绘本“悦”读活动课程实施建议

一、活动组织建议

幼儿处于特殊年龄阶段，注意力集中时间不长，幼儿园小班一次活动约10分钟，中班一次活动约20分钟，大班一次活动约30分钟。由于本单位是青少年宫，幼儿每周按次数参加本宫的集体阅读活动，为了保证活动内容的完整性、连贯性和充分性，一次活动时长约90分钟。90分钟里，以一个独立的绘本为载体，根据具体绘本的内容，活动设计融合绘本阅读、歌曲韵律、美术手工、角色扮演、游戏比赛等环节内容，旨在通过丰富多元的内容与形式，激发幼儿的兴趣，吸引他们的注意力，让幼儿学有所获、学有所乐。在组织活动过程中，教师根据具体绘本设计若干关联的环节，在活动过程中可以视幼儿的精神状态和生理需要适当安排课间休息，比如喝水、上厕所、放松活动等。

二、教学建议

1. 认知策略

教师要运用实物或图片帮助幼儿获得准确的知识和经验。

2. 复述策略

通过闪卡或字卡，训练幼儿抓住故事线索和关键词，复述故事。

3. 拓展策略

通过绘画、手工、韵律、表演和游戏等形式进行教学拓展和展示，教师鼓励幼儿讲述自己的作品内容，并给予同伴相互评价的机会。

4. 教学导入

根据具体的绘本内容，教师采用恰当的方式导入活动，比如谈话法、实物观察法、图片或视频欣赏等，激发幼儿阅读兴趣和探索欲望。

5. 提问设计

教师在引导幼儿观察画面细节时，要适时培养幼儿的想象和联想能力，善于设计开放式提问，比如“看到这儿，你想到了什么”，多提“你觉得接下来会发生什么呢”“为什么会这样呢”等问题，以培养幼儿的推理、预测和反思能力。

6. 教学示范

集体阅读教学中，教师要准确示范，比如指读文字时，注意节奏和音、形、义对应；朗读文本时，注意情绪情感要饱满恰当；手工制作时，要注意程序安排合理、示范讲解语言生动形象，要使用幼儿能听得懂的语言。

三、教师成长建议

1. 教学设计

根据幼儿的年龄特点和具体绘本材料，教师撰写有特色的教学设计，为绘本“悦”读活动课程管理积累一手资料。

2. 微格教学

组织承担绘本“悦”读教学的教师定期集中进行业务学习和教学技能培训，利用微格教学，针对组织绘本“悦”读活动过程中遇到的各种实际问题，有针对性地进行探讨并形成相关策略，进一步指导实际教学，促进教师的专业成长。

3. 教研论文

通过组织教师参加各类教学教研活动，提升教师教学教研反思及专研的水平，鼓励教师撰写、发表教研论文。

四、课程汇报建议

（1）组织绘本“悦”读活动课程班级定期开展亲子绘本故事表演活动。

（2）组织绘本“悦”读活动课程班级定期开展自制图画书比赛活动。

（3）组织绘本“悦”读活动课程班级定期开展线上“绘本讲读”比赛活动。

第三章

“小嘴巴”英语剧乐社活动课程实施指南

杨舒瑜

第一节 “小嘴巴”英语剧乐社活动课程概述

一、“小嘴巴”英语剧乐社活动课程的性质

“小嘴巴”英语剧乐社活动课程鼓励学生张开嘴巴运用英语进行观点的输出与表达，是具有校外教育特色的课程。它以语言应用能力发展为导向，以提高学生综合素质为育人目标，以“教育戏剧”（Drama in Education）为主要教学法，遵循ESL（English as a Second Language）的教学理念，突出戏剧元素，尊重个性发展；突出互动

体验，倡导情境代入；突出多元评价，促进品格培养。

该项目以融入戏剧元素的多元语言应用场景为活动载体，以“翻转课堂”为主要授课形式，遵循个体的发展规律，根据学生的年龄特点、兴趣爱好和个性发展设置了与之对应的阶梯式分级课程。“小嘴巴”英语剧乐社活动课程的教学内容注重实践的应用性、文化的拓展性和活动的趣味性，主张建立基于素质教育发展的多元评价体系，在课程里通过调动学生自主探究、头脑风暴、合作沟通的积极性与创造性，帮助学生激发学习兴趣，树立正确的世界观、人生观和价值观，尤其注重提高学生的国家认同感和民族文化自信心，尊重国际多元文化价值，在发展外语能力的同时，促进学生培养良好的外语素养和道德品格。

二、“小嘴巴”英语剧乐社活动课程的特点

1.“小嘴巴”英语剧乐社活动课程具有教育戏剧性

“小嘴巴”英语剧乐社活动课程主张运用“教育戏剧”的教学方法实现国际文化的渗透、外语思维的训练和个性表达的创新，让学生在真实的文化氛围和互动交流中，发现表达的可能性、语言的多元性和戏剧的创造性。英语教学中融入戏剧元素，能帮助学生更好地分析作品人物的性格和情感，多角度地思考文章的内涵和社会文化背景。

2.“小嘴巴”英语剧乐社活动课程具有辩证创造性

“小嘴巴”英语剧乐社活动课程主张引导学生融合生活经验，实现语言情境的推进、文本语言的改造、戏剧剧本的创作和舞台作品的排演，既发挥想象力与创新力，又结合实际生活，在语言中分析逻辑辩证关系，在作品中发挥创造能力。

3.“小嘴巴”英语剧乐社活动课程具有应用多元性

“小嘴巴”英语剧乐社活动课程通过融合跨学科知识来打造多元文化应用场景，从戏剧的角度发现英语的魅力，培养学生英语学习的兴趣，转换学习思维方式，在实践中完成教学目标，同时实现学生语言综合运用能力和综合素养的提高。

4.“小嘴巴”英语剧乐社活动课程具有分级阶梯性

语言的学习与大脑发展密不可分，不同年龄段的学生对语言的理解能力也有所差异，“一刀切”的分级会让语言学习目标单一、评价时间漫长，无法帮助学生进行准确的分层和定位。为此，“小嘴巴”英语剧乐社活动课程遵循学生语言能力发展的客观规律，弱化年级概念，建立了以能力和综合素质为基准的分级阶梯式课程体系。

5.“小嘴巴”英语剧乐社活动课程具有科学循环性

本课程依据CLIL（Content and Language Integrated Learning）学习法进行“4C”（Content内容，Cognition认知，Communication交流，Culture文化）学习模块的设置。

每个级别课程的“4C”学习模块与“四品”（语言品质、思维品质、适应品质、文化品质）核心素养的育人目标一一对应。每个模块均以“兴趣引导—建构知识”为教育原则，将“5E循环教学法”融入翻转课堂，促进课程的完整性和逻辑性，让课程实现“Engage（引入）— Explore（拓展）— Explain（诠释）— Exercise（实践）— Evaluate（评价）”的教学循环。

三、“小嘴巴”英语剧乐社活动课程的核心素养

“小嘴巴”英语剧乐社活动课程在提升英语口才的同时，还致力于帮助学生实现思想道德意识、环境适应能力、多元思维方式、国际文化观念等素质的培养。该项目所渗透的核心素养是帮助学生适应社会发展需要的必备品质，更是落实立德树人根本任务的重要举措。“小嘴巴”英语剧乐社活动课程以培养“全面发展的人”为核心，凝练出了以下四种核心素养。

核心素养	组成部分	内容
语言品质	口才表达	通过引导学生积累丰富的英语语言素材，让学生在脑海中构建英语知识间的有机联系，培养良好语感，提高语言综合运用能力，乐于、善于、勤于提高英语口才和用语言做事的能力
	人文底蕴	增加了西方社会背景知识的引入与渗透，有助于培养学生良好的人文情怀和中西方文化结合的人文底蕴，丰富语言内容，增强情感表达，促进学生语言品质的发展
思维品质	语言逻辑	通过融入辨析、比较、延伸、归纳、概括等训练来提高学生的外语思维逻辑，帮助学生克服母语对第二语言学习的影响
	批判创新	通过融入推理、判断、辩论等训练，帮助学生形成会理解、会批判、会质疑的思维模式，让学生大胆表达观点，形成独立的自我思考习惯，促进想象力和创新力的发展
适应品质	合作沟通	引导学生从学习兴趣、生活经验和认知水平出发，激发学生跨文化交流的兴趣，形成良好的情感策略和交际策略，使学生树立自信，实现信息互换与成果共享，提升语言表达的妥当性和优美性
	实践应用	引导学生在模拟实战和实践应用中主动适应外语环境，使学生提高解决问题的能力，学会选择恰当的认知策略对学习实行监控、反思、调整和评价

（续表）

核心素养	组成部分	内 容
文化品质	国际理解	通过融入国际环境、经济、政治、人文等知识，帮助学生在全球化背景下提升跨文化意识，培养正确的外语学习观与国际文化观，加深对个人与家庭、个人与社会、个人与自然、个人与国家、个人与世界等多种文化关系的思考，树立国际公民意识，提高社会责任意识
	国家认同	通过融入中西方文化对比的内容，帮助学生从另一个角度认识自己的国家文化，能理解、包容和借鉴不同民族、区域、国家的文化，尊重文化差异性，欣赏文化多样性，并在文化传播与交流活动中形成用英语宣传祖国文化的责任意识，增强民族文化自信

第二节 “小嘴巴”英语剧乐社活动课程目标

一、“小嘴巴”英语剧乐社活动课程的总目标

1. 培养良好英语口才

通过本课程的学习，学生可以产生英语口才学习的兴趣，感受到外语交流的实用性、有效性和美妙性，并乐于在多元的语境中运用英语，形成良好的英语口才表达能力。

2. 形成多元思维能力

通过本课程的学习，学生能推断语言信息背后的逻辑关系，对国内外问题的观点进行辩证评价，实现双语思维的过渡与转换。

3. 提高环境适应能力

通过本课程的学习，学生能主动适应外语环境，积极拓宽语言表达渠道，提高跨文化交流能力和人际沟通能力。

4. 理解国际文化内涵

通过本课程的学习，学生能在今后跨文化沟通活动中表现出良好的文化素养，理解中外文化的差异性，欣赏中外优秀文化，树立跨文化意识。

二、“小嘴巴”英语剧乐社活动课程的单元目标

1. 启蒙阶段

完成“4C”模块学习，达成如下四个目标：①通过认知活动的开展，促进学生对英语口才基本知识的了解，使学生获得字母认读以及控制语音语调的能力；②通过不同主题的具象地图设置语言场景，使学生获取具象思维；③通过剧场设置，激发学生英语口语学习的热情，发现英语口才学习的乐趣。④通过家庭文化主题内容的渗透，促进学生形成“家庭与我”的概念，了解中西方家庭文化，学会家庭中的情境表达。

2. 初级阶段

完成“4C”模块学习，达成如下四个目标：①通过绕口令、绘本配音、童话故事、寓言故事等教学活动，提升学生对英语故事的理解能力，获得自然拼读的能力；②通过设置主题情境，提高学生的归类思维；③通过剧场设置与模拟场景实践交流，提升学生的沟通表达能力，形成良好的语言表达习惯；④通过渗透中西方校园文化，促进学生形成“校园与我”的概念，学会校园中的情境表达。

3. 中级阶段

完成“4C”模块学习，达成如下四个目标：①通过童话配音、角色代入、影视对白等教学活动，促进学生对西方戏剧文本语言的赏析能力，提升西方文学综合素养；②通过设置超现实的场景，提升学生的创造思维；③通过音乐剧、戏剧创作、模拟剧场等实践活动，提高学生英语口语应用能力与合作沟通能力，拓宽英语学习渠道；④通过城市文化与国家文化的内容渗透，提升学生对本土城市文化与国家文化的认同感，理解和欣赏西方文化，感悟中外优秀文化的精神内涵，树立正确的价值观，形成积极的道德情感，并内化为个人的意识和品行。

4. 高级阶段

完成“4C”模块学习，达成如下四个目标：①通过经典古诗和美文赏析，提升学生的中西方文学素养；②通过辩论、戏剧逻辑、方案制作等活动，提升学生的辩证思维；③通过开展模拟联合国、模拟法庭、学生公司等实战活动，提升学生语言应用能力；④通过国际文化学习，提升学生跨文化理解力与沟通力，能汲取文化精华，具有正确的价值观、健康的审美情趣和积极的道德情感，形成自尊、自信、自强的良好品质，树立正确的文化意识和世界观。

第三节　“小嘴巴”英语剧乐社活动课程结构

依据“小嘴巴”英语剧乐社活动课程目标，在充分考虑其课程性质和课程特点的前提下，根据学生的年龄特点和基础水平，将“小嘴巴”英语剧乐社活动课程划分为启蒙阶段、初级阶段、中级阶段、高级阶段，逐级递进，每个阶段都有各自的侧重点。“小嘴巴”英语剧乐社活动课程结构如下图所示。

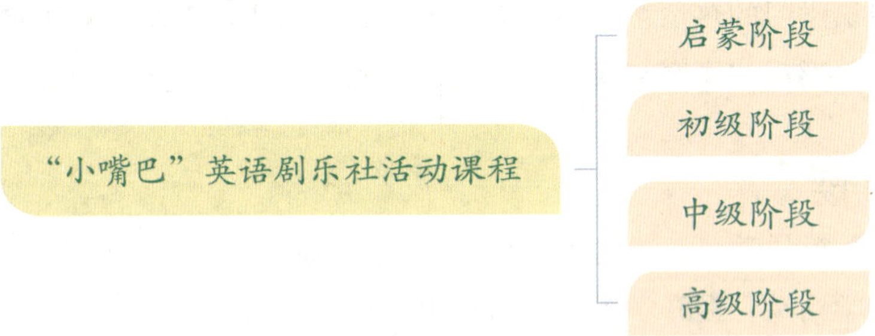

第四节　“小嘴巴”英语剧乐社活动课程教学方案

课程类别：语言类

课程名称：“小嘴巴”英语剧乐社活动课程

适用对象：4～14岁学生

学生基础要求：有学习英语口才意愿，对西方文化感兴趣，无先天发音生理障碍的适龄学生。

课时说明：15周/学期，1次学习/周，2课时/次（45分钟/课时），总计30课时/学期。

1. 启蒙阶段课程教学方案

启蒙阶段学生年龄为4～6岁，学习时长为两个学年（4个学期），每个学期有四个模块的教学内容，教师可根据实际情况调整相应课时。

单元	模块	教学内容	教学方法	教学标准	课时
第一学年	语言品格	嘴形模仿	示范法	能正确模仿英语发音嘴形	6
		发音基础	TPR教学法	能认读英文字母	6
		自我介绍	示范法	能大胆介绍自己的姓名	4
	思维品质	颜色主题具象地图	CLIL教学法、情景教学法	1. 能配对词汇与相关颜色； 2. 能完成颜色词汇彩虹图	4
		文具主题具象地图	直观教学法、情景教学法	1. 能配对词汇与具象物体； 2. 能完成文具礼盒的制作	4
		形状主题具象地图	直观教学法、情景教学法	1. 能配对词汇与相关形状； 2. 能完成图形手工的制作	4
		数字主题具象地图	直观教学法、游戏法	1. 能配对词汇与相关数字； 2. 能完成数字游戏的任务	4
		动物主题具象地图	CLIL教学法、情景教学法	1. 能配对词汇与相关动物； 2. 能完成动物角色的扮演	4
		水果主题具象地图	CLIL教学法、情景教学法	1. 能配对词汇与相关水果； 2. 能完成水果拼盘的制作	4
	适应品质	西方童谣剧场	语境法、情景教学法	1. 能理解童谣内容； 2. 能完成童谣展示	8
		英语字母体操	律动教学法、演示法	1. 能完成小组跟跳任务； 2. 能完成师生互动游戏	4
	文化品格	我的父母	语境法	1. 能用英语介绍爸爸妈妈； 2. 能用英语向父母表达爱	4
		我的家庭	语境法、游戏法	1. 能制作家庭的设计图； 2. 能完成房间寻宝游戏	4

（续表）

单元	模块	教学内容	教学方法	教学标准	课时
第二学年	语言品格	角色模仿	示范法	能模仿角色的语音语调	6
		发音基础	TPR 教学法	能认读英文单词	6
		礼貌问候	TPR 教学法	能礼貌表达问候	4
	思维品质	玩具主题具象地图	CLIL 教学法、直观教学法	1. 能配对词汇与相关玩具； 2. 能完成玩具制作的任务	4
		家庭主题具象地图	CLIL 教学法、情景教学法	1. 能配对词汇与相关家具； 2. 能完成家庭成员海报图	4
		天气主题具象地图	直观教学法、情景教学法	1. 能配对词汇与相关天气； 2. 能完成天气预报员任务	4
		身体主题具象地图	TPR 教学法、CLIL 教学法	1. 能配对词汇与相关部位； 2. 能完成卡通形象制作图	4
		动作主题具象地图	TPR 教学法、情景教学法	1. 能配对词汇与相应动作； 2. 能完成口令反应的任务	4
		食物主题具象地图	CLIL 教学法、情景教学法	1. 能配对词汇与相关食物； 2. 能完成中华美食家任务	4
	适应品质	西方歌谣剧场	语境法、情景教学法	1. 能理解童谣内容； 2. 能完成童谣展示	6
		亲子绘本表演	CLIL 教学法、情景教学法	1. 能与家人共读绘本内容； 2. 能与家人完成绘本展示	2
	文化品格	迪士尼的家庭文化	语境法、合作教学法	1. 能配对迪士尼家庭成员； 2. 能认读迪士尼成员名字	6
		中西方的家庭文化	CLIL 教学法	能发现中西方家庭特色	6

2. 初级阶段课程教学方案

初级阶段学生年龄为6～8岁，学习时长为两个学年（4个学期），每个学期有四个模块的教学内容，教师可根据实际情况调整相应课时。

单元	模块	教学内容	教学方法	教学标准	课时
第一学年	语言品格	英语小饶舌	自然拼读法	能标准发出字母发音	4
		西方绘本配音	TPR教学法	1. 能跟上配音的拍子； 2. 能模仿角色升降调	6
		西方寓言故事	CLIL教学法、表演法	1. 能理解寓言故事内容； 2. 能模仿故事角色对白	6
	思维品质	身体的动作反应	全身反应法、对比教学法	1. 能进行动作词汇归类； 2. 能完成英语动作口令	4
		家庭的成员关系	对比教学法、情景教学法	1. 能进行家庭词汇归类； 2. 能完成家庭成员介绍	4
		水果的数量买卖	对比教学法、情景教学法	1. 能进行水果词汇归类； 2. 能进行水果购买对话	4
		环境保护小卫士	对比教学法、情景教学法	1. 能进行环境词汇归类； 2. 能进行环境保护对话	4
	适应品质	西方绘本剧场	情景教学法、合作教学法	1. 能跟读人物对话； 2. 能完成剧场实践	6
		西方音乐剧场	语境法、情景教学法	1. 能理解英语歌词内容； 2. 能完成西方音乐展示	6
		英语小诗朗读	语境法、示范法	1. 能跟读小诗片段； 2. 能完成诗歌朗诵	4
	文化品格	校园与我	情景教学法	能介绍校园一日生活	4
		同学与我	合作教学法	能合作分享同学友谊	4
		老师与我	情景教学法	能形容老师外貌特征	4

（续表）

单元	模块	教学内容	教学方法	教学标准	课时
第二学年	语言品格	英语绕口令	自然拼读法	能标准发出字母发音	4
		西方绘本配音	TPR 教学法	1. 能跟上配音的拍子； 2. 能模仿角色升降调	6
		西方童话故事	CLIL 教学法、情景教学法	1. 能理解童话内容； 2. 能跟读角色对白	6
	思维品质	健康食物小厨师	对比教学法、情景教学法	1. 能配对食物与颜色； 2. 能介绍健康的食物	4
		超级英雄的职业	对比教学法、情景教学法	1. 能配对人物与职业； 2. 能介绍人物的职业	4
		四季的美丽衣橱	对比教学法、情景教学法	1. 能配对天气与衣服； 2. 能设计心仪的服饰	4
		动物保护小勇士	对比教学法、情景教学法	1. 能配对动物栖息地； 2. 能表达动物的特征	4
	适应品质	西方寓言剧场	CLIL 教学法、表演法	1. 能理解童话内容； 2. 能模仿角色对白	8
		模拟超市	情景教学法、合作教学法	1. 能使用买卖用语； 2. 能使用外语运算	4
		模拟厨房	活动教学法、TPR 教学法	1. 能进行手工制作； 2. 能描述制作过程	4
		模拟人生	TBLT 教学法、CLIL 教学法	1. 能进行人物模拟； 2. 能演绎人物故事	4
	文化品格	迪士尼的校园文化	情景教学法、合作教学法	1. 能概括故事内容； 2. 能配对人物关系	4
		中西方的校园文化	情景教学法、合作教学法	1. 能了解中西方校情； 2. 能了解中西方学情	4

3. 中级阶段课程教学方案

中级阶段学生年龄为8～10岁，学习时长为两个学年（4个学期），每个学期有四个模块的教学内容，教师可根据实际情况调整相应课时。

单元	模块	教学内容	教学方法	教学标准	课时
第一学年	语言品格	英语绕口令	练习法	能挑战英语绕口令	4
		小小演讲家	示范法	能完成主题演讲任务	6
		西方童话对白	表演法、自然法	1. 能完成童话对白模拟； 2. 能分析童话对白结构	6
		西方童话配音	TBLT教学法、合作教学法	1. 能模仿童话角色语音； 2. 能模仿角色发音连读	6
		西方小诗欣赏	陶冶法、对比教学法	1. 能了解诗歌语言特色； 2. 能完成诗歌分享任务	4
	思维品质	英语时光机	讲授法、CLIL教学法	1. 能进行回忆描述； 2. 能进行未来展望	4
		英雄超能力	讲授法、CLIL教学法	1. 能进行能力描述； 2. 能进行能力展望	4
		天文科学家	CLIL教学法	1. 能描述宇宙行星的特点； 2. 能表达宇宙行星的异同	6
		宇宙外星人	讲授法、CLIL教学法	1. 能区分宇宙的行星； 2. 能模拟外星人对话	4
	适应品质	西方童话剧场	情景教学法、合作教学法	1. 能跟读人物对话； 2. 能完成剧场实践	4
		西方戏剧故事	情景教学法、TPR教学法	1. 能分辨人物角色； 2. 能概括故事内容	4
	文化品格	城市代言人	CLIL教学法、合作教学法	1. 能介绍城市衣食住行； 2. 能分享城市地标故事	4
		城市朋友圈	CLIL教学法、合作教学法	1. 能用英文表达城市异同； 2. 能确立友好城市关系	4

（续表）

单元	模块	教学内容	教学方法	教学标准	课时
第二学年	语言品格	台词功底	自然法、TBLT教学法	1. 能了解不同国家口音特色； 2. 能完成声、台、形、表训练	6
		西方影视配音	TBLT教学法、合作教学法	1. 能小组完成配音片段； 2. 能进行配音作品展示	6
		西方影视对白	表演法、自然法	1. 能完成影视对白模拟； 2. 能分析影视对白结构	6
	思维品质	西方戏剧人物	CLIL教学法	1. 能描述故事人物的性格； 2. 能对人物行为进行判断	4
		西方戏剧背景	CLIL教学法	1. 能了解西方戏剧历史； 2. 能简述戏剧故事背景；	4
		西方戏剧大纲	CLIL教学法	1. 能梳理剧本的情节发展； 2. 能总结戏剧故事的大纲	4
	适应品质	西方音乐剧	TBLT教学法、示范法	1. 能了解音乐剧元素； 2. 能合作完成音乐剧	4
		西方戏剧展示	TBLT教学法、合作教学法	1. 能合作完成戏剧作品； 2. 能进行戏剧成品展示	4
		西方戏剧创作	TBLT教学法、合作教学法	1. 能小组改编戏剧剧本； 2. 能小组演绎改编剧本	6
		模拟剧场	TBLT教学法、CLIL教学法	1. 能合作设计剧场场景； 2. 能合作完成剧场作品	4
	文化品格	国家代言人	TBLT教学法、CLIL教学法	1. 能分析中西方节日异同； 2. 能用英文介绍中国文化	4
		国家朋友圈	TBLT教学法、CLIL教学法	1. 能代表一国展示国家特色； 2. 能表达国家双方合作意向	4
		对外小记者	TBLT教学法、CLIL教学法	1. 能用英文介绍中国； 2. 能用英语播报中国新闻	4

4. 高级阶段课程教学方案

高级阶段学生年龄为10～14岁，学习时长为两个学年（4个学期），每个学期有四个模块的教学内容，教师可根据实际情况调整相应课时。

单元	模块	教学内容	教学方法	教学标准	课时
第一学年	语言品格	美文赏析	陶冶法、对比教学法	1. 能对比不同译本的异同； 2. 能欣赏名家译本的特色	4
		剧本创编	TBLT教学法、CLIL教学法	1. 能对剧本对话进行扩句； 2. 能对剧本情节进行改写	6
		台词功底	自然法、TBLT教学法	1. 能区分不同国家的发音差异； 2. 能完成声、台、形、表训练	6
		人物对话	自然法、TBLT教学法	1. 能根据对话辨别人物身份； 2. 能根据情境采用合适语句	6
	思维品质	戏剧逻辑	CLIL教学法	1. 能分析剧本逻辑框架； 2. 能梳理剧本时间线路	4
		协作方案	TBLT教学法、合作教学法	1. 能完成任务思维导图； 2. 能完成协作工作方案	4
	适应品质	模拟百老汇	示范法	1. 能进行音乐剧排演； 2. 能了解百老汇剧目	6
		小小演说家	CLIL教学法、示范法	1. 能完成演讲稿子； 2. 能完成主题演讲	4
		新闻播报员	TPR教学法、TBLT教学法	1. 能完成新闻播报任务； 2. 能完成全英的新闻稿	6
		模拟社会	TBLT教学法、情景教学法	1. 能演绎社会故事； 2. 能分辨职业特征	4
	文化品格	西方文学说	讨论法、TBLT教学法	1. 能配对文学作品与社会时期； 2. 能罗列文学作品的历史线路	6
		西方人物说	讨论法、TBLT教学法	1. 能配对人物与观点； 2. 能配对人物与事迹	4

（续表）

单元	模块	教学内容	教学方法	教学标准	课时
第二学年	语言品格	致敬经典	陶冶法、对比教学法	1. 能完成古诗译本的朗读； 2. 能挖掘古诗译本的异同	4
		配音创作	CLIL 教学法	能对配音作品进行改编创作	6
		演员诞生	CLIL 教学法、练习法	1. 能分析角色心理； 2. 能模仿角色情绪	4
	思维品质	神奇符号	讲授法、练习法	1. 能了解国际通用缩写词； 2. 能配对语言符号与含义	4
		辩论风云	TBLT 教学法、合作教学法	1. 能习得辩论基本技巧； 2. 能反驳对方辩论观点	6
		戏剧大纲	CLIL 教学法、练习法	1. 能概括剧本的主要内容； 2. 能分析情节的前因后果	4
	适应品质	模拟联合国	TBLT 教学法、CLIL 教学法	1. 能独立完成国家立场表达； 2. 能小组完成英语辩论稿子	6
		小小外交官	TBLT 教学法、CLIL 教学法	1. 能用英语完成记者提问； 2. 能用英语阐述时事立场	4
		梦想剧场	TBLT 教学法、合作教学法	1. 能小组完成角色分工； 2. 能进行戏剧成品展示	4
		学生公司	TBLT 教学法、合作教学法	1. 能完成项目搭建方案； 2. 能运用英语模拟谈判	6
	文化品格	全球代言人	TBLT 教学法、CLIL 教学法	1. 能完成国际主题的呼吁书； 2. 能录制全球话题代言视频	4
		国际朋友圈	TBLT 教学法、合作教学法	1. 能代表国家发表交友宣言； 2. 能完成国家创新项目合作	4
		全球新闻说	TBLT 教学法、CLIL 教学法	1. 能够撰写国际时事新闻稿； 2. 能脱稿完成英文新闻播报	4

第五节 “小嘴巴”英语剧乐社活动课程评价

一、评价方式

1. 采取多主体视角的评价方式

本项目遵循评价的客观性，采用多元主体的评价方式，增设多视角的评价维度，如学生自评、学生互评、教师评价、家长评价、社会评价等。

2. 采用过程与结果融合的评价方式

本项目采用过程性评价与结果性评价结合的方式，对学生的学习过程和学习效果进行评价，包括学生学习过程中的学习态度、学习兴趣、交流主动性、团队协作积极性、问题解决能力、核心素养的达成度等方面，并在发现问题时帮助学生调整学习状态。

3. 采用可持续发展性的评价方式

本项目遵循评价的科学性、整体性和操作性原则，通过定期回访与监督、建立学生素质发展档案等方式，落实学生的发展性评价。

二、评价主体

1. 学生评价

学生的自评与互评能发挥学生的主观能动性，及时发现问题，促进自我成长。通过开展小组评价活动、“模拟小评委”活动、自我评估分享会等方式了解学生的观察力、分析力和判断力，对学生的语言技能掌握程度、综合能力展示水平、合作交流互助精神等方面进行评价，增进学生间的友谊，增进互信，让学生更好地进行自我定位，并感受到集体的关心。

2. 教师评价

教师遵循“小嘴巴”英语剧乐社活动课程的总目标对学生进行评价，通过随堂口语测试、作品成果展、主题演讲、主题考核、项目任务进度表等方式评价学生的学习态度、技能水平、思维习惯、沟通技巧、合作能力、综合素养和文化意识等方面，促进学生外语核心素养的养成。教师之间还可以通过听课、评课、说课等手段，实现教师互评，提高教师自我反思、知己知彼、取长补短的能力。

3. 家长评价

家长评价是检验学生学习效果和教师教学成果的重要参考依据。家长通过参加“缤纷学堂秀”的现场听课、“家长大课堂”的学科专业讲坛、学科汇报活动、班级家长会、亲子活动、问卷调查、家长交流会等活动对学生的课后表现、师生沟通情况、家庭教育、学生的学习兴趣、学习习惯、学习效果以及教师教学水平等进行评价，促进家长与教师的沟通，帮助家长提高“共育”意识。

三、评价内容

评价指标	评价内容	评价选项
语言口才品质	1. 激发口语学习兴趣，树立长期学习意愿； 2. 掌握英语口才技能，培育英语语言素养； 3. 英语口语表达得当，形成良好英语语感； 4. 语言背景知识丰富，养成多元人文底蕴	□目标达成 □基本达成 □还需努力
双语思维品质	1. 自信输出自我观点，乐于进行交流对话； 2. 双语转换流利顺畅，形成英语思维习惯； 3. 具备戏剧想象能力，养成创新发散思维； 4. 学会赏析文本内涵，具备辩证思考能力	□目标达成 □基本达成 □还需努力
交流适应品质	1. 情境对话表达流利，问题解决能力显著； 2. 具备团队协作精神，掌握沟通交流技巧； 3. 模拟实战表现得当，作品展示效果突出； 4. 具备环境适应能力，适时调整学习策略	□目标达成 □基本达成 □还需努力

（续表）

评价指标	评价内容	评价选项
文化理解品质	1. 探索生活环境文化，提高语境代入能力； 2. 能形成跨文化意识，尊重国际文化差异； 3. 学会借鉴多元文化，树立国家民族自信； 4. 关注国际时事热点，形成社会责任意识	□目标达成 □基本达成 □还需努力

备注：教师可以参考活动课程的分级目标，结合当地区域特色和教学实际情况进行评价内容的调整。

三、评价程序

学生自评 → 小组互评 → 教师评价 → 家长评价

第六节 “小嘴巴”英语剧乐社活动课程实施建议

一、教学建议

1. 口才训练活动建议

通过打造跨学科融合的语用场景，激发学生的学习兴趣，加深语言运用的代入感，提高英语口语表达能力，注重引导学生积累语言素材和语言经验，提高学生的自主学习能力，提升学生的英语口才，发挥课堂的延伸性，帮助学生巩固知识。

2. 思维训练活动建议

语言是思维的载体，思维的高度决定语言的深度，教师在教学中可以采用文本分析、模拟辩论、模拟法庭、思维游戏等方式提高学生不同阶段的思维能力，引导学生挖掘语言之间的逻辑关系，并通过问题探索、任务处理等项目式学习模块，促进学生低阶思维到高阶思维的转变。

3. 实践展示活动建议

实践展示活动是突出课程实践性和延长性的重要渠道。情景对话、模拟实战、英文舞台剧等形式能提升学生的英语口才技能和团队协作能力。戏剧展演、配音作品制作等实践活动具有融合性、互动性、多元性和发展性，真正实现“活动育人”。

4. 文化渗透活动建议

文化渗透活动以“发展学生核心素养”为本，以“培养国际型人才”为目标，通过创设文化环境，搭建文化场景，帮助学生形成跨文化意识，并学会挖掘、欣赏、借鉴国际文化价值。文化渗透过程中需做好正确的意识引导，提炼优秀的国际文化内涵，让学生树立国际公民意识、社会责任感和国家认同感。

二、资源开发与利用

1. 活动素材

教学活动资源包的共享既有利于教师教学技能的提高，也有利于项目的可持续发展。通过鼓励教师围绕特定主题打造不同的教学资源包，搭建共享平台，积累活动素材，推进教学智慧成果的共享和教学资源的利用。

2. 教学成果

鼓励教师以“新理念新模式”为目标，进行教学设计、教学案例、活动案例的分享，并撰写、发表教育论文，提高英语教师队伍的教研意识与教研水平。

3. 风采展示

教师风采展示活动有助于为教师队伍树立榜样，激励教师自我成长。通过选拔优秀教师进行线上、线下的课堂案例展示，如公开课、示范课、线上微课堂、说课展示等，推广先进教学理念和提高教师的专业技能。

4. 教学培训

组织教师参加英语教学的教研或培训活动，提高教师的专业技能和综合素质，并结合自身教学情况分享培训成果。

第四篇

美术类项目活动课程

在教育领域中，美术教育发挥着独特的作用，美术类项目活动课程能激发学生学习美术的兴趣，感受生活中的美，有对美的向往，培养良好的学习习惯，从而建立长期学习绘画的愿望，具备初步的美术审美能力。本篇内容包括美术、美术手工、美术素描、卡通漫画、陶艺、玻璃工艺和书法活动课程。这些活动项目能让学生掌握学习的方法，培养积极向上的情感，学会细心观察身边的事物，把生活中的情感与艺术融合在一起。通过技法与艺术情感的巧妙结合来展现美术的魅力且能够促进学生个性化发展。可以锻炼学生的思维能力和实践能力，并让学生有更多的发展空间，不断提高学生的审美能力、想象力和自主创新能力，有利于学生的全面发展。

第一章 美术活动课程实施指南

刘若萍

第一节 美术活动课程概述

一、美术活动课程的性质

“广义美术”即凡是运用一定的物质材料创造出具有审美价值的、能满足人们物质生活和精神生活需要的一切具有创造性的产品或活动。简而言之，广义的美术即是美的物化。只有明确了这一点，才能全面认识美术课程的学科性质。

美术活动课程是一门以项目实施为基础，以能力发展为导向，以培养审美素养和创造力为核心艺术教育目标的活动课程。强调学生为主体，尊重个体差异，确立学生为主体的教学地位，有利于学生学习知识的应用、验证和拓展。以学生的学习需要为基础的教学内容，从学生的年龄和兴趣特点出发，美术教学内容会更加丰富生动。在传统的美术教学模式中，教师在运用教学方法和技巧时，往往只注重对绘画技法的讲解，而忽视了对学生情感水平的挖掘和个性自由的发展。在美术学习过程中，对美术学习的内容和方式的选择，必须有利于学生个性的形成和发展。所以，美术活动课程是促进学生个性形成的最重要的课程之一。美术活动课程在引导学生形成社会共同的价值观的同时，也努力保护和发展学生的个性，强调活动过程，提倡体验和参与。美术是一种视觉艺术，不仅注重技能和技巧的培养，更是学生精神世界的体现。通过科学、准确、多样化的训练方法，培养学生的实践能力、想象能力和创新精神，引导学生在提高绘画能力的同时，团结互助，提高审美意识。美术教育主要作用于感知、情感和操作三个系统。其中，美术教育对操作系统的训练，能使学生获得一般的技术操作程序和技术发展意识，能为学生将来从事技术性的工作提供一般的模式。强调多元评价，促进能力的发展。培养学生的核心文化是需要专注于美术教育中存在的问题，需要改变传统的教学观念，创新教学模式，培养学生的审美情感、实践能力、想象力、创造力和促进学生的全面发展，发挥美术的价值和意义的教学，以培养审美素质和创造力为核心美育目标。我们应该将艺术与美术进行多种方式的结合，建立以素质教育和美育发展为基础的多元评价体系，以促进学生能力的发展。美术教学评价必须依据每个学生的差异进行，不可能整齐划一，必须丰富多样。

二、美术活动课程的特点

1. 美术活动课程具有综合性

美术不是单一的美术课程，是物质生产与美的创造相结合，同时也是培养学生艺术素质的过程，在融合实践动手能力、审美能力、创新能力、空间思维能力为一体的学习基础上，才能够真正地表现出艺术美，实现个人的创造力培养。美术活动课程不但着眼于美术、手工等艺术感觉，更注重培养学生思维能力与学科知识，在兴趣和审美中，以主题形式贯穿各学科知识，包括自然、社会、文学等学科系统。

2. 美术活动课程具有体验性

丰富的材料和丰富的想象力有助于学生的绘画创作和表现，使他们能够通过画面表达自己的情感，实现美术教学目标。兴趣是学生学习的基础，美术活动课程不仅着重于美术专业的绘画技能的培养，还着重于让学生感受生活、体验生活，尽情享受无限创意的惊喜和乐趣，激发学生内在情感，培养其创造力，提高其综合素质。

3. 美术活动课程具有自主性

通过美术活动可以启发学生的思维能力和实践能力，从而提高学生的审美能力和自主创新能力，有利于学生身心健康发展。教师根据学生各年龄阶段生长发育和思维想象力的特点，采用多感官探索的授课理念，通过以美术为主题的情景游戏方式，对学生进行课程深度和广度的个性化提问引导式教学，提高学生的事物观察力、综合探索力、造型表现力、色彩运用力、团队协作力、想象创造力、设计应用力、欣赏评述力等多方面能力。

三、美术活动课程的核心素养

1. 图像说读

培养学生对作品形象的审美感知、理解和审美领悟能力。实践价值是美术教育始终坚持直观形象演示和示范，尽量避免抽象描述和说理。

2. 美术表现

培养学生美术造型表现能力，应用美术知识技能创作美术作品。实践价值是落实学生美术技能和表现创造能力。

3. 审美判断

培养学生审美认识、评价和判断能力，能对美术现象和美术作品进行分析判断。实践价值是美术教学各个环节均应贯穿审美诱导，解决“什么是美，为什么美，怎样才美”的问题。

4. 创意实践

美术教学根本目标是实践创造力的培养，培养学生在生活和实践中创造美的能力。实践价值是美术教育不局限于知识技能本身，而是应用知识技能创造性解决情境问题。

5. 文化理解

理解美术形象、现象和作品的文化内涵，在美术教学中进行文化渗透与文化表现。实践价值是在美术欣赏和实践中自觉引导文化内涵并进行文化表现。

第二节　美术活动课程目标

一、美术活动课程的总目标

激发学生学习美术的兴趣，感受美术的美，培养良好的学习习惯和对美的向往，从而建立长期学习绘画的愿望，具备初步的美术审美能力。学习和欣赏不同风格的美术作品，逐步了解美术技巧和表现形式。欣赏与实践是在提高审美能力和创造能力的基础上结合起来的。

掌握美术绘画基础和技法，了解和认识不同的绘画风格，学会独立或合作创作绘画作品，在注重绘画技巧的同时，也要提高对学生精神世界的反映，激发学生的想象力和创造力。循序渐进、逐级学习和掌握美术绘画的基础、技法，中级阶段以上开始学习欣赏不同绘画的风格和技法的综合表现等。

学习、欣赏不同风格的美术作品，逐步了解美术的技法与表现形式。在欣赏和练习结合的基础上提高审美能力和创造力。掌握学习的方法，培养健康的情感，把生活中的情感与艺术融合在一起。通过技法表现与艺术情感表达来展示美术的魅力和促进学生个性化发展。

二、美术活动课程的单元目标

1. 启蒙阶段

学生认识黑线笔、油画棒、水彩笔、水粉等材料和掌握工具运用，能用直线、曲线、三角形、方形、圆形等形体进行作画，认识三原色，认识做手工课的材料和正确安全的使用工具。能动手制作儿童感兴趣的手工作品，能用剪贴搓捏等表现方法，做出有趣的画面或立体手工作品，能用不同材料进行主题创作，加入故事或游戏，能用多种表现形式和方法，做出有趣的综合创作作品，能以想象表现儿童感兴趣的事物，能用线条和色彩生动的表现，形象稚拙而有趣，具有儿童画的特征。

2. 初级阶段

学生认识绘画的粗细黑线笔，正确使用黑线笔画出画面的黑白关系，学会油画棒、水彩、水粉材料和掌握工具运用，认识三原色和邻近色，能以线条、色彩配合作画，画面形象有主次、前后关系。正确安全地使用手工工具和材料，能用剪贴搓捏等表现方法，做出有趣的画面或立体手工作品，能画出有趣的美术作品。

3. 中级阶段

学生能用粗细线条生动组合，画面形象有主次，前后画出表现强烈的黑白画。能欣赏名家画作，对其画面选材、构图、色彩、光影、画面的绘画材料、绘画方法等进行重点分析和学习。学会三原色、邻近色和对比色以及色彩的冷暖关系，能以记忆结合想象表现儿童感兴趣的题材，充满童趣。能用线条、色彩配合作画，画面形象有主次、前后，有儿童画的特点。正确安全地使用工具和材料，综合创作能切合题意、形式多样、主题突出，画面组合合理，富有童趣。画面形象生动具有想象力和表现力，能独立完成有趣的美术作品。

4. 高级阶段

学生熟练运用单色笔画出黑白对比的单色画，了解一些最基本的构图透视、比例要点，逐步进入绘画转型期，能用不同的表现形式表现主题，合理运用色彩，能用活泼的线条表现形体结构，有大致准确的比例和形象。主题创作画面具有积极的主题和内容，想象合理，并具有较强的特点，画面色彩搭配和谐，色调好看，有较强的表现力、想象力和创造力。学会欣赏名家画作，对其画面选材、构图、色彩、光影、画面的绘画材料、绘画方法等进行重点分析和学习，并学会临摹名家画作。

5. 豆丁美术社

学生掌握画面的黑白灰关系，独立完成光影、马克笔、水粉、水彩等技法的练习；学会色彩的冷暖对比及配色方法，根据科普类、传统文化类、公益类等题材主题能设计出完整的美术作品，画面构图饱满，主次分明，色彩搭配好看；学会用色彩、图案、素材相结合的创意构思故事内容，选取名家画作，让学生进行欣赏，对其画面选材、构图、色彩、光影、画面的绘画材料、绘画方法等进行重点分析和学习，学会临摹名家画作。

第三节　美术活动课程结构

依据美术活动课程目标，在充分考虑其课程性质和课程特点的前提下，根据学生的年龄特点和基础水平，将美术活动课程划分为分级和团队两个课程层次，其中分级课程按启蒙阶段、初级阶段、中级阶段和高级阶段逐级递进，每个阶段都有各自的侧重点。美术活动课程结构如下图所示。

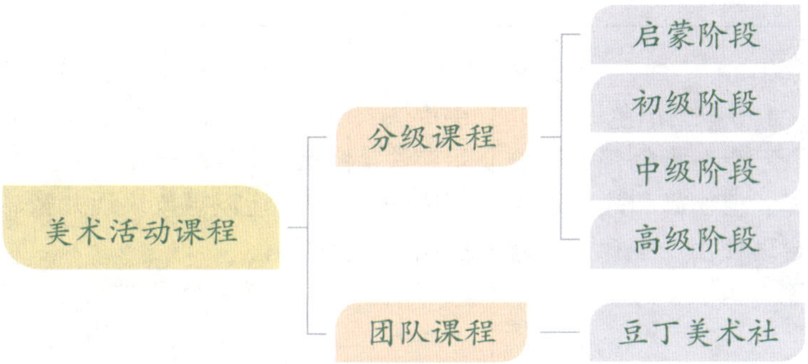

第四节　美术活动课程教学方案

课程类别：美术类

课程名称：美术活动课程

适用对象：4~13岁学生

学生基础要求：喜欢绘画的学生。

课时说明：

（1）分级课程：15周/学期，1次学习/周，2课时/次（45分钟/课时），总计30课时/学期。每个阶段分为A，B级，每级均学习一个学年（2个学期）。

（2）团队课程：15周/学期，1次学习/周，4课时/次（45分钟/课时），总计60课时/学期。团队课程学习两个学年（4个学期）。

一、分级课程

以下分级课程均以一个学期的教学内容为例进行展示。

1. 启蒙阶段课程教学方案

单元	模块	教学内容	教学方法	教学标准	课时
启蒙阶段	线条训练	1. 认识粗细线条、直线和曲线，用不同线条组合画单色画； 2. 认识三角形、方形、圆形等形体； 3. 学会观察身边的人和物	讲授法、示范法、观察法、提问法、练习法	1. 学会运用单色笔和纸等工具，能用直线、曲线、三角形、方形、圆形等形体进行作画； 2. 能以想象表现儿童感兴趣的事物； 3. 能用线条进行生动的表现，作品具有儿童画的特征	4
	色彩训练	1. 认识三原色； 2. 能在食物篇、动物篇、植物篇和故事篇中合理使用油画棒、水彩笔、水粉等材料	讲授法、示范法、观察法、提问法、练习法	1. 了解油画棒、水彩笔、水粉材料和掌握工具的使用方法，认识三原色； 2. 能以想象表现儿童感兴趣的事物； 3. 能用色彩进行生动的表现，作品具有儿童画的特征	12
	手工训练	结合日常用品、节日文化学习陶艺、撕纸贴纸剪纸，制作简单的立体手工作品	讲授法、示范法、观察法、提问法、练习法	1. 认识做手工课的材料和正确安全地使用工具； 2. 能动手制作儿童感兴趣的手工作品； 3. 能用剪贴搓捏等表现方法，做出有趣的画面或立体手工作品，作品具有儿童作品的特征	8
	综合创作	1. 结合节日主题、故事游戏来创作； 2. 利用多种材料进行综合创作	讲授法、示范法、观察法、提问法、练习法	1. 能用之前学过的不同材料进行主题创作； 2. 加入故事或游戏，让学生更加直观地表达画面； 3. 能用多种表现形式和方法，做出有趣的综合创作作品，作品具有儿童画的特征	6

2. 初级阶段课程教学方案

单元	模块	教学内容	教学方法	教学标准	课时
初级阶段	线条训练	1. 认识粗细线条、直线与曲线，用不同线条组合画单色画； 2. 认识三角形、方形、圆形等形体； 3. 学会观察身边的人和物	讲授法、示范法、观察法、提问法、练习法	1. 掌握粗细黑线笔的运用，正确地使用黑线笔画出黑白关系； 2. 能以黑白画想象表现儿童感兴趣的事物； 3. 能用线条进行生动表现，作品具有儿童画的特征	6
	色彩训练	1. 认识三原色； 2. 能在食物篇、动物篇和植物篇中合理使用油画棒、水彩笔、水粉和国画等材料	讲授法、示范法、观察法、提问法、练习法	1. 认识油画棒、水彩、水粉材料和掌握工具的使用方法，认识三原色和邻近色； 2. 能以记忆结合想象表现儿童感兴趣的题材，充满童趣； 3. 能以线条、色彩配合作画，画面形象有主次、前后； 4. 画面效果能有儿童画的特征	12
	手工训练	结合日常用品、节日文化学习陶艺、撕纸贴纸剪纸，制作简单的立体手工作品	讲授法、示范法、观察法、提问法、练习法	1. 正确安全地使用手工工具和材料； 2. 能动手制作参与儿童感兴趣的手工作品； 3. 能用剪贴搓捏等表现方法，做出有趣的画面或立体手工作品，最后效果能有儿童画的特征	6
	综合创作	1. 结合节日主题、故事游戏来创作； 2. 利用多种材料进行综合创作	讲授法、示范法、观察法、提问法、练习法	1. 能用之前学过的不同材料进行主题创作； 2. 加入故事游戏情节，让学生更加直观地表达画面； 3. 能用多种表现形式和方法，做出有趣的综合创作作品，作品具有儿童画的特征	6

3. 中级阶段课程教学方案

单元	模块	教学内容	教学方法	教学标准	课时
中级阶段	线条训练	能够将日常所见用绘画方式表达出来，学会从生活小事中积累绘画素材；单色线条、不同线条组合训练、单色画	讲授法、示范法、观察法、提问法、练习法	1. 掌握粗细黑线笔的运用，正确地使用黑线笔画出黑白关系； 2. 能以黑白画想象表现儿童感兴趣的事物； 3. 能用线条进行生动的表现，作品形象有趣，具有儿童画的特征	4
	欣赏训练	欣赏大师的作品（根据教学需要可以选择不同领域的名家作品），学习绘画技巧、绘画手法和色彩搭配等	讲授法、示范法、观察法、提问法、练习法	1. 选取名家画作进行欣赏，对其画面选材、构图、色彩、光影、画面的绘画材料、绘画方法等进行重点分析和学习； 2. 尝试临摹名家画作	2
	色彩训练	1. 认识各种颜色，冷暖色、对比色、邻近色； 2. 能在食物篇、动物篇和植物篇中合理使用油画棒、水彩笔、水粉和国画等材料	讲授法、示范法、观察法、提问法、练习法	1. 认识油画棒、水彩、水粉材料和掌握工具的使用方法，认识三原色和邻近色； 2. 能以记忆结合想象表现儿童感兴趣的题材，充满童趣； 3. 能以线条、色彩配合作画，画面形象有主次、前后； 4. 画面效果具有儿童画的特征	12
	手工训练	1. 结合本土文化、岭南文化开展课程，加强学生对本土文化的了解，增强文化自信； 2. 学习陶艺、撕纸贴纸剪纸，制作立体手工作品	讲授法、示范法、观察法、提问法、练习法	1. 正确安全地使用手工工具和材料； 2. 能动手制作参与儿童感兴趣的手工作品； 3. 能用剪贴搓捏等表现方法，做出有趣的画面或立体手工作品，最后效果具有儿童画的特征	6
	综合创作	1. 结合比赛主题、典故、节日文化来创作； 2. 利用多种材料进行综合创作	讲授法、示范法、观察法、提问法、练习法	1. 切合题意、形式多样、主题突出； 2. 画面组合合理，富有童趣； 3. 画面形象生动具有想象力和表现力，做出有趣的综合创作作品	6

4. 高级阶段课程教学方案

单元	模块	教学内容	教学方法	教学标准	课时
高级阶段	线条训练	单个物体的写生，构图方法学习，单色技法学习，画面的黑白灰关系处理	讲授法、示范法、观察法、提问法、练习法	1. 熟练运用单色笔画出黑白对比的单色画； 2. 了解一些最基本的构图透视、比例要点，逐步进入绘画转型期	4
	欣赏训练	欣赏大师的作品，学习绘画技巧和绘画手法	讲授法、示范法、观察法、提问法、练习法	1. 选取名家画作进行欣赏，对其画面选材、构图、色彩、光影、画面的绘画材料、绘画方法等进行重点分析和学习； 2. 尝试临摹名家画作	2
	色彩训练	1. 认识各种颜色，冷暖色、对比色、邻近色、渐变色； 2. 在食物篇、动物篇、植物篇、故事篇中合理使用油画棒、水彩笔、水粉、国画和版画等材料，画面整体色调的把控	讲授法、示范法、观察法、提问法、练习法	1. 画面具有积极的主题和内容，想象合理，并具有较强的特点； 2. 画面色彩搭配和谐，色调好看； 3. 画面有童趣，有较强的表现力和想象力、创造力	12
	手工训练	1. 结合本土文化、岭南文化开展课程，加强学生对本土文化的了解，增强文化自信； 2. 学习陶艺、撕纸贴纸剪纸，制作立体手工作品等	讲授法、示范法、观察法、提问法、练习法	1. 正确安全地使用手工工具和材料； 2. 能动手制作参与儿童感兴趣的手工作品； 3. 能用剪贴搓捏等表现方法，做出有趣的画面或立体手工作品，最后效果比较精致	6
	综合创作	1. 结合本土文化、岭南文化、比赛主题、典故、节日文化来创作； 2. 利用多种材料进行综合创作	讲授法、示范法、观察法、提问法、练习法	1. 能用不同的表现形式表现主题，合理运用色彩； 2. 能用活泼的线条表现形体结构，有大致准确的比例和形象	6

二、团队课程

以下团队课程以一个学期的教学内容为例进行展示。

豆丁美术社课程教学方案

单元	模块	教学内容	教学方法	教学标准	课时
豆丁美术社	技法训练	1. 马克笔/水彩笔、水粉、水彩技法； 2. 彩铅技法； 3. 版画技法； 4. 素描技法	讲授法、直观演示法、练习法、观察法、提问法	1. 掌握画面的黑白灰关系，学生独立完成光影、马克笔、水粉、水彩等技法的练习； 2. 学会色彩的冷暖对比及配色方法	16
	主题创作参赛作品	1. 根据不同主题进行创作作品； 2. 构图方法学习、场景空间设计； 3. 根据典故创新绘制画面； 4. 结合本土文化创作	讲授法、直观演示法、练习法、讨论法、探究法、观察法、提问法	1. 根据科普类、传统文化类、公益类等题材主题设计出完整的美术作品； 2. 画面构图饱满，主次分明，色彩搭配好看	30
	手工创意设计	1. 结合本土文化、岭南文化开展课程，加强学生对本土文化的了解，增强文化自信； 2. 学习陶艺、撕纸贴纸剪纸，制作立体手工作品等	讲授法、直观演示法、练习法、讨论法、探究法	1. 学会用色彩、图案、素材相结合的创意构思故事内容； 2. 能动手制作参与儿童感兴趣的手工作品； 3. 做出有趣的画面或立体手工作品，最后效果比较好	8
	名家画作欣赏	1. 欣赏名家绘画作品，对其画面色彩、构图方式、情感表达、选取材料的方向进行重点分析和学习； 2. 看优秀卡通绘画儿童影视片，欣赏画面的构成，人物塑造和场景设计，丰富绘画素材	讲授法、直观演示法、练习法、讨论法、探究法	1. 选取名家画作进行欣赏，对其画面选材、构图、色彩、光影、画面的绘画材料、绘画方法等进行重点分析和学习； 2. 学会临摹名家画作	6

第五节　美术活动课程评价

一、评价方式

1. 注重过程性评价

主要评价学生在美术学习过程中的兴趣、态度、参与度和画面效果，评价学生学习美术过程中所达成的核心素养。

2. 采取多元评价方式

采取多重视角，如教师评价、学生自评、学生互评、家长评价、社会评价等多元评价方式。

二、评价主体

1. 学生自评与互评

学生自评是等级评价的有机组成部分，有利于更全面、更深入地体现学生的综合素质，其具体形式可以是学生表述自己强弱之处、自我鉴定、自我评估等。通过美术课堂活动或完成美术作品展示交流活动，采用学生互评的方式，对美术作品的画面效果、画面构图、色彩搭配、技法的表现和画面的想象力、创新能力等进行自评和互评。

2. 教师评价

美术学习的评价是通过三维目标的知识与技能、过程与方法、情感态度与价值观三方面对知识形成的过程和学会发现问题、分析问题、解决问题等方面进行的评价。在注重知识与技能评价的基础上，对学生的观察能力、想象力、色彩搭配能力和创造力等进行多元评价；表达意见和创意、团队合作创作作品的意识与能力。

3. 家长评价

通过课堂活动展示、教学交流展示和作品效果展示等活动，家长可用课堂现场评价、表格教学评定表、问卷调查表的多元评价方式对学生在美术学习中课堂习惯的养成、学习美术的兴趣和教师教学水平等进行评价。

三、评价内容

评价维度	评价内容	评价选项
知识与技能	掌握该学习阶段的美术基本要求，理解和掌握美术的表现技法； 学会独立完成创作美术作品； 了解不同时期不同风格的名师作品，尝试理解作者的创作背景，画面技法的运用和色彩的搭配运用； 在注重技法掌握的同时，鼓励学生大胆想象，注重学生创造能力的培养	□目标达成 □基本达成 □还需努力
过程与方法	以“研学后教”的理论为指导，从“研学”出发培养和激发学生的研究能力和创造能力； 积极投入美术课堂学习，能自主学习； 多观察日常生活，在美术创作的过程中更加得心应手，让画面有更多的表现形式和方法； 课后积极参与作品交流展示，能自评和认真听取他评	□目标达成 □基本达成 □还需努力
情感态度与价值观	激发学习美术的兴趣； 培养良好学习习惯和对美好事物的向往； 树立长期学习美术的愿望及具备一定的审美能力	□目标达成 □基本达成 □还需努力

四、评价程序

学生自评 → 学生互评 → 教师评价 → 家长评价

第六节　美术活动课程实施建议

一、教学建议

1. 认知活动教学建议

通过认知活动，让学生了解美术的多元性，学习美术可以提高想象力、观察能力、审美能力和创造能力；知道每一个阶段的美术训练都符合自身身心发展需求。

教学建议：根据学生的认知规律特点来进行美术教学，同时可以借助丰富多样的材料来进行教学，激发学生的好奇心。

2. 实践活动教学建议

根据实践活动目标，通过运用科学训练实践，掌握学生的心理特征，使学生更进一步了解美术的多种表现形式，并熟练掌握如何表达想法，培养学生学习美术的兴趣，释放学生的创造潜能，激发个人对内心想法的表达。

教学建议：在实践教学中既要注重多元化科学的训练方法，也要注重引导学生自主学习，并密切联系学生自身的特点，以更大化地激发和释放学生个人的美术潜能、想象力和创造力。

3. 交流活动教学建议

一是交流学生自己的画面的想法，让其他学生能够更好地了解画面的内容和所要表达的想法；二是交流每个学生画面的构图、表达形式和色彩的搭配等体会。通过交流活动，让学生逐渐在认知自己画面的同时，学习别的同学好的构图和色彩搭配，以及如何运用绘画技法更好地表达自己的想法。

教学建议：更新传统教学观念，改变课堂交流教学结构，要根据不同的教学特点和需求来进行不同的交流活动设计，既要让学生在最大程度上感受到通过交流活动课程所收获的进步，也要培养学生的实践能力。

4. 展示活动教学建议

通过美术作品的展示活动，展示学生的技法理解力、自我表现力、协同合作能力、创造能力，从而完善儿童综合素质，并全面立体地提高儿童修养及审美意识。

教学建议：要切合学生的学习需求和教学特点，以“学生发展为本”“发展学生个性，培养开放型人才”为目标。展示活动既要有融合性，也要有独立性；既有多元的合作作品展示，也有单一的独立作品展示。

二、评价建议

1. 学生评价建议

学生自评是等级评价的有机组成部分，有利于更全面、更深入地体现学生的综合素质。通过美术课堂活动或课堂交流展示，采用全班互评、小组内互评、小组间互评的方式，对美术学习自我表现力、协同合作能力等进行自评与互评。

学生评价建议：在学生自评和互评前教师应对学生进行引导性培训，说明评价的意义、内容、标准、方法和注意事项。尽量减轻学生的心理压力和评价可能对同伴关系产生的消极影响。

2. 教师评价建议

评价学生课堂的养成习惯、小组协作能力和个性表达能力等，具体通过知识与技能、过程与方法、情感态度与价值观三方面来进行评价。

教师评价建议：在教学知识与技能、过程与方法的评价中要重过程、重体验、重实践、重全员参与。美术学习评价应发挥其激励与发展的作用，激发学习兴趣。教师要关注学生在学习活动中的表现与反应，并给予必要和及时的评价效果的反馈、适当的鼓励性评价和指导性评价。

3. 家长评价建议

通过课堂活动展示、教学交流展示等活动，家长可用课堂现场评价、表格教学评定表等对孩子美术学习和教师教学水平进行评价。

三、资源开发与利用

1. 教学设计

结合教学目标的需要，开展教研课、公开课，撰写教学设计，为课程教育目标服务。

2. 教学录像

尽量组合不同类型的资源，特别是将教学录像资源结合起来，形成配套教学辅助资源，使学生深入理解课程内容。

3. 教学案例

鼓励教师以新课程理念和教育理念为基础，多组织教学说课和教学案例分享，从而提高、强化教师的教学能力和对课程的整合能力。

4. 教研论文

通过组织教师参加各类教育、教研活动，鼓励教师撰写、发表教研论文，开发和提升教师在专业和教育教研方面的不断反思、学习以及专研的意识。

第二章 美术手工活动课程实施指南

陈海祺

第一节　美术手工活动课程概述

一、美术手工活动课程的性质

手工制作是美术教学的内容之一，主要通过学习纸材的平面与立体制作系列等，以及生活中各种材质或废旧物品的再利用而创作的作品，能使学生提高审美情趣，深化对创意、造型、色彩与选材等问题的理解与运用，激发学生丰富的想象力，培养学生创新思维与动手能力，增强学生自主、合作、探究的意识，养成学习的计划性、耐心细致的良好习惯。让学生乐学善学，主动探究，勤于反思，有一双发现美的眼睛和感知美的心灵，发展健全人格，全面挖掘学生的潜能。

学生每制成一件作品，就是一次智慧的闪光。手工类的活动可以对学生右脑进行训练，让大脑变得活跃，从而起到锻炼学生大脑的作用。让学生在动手的过程中获得各种艺术知识，提前把多领域的信息储存在大脑中，达到左右脑均衡发展，激发创新的潜能。

美术手工活动课程是以项目实施为基础的活动课程，以能力发展为导向，以培养审美素养和创造力为中心的美术教育目标。

（1）突出学生主体，尊重个体差异。在传统的美术手工教学模式中，教师在教授方法和技巧时往往只注重技巧的讲解，而忽视了学生个性的充分自由发展，忽视了学生与社会、家庭的密切关系。因此，确立以学生为中心的教学地位，专注于学生对学习知识的运用、验证和拓展，把学生的学习需要作为基础，并从学生的年龄特点和兴趣特点切入，使美术手工教学的内容更加丰富和生动。

（2）突出活动过程，倡导体验参与。美术手工活动课程作为审美价值的体现之一，通过培养学生的绘画能力，培养学生的动手能力，培养学生的实践能力和创新精神，引导学生团结互助，共同进步，同时与实际生活密切联系，愿意积极参与体验，提高审美意识。

（3）强调多元评价，促进能力发展。培养学生的核心素养需要专注于美术教育中存在的问题，需要改变传统的教学观念，创新教学模式，帮助学生认识到美术手工艺术美感，培养学生的审美情感、实践能力、想象力。要将艺术与美术手工多方面结合起来，建立以素质教育和美育发展为基础的多元评价体系，促进学生能力的发展。

二、美术手工活动课程的特点

1. 美术手工活动课程具有综合性

美术手工，不是单一独立开展的美术课程项目，艺术创作源于生活，运用日常所见的材料，动手把天马行空的创意表达出来。美术手工活动课程可结合音乐、诗歌、科技、文化等，是一种综合性的项目课程，同时也是培养学生综合艺术素质的过程。在融合实践动手能力、审美能力、创新能力、思维能力为一体的学习基础上，才能够真正地表现出艺术美，实现个人的创造力。

2. 美术手工活动课程具有体验性

美术手工活动课程具有很强的体验感，学生学习美术手工活动课程的过程也是了解文化、动手体验、表达情感的过程。在体验的过程中培养各项能力：欣赏优秀艺术作品过程中提升审美能力；制作作品的过程中提升自我表现能力；师生一起学习探索完成作品的过程中提升交流与合作能力。美术手工活动课程注重活动过程的体验，帮助学生加深对生活、自我情感的感悟与表现，综合提高学生的审美能力。

3. 美术手工活动课程具有实践性

通过美术手工活动课程获得很多动手实践的机会，在此过程中培养学生观察思考、实践操作、讨论探究和思维能力，扩大学生的知识面，增强手工操作的能力，让学生通过自己的调查研究、经验交流和操作性劳动，获得直观、真实的感受，参与实践有助于帮助学生加强动手能力的训练，充实学生身心发展的需要。

4. 美术手工活动课程具有自主性

在美术手工活动课程中，注重学生的兴趣激发。让学生从小养成热爱劳动、主动探究、自主创新的良好习惯，培养学生小组合作的精神，让学生学会互相帮助、互相学习、团结合作、共同进步，提高审美能力与自主创新能力。

三、美术手工活动课程的核心素养

美术手工活动课程的核心素养是以兴趣发展为本，加强审美教育，主要包括图像说读、美术表现、审美判断、创意实践、文化理解五个部分，其中图像说读在课堂中常会以优秀艺术作品来直观形象演示，通过优美的形象来培养学生对艺术作品的审美感知；美术表现是学生在美术手工课堂中表达作品的技能与表现创造力，以美术手工创作和不同的环境课堂来挖掘自身潜力；审美判断是对真善美的精神追求，解决什么是美，为什么美，怎样才能美，这样才能更好地表现自我，创造美；创意实践是在美术活动中形成创新意识，运用联想、想象和变通的方式进行构想与生成有创意的意图，并利用传统和现代的材料、工具和方法进行创造和实践。文化理解是从不同的文化角度理解美术作品，在美术手工教学中进行文化渗透与文化表现，在美术欣赏和实践中自觉引导文化内涵并进行文化表现，从而增强文化意识和文化自信。

美术手工活动课程的学习是一个动态的制造意义的过程，强调学生不一定在一种固定的课堂环境中被动地吸收知识，而是通过在多层面环境中的积极参与获得知识。在此过程中，学生是自发性地产生兴趣，通过美术手工等课程来不断开发左右脑，正是提高学生自身综合素质的体现。

1. 抓住学生心理，培养兴趣

手工课是培养学生创新能力的有效途径，教师要重视培养学生的创作兴趣，提高学生的动手操作能力。

2. 工具、材料的充分准备

不同的手工课教学内容，所需要的工具和材料也各不相同，因此，每次手工课之前都需要师生做充分的准备。

3. 学以致用，美化环境

在美术手工课上，教师应当在教给学生制作方法和技能的基础上，启发和引导学生依据装饰环境的需要，把自己精心制作的各种各样的手工作品摆放在卧室、客厅、教室、书房、图书馆等地方，起到装点和美化环境的作用。

4. 注意整洁，学会节约

美术手工课上常用的手工技法有“折”“剪”“刻”“缝”“染”“绣”“镂”“撕”等。一节课下来，手工课上难免会产生许多垃圾、废弃物，这就要求教师教育学生自觉处理手工制作中产生的垃圾和废弃物。

第二节　美术手工活动课程目标

一、美术手工活动课程的总目标

循序渐进、分级学习，使学生认识和接触生活中不同质感的材料和制作工具，动手自主探究，激发对美术手工的兴趣，感受生活的美好。引导学生参与文化的传承和交流，从而形成正确的世界观、人生观、价值观和审美能力；让学生乐学善学，主动探究，勤于反思，有一双发现美的眼睛和感知美的心灵，发展健全人格。

结合美术审美辅助训练，了解美术绘画的基础知识；认识和掌握美术手工的表现技法，交流个人想法，使学生逐渐从认知自己到认知世界，具备独立创作的能力以及学会如何建立合作关系。在欣赏和练习结合的基础上提高审美能力和创造力。

二、美术手工活动课程的单元目标

1. 启蒙阶段

正确使用工具，获得手工课程动手的乐趣。认识材料的多样性，开拓思维，提高动手能力。欣赏作品，提高审美，绘画基础的训练，综合提高画面表达水平。

2. 初级阶段

能够灵活使用工具，结合绘画技法创作画面。继续开拓发现可用的材料，欣赏作品，提高审美，绘画基础的训练，综合提高画面表达水平。

3. 中级阶段

综合材料的大胆运用，主要材料仅限一种，主题多样，创作多样。欣赏作品，提高审美，利用布料尝试创作。绘画基础的训练，综合提高画面表达水平。

4. 高级阶段

技法的学习，灵活运用工具。材料不限，作品注重个性。欣赏与探索创新传统文化，绘画技法训练，综合提高画面表达水平。

第三节　美术手工活动课程结构

依据美术手工活动课程目标，在充分考虑其课程性质和课程特点的前提下，根据学生的年龄特点和基础水平，将美术手工活动课程划分为美术手工基础课程和美术审美辅助课程，其中美术手工基础课程按启蒙阶段、初级阶段、中级阶段、高级阶段逐级递进，每个阶段都有各自的侧重点。美术审美辅助课程按启蒙阶段、初级阶段、中级阶段、高级阶段逐级递进，每个阶段均有线条训练、色彩训练、综合训练、欣赏训练四个模块。美术手工活动课程结构如下页图所示。

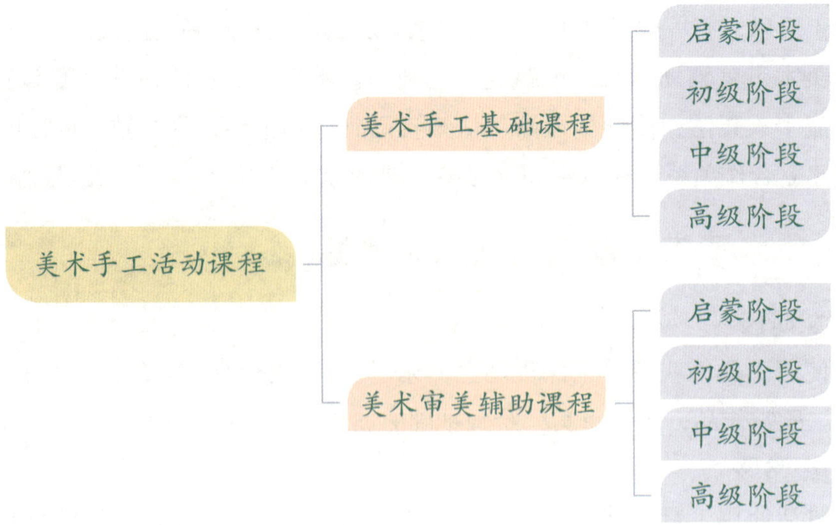

第四节 美术手工活动课程教学方案

课程类别：美术类

课程名称：美术手工活动课程

适用对象：5～15岁学生

学生基础要求：具备劳动能力。

课时说明：

（1）基础课程：15周/学期，1次学习/周，2课时/次（45分钟/课时），总计30课时/学期。

（2）辅助课程：根据实际需要安排课时。

一、美术手工基础课程

1. 启蒙阶段课程教学方案

单元	模块	教学内容	教学方法	教学标准	课时
启蒙阶段	平面板块	1. 纸艺拼贴：认知剪刀、胶水等手工工具的使用方法及安全事项，教学主题围绕植物或者动物进行撕纸、卡纸拼贴；	讲授法、示范法、观察法、提问法、	1. 正确使用工具； 2. 获得手工课程动手的乐趣	10

（续表）

单元	模块	教学内容	教学方法	教学标准	课时
启蒙阶段	平面板块	2. 绘本制作：应用纸艺拼贴所学的技法，再结合启蒙儿童日常接触的绘本故事，以手工制作的形式，制作绘本书； 3. 折纸：主题围绕花卉进行折纸的学习，为立体板块课程做铺垫； 4. 个性特备课程：对学生的以上三点学习进行评价，挖掘学生特长，进行针对性的辅导，加强弱项训练	欣赏法、练习法、探究法		
	立体板块	结合综合材料进行创作，例如超轻黏土捏制创作、立体绘本书制作、陶泥捏制、环保材料创作等	欣赏法、讲授法	1. 认识材料的多样性，开拓思维； 2. 提高动手能力	10
	工艺美术板块	1. 欣赏民间工艺艺术，加深对我国传统文化的了解； 2. 传统节日的了解以及创作，例如春节的由来、冬至南北方习俗的差异等	讲授法、欣赏法、提问法、练习法	1. 欣赏作品，提高审美，熏陶情怀； 2. 了解传统节日，创作作品	2
	美术审美辅助训练	线条训练、色彩训练、综合训练（启蒙级）、欣赏训练	欣赏法、讲授法、练习法	绘画基础的训练，综合提高画面表达水平	8

2. 初级阶段课程教学方案

单元	模块	教学内容	教学方法	教学标准	课时
初级阶段	平面板块	1. 纸艺拼贴：认知剪刀、胶水、画笔等手工工具的使用方法及安全事项，教学主题围绕日常生活的事物进行撕纸、卡纸拼贴、纸皮剪贴； 2. 绘本制作：应用纸艺拼贴所学的技法，再结合儿童日常生活（例如校园生活）来进行绘本故事编写，再以手工制作的形式，制作成一本具有个人特色的绘本书；	讲授法、示范法、观察法、提问法、欣赏法、练习法、探究法	1. 能够灵活使用工具； 2. 结合绘画技法创作画面	10

（续表）

单元	模块	教学内容	教学方法	教学标准	课时
初级阶段	平面板块	3. 折纸：主题围绕动物进行折纸的学习，为立体板块课程做铺垫； 4. 个性特备课程：对学生的以上三点学习进行评价，挖掘学生特长，进行针对性的辅导，加强弱项训练			
	立体板块	结合美术审美辅助训练课程，围绕教学主题进行半立体的作品创作，尝试开发利用材料的多样性。例如超轻黏土与绘画主题的创作、陶泥捏制、立体书创作、棉花与纸皮等环保材料的创作	讲授法、欣赏法、提问法、练习法	1. 继续开拓发现可用的材料； 2. 增强创新意识	10
	工艺美术板块	欣赏民间工艺艺术、了解传统故事并运用材料进行创作	讲授法、欣赏法、提问法、练习法	1. 欣赏作品，提高审美，熏陶情怀； 2. 了解传统故事，创作作品	4
	美术审美辅助训练	线条训练、色彩训练、综合训练（初级）、欣赏训练	欣赏法、讲授法、练习法	绘画基础的训练，综合提高画面表达水平	6

3. 中级阶段课程教学方案

单元	模块	教学内容	教学方法	教学标准	课时
中级阶段	平面板块	1. 深入学习纸艺技法； 2. 围绕教学主题利用综合材料进行作品创作，例如毛线、纸皮、布料等材料的创作	讲授法、示范法、观察法、提问法、欣赏法、练习法、探究法	综合材料的大胆运用	10
	立体板块	用纸皮进行不同主题的创作，激发表现手法	讲授法、欣赏法、提问法、练习法	主要材料仅限一种，主题多样，创作多样	10

（续表）

单元	模块	教学内容	教学方法	教学标准	课时
中级阶段	工艺美术板块	欣赏与探索民间工艺艺术、布艺等	讲授法、欣赏法、提问法、练习法	欣赏作品，提高审美，利用布料尝试制作	4
	美术审美辅助训练	线条训练、色彩训练、综合训练（中级）、欣赏训练	讲授法、欣赏法、提问法、练习法	绘画基础的训练，综合提高画面表达水平	6
	德育、美育渗透	德育、美育的工作是渗透在每节课当中。例如良好习惯的养成，团队合作的精神等	讲授法、欣赏法、练习法	良好习惯的养成，能够顺利小组合作	

4. 高级阶段课程教学方案

单元	模块	教学内容	教学方法	教学标准	课时
高级阶段	平面板块	1. 深入学习纸艺拼贴、剪纸、折纸、镂空等工艺技法； 2. 版画雕刻； 3. 大师作品的欣赏与创新	讲授法、示范法、观察法、提问法、欣赏法、练习法、探究法	技法的学习，灵活运用工具	8
	立体板块	1. 立体、半立体的作品创作，可适当欣赏临摹大师作品； 2. 陶艺制作，服装设计，编织设计	讲授法、欣赏法、提问法、练习法	材料不限，作品注重个性	8
	工艺美术板块	1. 欣赏与探索创新民间工艺艺术、传统节日主题创作、布艺等； 2. 刺绣、印染等工艺学习	讲授法、欣赏法、提问法、练习法	欣赏与探索创新传统文化	6
	美术审美辅助训练	线条训练、色彩训练、综合训练（高级）、欣赏训练	讲授法、欣赏法、提问法、练习法	绘画技法训练，综合提高画面表达水平	8
	德育、美育渗透	德育、美育的工作是渗透在每节课当中。例如良好习惯的养成，团队合作的精神等	讲授法、欣赏法、练习法	良好习惯的养成，能够顺利小组合作	

二、美术审美辅助课程

美术手工项目并非独立，它需要有美术审美作为基础，才能达到一个更好的视觉效果。因此，美术审美辅助课程也会穿插在美术手工课程当中，其中分为线条训练、色彩训练、综合训练、欣赏训练四个模块。

1. 启蒙阶段课程教学方案

单元	模块	教学内容	教学方法	教学标准	课时
启蒙阶段	线条训练	认识线条，大胆用线条表达所要表达的事物	讲授法、示范法、观察法、提问法、练习法	运用粗细黑线笔，线条流畅、画面表达完整，黑白画线条运用的把控	2
	色彩训练	认识色彩，认识油画棒、水彩、水粉等材料工具	讲授法、示范法、观察法、提问法、练习法	熟悉工具的使用方法	2
	综合训练	结合美术手工课程，绘画与手工结合创作	讲授法、示范法、观察法、提问法、练习法	能用所学的美术手工知识，结合绘画画面表达，画出有趣的画面和做出立体手工作品	2
	欣赏训练	欣赏大师名画、名作如《星空》等作品，增强审美意识	讲授法、示范法、观察法、欣赏法、练习法	能了解画家与画作，以及画作特点	2

2. 初级阶段课程教学方案

单元	模块	教学内容	教学方法	教学标准	课时
初级阶段	线条训练	感受不同形状图形的画面组合效果（例如心形、圆形、正方形、三角形等装饰）	讲授法、示范法、观察法、提问法、练习法	线条流畅，黑白画线条运用的把控，画面表达完整	2

（续表）

单元	模块	教学内容	教学方法	教学标准	课时
初级阶段	色彩训练	认识色彩的三原色，和颜色搭配技巧	讲授法、示范法、观察法、提问法、练习法	能熟悉工具的使用方法，掌握颜色搭配，使美术手工作品达到一个好的视觉效果	2
	综合训练	结合美术手工课程，绘画与手工结合创作（立体绘本书）	讲授法、示范法、观察法、提问法、练习法	能用所学的美术手工知识，结合绘画画面表达，画出有趣的画面和做出立体手工作品	1
	欣赏训练	欣赏大师名画、名作如《星空》等作品，增强审美意识	讲授法、示范法、观察法、欣赏法、练习法	能了解画家与画作，以及画作特点	1

3. 中级阶段课程教学方案

单元	模块	教学内容	教学方法	教学标准	课时
中级阶段	线条训练	画面疏密关系的学习，物体之间遮挡关系的练习	讲授法、示范法、观察法、提问法、练习法	能把控画面中的疏密对比关系，理解画面事物中的遮挡关系	1
	色彩训练	认识色彩中的对比色和冷暖色颜色搭配技巧	讲授法、示范法、观察法、提问法、练习法	能熟悉工具的使用方法，掌握颜色搭配，使美术手工作品达到一个好的视觉效果	1
	综合训练	结合美术手工课程，绘画与手工结合创作（例如用纸皮来制作立体的作品）	讲授法、示范法、观察法、提问法、练习法	能用所学的美术手工知识，结合绘画画面表达，画出有趣的画面和做出立体手工作品	3
	欣赏训练	欣赏各国的工艺作品，了解不同的工艺	讲授法、示范法、观察法、欣赏法、练习法	了解不同的工艺，能学以致用	1

4. 高级阶段课程教学方案

单元	模块	教学内容	教学方法	教学标准	课时
高级阶段	线条训练	1. 画面的前中后层次关系、空间关系训练，场景写生训练； 2. 物体写生，黑白灰的处理关系； 3. 不同绘画工具的使用（马克笔、水彩等）	讲授法、示范法、观察法、提问法、练习法	能把控画面前中后层次的关系以及立体空间感	2
	色彩训练	1. 认识色彩中的邻近色，水粉画、丙烯画的工具使用方法； 2. 认识色彩中的黑白灰关系，空间关系	讲授法、示范法、观察法、提问法、练习法	能熟悉工具的使用方法，结合作品需要进行上色	2
	综合训练	1. 结合美术手工课程，绘画与手工结合创作（例如首饰绘图与制作、服装效果图与服装立体裁剪制作）； 2. 结合美术手工课程，绘画与手工结合创作（例如装置艺术）	讲授法、示范法、观察法、提问法、练习法	能用所学的美术手工知识，结合绘画画面表达，做出有趣的画面或立体手工作品	2
	欣赏训练	欣赏各国从古至今的工艺作品	讲授法、示范法、观察法、欣赏法、练习法	能了解各国从古至今的工艺作品，并进行创新	2

第五节 美术手工活动课程评价

一、评价方式

1. 注重过程性评价

主要评价学生在美术手工课学习过程中的兴趣、态度、积极性和效果，评价学生学习美术手工过程中所达成的核心素养。

2. 采取多元评价方式

采取多重视角，如教师评价、学生自我评价与相互评价、师生交互评价、家长评价、社会评价等多元评价方式。

二、评价主体

1. 学生自评与互评

学生自评是等级评价的有机组成部分，有利于更全面、更深入地体现学生的综合素质，其具体形式可以是学生表述优劣之处、自我鉴定、自我评估等。通过美术手工课堂活动或课堂交流展示，采用全班互评、小组间互评的方式，对美术手工的技法掌握、创造力进行评价。

2. 教师评价

美术手工学习的评价是通过三维目标的知识与技能、过程与方法、情感态度与价值观三方面对知识形成的过程和学会发现问题、分析问题、解决问题等方面进行的评价。同时在注重知识与技能评价的基础上，对学生的创造能力、审美判断、自我表达能力、合作协调能力、综合素质能力的形成状况进行评价。

3. 家长评价

通过课堂活动展示、教学交流展示等活动，家长可用课堂现场评价、表格教学评定表、问卷调查表的多元评价方式对学生在美术手工学习中课堂习惯的养成、作品的创新性、知识与技能的掌握程度、自信心、合作能力和教师教学水平等进行评价。

三、评价内容

评价维度	评价内容	评价选项
知识与技能	掌握美术绘画的基本技能和基础知识，理解和认识美术手工的表现技法； 能正确并安全使用工具； 了解不同民族民间工艺的人文特征，地域风情及特色； 大胆想象，作品具有创造性； 独立或合作进行创作	□目标达成 □基本达成 □还需努力
过程与方法	课堂学习态度端正，积极投入； 有良好学习习惯，能自主学习和相互练习； 积极参与交流展示、演出及比赛； 能自我评价及对他人评价； 课堂作业及家庭作业完成度好	□目标达成 □基本达成 □还需努力

（续表）

评价维度	评价内容	评价选项
情感态度与价值观	有浓郁学习兴趣； 有自信； 有正确的艺术价值观； 具备一定的艺术审美能力与感受力	□目标达成 □基本达成 □还需努力

四、评价程序

学生自评 → 学生互评 → 教师评价 → 家长评价

第六节　美术手工活动课程实施建议

一、教学建议

1. 认知活动教学建议

通过认知活动，学生了解美术手工的多元性，学习美术手工可以提高动手能力和审美能力；知道每一个阶段的训练都符合学生身心发展需求。

教学建议：教学内容符合学生身心发展需求。

2. 实践活动教学建议

针对实践活动目标，通过运用科学训练实践，掌握学生的心理特征，使学生更进一步了解美术手工的多元性，并熟练掌握如何表达想法，培养学生对美术手工的兴趣，释放学生的创造潜能，激发个人对内心想法的表达。

教学建议：在实践教学中既要注重多元化科学训练方法，也要注重引导学生自主性学习，并密切联系学生自身的特点，以更大化地激发个人对内心想法的表达。

3. 交流活动教学建议

交流个人想法，使学生逐渐从认知自己到认知世界，知道如何运用技法表达自己。

教学建议：更新传统教学观念，改变课堂交流教学结构，要根据不同的教学特点和教学需求来进行不同的交流活动设计，既要让学生在最大程度上感受到通过交流活动课程所收获的进步，也要培养学生的实践能力。

4. 展示活动教学建议

通过美术手工作品的展示活动，展示学生的技法理解力、自我表现力、协同合作能力、创造能力，从而完善学生综合素质，并全面立体地提高学生修养及审美意识。

教学建议：要切合学生的学习需求和教学特点，展示学生的技法理解力、自我表现力、协同合作能力、创造能力。

二、评价建议

1. 学生评价建议

根据学生自评与互评：评价作品完成度，小组相互配合协助度等。

2. 教师评价建议

根据教师评价：评价学生课堂学习习惯、小组集体协助能力和个性表达能力等，具体通过知识与技能、过程与方法、情感态度与价值观三方面来进行评价。

3. 家长评价建议

家长可根据学生和教师的评价，综合观察孩子在家的表现以及美术手工作品完成度进行评价。

三、资源开发与利用

1. 教学设计

结合教学目标的需要，开展教研课、公开课，撰写教学设计，为课程教育目标服务。

2. 教学录像

尽量组合不同类型的资源，特别是将教学录像资源结合起来，形成配套教学辅助资源，使学生深入理解课程内容。

3. 教学案例

鼓励教师以新课程理念和教育理念为基础，多组织教学说课和教学案例分享，从而提高、强化教师的教学能力和对课程的整合能力。

4. 教研论文

通过组织教师参加各类教育、教研活动，鼓励教师撰写、发表教研论文，开发和提升教师在专业和教育教研方面的不断反思、学习以及专研的意识。

第三章

美术素描活动课程实施指南

李颖

第一节　美术素描活动课程概述

一、美术素描活动课程的性质

素描是所有美术学科，尤其是绘画、雕塑等造型专业的基础，也是研究绘画艺术所必须经过的一个阶段。素描教学的任务是使学生掌握素描造型的基础知识和基本技能，具有正确表现对象的素描造型能力，提高艺术的感知力和鉴赏能力，为以后专业课学习奠定造型基础。

美术素描活动课程将重点训练和提高学生对形（包括对自然图形、形态、形式）敏锐的观察力、感受力、思考力和表现力。学生在素描学习过程中掌握素描写生的一般步骤、方法和造型语言，同时通过理论学习和欣赏、观摩活动，提高学生素描鉴赏水平和艺术判断力。

本课程是针对校外教育单位对美术素描教学课程的整体规划，体现了校外教育单位对素描教学课程的基本要求。它根据社会对人才素质的要求，提出了素描教学课程的质量标准，为课程理念的落实提供了明确的实施途径。

二、美术素描活动课程的特点

整体构建素描教学三年一贯的课程体系，加强课程的启蒙性、整合性和开放性，以适合不同年龄段、不同发展水平学生的需要。

1. 美术素描活动课程具有单一性

从素描的操作定义来说，使用单一颜色绘画工具在画面载体上按照一定的绘画原则而有意塑造物体形态的美术活动。素描画以单色线条来表现直观世界中的事物。

2. 美术素描活动课程具有基础性

素描是所有美术学科，尤其是绘画、雕塑等造型专业的基础，也是研究绘画艺术所必须经过的一个阶段。素描水平是反映绘画者空间造型能力的重要指标之一。

3. 美术素描活动课程具有实践性

素描学习必须经过大量的观察训练、造型训练、结构形态造型训练、写生意象造型训练等，所有的这些素描训练都是学生对素描知识掌握和收获的体验与实践，学生的体验和实践越多，掌握的素描知识就越扎实、越牢固。所以，美术素描活动课程具有实践性。

4. 美术素描活动课程具有综合性

从素描学习的过程和效果来说，素描学习是一个综合性训练的过程，也是一个能得到综合能力提高的学习。通过一系列的观察、临摹、写生、创作学习，学生可以得到观察能力、构图能力、造型能力、思考能力、空间表现能力、结构塑造能力、透视关系表现能力、画面综合控制与处理能力、艺术审美能力、艺术鉴赏能力的掌握与提升。

5. 美术素描活动课程具有共同性课程、选择性课程同步教学的特点

针对校外教育生源宝塔式发展和中高级阶段学生学习程度不一的特点，课程既要为学生提供终身发展所需的基础知识、基本技能和基本艺术素养，也要适应学生个体的特殊艺术追求需要，从素描教学课程功能维度分为共同性课程、选择性课程，并存分组教学。

共同性课程是指面向各类校外培训机构和全体学生，体现促进学生基本艺术发展的课程。它着眼于最基本的素描学习经验积累，使每个学生积累相应的艺术体验和感受，获得最基本的发展。

选择性课程是指因地而异、因人而异，体现尊重学生个性化发展的课程。它着眼于学生素描学习经验的扩展、提升，满足学生的兴趣、特殊需要，尊重教学的自主性以及学生的选择权，使之形成个性化的风格和特色。

三、美术素描活动课程的核心素养

美术素描活动课程的基本理念是以学生发展为本，以“全面发展的人”为核心。课程满足每个学生对学习的基本需要，并为学生提供平等的学习与发展机会；课程与学生各阶段的学习特点与身心发展水平相适应，激发学生积极、主动地学习；课程应尊重学生学习与发展的个体差异，体现个别化教育。

1. 确立以促进学生和谐发展为取向的课程目标，体现时代性、基础性

促进所有学生在原有水平上全面和谐发展是本课程的目标，因此，要从素描学习习惯、规则意识、学习能力、情感与自我意识、审美情趣等方面为学生终身发展奠定必要的基础，同时也要为学生适应不断发展的社会需要奠定最初的基础。

2. 构建以整合、开放为特点的课程内容，夯实学生文化基础

根据学生与周围环境相互作用过程中的体验，并以学生参与的多种活动（学习活动、写生活动和参观活动等）为核心，设计、组织本素描课程的具体内容。同时，充分注意不同活动之间的相互作用与渗透，增强课程内容与生活的联系，充分利用信息技术和各种教育资源，从不同的角度运用多种方式、方法，发挥课程的整体效应。关注课程的动态生成，透过美术素描基础课程的实施，使学生获得“图像识读”“美术表现”“审美判断”“创意实践”和“文化理解”等五大核心素养。

3. 凸现以活动、体验为特点的课程实施，促进学生社会参与

课程实施强调活动性和体验性，强调活动的教育价值，注重活动的过程体验，优化教与学的方式，使学生在获得经验的同时，发展认知能力，丰富情感体验。根据素描课程不同层级、不同内容的要求，针对学习活动中静物创意摆放和构图、写生活动中的选位和取景、参观活动中的临摹和体会分享，让学生自主参与和体验，强调创新精神，培养解决问题的能力，从而获得社会参与的核心素养。

4. 实施以发展为导向的质性课程评价，促进学生个性发展

充分发挥课程评价的反馈调节功能，多渠道收集有关学生发展状况及素描教学课程建设的信息和意见，着重探索过程性评价和个别化评价，发挥质性评价与量化评价的不同作用，突出质性评价在素描教育中的优势。要建立学生发展性评价的体系，重视学生评价内容的全面性，强调学生对学习的分析与反思，建立以学生自评为主、教师评价为辅、多方参与的评价制度，促进学生自主发展这一核心素养的培养。

第二节　美术素描活动课程目标

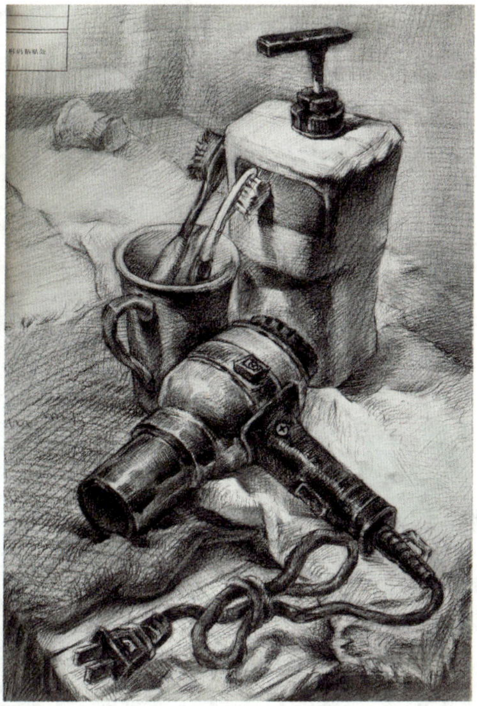

一、美术素描活动课程的总目标

通过素描教学课程的实施，促进学生情感、态度、认知能力等各方面的发展，使学生成为健康活泼、好奇探究、文明乐群、亲近自然、爱护环境、勇敢自信、有初步责任感的青少年。课程的具体目标是：

（1）了解素描的基本概念、表现技巧和主要的表现形式。熟悉素描造型的一般规律和法则，建立素描的完整概念。

（2）学会用正确的观察方法对物体观察、分析和做出判断，逐步形成正确的观察习惯，从而提高学生观察能力和基础审美能力。

（3）引导学生正确思维，学习正确、有序的作画步骤，掌握物体的三度空间、透视关系和明暗规律，形成思考作画的习惯。

（4）理解素描造型语言的运用，引导学生正确认识素描造型中的形态和表现之间的关系，掌握基本的素描构图和造型能力，并提高学生的艺术感知能力和鉴赏能力。

（5）掌握以明暗造型和以线条造型的素描表现方法，能够正确表现出对象的形态结构、体积和空间、明暗关系、质量感等属性，逐步形成良好的空间表现能力。

（6）学会分析整幅画面的构图、物体的比例、形状、色调和位置关系，掌握局部服从整体的绘画观念，形成和逐步提高对画面综合控制与处理的能力。

（7）通过对优秀作品的欣赏、学习和临摹，具备一定的对客观物体的艺术观察力和表现能力，具有一定的对素描作品的鉴赏能力。

（8）树立素描作为视觉艺术基础训练的观点，加强高品位艺术修养和高尚艺术情操的教育。

（9）分析不同形状、不同质感的静物创意组合，强调素描学习源于生活、素描创作源于生活。

（10）注重和强调素描学习的刻苦性和专注性精神的培养，从而树立正确的价值观和人生观。

二、美术素描活动课程的单元目标

单元	维度	教学目标
初级阶段	知识与技能	学会用线条进行排列组合，掌握明暗画法的基本关系，三大面、五大调子，从而表现出物象的明暗与立体感； 掌握石膏基本几何形体体积特征和结构特点，明确形体透视和明暗变化原理，掌握形体透视缩形明暗变化的一般规律； 掌握物体的三度空间、透视关系和明暗规律及表现方法
	过程与方法	帮助学生建立素描的完整概念，明确素描学习的方法、步骤和要求，通过训练基本技法的途径，提高素描造型能力； 通过认知和实操训练，让学生初步掌握素描的工具、材料和使用方法，明确素描的基本概念、分类及表现特征； 强化课后训练，巩固课堂知识点，做到熟能生巧
	情感态度与价值观	通过学习基础的美术素描知识，培养学生对学习美术的兴趣，从而提高学生基础审美水平； 通过素描严谨的基础训练，培养学生求实的科学态度和严谨做事的价值观

（续表）

单元	维度	教学目标
中级阶段	知识与技能	通过临摹和写生训练，了解静物配置的原则，掌握素描静物写生正确的方法步骤和写生要点； 学会运用明暗造型方法，从打形到塑造，正确表现对象的形体结构关系和色调、空间、体积及质感、量感等
	过程与方法	训练重点为静物素描，由简单到复杂，夯实静物素描基础； 通过对复杂静物素描临摹和写生练习，学会分析整幅画面的构图、物体的比例、形状、透视、空间、色调和位置关系，掌握局部服从整体的绘画观念，形成和逐步提高对画面综合控制与处理的能力
	情感态度与价值观	通过对优秀作品的欣赏、学习和临摹，提高学生对素描作品的鉴赏能力，从而提高学生的艺术判断力； 通过对不同形状、不同质感的静物创意组合的素描绘画，强调素描学习和素描创作源于生活，从而培养学生热爱生活、发现生活的意识
高级阶段	知识与技能	掌握素描石膏人物头像写生的正确方法步骤； 学生掌握石膏人物头像写生要点，能整体概括地表现绘画对象的形体、结构、比例、动态及年龄、性别、形象特征和神态
	过程与方法	要求学生对人物面部比例结构、主要骨点和五官、比例与透视有深入了解，掌握人物头部形体结构的一般规律； 通过石膏人物头像写生的长期作业训练，注重和强调素描学习的刻苦性和专注性精神的培养
	情感态度与价值观	通过对石膏头像和人物头像的素描学习，让学生透过所学知识寻找和发现画家和雕塑家们对艺术的理解与追求，从而培养学生发现美、寻找美、创造美的艺术追求和生活追求； 树立素描作为视觉艺术基础训练的观点，培养学生高品位艺术修养和高尚艺术情操

第三节　美术素描活动课程结构

依据美术素描活动课程目标，在充分考虑其课程性质和课程特点的前提下，根据学生的年龄特点和基础水平，将美术素描活动课程划分为初级阶段、中级阶段和高级阶段逐级递进，每个阶段都有各自的侧重点。美术素描活动课程结构如下页图所示。

- 美术素描活动课程
  - 初级阶段
    - 素描基础
    - 单个石膏几何体素描
    - 两个组合石膏几何体素描
    - 多个组合石膏几何体素描
  - 中级阶段
    - 静物组合素描临摹与写生
    - 复杂静物组合素描临摹与写生
    - 静物组合拟人创意表现
  - 高级阶段
    - 石膏五官临摹与写生
    - 石膏手脚临摹与写生
    - 石膏人物切面像临摹与写生
    - 石膏人物解剖头像临摹与写生
    - 石膏人物头像临摹与写生
    - 人物头像素描临摹与写生

第四节　美术素描活动课程教学方案

课程类别：美术类

课程名称：美术素描活动课程

适用对象：小学五、六年级，初一、初二学生

学生基础要求：初级阶段适合小学五、六年级，初一、初二学生学习；中级阶段和高级阶段课程适合初一、初二学生学习。

课时说明：15周/学期，1次学习/周，4课时/次（45分钟/课时），60课时/学期，总计360课时/6学期。

1. 初级阶段课程教学方案

单元	模块	教学内容	教学方法	教学标准	课时
素描基础	工具的认识以及线条	1. 素描工具、材料和使用方法； 2. 素描学习中线条运用和表现的基本方法； 3. 欣赏作品	讲授法、观察法、提问法、演示法、论证法、探究法、练习法	1. 掌握素描工具、材料和使用方法； 2掌握线条排列粗细、轻重、浓淡、虚实不同表现的基本方法； 3. 明确素描的基本概念、分类及表现特征	4
	正方体的透视及结构画法	1. 正方体的透视及结构画法； 2. 结构线和辅助线的作用与关系及运用技法； 3. 结构画法与明暗画法的比较； 4. 图片欣赏		1. 学会运用辅助线，把握物体的形、比例、结构； 2. 掌握正方体的画法及透视关系，达到正确的比例关系； 3. 了解掌握结构画法与明暗画法的比较	4
	构图及明暗关系	1. 构图的基本要求； 2. 明暗与立体的表现方法； 3. 课堂作业：学生自行选择一件感兴趣的造型简单的物件进行明暗练习		1. 掌握素描学习正确思维和有序的作画步骤； 2. 掌握正确的构图方法和整体把握； 3. 掌握明暗画法的基本规律，并表现出物象的明暗与立体感	4

（续表）

单元	模块	教学内容	教学方法	教学标准	课时
单个石膏几何体素描	单个石膏几何体素描写生学习	本模块学习分九周完成： 1. 圆锥体、圆柱体、六棱柱、四面锥体、六面锥体、方柱穿体、圆柱穿体、正十二面体、圆球体的结构、比例、透视的正确画法及作画要求； 2. 简单的明暗表现	讲授法、观察法、提问法、演示法、论证法、探究法、练习法	1. 掌握圆锥体、圆柱体、六棱柱、四面锥体、六面锥体、方柱穿体、圆柱穿体、正十二面体、圆球体的体积特征和结构特点，学会各几何体的结构、透视画法及注意事项； 2. 掌握各几何体明暗规律	36
两个组合石膏几何体素描	组合几何体构图及比例关系确立	1. 组合几何体结构、比例、透视的正确画法及注意事项； 2. 组合几何体的三度空间、透视关系和明暗规律及表现方法	讲授法、观察法、提问法、演示法、论证法、探究法、练习法	1. 掌握主次关系、前后遮挡和近大远小规律及正确处理空间关系； 2. 掌握物体的三度空间、透视关系和明暗规律及表现方法	4
	两个组合几何体素描临摹	1. 组合几何体临摹的构图、结构、比例、透视、明暗的正确画法及作画要求； 2. 简单的明暗表现	讲授法、观察法、提问法、演示法、论证法、探究法、练习法	1. 掌握主次关系和前后遮挡关系； 2. 掌握近大远小规律及正确处理空间关系； 3. 掌握物体的三度空间、透视关系和明暗规律及表现方法	4
	两个组合几何体素描写生	1. 各组合几何体的位置关系； 2. 组合几何体写生的构图、结构、比例、透视、明暗的正确画法及作画要求	讲授法、观察法、提问法、演示法、论证法、探究法、练习法	1. 掌握主次关系和前后遮挡关系； 2. 掌握近大远小规律及正确处理空间关系； 3. 掌握物体的三度空间、透视关系和明暗规律及表现方法	16

（续表）

单元	模块	教学内容	教学方法	教学标准	课时
多个组合石膏几何体素描	多个组合几何体素描临摹	1. 多个组合几何体的构图、物体的形状、比例、色调和位置关系； 2. 多个组合几何体写生的构图、结构、比例、透视、明暗的正确画法及作画要求； 3. 作品欣赏； 4. 多媒体课件欣赏	讲授法、观察法、提问法、演示法、论证法、探究法、练习法	1. 能分析形体间的空间关系和明暗变化； 2. 掌握对复杂形体的概括能力； 3. 较准确表现物象的形体、结构、比例、明暗、虚实、透视	8
	多个组合几何体素描写生	1. 多个组合几何体的位置关系； 2. 多个组合几何体写生的构图、结构、比例、透视、明暗的正确画法及作画要求； 3. 多媒体课件欣赏	讲授法、观察法、提问法、演示法、论证法、探究法、练习法	1. 能分析形体间的空间关系和明暗变化； 2. 掌握对复杂形体的概括能力； 3. 较准确地表现物象的形体、结构、比例、明暗、虚实、透视解剖造型能力，以及对物象的大体积、大空间、质感、量感的描绘能力； 4. 能够画出深入表现的石膏几何体素描	40

2. 中级阶段课程教学方案

单元	模块	教学内容	教学方法	教学标准	课时
静物组合素描临摹与写生	静物组合素描临摹	1. 静物配置的原则，掌握静物写生的构图原理和方法（配作品欣赏）； 2. 静物素描临摹正确的作画步骤并示范； 3. 用概括的线条构图和打形； 4. 局部服从整体，主次分明	讲授法、观察法、提问法、演示法、论证法、探究法、练习法	1. 学会分析整幅画面的构图、物体的比例、形状、色调和位置关系； 2. 掌握用概括的线条构图和打形； 3. 掌握局部服从整体的绘画观念，画面主次要分明； 4. 学生独立完成课堂临摹练习	16

（续表）

单元	模块	教学内容	教学方法	教学标准	课时
静物组合素描临摹与写生	静物组合素描写生	1. 整幅画面的构图、物体的形状、比例、色调和位置关系； 2. 静物配置的原则、静物写生的构图原理和方法； 3. 静物素描临摹正确的作画步骤并示范，用概括的线条构图和打形； 4. 局部服从整体，主次分明	讲授法、观察法、提问法、演示法、论证法、探究法、练习法	1. 学会分析整幅画面的构图、物体的比例、形状、色调和位置关系； 2. 掌握用概括的线条构图和打形； 3. 掌握局部服从整体的绘画观念，画面主次要分明	48
复杂静物组合素描临摹与写生	复杂静物组合素描临摹	1. 整幅画面的构图、物体的形状、比例、色调和位置关系； 2. 静物配置的原则，静物写生的构图原理和方法（配作品欣赏）； 3. 静物素描临摹正确的作画步骤并示范； 4. 局部服从整体，主次分明	讲授法、观察法、提问法、演示法、论证法、探究法、练习法	1. 学会分析整幅画面的构图、物体的比例、形状、色调和位置关系； 2. 掌握用概括的线条构图和打形； 3. 掌握局部服从整体的绘画观念，画面主次要分明	8
	复杂静物组合素描写生	带铜火锅的静物组合素描写生： 1. 静物配置的原则和静物组合写生的结构画法及注意事项； 2. 掌握静物组合明暗关系； 3. 局部服从整体，主次分明		1. 学会分析整幅画面的构图、物体的比例、形状、色调和位置关系； 2. 掌握用概括的线条构图和打形； 3. 掌握局部服从整体的绘画观念，画面主次要分明	12
		带相机挂包的静物组合素描写生： 1. 静物配置的原则和静物组合写生的结构画法及注意事项； 2. 掌握静物组合明暗关系； 3. 局部服从整体，主次分明			12
		带小竹篓的静物组合素描写生： 1. 静物配置的原则和静物组合写生的结构画法及注意事项； 2. 掌握静物组合明暗关系； 3. 局部服从整体，主次分明			12

（续表）

单元	模块	教学内容	教学方法	教学标准	课时
静物组合拟人创意表现	静物组合拟人创意表现	1. 运用创意想象手法表现静物组合写生； 2. 整幅画面的构图、物体的形状、比例、色调和位置关系； 3. 创意想象表现手法的方式和方法； 4. 引导大胆、创意构思与表现； 5. 配作品欣赏	讲授法、观察法、提问法、演示法、论证法、探究法、练习法	1. 掌握用概括的线条构图和打形； 2. 掌握局部服从整体的绘画观念； 3. 作业想象大胆、独特、有创意； 4. 作业表现手法大胆、创新	12

3. 高级阶段课程教学方案

单元	模块	教学内容	教学方法	教学标准	课时
石膏五官临摹与写生	石膏五官临摹	1. 五官的形体，理解五官在颜面的组织关系与周围肌肉的变化及其相互关系； 2. 五官写生的构图、结构、比例、透视、明暗的正确画法及作画要求	讲授法、观察法、提问法、演示法、论证法、探究法、练习法	1. 掌握五官临摹的构图、结构、比例、透视、明暗的正确画法及作画要求； 2. 掌握各石膏五官的结构及明暗规律	4
	石膏五官写生	1. 各石膏五官的结构及与周边肌肉的组织关系； 2. 石膏五官结构画法及注意事项		1. 掌握五官写生的构图、结构、比例、透视、明暗的正确画法及作画要求； 2. 掌握各石膏五官的结构及明暗规律	16
石膏手脚临摹与写生	石膏手临摹	1. 手的骨骼结构及与周边肌肉的组织关系； 2. 石膏手的结构画法及注意事项； 3. 石膏手的结构明暗表现	讲授法、观察法、提问法、演示法、论证法、探究法、练习法	1. 掌握手的骨骼结构及与周边肌肉的组织关系； 2. 掌握石膏手的结构画法及明暗规律	4
	石膏手脚写生	1. 手脚的骨骼结构及与周边肌肉的组织关系； 2. 石膏手脚的结构画法及注意事项； 3. 石膏手脚的结构明暗表现		1. 掌握手脚的骨骼结构及与周边肌肉的组织关系； 2. 掌握石膏手脚的结构画法及明暗规律	8

（续表）

单元	模块	教学内容	教学方法	教学标准	课时
石膏人物切面像临摹与写生	石膏人物切面像临摹	1. 亚历山大切面像临摹的结构及造型分析； 2. 亚历山大切面像的结构画法及注意事项； 3. 石膏亚历山大切面像的结构、比例、透视、明暗关系的绘画方法和步骤； 4. 画面整体控制	讲授法、观察法、提问法、演示法、论证法、探究法、练习法	1. 掌握石膏人物解剖头像的结构、比例、透视、明暗关系的结构绘画方法和步骤； 2. 掌握在作画过程中始终贯穿整体意识	8
	石膏人物切面像写生	1. 亚历山大分面像写生的结构及造型分析； 2. 石膏亚历山大切面像的结构、比例、透视、明暗关系的绘画方法和步骤； 3. 画面整体控制		1. 掌握石膏人物解剖头像的结构、比例、透视、明暗关系的结构绘画方法和步骤； 2. 掌握在作画过程中始终贯穿整体意识	8
石膏人物解剖头像临摹与写生	石膏人物解剖头像临摹	1. 石膏人物解剖头像的解剖结构关系和人体内部骨骼与肌肉的构成关系； 2. 头部骨骼和肌肉形态与五官在头骨的位置结构； 3. 石膏人物解剖头像的结构、比例、透视、明暗关系的绘画方法和步骤； 4. 画面整体控制	讲授法、观察法、提问法、演示法、论证法、探究法、练习法	1. 掌握石膏解剖头像几何结构块面关系，准确刻画五官在头骨的结构； 2. 初步形成自我发现错误和纠错的能力； 3. 掌握素描石膏解剖头像的明暗关系； 4. 在作画过程中始终贯穿整体意识，并能体现石膏解剖头像的立体感和质量感	8
	石膏人物解剖头像写生	1. 石膏人物解剖头像的解剖结构关系和人体内部骨骼与肌肉的构成关系； 2. 石膏人物解剖头像的结构、比例、透视、明暗关系的写生绘画方法和步骤； 3. 画面整体调整	讲授法、观察法、提问法、演示法、论证法、探究法、练习法	1. 掌握石膏人物解剖头像的结构、比例、透视、明暗关系的写生绘画方法和步骤； 2. 掌握在作画过程中始终贯穿整体意识	8

（续表）

单元	模块	教学内容	教学方法	教学标准	课时
石膏人物头像临摹与写生	石膏罗马青年头像临摹	1. 写生石膏罗马青年头像的正确结构画法； 2. 罗马青年头像写生的明暗处理； 3. 画面细节整体调整	讲授法、观察法、提问法、演示法、论证法、探究法、练习法	1. 掌握石膏罗马青年头像的结构画法和透视关系； 2. 掌握素描写生石膏罗马青年头像明暗关系并表现出立体感和质量感； 3. 能运用整体观和相互比较的方法，整体调整画面	12
	石膏鲁迅头像写生	1. 写生石膏鲁迅头像的正确结构画法； 2. 鲁迅头像写生的明暗处理； 3. 画面细节整体调整	讲授法、观察法、提问法、演示法、论证法、探究法、练习法	1. 掌握石膏鲁迅头像的结构画法和透视关系； 2. 掌握素描写生石膏鲁迅头像明暗关系并表现出立体感和质量感； 3. 能运用整体观和相互比较的方法，整体调整画面	12
	石膏伏尔泰头像写生	1. 写生石膏伏尔泰头像的正确结构画法； 2. 伏尔泰头像写生的明暗处理； 3. 画面细节整体调整	讲授法、观察法、提问法、演示法、论证法、探究法、练习法	1. 掌握石膏伏尔泰头像的结构画法和透视关系； 2. 掌握素描写生石膏伏尔泰头像明暗关系并表现出立体感和质量感； 3. 能运用整体观和相互比较的方法，整体调整画面	12

（续表）

单元	模块	教学内容	教学方法	教学标准	课时
人物头像素描临摹与写生	人物头像素描临摹	1. 男青年头像临摹的正确结构画法； 2. 画面细节整体调整； 3. 男青年五官和脸部肌结构特征	讲授法、观察法、提问法、演示法、论证法、探究法、练习法	1. 掌握头像素描写生的结构画法和透视关系； 2. 掌握头像素描写生明暗关系并表现出立体感和质量感； 3. 能运用整体观和相互比较的方法，整体调整画面	4
		1. 女青年头像临摹的正确结构画法； 2. 画面细节整体调整； 3. 女青年五官和脸部肌结构特征			4
		1. 老年男人头像临摹的正确结构画法； 2. 画面细节整体调整； 3. 老年男人五官和脸部肌结构特征			4
	青年头像素描写生	1. 男青年头像写生的正确结构画法； 2. 男青年头像写生明暗处理； 3. 画面细节整体调整	讲授法、观察法、提问法、演示法、论证法、探究法、练习法	1. 掌握青年头像的结构画法和透视关系； 2. 掌握素描写生青年头像明暗关系并表现出立体感和质量感； 3. 能运用整体观和相互比较的方法，整体调整画面	4
		1. 女青年头像写生的正确结构画法； 2. 女青年头像写生明暗处理； 3. 画面细节整体调整			4

第五节 美术素描活动课程评价

一、评价主体

1. 学生自评与互评

学生自评是等级评价的有机组成部分，其具体形式可以是学生表述优劣之处、自我鉴定、自我评估等。通过素描课堂活动交流展示，全班互评、小组内互评、小组间互评的方式，对素描结构的空间透视、绘画情感表现力、自我表现力、协同合作能力等进行自评和互评。

2. 教师评价

教师对素描学习的评价主要是对学生素描知识形成的过程和学会发现问题、分析问题、解决问题等方面进行的评价。同时，在注重知识与技能评价的基础上，再深入对学生的协调性、素描艺术情感、空间理解力、自我表现力、创作能力、综合素质能力的形成状况进行评价。

3. 家长评价

通过课堂活动展示、教学交流展示等活动，家长可用课堂现场评价、教师教学评定表、问卷调查表的多元评价方式对学生在素描学习中课堂习惯的养成、素描绘画的协调性、素描情感的表现力、表演自信、合作能力和教师教学水平等进行评价。

二、评价内容

1. 初级阶段课程具体评价内容

评价维度	评价内容	评价选项
知识与技能	初步掌握素描的工具、材料和使用方法，明确素描的基本概念、分类及表现特征； 掌握石膏基本几何形体体积特征和结构特点； 掌握形体透视和明暗变化原理和一般规律，从而表现出物象的明暗与立体感	□目标达成 □基本达成 □还需努力
过程与方法	建立素描的完整概念，明确素描学习的方法、步骤和要求； 强化课后训练，巩固课堂知识，做到熟能生巧； 通过学习基础美术知识，提高学生基础审美水平	□目标达成 □基本达成 □还需努力

（续表）

评价维度	评价内容	评价选项
情感态度与价值观	感受素描艺术的魅力，学会用正确的观察方法对物体观察、分析和做出判断，逐步形成正确的观察习惯，从而提高学生观察能力和基础审美能力； 热爱学习，树立长期学习素描的愿望及具备初步的素描审美能力	□目标达成 □基本达成 □还需努力

2.中级阶段课程具体评价内容

评价维度	评价内容	评价选项
知识与技能	了解静物配置的原则，掌握静物素描写生的构图原理和方法； 掌握素描静物写生的正确方法、步骤和要点； 学会运用明暗造型方法，正确表现对象的质感、量感等； 学会对不同材质肌理的静物深入素描练习，画出深入表现的全因素素描	□目标达成 □基本达成 □还需努力
过程与方法	了解静物素描由简单到复杂，夯实静物素描基础； 学会分析整幅画面的构图、比例、形状、透视、空间、色调和位置关系，掌握局部服从整体的绘画观念，形成和逐步提高对画面综合控制与处理的能力； 不断调整不恰当的部分，使画面表现统一完善	□目标达成 □基本达成 □还需努力
情感态度与价值观	理解素描造型语言的运用，感受优秀作品的魅力，提高学生的艺术感知能力和鉴赏能力； 感受、分析不同形状、不同质感的静物创意组合，强调素描学习源于生活、素描创作源于生活，引导学生热爱生活、表现生活	□目标达成 □基本达成 □还需努力

3. 高级阶段课程具体评价内容

评价维度	评价内容	评价选项
知识与技能	以明暗色调为造型手段，准确有序塑造出五官形象； 理解手、脚的骨骼结构及与周边肌肉的组织关系，掌握石膏手、脚的结构及明暗规律； 对人物面部比例结构深入了解，从而掌握人物头部形体结构的一般规律； 掌握素描石膏人物头像写生的正确方法、步骤； 掌握人物头像写生要点，整体概括对象的形体、结构、比例、动态及年龄、性别、形象特征和神态	□目标达成 □基本达成 □还需努力

（续表）

评价维度	评价内容	评价选项
过程与方法	不断调整不恰当的部分，使画面表现统一完善； 在作画过程中始终贯穿整体意识，树立大局观，使画面达到完美和谐的效果； 通过石膏人物头像写生的长期作业训练，注重和强调素描学习的刻苦性和专注性精神的培养	□目标达成 □基本达成 □还需努力
情感态度与价值观	感受素描石膏头像的魅力，了解素描石膏人物头像的风格与发展，感受国际文化的多元性，增强国际文化理解，提高艺术追求和生活追求； 树立素描作为视觉艺术基础训练的观点，体现高品位艺术修养和高尚艺术情操	□目标达成 □基本达成 □还需努力

三、评价程序

学生自评 → 学生互评 → 教师评价 → 家长评价

第六节 美术素描活动课程实施建议

课程的组织与实施过程，是教师创造性地开展工作的过程。教师要根据课程的目标，从本教学单位的条件出发，结合学生的实际情况，开展各种有利于学生发展的教育活动。

1. 制订和组织实施素描教学课程计划，确保课程顺利实施

制订具有个性化和可操作性的素描课程实施计划。教师在遵循课程基本设计思想的前提下，综合考虑本地域实际及办学风格，设计个性化、切实可行的素描教学课程计划，创造性地实施课程。

2. 加强素描课程实施的过程管理，确保课程有效实施

课程实施管理，既要体现一定的规范性，又要为教师教育方案的选择留有充分的空间。教师要通过质量分析、课程评价、专家咨询等多种途径，动态把握课程实施情况，并及时作出科学合理的调整。尊重教师对课程开发、实施、评价的权力。

3. 加强素描教学课程的研究和开发，确保课程与时俱进

教师充分利用所赋予的课程自主权，加强课程的研究和开发。共同性课程实施应充分考虑课程的平衡性问题。选择性课程的开发与择定，既要综合考虑本单位的条件和特点，也要充分满足学生个性化发展的需求，同时要注意控制学习活动的总量和要求，逐步形成自己的特色。

4. 建立素描课程评价体系，确保课程合理开发

（1）对教师的课程实施评价。

对教师的课程实施评价主要是对教师教学过程的评价，包括教学准备、教学方式、教学态度、教学生成、教学效果等方面的评价。在有利于课程研究与开发的同时更促进教师自身专业的发展。评价以教师自我评价为主，同时注重学生、家长、教师同行、校长对教师的评价。

（2）对学生的课堂成长评价。

要特别注重学生个性和特长的发展，强调评价主体的多元性。学生在学习活动中对师生关系的实际感受、学生的学习兴趣和获得成功的体验等成为评价学生主体内容。

5. 制订素描课程实施的保障措施，确保课程高效实施

（1）课程能高效实施，一定离不开学校领导的大力支持，包括经费、人力、物力、场地等方方面面的保障支持。

（2）教具及有关教学设备：素描教室、画板、画架、模型、置物台、图片、幻灯片、录影带、影碟等，根据教学实际需要购置。

6. 资源开发和利用的建议

教师应有课程开发的意识，积极开发信息化课程资源，充分利用网络，获得最新的美术教育资源，开发新的教学内容，探索新的教学方法。可以利用课室墙壁、廊道等，以及报废的画架画板等环保资源，引导学生在与环境互动中进行探索和学习。

社区的自然和人文环境蕴涵着丰富的学习资源。教师应充分利用教学单位和周边的环境，如自然景观、小区街景、图书馆、美术馆、博物馆等，扩展学生的学习空间，为学生的体验性、探索性学习创造条件；利用校园和社会生活中的资源（如节庆、文体活动、重大事件以及城市、社区村庄环境等）进行美术教学。

学生的同伴群体、家长以及其他成人都是教育资源。教师应重视同伴之间合作学习、互相影响的作用。可开展学生之间、学校之间、省市之间和国际间的学生作品、教师教学成果等方面的交流。

第四章 卡通漫画活动课程实施指南

李晓龙　刘若萍

第一节　卡通漫画活动课程概述

一、卡通漫画活动课程的性质

卡通漫画活动课程以卡通漫画创作为基础，以综合运用能力发展为导向，以实现培养审美素养和创造力为核心。传统的卡通漫画教学模式往往只注重漫画技法的讲解，而忽略了学生漫画故事创作的个性化发挥。卡通漫画活动课程突出多元评价，可以提高学生的审美意识，通过筛选生活中值得记录的事件，将其改编成独幅漫画、四格漫画、多格漫画，让卡通漫画与多学科进行交叉结合，可迸发更多科普类、传统文化类、公益类等题材的漫画艺术，建立基于素质教育美育发展的多元评价体系，促进学生能力发展。

二、卡通漫画活动课程的特点

1. 卡通漫画活动课程具有综合性

卡通漫画，不仅仅是单一的美术课程，同时也是培养学生运用多学科知识进行综合创作的课程，提倡学生发挥创意思维，进行多学科相结合，注重漫画故事的多元文化交叉的探索，创作出符合社会主义核心价值观的卡通漫画作品，实现个人创作特点。

2. 卡通漫画活动课程具有独特性

卡通漫画的形成比较容易掌握，可以使学生学了就用，其技法的多元性和自由性，为学生自由地表现自己的思想情感提供了工具。同时，卡通漫画的作者就是导演，每个学生创作的漫画题材内容和美术表现形式都可以与众不同，百花齐放的漫画作品正是需要被倡导的，凸显出其艺术的独特性。

卡通漫画在学生的日常生活中得到广泛的应用。学生既可以充分地利用这种工具进行信息交流，也可以用于装饰书信、贺年卡或笔记本等。

3. 卡通漫画活动课程具有趣味性

在普通的美术课程中，总是存在学生注意力不集中的问题，这一问题在小学高年级及初中学生中尤为突出。而卡通漫画所包含的夸张变形、极富艺术感染力的形象符合学生的身心发展要求。学生在欣赏、创作卡通漫画的同时能进行交流和表达，在愉悦的环境中，思维得以发展，绘画技能得以较快增强。卡通漫画活动课程是一门极富吸引力、趣味性的课程资源。

三、卡通漫画活动课程的核心素养

卡通漫画作为一种艺术形式，具有通俗易懂、幽默诙谐等特征，深受学生喜爱。因此，各类漫画课程也越来越多地被应用于学校教育当中。在以核心素养为导向的改革理念下进行卡通漫画教学，在课程中渗透德育、美育的内容，坚持活动育人，提高学生的想象力、创造力、审美能力和对艺术的感知能力，培养学生以跨学科的思维模式掌握知识、解决问题，锻炼学生的沟通合作与人际交往能力。

第二节　卡通漫画活动课程目标

一、卡通漫画活动课程的总目标

通过进行卡通漫画艺术各种创作思维、技法形式的训练，学生掌握一定的卡通漫画创作能力，理解和认识创作源于生活，能独立或合作进行独幅、四格、多格漫画创作以及绘本插画创作。在教学过程中注重渗透核心素养，培养学生优秀的品格和良好的审美情操，激发学生学习卡通漫画的兴趣，感受生活的美好，引导学生树立正确的社会主义核心价值观，创作具有对美好事物向往的卡通漫画作品。

课程注重学习欣赏优秀的中外卡通漫画作品，培养学生多观察、多体会、多动脑的创作思维方法，鼓励学生多组织同学间、师生间的自主探究和创新交流。在注重技法掌握的同时，激发学生的卡通漫画造型能力、故事创作能力。

1. 技能训练目标

循序渐进、分级学习并掌握卡通漫画“编剧—草图—清稿—上色”的漫画制作流程，掌握马克笔、传统水彩、彩铅等作画工具，学习一种或多种作画工具的综合表现技巧，学会适应独幅、四格、多格漫画创作以及绘本插画创作的技能表现。

2. 造型训练目标

分级学习卡通漫画的角色设计、动作设计、道具设计、场景设计，能独立设计漫画创作所需的风格一致的美术设定，懂得根据主题要求设计夸张的卡通造型。

3. 分镜训练目标

尝试卡通漫画主题的多学科相结合，注重漫画编绘的多元文化探索，提高漫画、绘本多格分镜叙事的逻辑表达能力。

4. 审美能力目标

学习、欣赏各种风格的卡通漫画作品，了解卡通漫画的技法与表现形式。在临摹借鉴优秀卡通漫画的基础上提高审美能力和创造力。

5. 艺术情感目标

掌握学习的方法，培养健康的情感，把生活中的情感与漫画艺术融合在一起。通过卡通漫画技法表现与生活艺术情感表达来展示漫画艺术的魅力，促进学生个性化发展。

6. 认知活动目标

通过认知活动，学生能了解到卡通漫画是一门综合的艺术，是把文字作品转化为视觉图像语言，运用各种文化学科的知识、技法以及多种漫画艺术形式来实现创作，创造具有个人审美、符合社会主义核心价值观的漫画作品。

7. 交流活动目标

在课堂学习过程中，学生能彼此交流学习经验，分享创作心得。在欣赏各类卡通漫画作品时，能交流各自观感，客观地予以评价，从而提升专业水平和基础能力，在交流中成长。

8. 展示活动目标

通过课堂、青少年宫、比赛展览等作品展示活动，能提升学生的自信心、情感和综合艺术表现力，并促进其卡通漫画创作水平的进步，使展示活动成为学生综合素质发展的平台。

二、卡通漫画活动课程的单元目标

1. 启蒙阶段

本阶段课程注重卡通漫画兴趣的启蒙，通过几何形体夸张组合的卡通角色简笔训练，激发学生用漫画角色来讲述故事的兴趣，促进学生按主题要求进行联想；能够为卡通角色添加合适的简笔故事背景；能设计卡通角色“站姿、坐姿、行姿”的基本动作。

2. 初级阶段

本阶段课程重视学生设计三头身比例的Q版卡通角色的技巧，并能绘制角色的正面、侧面、背面的形体动作训练；区分卡通角色的服饰、道具；场景内物体之间需有前层、中层、后层的遮挡关系；掌握近大远小的透视构图。

3. 中级阶段

本阶段课程注重男女老少的卡通角色特征设计的学习，注重喜、怒、哀、乐的角色表情以及跑步、跳跃、伸展的动作设计能力的训练；掌握四格漫画叙事的“起承转合”节奏；远景、全景、中景、近景、特写的场景景别运用。

4. 高级阶段

本阶段课程以能独立或联合创作多格漫画、多页绘本插画为技能重点，按照主题内容设计三至五头身比例的卡通角色，并具有角色职业的身份特点；能够运用写实或夸张的手法进行肢体语言的动作设计；能够根据题材要求设计符合性别、年龄、职业的场景；学习掌握一点透视、两点透视的场景透视学原理。

5. 绘本插画/漫画社

本阶段课程以科普类、传统文化类、公益类等题材的赛事主题为训练内容，通过多学科文化知识相结合的创意构思以及漫画艺术的表现形式练习，让学生在专业比赛实践中提高分镜叙事能力与社会主义核心价值观的素养。

第三节 卡通漫画活动课程结构

依据卡通漫画活动课程目标，在充分考虑其课程性质和课程特点的前提下，根据学生的年龄特点和基础水平，将卡通漫画活动课程划分为分级和团队两个课程层次，其中分级课程按启蒙阶段、初级阶段、中级阶段和高级阶段逐级递进，每个阶段都有各自的侧重点。团队课程为绘本插画/漫画社，按美术板块、分镜板块、技法板块和创意板块逐级递进。卡通漫画活动课程结构如下图所示。

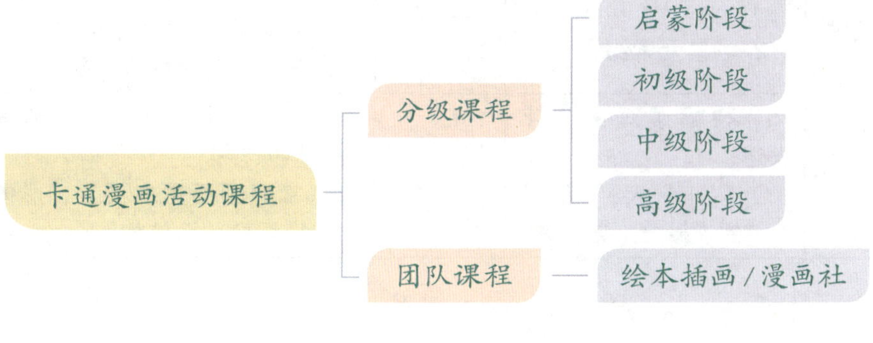

第四节 卡通漫画活动课程教学方案

课程类别：美术类
课程名称：卡通漫画活动课程
适用对象：7~18岁学生
学生基础要求：对卡通漫画、原创故事感兴趣的学生。
课时说明：

（1）分级课程：15周/学期，1次学习/周，2课时/次（45分钟/课时），总计30课时/学期，每个级别学习一个学年（2个学期）。

（2）团队课程：15周/学期，1次学习/周，4课时/次（45分钟/课时），总计60课时/学期，团队课程学习两个学年（4个学期）。

一、分级课程

1. 启蒙阶段课程教学方案

单元	模块	教学内容	教学方法	教学标准	课时
启蒙阶段	造型板块	1. 几何形组合训练； 2. 卡通简笔	讲授法、演示法、练习法	1. 认识三角形、方形、圆形、圆锥形、梯形等几何形体； 2. 学会用几何形体组合成不同的简笔卡通角色	10
	动作板块	1. 卡通角色的比例关系； 2. 角色动作姿势	讲授法、演示法、练习法	1. 卡通拟人角色Q版的大小比例； 2. 学习卡通角色“站姿、坐姿、行姿”的动作	10
	场景板块	1. 场景设计（画面背景）； 2. 场景元素组合	讲授法、演示法、练习法	1. 能为卡通角色添加合适的故事背景； 2. 能把场景素材组合进画面里，与卡通角色的故事配套	6
	分镜板块	1. 独幅漫画的文字表述； 2. “主角”大、“配角”小的主次概念（启蒙级）	讲授法、演示法、练习法	1. 能用一句话来表达一幅画的故事内容； 2. 掌握画面主次要素，形体间疏密组合关系的构图	4

2. 初级阶段课程教学方案

单元	模块	教学内容	教学方法	教学标准	课时
初级阶段	造型板块	1. 几何形组合训练； 2. 卡通设计； 3. 道具设计	讲授法、演示法、练习法	用几何形组合设计： 1. 夸张的卡通角色（高矮肥瘦等）； 2. 角色的服饰（春夏秋冬）； 3. 角色相关的道具设计（生活用品）	9
	动作板块	1. 卡通角色的比例关系； 2. 角色动作设计	讲授法、演示法、练习法	1. 学习三头身比例的Q版卡通角色； 2. 设计同一个角色的正面、侧面、背面的动作	9
	场景板块	1. 场景设计； 2. 场景元素组合	讲授法、演示法、练习法	1. 设计室内和室外的场景，参考生活的所见所闻； 2. 场景物体之间需要有前层、中层、后层的遮挡关系	6
	分镜板块	1. 系列独幅漫画的文字表述； 2. 分镜设计（初级）—画面构图的近大远小	讲授法、演示法、练习法	1. 能设计1~3幅独幅的漫画，成为一个系列； 2. 掌握近大远小的透视构图	6

3. 中级阶段课程教学方案

单元	模块	教学内容	教学方法	教学标准	课时
中级阶段	造型板块	1. 卡通设计； 2. 道具设计	讲授法、演示法、练习法	1. 根据主题内容设计2个以上的卡通角色； 2. 设计多样款式的同一道具	4
	动作板块	1. 卡通角色的比例关系； 2. 角色动作设计（表情、手部、运动）	讲授法、演示法、练习法	1. 学习男女的卡通角色特征； 2. 设计角色的正侧面、背侧面的动作； 3. 喜、怒、哀、乐的角色表情设计； 4. 跑步、跳跃、伸展的动作	9

（续表）

单元	模块	教学内容	教学方法	教学标准	课时
中级阶段	场景板块	1. 场景设计； 2. 场景元素组合	讲授法、演示法、练习法	1. 按照男女卡通角色来设计室内和户外场景； 2. 场景设计里的元素要有男女差异性	8
	分镜板块	1. 独幅漫画、四格漫画的编剧； 2. 分镜景别设计（中级）	讲授法、演示法、练习法	1. 练习用四句话描述四格漫画的内容，掌握叙事“起承转合”的节奏； 2. 掌握在叙事画面里远景、全景、中景、近景、特写的景别运用	9

4. 高级阶段课程教学方案

单元	模块	教学内容	教学方法	教学标准	课时
高级阶段	造型板块	1. 卡通设计； 2. 道具设计	讲授法、演示法、练习法	1. 设计有男女老少区别的卡通角色； 2. 设计符合不同年龄段的道具	4
	动作板块	1. 卡通角色的比例关系； 2. 角色动作设计	讲授法、演示法、练习法	1. 设计三至五头身比例的卡通角色； 2. 角色职业身份的动作特点； 3. 肢体语言的动作设计（写实、夸张）	10
	场景板块	1. 场景设计； 2. 场景元素组合	讲授法、演示法、练习法	1. 根据题材要求设计符合性别、年龄、职业的场景； 2. 学习一点透视、两点透视的透视学原理	6
	分镜板块	1. 多格漫画的编剧； 2. 分镜设计（高级）	讲授法、演示法、练习法	1. 学习1～2页的多格漫画故事创作/多页绘本插画创作； 2. 学习故事分镜的分格设计	10

二、团队课程

绘本插画/漫画社课程教学方案

单元	模块	教学内容	教学方法	教学标准	课时
绘本插画/漫画社	美术板块	1. 角色设计； 2. 道具设计； 3. 场景设计	讲授法、演示法、练习法、讨论法、探究法	1. 根据科普类、传统文化类、公益类等题材主题设计完整的美术设定； 2. 场景有镜头感、空间感、叙事感	6
	分镜板块	独幅、四格、多格漫画、绘本插画创作的编剧、分镜设计	讲授法、演示法、练习法	1. 学习分镜画面中摄像机拍摄的透视原理； 2. 学习分镜叙事的节奏、分格	8
	技法板块	1. 马克笔/水彩笔； 2. 传统水彩技法； 3. 彩铅等技法	讲授法、演示法、练习法	1. 素描的黑白灰关系，光影等； 2. 色彩的冷暖对比及配色	7
	创意板块	1. 平面创意设计； 2. 绘本插画设计	讲授法、演示法、练习法、讨论法、探究法	1. 故事内容策划； 2. 色彩、图案、素材相结合的创意构思、故事内容策划	9

第五节　卡通漫画活动课程评价

一、评价主体

1. 学生自评与互评

评价卡通漫画作品完成度，漫画内容是否结合多学科的知识点、是否结合中国传统文化、是否能表达个人创意等。

2. 教师评价

评价学生课堂的养成习惯、创作能力和卡通漫画作品艺术情感的体现等，具体通过知识与技能、过程与方法、情感态度与价值观三方面来进行评价。

3. 家长评价

评价学生课堂的养成习惯、作品表现和教师教学水平等。

二、评价内容

评价维度	评价内容	评价选项
知识与技能	熟练掌握该卡通漫画学习阶段的基本技能； 能设计符合故事的卡通角色、动作、场景、道具、分镜； 了解课程中不同的漫画风格，能表现出中国传统文化或地方文化； 具有漫画创作里角色扮演的想象能力； 天马行空，具有漫画主题及多学科组合的漫画分镜叙事能力	□目标达成 □基本达成 □还需努力
过程与方法	课堂学习态度端正，积极发言； 有良好的创新思维习惯，能多观察、多体会、多动脑； 积极参与作品交流展示、主题创作及比赛； 能自我评价及对他人评价； 课堂作业及家庭作业完成度好	□目标达成 □基本达成 □还需努力
情感态度与价值观	有卡通漫画学习兴趣； 有漫画讲故事的自信； 有漫画艺术创作的社会主义核心价值观； 具备对人民生活的观察力和感受力	□目标达成 □基本达成 □还需努力

三、评价程序

学生自评 → 学生互评 → 教师评价 → 家长评价 → 创作实践

第六节　卡通漫画活动课程实施建议

一、教学建议

1. 认知活动教学建议

通过认知活动，使学生了解卡通漫画的多元性表达，通过学习漫画造型、漫画分镜、漫画表现技巧，可以提高个人对生活的审美能力、鉴赏能力、独立思考能力。

教学建议：教学内容符合学生身心发展需求。

2. 实践活动教学建议

通过运用科学训练实践，培养学生建立规范的卡通漫画创作流程，使学生对漫画创作有更进一步了解，并熟练掌握用漫画分镜来表达故事内容，培养学生对卡通漫画创作的兴趣，释放学生的想象力。

教学建议：在实践教学中既要注重多元化科学训练方法，也要注重引导学生自主学习，并密切联系学生自身的特点，以更大化地激发个人对卡通漫画创作内心想法的表达。

3. 交流活动教学建议

一是交流卡通漫画创作的体会，包括角色造型、动作设计、道具设计、场景设计、漫画分镜等创作体会；二是交流从漫画主题的剧本草图开始，逐渐把构思移植至分镜设计，最后描线上色的创作流程体会。通过交流活动，使学生学会鉴赏彼此的卡通漫画作品，交流创作源泉和制作技巧，总结经验。

教学建议：更新传统教学观念，改变课堂交流教学结构，要根据不同的教学特点和教学需求来进行不同的交流活动设计，既要让学生感受到通过交流活动课程所收获的进步，也要培养学生的卡通漫画实践能力。

4. 展示活动教学建议

通过卡通漫画作品展示活动，展示学生的创造力、想象力、编剧能力、分镜叙事能力。从而完善学生综合素质，并全面立体地提高学生修养及审美意识。

教学建议：要契合学生的学习需求和教学特点，展示学生的卡通漫画技法理解力、自我表现力、漫画分镜叙事的创造能力。

二、评价建议

1. 学生评价建议

根据学生自评与互评：评价卡通漫画作品完成度，漫画内容是否结合多学科的知识点、是否结合中国传统文化、是否表达个人创意等。

2. 教师评价建议

根据教师评价：评价学生课堂的养成习惯、创作能力和卡通漫画作品艺术情感的体现等，具体通过知识与技能、过程与方法、情感态度与价值观三方面来进行评价。

3. 家长评价建议

家长可根据学生和教师的评价，综合观察孩子对生活的热爱表现以及卡通漫画作品进行评价。

三、资源开发与利用

1. 教学设计

结合教学目标的需要，开展教研课、公开课，撰写教学设计，为课程教育目标服务。

2. 教学录像

尽量组合不同类型的资源，特别是将教学录像资源结合起来，形成配套教学辅助资源，使学生深入理解课程内容。

3. 教学案例

鼓励教师以新课程理念和教育理念为基础，多组织教学说课和教学案例分享，从而提高、强化教师的教学能力和对课程的整合能力。

4. 教研论文

通过组织教师参加各类教育、教研活动，鼓励教师撰写、发表教研论文，开发和提升教师在专业和教育教研方面的不断反思、学习以及专研的意识。

第五章 陶艺活动课程实施指南

| 徐丹娜

第一节 陶艺活动课程概述

一、陶艺活动课程的性质

陶艺教育是对学生激活思维、创新能力和动手实践能力教育的有效途径与方式。通过对陶艺的学习，不但能让学生了解中国陶艺文化的历史渊源，还能让学生体现美、创造美的能力得以发挥。

陶艺活动课程是以能力发展为导向，以“普及陶艺教育，提高立体审美思维”为宗旨，以实现让学生了解更多陶艺文化为目标，熟悉陶艺基础知识和各种成型制作方法的活动课程。确立以学生为主体的教学地位，有助于教学活动有的放矢地开展，切实将学生的学习需求作为教学内容的根本，从学生的年龄特点、兴趣特点入手，使陶艺教学内容更加丰富、生动。传统的陶艺教学模式，教师在教授陶艺制作技巧时，往往只注重造型制作讲解，而忽略了对学生情感层次的挖掘。陶艺在中国正成为一种重要的艺术门类逐步成长起来，参与和从事这一艺术门类的艺术家越来越多。陶艺集趣味性、创造性于一体，是一项颇受青少年欢迎的素质教育和休闲活动的内容。开展陶艺活动课程，不仅符合现今的素质教育发展，也有利于提高学生实践动手能力、审美能力、创新能力、空间思维能力等。

二、陶艺活动课程的特点

1. 陶艺活动课程具有综合性

通过对陶艺的学习，不但能让学生了解中国陶艺文化的历史渊源，还能让学生体现美、创造美的能力得以发挥。

2. 陶艺活动课程具有实践性

陶艺教育以活动为主、课程为辅的形式来开展，强调学生亲身经历，在活动中发现和解决问题，体验感受，发展实践能力和创新意识。

3. 陶艺活动课程具有自主性

学生在陶艺制作的过程中能够充分发挥艺术创造的主观能动性，能够展现自己的兴趣和爱好，表达自己的情感和思想。陶艺活动课程具有高度的自主性，因此教师引导作用较为重要，在学生遇到问题时，教师应进行及时指导，并设置合理的教学课程内容。

4. 陶艺活动课程具有整体性

陶艺课程体现个人、社会、自然的内在整合，体现科学、艺术、道德的内在整合，具有整体性，学生通过学习陶艺锻炼动手能力、审美能力、创新能力、空间思维能力、观察能力等多方面的能力，能够了解中国陶艺文化的历史渊源。

三、陶艺活动课程的核心素养

陶艺课程可以锻炼学生的动手能力，使学生通过搓、捏、贴、揉、撕等动作，练习操作技巧，增强手眼协调能力；可以培养学生的艺术美感，让学生发现美、体验美、表现美，提升艺术创造力；还可以培养学生的实践动手能力、想象力，拓展学生的思维空间。

围绕核心素养，努力发挥陶艺活动课程的育人功能，引导学生树立积极向上的理想追求和人生态度，培养学生自主发展意识和能力，积淀文化底蕴和素养。在全球化的语境中塑造学生的国家意识、民族情感和文化气质，助推学生健康成长和全面发展。

第二节 陶艺活动课程目标

一、陶艺活动课程的总目标

1. 认知活动目标

通过认知活动，让学生了解“陶泥”是从自然中搬运到课堂的，学生能在玩中学、学中做，了解更多陶艺文化知识与制作技巧。

2. 实践活动目标

通过学习各种陶艺制作成型方法，在课堂中运用各种陶艺成型方法进行造型练习，使学生对陶艺各种成型方法有更进一步的认知，并熟练掌握陶艺制作的技巧。培养学生对陶艺制作的兴趣以及动手能力，激发学生的想象力和创造力。

3. 交流展示目标

通过陶艺比赛和陶艺作品展览，展示学生作品的创意性以及学生的制作技能、自我表现力、协同合作能力；参观各种陶艺作品展，开阔学生的眼界，让学生了解更多的陶艺表现形式；从而完善学生的综合素质，并全面立体地提高学生修养及审美意识。

二、陶艺活动课程的单元目标

1. 兴趣班

（1）学生了解基本的陶艺知识，能够独立制作出简单的陶艺作品。

（2）学生学会观察和领悟制作要领，了解陶艺的多种制作方法和不同成型方法，并将其结合，制作出简易的陶艺作品，并在制作过程中解决遇到的问题。

（3）激发学生学习陶艺的兴趣，领略陶瓷艺术的美妙，充分发挥想象力和创造能力，培养审美能力，获得制作完成后的成就感。

2. 提高班

（1）学生进一步提升陶艺创意思维，能够掌握各种陶艺制作与装饰方法、陶艺彩绘的各种绘画技能。

（2）学生学会用各种装饰方法来装饰作品，结合多种陶艺制作方法、不同成型方法，以及陶艺彩绘的各种绘制材料，掌握制作更为精美的陶艺作品的方法，并解决在陶艺作品制作过程中遇到的问题。

（3）学生感受传统文化与国际文化的多元性，领略不同文化的魅力。激发学生丰富的想象力，培养创新能力，获得制作完成陶艺作品后的成就感。在创作中不断提高审美能力，做出漂亮的成品。

3. 团队班

（1）学生自主制作陶艺、设计作品，能够掌握各种陶艺制作与装饰方法、陶艺彩绘的各种绘画技能。

（2）学生掌握捏制陶艺作品的方法和要领，学会观察动植物的特征，掌握镂空工艺的制作技法和装饰方法，更好地运用陶艺彩绘的各种绘制材料，独立或合作制作风格独特的作品，并学会更好地解决在制作过程中遇到的问题。

（3）激发学生丰富的想象力，培养创造能力，获得自主设计作品的乐趣和完成作品的成就感。培养良好的学习习惯和对美好事物的向往，从而树立长期学习陶艺的愿望，获得立体审美思维能力。

第三节　陶艺活动课程结构

依据陶艺活动课程目标，在充分考虑其课程性质和课程特点的前提下，根据学生的年龄特点和基础水平，将陶艺活动课程划分为分级和团队两个课程层次，其中分级课程按兴趣班、提高班逐级递进，每个阶段都有各自的侧重点。陶艺活动课程结构如下图所示。

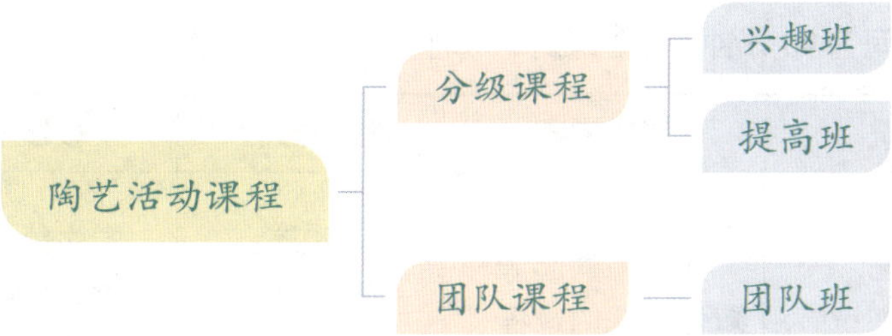

第四节　陶艺活动课程教学方案

课程类别： 美术类

课程名称： 陶艺活动课程

适用对象： 5～15岁学生

学生基础要求： 兴趣班为5岁以上学生；提高班为7岁以上学生（有一定的动手能力和陶艺基础的学生）。团队班的学生作品可选拔参展参赛。

课时说明： 15周/学期，1次学习/周，2～4课时/次（45分钟/课时），总计30～60课时/学期。

一、分级课程

1. 兴趣班课程教学方案

每次上课时间为90分钟，2个课时，每个学期上课15次，共30课时。

单元	模块	教学内容	教学方法	教学标准	课时
第一学期	陶艺基础知识	介绍陶的起源和陶瓷烧成的过程	讲授法、观察法、提问法	学生能了解陶的起源，土与火的结合成为陶瓷	2
	陶艺制作基础	三个基本捏制成型方法：泥丸、泥条、泥板	讲授法、观察法、示范法、练习法	能够独立制作小作品，学会一定的制作装饰方法	6
	陶艺设计制作Ⅰ	作品训练泥丸成型：蘑菇、小乌龟、小杯子、小碗等	讲授法、观察法、示范法、练习法	制作出可烧制作品	6
	陶艺设计制作Ⅱ	作品训练泥条成型：泥条盘筑笔筒、泥条搭建镂空、泥条制作食物	讲授法、观察法、示范法、练习法	制作出可烧制作品	4
	陶艺设计制作Ⅲ	作品训练泥板成型：泥板浮雕、泥板刻印等	讲授法、观察法、示范法、练习法	制作出可烧制作品	6
	陶艺设计制作Ⅳ	作品训练各种成型方法的结合制作：花卉类作品	讲授法、观察法、欣赏法、练习法	能运用所学的成型方法合作或独立完成主题创作	6

（续表）

单元	板块	教学内容	教学方法	教学标准	课时
第二学期	陶艺 制作基础	三个基本捏制成型方法：泥丸、泥条、泥板；了解其他成型方法：拉坯、磨具、注浆等	示范法、 观察法、 练习法	能够独立制作小作品	6
	陶艺 设计制作	进阶式制作训练：食物类、花卉类、动物类	示范法、 观察法、 练习法	学生能够学会观察和领悟制作要领	14
	陶艺 合作制作	作品训练：各种成型方法的结合	欣赏法、 观察法、 提问法、 练习法	能运用不同的成型方法制作	10

2. 提高班课程教学方案

每次上课时间为90分钟，2个课时，每个学期上课15次，共30课时。

单元	板块	教学内容	教学方法	教学标准	课时
第一学期	陶艺 基础知识	认识传统与现代泥坯制作方法	欣赏法、 观察法、 示范法、 练习法	学生能了解陶的起源，土与火的结合成为陶瓷	4
	陶艺 制作基础	熟悉基础成型制作，用所学过的基础成型方法创作作品	示范法、 练习法	能够独立制作小作品，学会一定的制作装饰方法	4
	陶艺 设计制作	作品训练成型方法：动物类、服装类、交通工具类等	观察法、 练习法	制作出可烧制的作品	12
	陶艺 合作制作	了解如何设计作品，如何进行创作	观察法、 练习法	能运用所学的成型方法独立完成主题创作	10

（续表）

单元	板块	教学内容	教学方法	教学标准	课时
第二学期	陶艺 制作基础	用所学的基础成型方法制作熟悉的卡通或游戏角色：植物大战僵尸、愤怒的小鸟、三个和尚没水喝等小故事的角色制作	讲授法、示范法、练习法	能够独立制作小作品	10
	陶艺 设计制作	作品训练器皿制作、拟人创作	讲授法、示范法、练习法	制作出可烧制作品	10
	陶艺 装饰方法	印刻、镂空、粘贴、彩绘等	观察法、示范法、练习法	学会用各种装饰方法来装饰作品	10

二、团队课程

团队班课程教学方案

每次上课时间为150分钟，4个课时，每个学期上课15次，共60课时。

单元	板块	教学内容	教学方法	教学标准	课时
第一学期	陶艺 设计制作Ⅰ	植物类作品练习（难度相对高）	示范法	用不同的成型方法制作植物类作品	10
	陶艺 设计制作Ⅱ	动物类作品练习（难度相对高）	观察法	掌握捏制的方法和要领，学会观察动物的特征	10
	陶艺 设计制作Ⅲ	故事人物角色作品练习（难度相对高）	示范法	掌握捏制的方法和要领，学会观察人物角色的特征	14
	陶艺 设计制作Ⅳ	进阶练习作品装饰，平面镂空、立体镂空等	展示法、示范法	熟练掌握镂空工艺的制作技法和装饰方法	10
	陶艺 设计制作	观察大师作品模仿制作且可自由拆解或添加自己的创作思想	观察法	能运用所学的成型方法完成作品	16

（续表）

单元	板块	教学内容	教学方法	教学标准	课时
第二学期	陶艺制作基础	制作常见的生活器皿，如杯子、碗筷、烟灰缸、香台、碟子、肥皂盒等，制作要求精致美观，设计独特	欣赏法、观察法、提问法、练习法	能够独立制作风格独特的作品	20
	陶艺设计制作	主题创作作品	欣赏法、观察法、提问法、练习法	学生不仅可以合作完成作品，也能独立完成制作整个过程，还要学会遇到问题如何解决	40

第五节　陶艺活动课程评价

一、评价主体

1. 学生自评与互评

学生自评是等级评价的有机组成部分，有利于更全面、更深入地体现学生的综合素质，其具体形式可以是学生表述优劣之处、自我鉴定、自我评估等。通过陶艺课堂活动或课堂交流展示，采用全班互评、小组内互评、小组间互评的方式，对陶艺制作技巧、动手能力、立体思维能力、陶艺作品的表现力、创造力、自我表现力、协同合作能力等进行自评与互评。

2. 教师评价

陶艺学习的评价是通过三维目标的知识与技能、过程与方法、情感态度与价值观三方面来对陶艺知识形成的过程和学会发现问题、分析问题、解决问题等方面进行的评价，同时，在注重知识与技能评价的基础上，再深入对学生对于陶艺文化知识的了解及陶艺作品制作能力、立体思维能力、自我表现力、协同合作能力、综合素质能力的形成状况等进行评价。

3. 家长评价

通过课堂作品展示、作品参赛与作品展览等交流展示活动，家长可用课堂现场评价、表格教学评定表、问卷调查表的多元评价方式对学生在陶艺学习中课堂制作技巧的了解、动手能力的提高、作品艺术的表现力、创意能力、合作能力和教师教学水平等进行评价。

二、评价内容

评价维度	评价内容	评价选项
知识与技能	了解陶艺的基本成型方法与陶艺的基本文化知识； 通过练习各种成型方法，掌握陶艺的制作技巧； 提高动手能力、创作能力、立体思维能力，知道陶艺的各种制作工序和表现形式	□目标达成 □基本达成 □还需努力
过程与方法	了解基本陶艺制作技巧，培养和激发学生的动手能力和创造能力； 学会用专研精神、研究态度与科学研究的基本方式，开展教与学的双边活动，调动学生自己和同学、教师之间的自主探究和创新； 应用到生活中，观察与探究，并将陶艺作品与生活用品融合在一起，展现陶瓷的艺术情感	□目标达成 □基本达成 □还需努力
情感态度与价值观	感受玩泥的乐趣，参与多元化的项目课程活动，了解陶艺文化知识，陶冶情操； 培养良好的创作能力； 树立长期学习陶艺的愿望及具备初步的陶艺审美能力	□目标达成 □基本达成 □还需努力

三、评价程序

学生自评 → 小组互评 → 教师评价 → 家长评价

第六节　陶艺活动课程实施建议

一、教学建议

1. 认知活动教学建议

通过认知活动，让学生初步了解陶艺文化与基本成型制作方法。

教学建议：在教学过程中，让学生去实践制作，要求学生用所学的成型方法制作自己熟悉的造型，提高学生的动手能力、创新设计能力。教师应指导学生如何更好、更合理地分工制作。

2. 实践活动教学建议

通过在课堂中成型方法的练习，制作出各种成型方法的作品，能够熟练地认识各种成型方法的制作。

教学建议：在实践制作方面，学生应充分发挥个人想象力，需要多观察生活中的各种事物并运用到学习当中，多看各种展览或者参加艺术活动以开阔眼界。

3. 交流活动教学建议

一是参加各种现场或者非现场的陶艺制作比赛；二是参观各种大小型的陶艺作品展览，了解各类陶艺展览的陶艺作品是如何呈现和表达的。通过展示交流活动，学生逐渐开阔眼界，提高审美能力，认识陶艺的奇妙世界。

教学建议：每学期教学生制作各种作品，并烧制出来，告诉学生其中的烧制奥妙。组织学生参加各类比赛与展览活动。

二、评价建议

1. 学生评价建议

在学生自评和互评前教师应对学生进行引导性培训，讲明评价的意义、内容、标准、方法和注意事项。尤其要注意的是避免教师和他人对学生互评进行的干预，同时注意引导学生不要只关注同学的不足和缺点，让评价变相成为“挑错”和“指责”，尽量减轻学生的心理压力和评价可能对同伴关系产生的消极影响。

2. 教师评价建议

在教学知识与技能、过程与方法的评价中要重过程、重应用、重体验、重全员参与。陶艺学习评价应发挥其激励与发展功能，使学生从评价中获得成功的体验。激发学习兴趣，积极参与学习活动，提高陶艺制作水平。教师要关注学生在学习活动中的表现与反应，并给予必要和及时的评价效果的反馈、适当的鼓励性评价和指导性评价。

3. 家长评价建议

在阶段性教学中组织家长进行评价，并要求家长写出综合性评语，在评价后进行教学评价反馈。

三、资源开发与利用

1. 教学设计

结合教学目标的需要，开展教研课、公开课，撰写教学设计，为课程教育目标服务。

2. 教学录像

尽量组合不同类型的资源，特别是将教学录像资源结合起来，形成配套教学辅助资源，使学生深入理解课程内容。

3. 教学案例

鼓励教师以新课程理念和教育理念为基础，多组织教学说课和教学案例分享，从而提高、强化教师的教学能力和对课程的整合能力。

4. 教研论文

通过组织教师参加各类教育、教研活动，鼓励教师撰写、发表教研论文，开发和提升教师在专业和教育教研方面的不断反思、学习以及专研的意识。

第六章 玻璃工艺活动课程实施指南

王朝虹　林晓彤

第一节　玻璃工艺活动课程概述

一、玻璃工艺活动课程的性质

玻璃工艺活动课程以落实美育为理念，以能力发展为导向，以实现多元化美术教育为目标，打破了传统美术教学方式，将艺术审美与实际创作进行多元结合，让学生了解到多元、丰富的材料及艺术表现手法，有利于建立基于素质教育美术美育发展的多元评价体系，促进学生能力的全面发展。玻璃工艺活动课程以学生为主体，在教师的指导下，促进教学活动有的放矢地开展，切实将学生的学习需求作为教学内容的根本，从学生的年龄特点、兴趣特点入手，从创作主题上落实个性化、多样化选择，从多种制作手法中进行个性化结合，尊重学生的个性和想法。玻璃工艺活动课程突出活动过程，倡导体验参与以及对学生审美能力的培养。因此，要求学生参与全过程，不断提高自己的动手能力，创作出能够展现自己个性和想法的玻璃艺术作品。

二、玻璃工艺活动课程的特点

1. 玻璃工艺活动课程具有综合性

玻璃艺术不仅仅是一门手工美术课程，同时也是培养学生艺术素质的过程，在融合了绘画与手工的学习基础上，才能够真正地表现出玻璃艺术的与众不同，体现每个人的创作特点。

2. 玻璃工艺活动课程具有体验性

丰富的、细腻的情感体验有助于帮助学生加深对色彩、造型、创作的领悟，充实学生内心世界的艺术领悟能力，并将这种感悟更好地通过玻璃艺术作品表现出来，实现玻璃艺术教学目标。可通过在课堂之外尽可能多地开展学生活动和社会实践，并且定期举办相关的学生作品展览，带给学生不同的学习方式，用更生动活泼的形式来唤起学生的学习积极性，同时也在活动和实践中培养学生美术学科素养之外的其他能力。

3. 玻璃工艺活动课程具有多样性

玻璃工艺活动课程中涉及的美术材料、工具有很多，如平板玻璃、玻璃马赛克、玻璃颗粒、玻璃颜料、各类粘合剂以及其他美术常规工具等。每种材料和工具所适应的表现手法各不相同，所产生的作品形式也各不相同，对学生能力的要求也不尽相同，学生可以根据自己擅长的表现手法来发挥自身优势；另外，玻璃工艺活动课程的开展形式具有多样性，不仅进行常规的课堂教学，也开展相应的学生校园活动及博物馆社会实践。课程的不同开展形式所带来的学习方式、学习要求也有所不同，学生能在其中体验到更为丰富的学习过程，更为多元的艺术熏陶，以及多方面能力的培养。

三、玻璃工艺活动课程的核心素养

围绕核心素养，玻璃工艺活动课程主要培养学生在现实情境与问题下，能做出有创造性的判断、构思和行动，并能融入情感、道德等人性特质。充分发挥其育人目标，将提升人的生存与生活能力作为培养学生素养的出发点和落脚点，做到对生活中的审美对象做出判断、评价，形成对民族优秀文化的热爱之情，对多元文化的理解和尊重，对人类创造成果的尊重，达到立德树人的教育任务和促进学生生存与发展的重要目的。

第二节　玻璃工艺活动课程目标

一、玻璃工艺活动课程的总目标

1. 玻璃艺术教学目标

技能训练目标：分级学习并掌握不同的加工方法的操作。

审美能力目标：学习、欣赏不同风格的玻璃艺术作品，逐步了解玻璃本身的材质与特色，在材料感悟与创作训练一体的学习基础上提高对玻璃艺术的欣赏能力和美术创作能力。

艺术情感目标：掌握学习方法，把生活中的情感与玻璃艺术创作融合在一起，通过色彩与造型艺术情感表达手法来展现玻璃艺术的内涵。

2. 玻璃艺术创作辅助训练目标

绘画训练目标：在教学中分析画面构图要素、色彩要素、造型要素。

操作技巧训练目标：掌握不同加工方式的技巧要领，提高动手能力。

融合训练目标：将玻璃艺术与思维创作进行多元结合，注重思维能力的创新培养，配合玻璃的特质进行创作，提高和辅助玻璃艺术创作中个性与美的共同呈现。

二、玻璃工艺活动课程的单元目标

1. 入门阶段

在这一阶段的学生需要进行基础的玻璃艺术知识学习与欣赏，掌握基本的玻璃工艺的相关知识，认识各种加工方式，感受玻璃艺术的魅力。掌握热熔玻璃颗粒画制作方法，认识材料特性；把握创作主题，用材料表现内容；掌握拼贴技巧，熟练使用拼贴技法等基本的玻璃工艺的加工手法。

2. 初级阶段

进入初级阶段的学生需要进一步提高制作玻璃工艺的手法，如学习掌握玻璃绘画、玻璃马赛克等冷加工的手法，了解玻璃绘画艺术和玻璃马赛克相关艺术作品，掌握玻璃绘画技巧和玻璃马赛克作品创作技法，能够把握主题与创作的关系。了解玻璃本身的材质与特色，解决构图、色彩搭配和造型设计的问题，激发个人的美术感觉和作品表现力。

3. 中级阶段

在中级阶段的学生需要进行玻璃综合材料创作训练，了解相关的综合材料创作艺术作品，学习制作技法，结合各种类型的知识，熟练操作各类工具，在材料创作训练的过程中提高对玻璃艺术的欣赏能力、美术创作能力以及动手能力。

4. 高级阶段

在高级阶段的学生在热加工手法上需要进一步提高训练难度，要进行灯工玻璃制作的相关训练，了解灯工玻璃艺术，掌握灯工玻璃制作小技巧。接触金属、木质等不同的材料，参照当代艺术作品，感受其他材料与玻璃的碰撞，学习制作具有现代气息的玻璃艺术作品。

第三节　玻璃工艺活动课程结构

依据玻璃工艺活动课程目标，在充分考虑其课程性质和课程特点的前提下，根据学生的年龄特点和基础水平，将玻璃工艺活动课程按入门阶段、初级阶段、中级阶段和高级阶段逐级递进，每个阶段都有各自的侧重点。玻璃工艺活动课程结构如下页图所示。

- 玻璃工艺活动课程
  - 入门阶段
  - 初级阶段
  - 中级阶段
  - 高级阶段

第四节　玻璃工艺活动课程教学方案

课程类别：美术类

课程名称：玻璃工艺活动课程

适用对象：6～12岁学生

学生基础要求：对玻璃工艺感兴趣的学生。

课时说明：15周/学期，1次学习/周，2课时/次（45分钟/课时），总计30课时/学期，每个阶段学习1学期，共计4学期。

1. 入门阶段课程教学方案

单元	模块	教学内容	教学方法	教学标准	课时
入门阶段	玻璃知识学习与欣赏	1. 选择具有代表性的玻璃艺术作品进行讲解介绍，普及一定的艺术知识。引导学生对作品进行解读，感受艺术的魅力； 2. 讲授关于玻璃艺术作品的各种原理，介绍玻璃各种材料； 3. 要求学生准备速写本，对讲课内容进行图文记录	讲授法、讨论法	掌握基础玻璃知识，认识各种玻璃的加工方式	6

（续表）

单元	模块	教学内容	教学方法	教学标准	课时
入门阶段	热熔玻璃	1. 讲授关于玻璃颗粒画知识，制作玻璃颗粒画； 2. 拼贴烧制原理学习； 3. 欣赏热熔艺术作品； 4. 制作小物件，熟悉技能操作	演示法、讲授法、练习法	1. 掌握热熔玻璃颗粒画制作方法，认识材料特性，把握创作主题，用材料表现内容； 2. 掌握拼贴技巧，认识相关艺术作品，熟练使用拼贴技法	24

2. 初级阶段课程教学方案

单元	模块	教学内容	教学方法	教学标准	课时
初级阶段	玻璃绘画与玻璃马赛克	1. 学习玻璃绘画技巧，了解玻璃绘画材料； 2. 欣赏玻璃绘画作品； 3. 了解与学习玻璃马赛克； 4. 尝试制作玻璃绘画与玻璃马赛克作品	讲授法、讨论法	1. 了解玻璃绘画艺术； 2. 掌握玻璃绘画技巧	24
	观念与材料	1. 欣赏玻璃与其他材料结合创作的当代艺术作品； 2. 接触材料，感受不同材料的特质； 3. 进行思维发散，让玻璃与金属、纤维、布等材料进行碰撞创作； 4. 感受观念与艺术的融合与表达	演示法、讲授法	1. 了解当代艺术与当代观念的结合方式； 2. 理解当代艺术作品的语境表达	6

3. 中级阶段课程教学方案

单元	模块	教学内容	教学方法	教学标准	课时
中级阶段	玻璃综合材料创作	1. 根据自身对当代艺术作品的体会，用玻璃与其他材料结合创作出立体的作品； 2. 演示创作过程； 3. 互相分享自身对不同材料的感受	演示法、讲授法、练习法	1. 了解综合材料创作艺术作品； 2. 学习制作技法； 3. 结合各种类型的知识，熟练操作各类工具	30

4. 高级阶段课程教学方案

单元	模块	教学内容	教学方法	教学标准	课时
高级阶段	灯工玻璃	1. 讲解灯工玻璃创作原理； 2. 演示相关的创作过程； 3. 灯工技法创作体验	演示法、讲授法、练习法	1. 了解灯工玻璃艺术； 2. 掌握灯工玻璃制作小技巧	30

第五节　玻璃工艺活动课程评价

一、评价主体

1. 学生自评与互评

评价作品完成度，完成质量等。

2. 教师评价

评价学生课堂的养成习惯、创作能力和作品表达的艺术情感的体现等，具体通过知识与技能、过程与方法、情感态度与价值观三方面来进行评价。

3. 家长评价

评价学生课堂的养成习惯、作品的完成度和教师教学水平等。

二、评价方式

多种评价方式相结合，采用相对评价法与个体内差异评价法，让学生在思想交流碰撞的同时，加深对自身学习程度的了解。

三、评价内容

评价维度	评价内容	评价选项
知识与技能	了解玻璃材质，理解美术创作的基本要求； 掌握基础美术创作技巧，玻璃艺术创作技能； 通过辅助训练掌握制作工具； 提高创造力和形式表现力； 进入玻璃艺术创造课程学习	□目标达成 □基本达成 □还需努力
过程与方法	在现有玻璃艺术表现方式的基础上，培养和激发学生的研究能力和创造能力； 学会用专研精神、研究态度与科学研究的基本方式，开展教与学的双边活动，调动学生自己和同学、教师之间的自主探究和创新； 应用到生活中，探索与提炼动作，并将情感与玻璃艺术融合在一起，展现玻璃艺术与众不同的情感	□目标达成 □基本达成 □还需努力
情感态度与价值观	感受玻璃艺术的魅力，参与多元化的项目课程活动，了解玻璃艺术的风格与发展； 培养良好学习习惯和对美好事物的向往； 树立长期美术学习的愿望及具备初步的美术审美能力； 感受国际文化的多元性	□目标达成 □基本达成 □还需努力

四、评价程序

学生自评 → 小组互评 → 教师评价 → 家长评价

第六节　玻璃工艺活动课程实施建议

一、教学建议

1. 认知活动教学建议

通过领会颜色、造型、各种表现手法呈现的方式，提高审美能力，了解美术的大概念，再进行玻璃艺术的仔细分析并搭建框架。

教学建议：根据学生的认知规律特点来进行创作教学，同时可以借用辅助性的教具，用有趣味性的元素激发学生的认知好奇心。

2. 实践活动教学建议

通过运用科学训练实践，规范学生的创作习惯，解决构图、色彩搭配和造型设计的问题，使学生对玻璃艺术创作有更进一步的认知，并熟练掌握在玻璃艺术创作中如何控制工具，培养学生对美术的兴趣，释放学生的美术潜能，激发个人的美术感觉和作品表现力。

教学建议：在实践教学中既要注重多元化科学的训练方法，也要注重引导学生自主学习，并密切联系学生自身的特点，以更大化地激发和释放学生个人的创作潜能、视觉感受和表现力等。

3. 交流活动教学建议

一是交流玻璃艺术创作的体会，包括热熔玻璃、灯工玻璃、玻璃马赛克、玻璃绘画等创作体会；二是交流从草图绘画开始，逐渐移到实际制作，然后是控制火候、修饰边线以及各种复杂技巧训练的体会。通过交流活动，使学生认知到自己的操作是否到位，进而掌握如何运用工具。

教学建议：更新传统教学观念，改变课堂交流教学结构，要根据不同的教学特点和教学需求来进行不同的交流活动设计，既要让学生在最大程度上感受到通过交流活动课程所收获的进步，也要培养学生的实践能力。

4. 展示活动教学建议

展示学生的创造力、想象力、理解力、自我表现力、动手能力，从而完善学生综合素质，并全面立体地提高学生修养及审美意识。

教学建议：要切合学生的学习需求和教学特点，以“学生发展为本”“发展学生个性，培养开放型人才”为目标，展示活动形式既要有融合性，也要有独立性；既有多元的合作展示，也有单一的独立展示。

二、评价建议

1. 学生评价建议

根据学生自评与互评，评价玻璃艺术作品的完成度，小组相互配合协助等。

2. 教师评价建议

评价学生课堂的养成习惯、小组集体协助能力和艺术情感的体现等，具体通过知识与技能、过程与方法和情感态度与价值观三方面来进行评价。

3. 家长评价建议

参与学生作品展示的活动，鼓励家长与学生进行交流。

三、资源开发与利用

1. 教学设计

结合教学目标的需要，开展教研课、公开课，撰写教学设计，为课程教育目标服务。

2. 教学录像

尽量组合不同类型的资源，特别是将教学录像资源结合起来，形成配套教学辅助资源，使学生深入理解课程内容。

3. 教研论文

通过组织教师参加各类教育、教研活动，鼓励教师撰写、发表教研论文，开发和提升教师在专业和教育教研方面的不断反思、学习的意识。

第七章

书法活动课程实施指南

李佩谕

第一节　书法活动课程概述

一、书法活动课程的性质

书法是一门复合型的艺术表现形式。书法教育是基础教育中的一项重要内容，通过书法教育提高学生的综合素质，培养学生的文化素养、创新能力和健全人格。加强书法教育是实施素质教育的重要途径。

书法活动课程以素质教育、书法美育、人文教育、美学教育等为导向，以“继承传统、深入传统、入古出新、继承发展”为宗旨，以提高个人综合素养为发展原则，以实现了解书法审美、掌握书写技能为学习目标，以实现书法普及教育与提高书法鉴赏能力为基本目标，基于项目实施的活动课程。书法活动课程以学生为主体，有助于教学活动有的放矢地开展，切实将学生的学习需求作为教学内容的根本，从学生的年龄特点、兴趣特点入手，使书法教学内容更加贴近传统符合学生发展规律，让学生找到自己适合、喜欢的书体风格，再由书法艺术科目辐射学习和了解其他艺术学科。现今书法教育行业中，存在大部分教师在书法教学上只教授单一字体（如欧体或颜体等），忽视学生个体审美喜好和性格特点；或者教授教师自己喜欢的字体，轻视甚至忽略经典传统法帖。以上两种做法都会让学生在学习书法过程中形成陋习、缺乏信心、无法深入、漫无目的等不良后果。因此，必须遵循学习书法规律，同时根据学生自身喜好、性格、审美取向，在教师的正确辅导下选择适合入门的经典法帖。在书法教学实践中，将写字读书融入学习生活中践行终身学习，建立基于素质教育书法美育发展的多元评价体系，促进学生以书法学习为基础，辐射带动其他艺术学科学习发展。

二、书法活动课程的特点

1. 书法活动课程具有综合性

书法活动课程不仅仅是一门理论与实操相结合的课程，同时也是培养学生艺术素质的过程，在融合了历史、风俗、美学、文学、哲学等学科的学习基础上，才能够表现出丰富感染力的书法作品，才能实现个人情感的顺畅表达。

2. 书法活动课程具有体验性

通过临写、临创、自运、出格的学习，有助于为学生实现书法学习的入门与书法学习的进阶打好基础，提升学生对书法的领悟能力，并将这种感悟通过与书法理论、书法实践、书法史、风俗习惯、美学、文学、哲学等学科相结合，更好地通过丰富感染力的书法作品表现出来，实现书法教学目标。

3. 书法活动课程具有艺术性

书法是一门集实践、鉴赏、创作、探索于一体的课程，具有很强的艺术性与实用性。汉字，从图画、符号到创造、定型，由古文大篆到小篆，由篆而隶、楷、行、草，各种字体逐渐形成。书法是在书写应用汉字的过程中，逐渐产生的一种艺术表现形式。

4. 书法活动课程具有德育性

学习书法，学生能很好地了解中华民族的历史及灿烂的民族文化，从民族文化中吸取灵气、豪气和正气，增强民族自尊心和自信心，更加热爱我们历史底蕴深厚的祖国。

三、书法活动课程的核心素养

1. 乐学善学

在学习书法的过程中，学生充满热情，养成积极主动、认真专注的习惯，将学习到的知识贯穿到学习生活中，养成良好的书写态度。

2. 自我发展

在书法学习的过程中，学会欣赏他人的优秀作品，虚心学习，在学习他人的优秀作品时善于赞美他人，在学习中加强小组的合作，勇于竞争、勇于克服困难、坚韧不拔、勇于进取、不甘落后，这是学生具备良好书法学科核心素养的实际表现。

3. 继承传统

中国的文化传统向来重视读书写字，要学好书法就必须以古代经典法帖作为范本，反复研习，循序渐进，经历着临写、临创、自运、出格艰难而漫长的修炼过程。书法包涵了传统的文人风骨、和为贵的传统价值观、传统哲学观。

第二节　书法活动课程目标

一、书法活动课程的总目标

掌握书法的基本笔法，理解和认识书法的发展历程与各时期书体的风格特点，学会字体结构、章法布局、点画表现、文字内容、新内容创作，做到拟字准确，符合字法。在注重实操的同时，还要提升学生理论水平与文化综合素养。了解历代经典书家和书艺成就、历史地位，初步知道书法发展历史轨迹，激发学生继承和创新的欲望。通过对书法课程的策划设计、制作以及对书法工具、材料的感知、应用，使学生了解基础知识，掌握基本技能，培养发现问题、解决问题的综合能力，构建新的实践能力。

掌握书写的基本方法，培养学生书写汉字的能力，巩固语文识字教学，做到书写正确、规范、整洁。书法学习重视运用形象空间、直觉想象、情感等进行创造活动，既发展学生的形象思维，又发展学生的逻辑抽象思维。

感受书法艺术能培养良好学习习惯和对美好事物的向往，学习并遵守书写规矩、书法规律和书法审美，从而树立长期学习书法的愿望及具备初步的书法审美鉴赏能力，培养学生热爱祖国语言文字的情感，了解书法的艺术价值和实用价值，充分认识学习和继承书法艺术的重要意义。

二、书法活动课程的单元目标

1. 启蒙阶段

（1）认识书法工具，初步了解文房四宝——笔、墨、纸、砚的基本知识，学习写字姿势和正确的执笔方法，学习各种基本笔画的写法。

（2）培养学习书法的兴趣和良好写字习惯，学习正确的书写姿势，学会使用和保管写字用具，初步感受汉字的形体美，理解中华传统文化的博大精深，在一定程度上锻炼意志力。

2. 初级阶段

（1）学习偏旁部首的写法，并进一步规范基本笔画，掌握字形结构特点；初步了解汉字的书法书写结构，学会临摹双钩、单钩和填墨等学书方法。

（2）保持对书法学习的兴趣，养成主动练习书法的习惯；释放学生的潜能，激发个人对书法不同的理解感觉和深化学习能力。

3. 中级阶段

（1）学习间架结构的知识，基本掌握临帖方法，能够对某一书法家的字帖进行临习，写好笔画特征提高笔法准确度，达到字形结构准确的程度。

（2）养成良好的书写习惯，提高书法的审美能力；能欣赏不同风格的字体、不同经典范本的风格，逐步了解书法的审美要求与规律规矩，在实操与理论一体的学习基础上提高书法的赏析能力和个人审美能力。

（3）通过书法教学，培养学生良好的道德情操，提高审美能力；养成认真细心的学习态度和良好的意志品质，为其他课程的学习打好良好的基础，促进学生全面发展和终身发展。

4. 高级阶段

（1）在掌握各种结构写法的基础上，达到熟练、流畅、快速书写；掌握规范的落款方式和正确的盖印方式；章法布局合理舒适，能够拟字书写完整作品；学习书写作品时应该厘清如何布局笔与笔、字与字、行与行、正文与款识的关系，并且学习了解装裱知识和书画作品悬挂布置的学问。

（2）能够体会汉字的优美，把生活中的情感与笔画表现融合在一起，通过字体结构、章法布白、点画表现、文字内容等表达手法来展现个人情感与情绪。

（3）认识中华文化的丰厚博大，吸收民族文化智慧和人类优秀文化的营养。培养学生热爱祖国语言文字的情感。了解书法的艺术价值和实用价值，充分认识学习和继承书法艺术的重要意义。

第三节　书法活动课程结构

依据书法活动课程目标，在充分考虑其课程性质和课程特点的前提下，根据学生的年龄特点和基础水平，将书法活动课程按启蒙阶段、初级阶段、中级阶段和高级阶段逐级递进，每个阶段都有各自的侧重点。书法活动课程结构如下图所示。

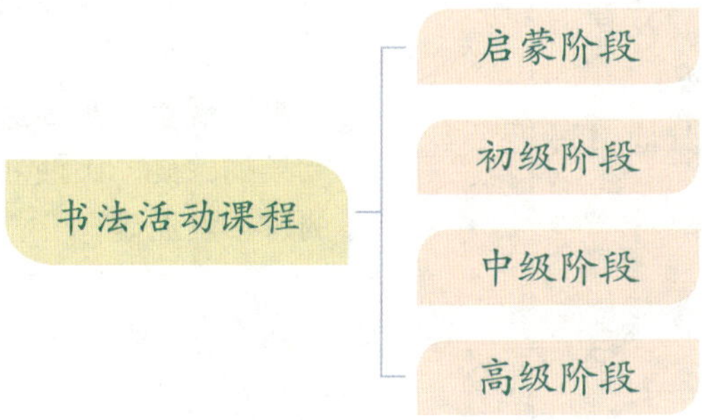

第四节 书法活动课程教学方案

课程类别：美术类

课程名称：书法活动课程

适用对象：无特别要求。

学生基础要求：对书法感兴趣的学生。

课时说明：15周/学期，1次学习/周，2课时/次（45分钟/课时），总计30课时/学期。

1. 启蒙阶段课程教学方案

单元	模块	教学内容	教学方法	教学标准	课时
启蒙阶段	书法工具	1. 认识毛笔及其历史人文知识； 2. 认识墨及其历史人文知识； 3. 认识纸及其历史人文知识； 4. 认识砚及其历史人文知识； 5. 认识其他书法文房杂项	讲授法、演示法	1. 识别软毫、硬毫、兼毫，动物毫、植物毫及其他材料制作的毛笔种类； 2. 识别松烟、油烟，认识墨条、墨汁，认识传统制墨家（如胡开文、曹素功、李廷珪等），认识当代墨汁品牌（如红星、一得阁、玄宗等）； 3. 识别生宣、熟宣、半熟宣、夹宣，认识特种宣纸（如笺纸、麻纸、粉彩纸、洒金纸等）； 4. 认识中国四大名砚：甘肃古洮州的洮河砚、广东肇庆市的端砚、安徽歙县的歙砚、山西新绛县和山东泗水的鲁柘澄泥砚； 5. 认识毛毡、镇尺、笔架（圆的、长排的）、笔架山、笔洗、水盂、砚滴、笔筒等	4

（续表）

单元	模块	教学内容	教学方法	教学标准	课时
启蒙阶段	执笔	1. 执笔； 2. 运笔方式； 3. 学习用笔	讲授法、演示法	1. 五指执笔法（指实掌虚）：手指并拢，大拇指、食指、中指三指捻笔杆，无名指、小指顶着笔杆，手掌中空，五指各司其职，做到擫、压、钩、格、抵； 2. 枕腕：腕部靠近桌面有所依托，可写5cm以下小字；悬腕：右手垫在左手小臂下，手掌手腕离开桌面，可写3～10cm中等大小字；悬臂：整只手臂悬挂，可写大字； 3. 认识逆锋起笔、顺锋起笔、中锋行笔、藏锋收笔	6
	笔画	笔画（32个笔画）	讲授法、演示法、练习法	笔画起笔收笔干脆利落、提按分明，写在格子中间	20

2. 初级阶段课程教学方案

单元	模块	教学内容	教学法	教学标准	课时
初级阶段	偏旁	偏旁（76个常用偏旁）	讲授法、演示法、练习法	笔画起笔收笔干脆利落、提按分明，写在格子中间	6
	摹	双钩	讲授法、演示法、练习法	线条清晰，笔画粗细准确，表现原帖神韵，不少于25字	8
		单钩	讲授法、演示法、练习法	运笔路径准确，有提按变化，运笔动作不可缺少，不少于25字	8
		填墨	讲授法、演示法、练习法	墨迹不可出界，一笔到位，不可填涂犹如写字一般，不少于25字	8

3. 中级阶段课程教学方案

单元	模块	教学内容	教学法	教学标准	课时
中级阶段	间架结构	欧楷三十六法	讲授法、演示法、练习法	见字能分辨适用哪条法则	10
	逐字临摹	原帖逐字临摹	讲授法、演示法、练习法	字形、笔画准确，与原帖神韵接近	12
	整体临摹	原帖整体临摹	讲授法、演示法、练习法	字形、笔画准确，与原帖神韵接近	6
	集字	选择新内容，其文字由原帖找出来	讲授法、演示法、练习法	选择一段内容从字帖中找出来	2

4. 高级阶段课程教学方案

单元	模块	教学内容	教学方法	教学标准	课时
高级阶段	拟字	写新内容的风格与原帖风格一致	讲授法、演示法、练习法	选择一段内容写出的字须在用笔、结构上接近，与原帖神韵接近更好	26
	落款	落款格式与书写位置（款文基本格式）	讲授法、演示法、练习法	1. 格式正确语句通顺，半文半白，能用文言文更好； 2. 书写位置符合章法布局	2
	盖印	钤印的方法和钤印的位置（如引首章、腰章、姓名章、闲章的盖法）	讲授法、演示法、练习法	盖印位置准确合理，章法布局符合法度	2

第五节　书法活动课程评价

一、评价主体

1. 学生自评与互评

学生自评是等级评价的有机组成部分，有利于更全面、更深入地体现学生的综合素质，其具体形式可以是学生表述优劣之处、自我鉴定、自我评估等。通过书法课堂活动或课堂交流展示，采用全班互评、小组内互评、小组间互评、学生自评的方式，对章法布局、盖印位置、临摹字体、间架结构、字法运用等方面进行自评和互评。

2. 教师评价

书法学习的评价是通过三维目标的知识与技能、过程与方法、情感态度与价值观三方面来对书法知识形成的过程和学会发现问题、分析问题、解决问题等方面进行的评价。在注重知识与技能评价的基础上，再深入对学生的人文素养、文学知识、情怀培养、历史文化、地域风俗、地方语言、哲学美学等综合素质能力的形成状况进行评价，同时对培养书法本体的章法布局是否合理、盖印位置是否得当、临摹字体是否准确、间架结构是否恰当、字法运用是否正确等方面进行评价。

3. 家长评价

通过课堂活动展示、教学交流展示等活动，家长可用课堂现场评价、教师教学评定表、问卷调查表的多元评价方式对学生在课堂表现、临摹能力、习惯养成、学习专注程度、书法水平以及教师教学水平、综合素质等方面进行评价。

二、评价内容

评价维度	评价内容	评价选项
知识与技能	了解文字的结构，理解书法的基本要求“点画”； 掌握基础书法技法技能； 通过书法辅助训练模式掌握书法学习重点，临摹准确； 提高临摹能力、书法自学和情感表现力； 进入书法半专业化课程学习	□目标达成 □基本达成 □还需努力
过程与方法	在临摹字帖的基础上，培养和激发学生的研究能力和自学能力； 学会用专研精神、研究态度与科学研究的基本方式，开展教与学的双边活动，调动学生自己和同学、教师之间的自主探究和创新； 应用到生活中，探索与提炼学书观，并将情感与书法、美学融合在一起，展现书法的艺术情感与语言情感	□目标达成 □基本达成 □还需努力
情感态度与价值观	感受书法艺术的魅力，参与多元化的项目课程活动，了解书法的风格与发展，感受传统文化的多元性； 培养良好学习习惯和人文素养的提升； 树立长期学习书法的愿望及具备初步的书法审美能力	□目标达成 □基本达成 □还需努力

三、评价程序

学生自评 → 小组互评 → 教师评价 → 家长评价

第六节　书法活动课程实施建议

一、教学建议

1. 认知活动教学建议

通过认知活动，学生了解书法是独立于美术的具有独特性的一门学科，学习书法后再去学习美术专业、文科类学科就会相对容易；知道书法是最独特、最广泛的具有艺术性的训练方式，书法的每一个训练阶段都是与人、与文字、与文化、与历史、与自然的发展规律进行交流的过程。

教学建议：根据学生不同的心理特点和认知规律特点来进行书法教学，做到因材施教，同时可以借用辅助性的教具，并用有趣味性的元素及教学手段来激发学生的认知好奇心。

2. 实践活动教学建议

规范学生的写字坐姿、执笔姿势、临摹方法，使学生对书法基本功训练有更进一步的认知，并熟练掌握在书法学习中的章法布局、盖印位置、临摹字体、间架结构、字法运用，培养学生对书法的兴趣，释放学生的学书潜能，培养人文综合素质。

教学建议：在实践教学中既要注重运用传统学书方法，同时融入多元化科学的训练方法，更要注重引导学生自主学习，并密切联系学生自身的特点，以更大化地激发和释放学生个人的学书潜能、艺术感知力、艺术表现力和人文情怀等。

3. 交流活动教学建议

一是交流书法基本功训练的体会（临帖基本功）；二是交流书法创作的体会。通过交流活动，学生逐渐认知自己对书法熟练掌握程度及对字帖的熟悉准确程度，培养学生历史、人文、文学、哲学等方面的综合素质。

教学建议：运用好传统教学方法，适当改变课堂交流教学结构，要根据不同的教学特点和教学需求来进行不同的交流活动。既要让学生在最大程度上感受到通过交流活动课程所收获的进步，也要培养学生的实践能力。

4. 展示活动教学建议

通过书法学习活动，展示学生的观察能力、概括能力、思考能力、表现能力、创作能力，从而完善学生的综合素质，并全面立体地提高人文修养及审美意识。

教学建议：要切合学生的学习需求和教学特点，以“学生发展为本”“发展学生个性，培养开放型人才”为目标，展示活动形式既要有独立性，也要有融合性；既有单一的独立展示，也有多元的合作展示。

二、评价建议

1. 学生评价建议

在学生自评和互评前教师应对学生进行引导性培训，说明评价的意义、内容、标准、方法和注意事项，要明辨优缺点。尤其要注意的是避免教师和他人对学生互评进行的干预，同时注意引导学生不要只关注同学的不足和缺点，让评价变相成为“挑错”和“指责”，尽量减轻学生的心理压力和评价可能对同伴关系产生的消极影响。教师鼓励学生利用文字书写评价，字数控制在300字以内。

2. 教师评价建议

在教学知识与技能、过程与方法的评价中要重过程、重应用、重体验、重实践、重全员参与。书法学习评价应发挥其激励与发展的作用，使学生从评价中获得成就感。激发学习兴趣，积极参与学习活动，提高书法学习水平。教师要关注学生在学习活动中的表现与反应，并给予必要和及时的评价效果的反馈、适当的鼓励性评价和指导性评价。

3. 家长评价建议

在阶段性教学中组织家长进行评价，并要求家长写出综合性评语，在评价后进行教学评价反馈。

三、资源开发与利用

1. 教学设计

结合教学目标的需要，展开教研课、公开课，撰写教学设计，为课程教育目标服务。

2. 教学录像

尽量组合不同类型的资源，特别是将教学录像资源结合起来，形成配套教学辅助资源，使学生深入理解课程内容。

3. 教学案例

鼓励教师以新课程理念和教育理念为基础，多组织教学说课和教学案例分享，从而提高、强化教师的教学能力和对课程的整合能力。

4. 教研论文

通过组织教师参加各类教育、教研活动，鼓励教师撰写、发表教研论文，提高与高校专家教师、行业协会专家的教育教研，开发和提升教师在专业和教育教研方面的不断反思、学习以及专研的意识。

第五篇

体育类项目活动课程

体育类项目活动课程内容丰富，通过礼仪、肢体技能等学习以及参与教学、竞赛活动来激发学生的学习兴趣，提升身体素质和提高专业技能，培育学生坚毅、顽强拼搏的品德。通过礼仪的学习和践行，让学生学会尊重他人；通过肢体技能动作的学习，提升学生身体素质，提高免疫力，培养刻苦顽强的品质；通过教学活动和竞赛，让学生学会向他人学习、总结反思、提升表现力和抗挫折能力等综合素质。体育类项目活动课程包括少儿艺术体操、武术、跆拳道、象棋、篮球。

第一章

少儿艺术体操活动课程实施指南

张娟

第一节　少儿艺术体操活动课程概述

一、少儿艺术体操活动课程的性质

艺术体操是综合了传统体操和舞蹈的特点，借助音乐的节奏实现人体有规律的动作，通过动作、姿势、造型的变换，节奏的快慢与舒缓，展示人类形体的自然之美。艺术体操是一项新型的女子竞技体育项目，它吸收了芭蕾、现代舞、杂技等精华，不但是身体技能技巧的动作，更重要的是人类心灵世界的体现。少儿艺术体操是融合体操、音乐、舞蹈为一体的运动项目，通过“科学、精准、多元化”的训练方法，使学生提高身体全面素质的同时体验艺术体操的姿态美和自信美。

少儿艺术体操活动课程以学生身体技能发展为导向，以“普及推广教育，提高国民素质”为宗旨，以综合素质教育为目的，基于少儿艺术体操项目实施的活动课程。

在少儿艺术体操活动课程的教学实践中，从学生的年龄、兴趣特点入手，将徒手和器械、单人到集体多元结合，建立基于素质教育、美育发展的多元评价体系，促进学生综合能力发展。少儿艺术体操活动课程在健身塑形的同时，还可以培养气质，提高审美意识和审美水平。

二、少儿艺术体操活动课程的特点

1. 少儿艺术体操活动课程具有综合性

少儿艺术体操不仅仅是一门肢体训练课程，同时也是培养学生艺术素养的过程。在融合音乐感悟、心理品质与形体训练的学习基础上，才能够真正表现出艺术体操的竞技性和感染力，实现个人综合水平的展示。

2. 少儿艺术体操活动课程具有实践性

技能技巧类的项目只能通过学生自身参与、体验、训练才能真正地掌握和体会学习过程中的欢乐和辛苦，学会学习，熟能生巧，通过展示和比赛再次提升自我的顽强拼搏和自信的能力。

3. 少儿艺术体操活动课程具有自主性

少儿艺术体操项目有规定动作套路和自编动作套路，在训练的过程中需要学生开动脑筋，大胆思考，创编不同动作、队形、造型等，充分发挥学生的主观能动性、培养创新实践能力。

4. 少儿艺术体操活动课程具有自然性、韵律性、优美性

在少儿艺术体操展示过程中，每一个动作都需要身体的各个部位进行协调配合，通过这些协调的动作构成了艺术体操的自然性。少儿艺术体操的动作要求自然、流畅，也就是说，艺术体操主要是在自然动作的基础上进行。从本质上讲，在做动作的时候需要充分利用各个部位的重力和惯性作用的自然性。韵律性在艺术体操中主要体现在音乐的伴奏下完成各种不同难度的动作。因此，艺术体操具有动作美、形体美、和谐美、表现美等艺术特点。

三、少儿艺术体操活动课程的核心素养

艺术体操项目是一项新型的女子竞技体育项目，它吸收了芭蕾、现代舞和杂技等精华，不但是身体技能技巧的动作，更重要的是人类心灵世界的体现。少儿艺术体操活动课程是针对中小学生开展的教学活动，根据学生的年龄特点及身体发育规律，结合艺术体操项目特征，采用游戏教学法和引导启发法，设置由低到高、由易到难、由徒手到器械、由单人到集体的阶梯式活动内容，以此激发学生的学习兴趣，提升少儿

艺术体操项目的专项技能，从而提高身体全面素质，最终培养学生学会学习、健康生活、创新实践的核心素养。

第二节 少儿艺术体操活动课程目标

一、少儿艺术体操活动课程的总目标

通过少儿艺术体操相关的身体素质、技术动作、拓展练习的训练，强身健体，激发学生学习兴趣，培养顽强坚毅的品质；了解少儿艺术体操专业评分规则，掌握少儿艺术体操徒手的跳跃、转体、平衡、柔韧技能、器械技术动作及成套组合动作，完成个人动作、造型以及队形的创编，提升实践、交流、创编能力。

鼓励学生展示、表演和比赛，用身体表现美、发现美，提高审美能力、合作和交往能力，从而培养终身体育意识，养成良好学习习惯；通过学习、展示、表演、比赛、评价等活动，培养学生学会学习、健康生活、实践创新等综合核心素养。

二、少儿艺术体操活动课程单元的目标

1. 启蒙阶段

学会站姿、跪姿、坐姿等，让学生养成良好身体姿态；学习徒手和器械球的持球、拍球、滚球等技术动作，让学生初步接触和了解少儿艺术体操，激发学生学习兴趣。

2. 初级阶段

掌握徒手技术动作和“茉莉花”成套组合，提升身体协调能力，培养节奏感；掌握器械圈的绕圈、滚圈等技术动作，培养器械感，让学生感受少儿艺术体操的魅力。

3. 中级阶段

强化柔韧、力量、速度、灵敏等身体素质的训练，提高身体素质；掌握徒手技术动作和“你的微笑”成套组合；掌握器械绳、圈、球的技术动作及组合；鼓励学生大胆展示，用身体表现美、发现美，提高审美能力，提高合作和交往能力，从而培养终身体育意识，养成良好的学习习惯。

4. 高级阶段

强化身体素质训练，教师引导学生自学徒手“疯狂动物城”“春江花月夜”等成套组合；掌握徒手技术动作和五项器械（绳、圈、球、棒、带）技术动作及组合；学习单人同时使用两项器械、双人及多人同时使用多项器械；学会创编动作、队形和造型，学习少儿艺术体操评分规则和裁判知识，让学生学会学习。

5. 团队班

强化身体素质训练，掌握竞技徒手和器械技术动作及成套组合，挑战自我；鼓励学生创编动作组合，提升学生实践创新能力；熟练掌握和运用评分规则来提升自我，学会学习、健康生活。

第三节　少儿艺术体操活动课程结构

依据少儿艺术体操活动课程目标，在充分考虑其课程性质和课程特点的前提下，根据学生的年龄特点和基础水平，将少儿艺术体操活动课程划分为分级和团队两个课程层次，其中分级课程按启蒙阶段、初级阶段、中级阶段和高级阶段逐级递进，每个阶段都有各自的侧重点。少儿艺术体操活动课程结构如下图所示。

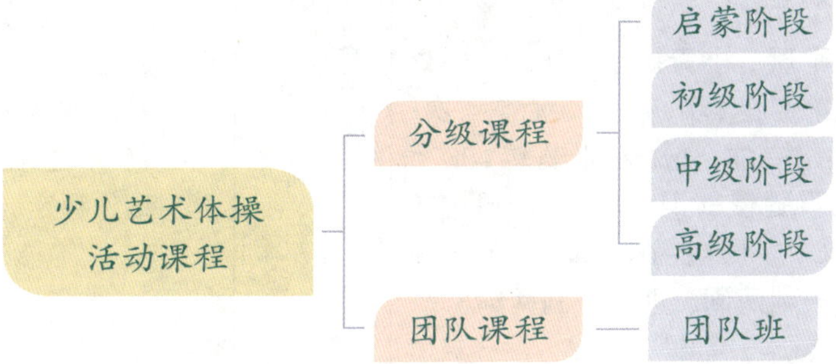

第四节 少儿艺术体操活动课程教学方案

课程类别：体育类
课程名称：少儿艺术体操活动课程
适用对象：6岁以上学生
学生基础要求：无特别要求。
课时说明：启蒙阶段课程为45分钟/课时，共60课时；初级阶段、中级阶段、高级阶段课程为45分钟/课时，各120课时。

一、分级课程

1. 启蒙阶段课程教学方案

启蒙阶段学生年龄为6岁，课程为45分钟/课时，共60课时。

单元	模块	教学内容	教学方法	教学标准	课时
启蒙阶段	身体素质	1. 形态训练（站姿、跪姿、坐姿、手位手型）； 2. 柔韧（腿、腰）、力量（腰腹背）	练习法、游戏法	1. 能保持身体直立； 2. 横叉腿臀部保持一条直线，可用手撑地面	8
	技术动作	1. 跳跃：吸腿跳、分腿跳、交换腿跳、垂直跳； 2. 平衡：蹲位吸腿平衡、蹲位腿平衡45°、吸腿平衡、腿平衡45°； 3. 柔韧：小海豚、提花篮、跪姿下腰、小青蛙、小鸵鸟、肘撑踢前侧腿4次、跪姿踢后腿4次； 4. 转体：前吸腿慢转180°、侧吸腿慢转180°、后吸腿慢转180°、45°控腿慢转180°、点转一到两周、地转一到两周	示范法、讲解法、展示法、评价法、练习法	1. 跳跃动作身体保持直立、绷脚尖、吸腿脚尖点膝、有高度； 2. 平衡动作身体保持直立、稳定； 3. 柔韧幅度要大； 4. 转体过程保持直立、动作稳定	28

（续表）

单元	模块	教学内容	教学方法	教学标准	课时
启蒙阶段	技术动作	1. 持球； 2. 拍球：单手拍球、节奏拍球； 3. 滚球：单/双手体前滚球、背滚球	示范法、讲解法、展示法、评价法、练习法	1. 持球不抓球； 2. 拍球手掌向下压球，注意力度和节奏； 3. 滚球流畅、不跳动	2
	技术动作组合	1. 学习“我爱我的幼儿园”“小公主”套路组合； 2. 器械组合； 3. 球操小组合	示范法、讲解法、展示法、评价法、练习法	1. 套路动作与音乐节奏相吻合、大胆表现自我 2. 正确持球、滚球、拍球，衔接流畅	20
	拓展练习	1. 学生完成个人动作造型、4人队形； 2. 敢于展示自我	启发法、引导法	1. 能自己摆造型和队形； 2. 大胆展示自我	2

2. 初级阶段课程教学方案

初级阶段学生年龄为7~8岁，课程为45分钟/课时，共120课时。

单元	模块	教学内容	教学方法	教学标准	课时
初级阶段	身体素质	1. 基本形态（站姿、跪姿、坐姿、手位手型）； 2. 柔韧（肩、胸、腰、腿、脚）、力量（腰、腹、背）、灵敏（手脚配合）	练习法、游戏法	1. 保持挺拔的姿态、优美； 2. 横叉落地一条直线	10
	技术动作	1. 跳跃：挺身跳、猫跳、前平跳、侧平跳、后平跳； 2. 平衡：坐姿搬前腿平衡、坐姿搬侧腿平衡、蹲前侧后平衡45°、立踵前吸腿平衡、立踵侧吸腿平衡； 3. 柔韧：纵叉、横叉、地面转腰360°、肩倒立、跪姿控后腿； 4. 转体：平转360°、翻身360°、前吸腿转180°、侧吸腿转180°、后吸腿转180°	示范法、讲解法、展示法、评价法、练习法	1. 跳跃空中姿态固定； 2. 平衡姿态固定、准确； 3. 柔韧动作柔软、流畅； 4. 转体动作姿态固定，有速度	40

（续表）

单元	模块	教学内容	教学方法	教学标准	课时
初级阶段	技术动作	1. 绕圈：单手绕圈，垂直面、水平面、额状面； 2. 滚圈：臂滚圈、背滚圈； 3. 跳过圈：向前、向后小跳过圈； 4. 闪光圈：双手传递闪光、地面闪光圈、手掌闪光圈、手心闪光圈	示范法、讲解法、展示法、评价法、练习法	1. 绕圈直臂完成，四指并拢，虎口张开，用虎口进行圈的环绕； 2. 滚圈避免出现跳动； 3. 跳过圈姿态优美，脚下步法轻盈； 4. 闪光圈注意圈面、垂直面或水平面，要快速准确	20
	技术动作组合	徒手套路： 1. 学会基本舞步组合（华尔兹、变换步、滚动步）； 2. 学习“茉莉花”组合套路	示范法、讲解法、展示法、评价法、练习法	1. 舞步上身姿态优美、步法流畅、脚尖离地绷脚； 2.“茉莉花”套路组合动作完成准确到位、节拍清晰，造型优美、姿态准确，展现肢体的美	35
		器械组合： 圈器械动作小组合		圈器械组合流畅、动作标准到位	10
	拓展练习	通过小组讨论，能完成8个人的组合造型和队形变换两次	启发法、引导法	对姿态美有清晰的认识，自信地展示自我	5

3. 中级阶段课程教学方案

中级阶段课学生年龄为9~10岁，课程为45分钟/课时，共120课时。

单元	模块	教学内容	教学方法	教学标准	课时
中级阶段	身体素质	柔韧（肩、胸、腰、腿、脚）、力量（腰腹背）、灵敏（手脚配合）、速度（踢腿）	练习法、游戏法	姿态优美、收腹挺胸、立腰沉肩、面带微笑、充满自信	10

（续表）

单元	模块	教学内容	教学方法	教学标准	课时
中级阶段	技术动作	1. 跳跃：双吸腿跳180°、单吸腿跳180°、挺身跳180°、猫跳180°、五位双脚交换跳； 2. 平衡：跳蹲前侧后平衡45°、立踵前腿平衡45°、立踵侧腿平衡45°、立踵后腿平衡45°、立踵下蹲平衡； 3. 柔韧：片盖腿、后翻身、肘撑踢前侧后腿、地面转身挺胸起、手撑两次踢后腿； 4. 转体：45°控前腿转180°、45°控侧腿转180°、45°控后腿转180°、前吸腿慢转360°、平转720°	示范法、讲解法、展示法、评价法、练习法	1. 跳跃动作空中姿态固定、造型优美，落地轻盈； 2. 平衡动作姿态优美，停留3~5秒； 3. 柔韧动作柔软、流畅、舒展； 4. 转体动作优美，有速度和圈数，立踵	40
		1. 球绕八字：正反水平面绕八字； 2. 圈绕八字：体前体后绕八字、体侧绕八字； 3. 长滚圈：胸前手臂长滚圈、颈后手臂长滚圈； 4. 过绳小跳：前后小跳过绳、交叉小跳过绳； 5. 绕绳：单双手绕绳，垂直水平面体前体后绕绳； 6. 持绳一端小抛：向前后侧方向小抛绳	示范法、讲解法、展示法、评价法、练习法	1. 绕八字要求身体和手臂最大幅度，绕球注意不要抓球，绕圈注意面的变化； 2. 长滚圈，圈要求最大幅度流畅完整地滚动，避免出现圈的跳动； 3. 过绳小跳3次以上不间断，手腕放松摇绳，绳不可触碰地面； 4. 手腕绕绳，手臂绕绳为错误，绳不可触碰地面； 5. 小抛绳过程中，绳不能触地	20

（续表）

单元	模块	教学内容	教学方法	教学标准	课时
中级阶段	技术动作组合	徒手套路： 1. 舞步组合； 2. 躯干波浪组合； 3.“你的微笑”套路	示范法、讲解法、展示法、评价法、练习法	1. 舞步上身姿态优美、步法流畅、脚尖离地绷脚； 2. 躯干弯曲和伸展动作充分体现学生身体曲线的流动美； 3. 套路组合动作完成准确到位、节拍清晰，造型优美、姿态准确，展现肢体的美	30
		器械组合： 1. 球技术动作组合； 2. 圈技术动作组合； 3. 绳技术动作组合		器械的技术动作组合要求器械运用准确、不要掉地、身体动作与器械完美结合	10
	拓展练习	通过教师引导，学会自学套路，开阔视野，编排队形变化和造型	引导法、启发法	队形调度、方位调度连接巧妙，动作设计流畅美观	10

4. 高级阶段课程教学方案

高级阶段学生年龄为11~12岁，课程为45分钟/课时，共120课时。

单元	模块	教学内容	教学方法	教学标准	课时
高级阶段	身体素质	柔韧（肩、胸、腰、腿、脚）、力量（腰腹背）、灵敏（全身和器械的配合）、速度（踢腿）、耐力	练习法	姿态优美、收腹挺胸、立腰沉肩、面带微笑、充满自信	10

（续表）

单元	模块	教学内容	教学方法	教学标准	课时
高级阶段	技术动作	1. 跳跃：垂直跳360°、单吸腿跳360°、前击腿跳、侧击腿跳、后击腿跳； 2. 平衡：蹲控前腿平衡90°、蹲控侧腿平衡90°、蹲控后腿平衡90°、蹲阿提丢平衡90°、前侧后平衡45°； 3. 柔韧：横叉+青蛙、顶腰起、片盖腿+后翻身、站姿转腰360°、体前躯+肩倒立； 4. 转体：前吸腿转360°、侧吸腿转360°、后吸腿转360°、2次侧吸腿转180°、2次后吸腿转180°	示范法、讲解法、展示法、评价法、练习法	1. 跳跃动作有高度、开度，空中姿态固定、造型优美； 2. 平衡动作姿态固定、准确、停留3~5秒，姿态优美，立踵平衡要求脚踵立到最高点； 3. 柔韧动作柔软、流畅、舒展，能充分体现学生S形的线条美； 4. 转体动作要求速度、圈数、姿态优美，立踵转体要求脚踵立到最高点	30
		1. 带图形：螺、蛇、绕环、八字； 2. 小跳过带：额双面和水平面绕环过带或八字过带； 3. 抛接：体前、体侧小抛带，拉带抛； 4. 纱巾摆动、抖动、绕环、八字、传递、交换小抛	示范法、讲解法、展示法、评价法、练习法	1. 带图形紧密、大小一致，带尾离开地面； 2. 小跳过带步法轻盈，彩带图形清晰，动作完成流畅； 3. 抛接注意出手路线，带下沉，接带头； 4. 纱巾动作要体现柔美	20
	技术动作组合	徒手套路： 1. 舞步组合； 2. 全身波浪组合； 3. “疯狂动物城”“春江花月夜”等套路组合	示范法、讲解法、展示法、评价法、练习法	1. 舞步上身姿态优美、步法流畅、脚尖离地绷脚； 2. 躯干弯曲和伸展动作的过程要连贯，充分体现学生身体曲线的流动美； 3. 套路组合动作完成准确到位、节拍清晰，造型优美、姿态准确，展现肢体的美	20

（续表）

单元	模块	教学内容	教学方法	教学标准	课时
高级阶段	技术动作组合	器械组合： 1. 会运用绳、圈、球、棒、带五项器械的单个器械、单人动作组合； 2. 会单人同时使用两项器械；会双人及多人使用多项器械	示范法、讲解法、展示法、评价法、练习法	1. 器械的技术动作组合要求器械运用准确、不要掉地，身体动作与器械的完美结合； 2. 学会多人的配合和协作，流畅准确地完成动作	25
	拓展练习	1. 通过教师引导，学会自学套路，尝试自编套路，会评判徒手和器械套路； 2. 开阔视野，编排多人的队形变化、动作及多人造型	引导法、启发法	学会一些裁判知识，了解评分规则；培养学生学会学习	15

二、团队课程

团队班课程为45分钟/课时，共120课时。

单元	模块	教学内容	教学方法	教学标准	课时
团队班	身体素质	柔韧（肩、胸、腰、腿、脚）、力量（腰腹背四肢）、灵敏（全身和器械的配合）、速度（踢腿）、耐力	练习法	姿态优美、收腹挺胸、立腰沉肩、面带微笑、充满自信	10
	技术动作	1. 跳跃：大跨跳、鹿跳、反跨跳、前哥萨克跳180°； 2. 平衡：控腿平衡、立踵阿提丢平衡90°、90°控前侧腿+阿提丢； 3. 柔韧：站姿搬前侧后腿、肩倒立+后滚翻、跪姿翻身+地滚； 4. 转体：翻身720°、竖叉抱转360°、吸腿佛埃迪360°、90°控侧腿佛埃迪360°、多努转360°	示范法、讲解法、展示法、评价法、练习法	1. 空中姿态固定、准确，造型优美，落地轻盈； 2. 平衡动作姿态固定、准确、停留3~5秒，姿态优美，立踵平衡要求脚踵立到最高点； 3. 柔韧动作柔软、流畅、舒展，能充分体现学生S形的线条美； 4. 转体动作要求速度、圈数、姿态固定，动作优美，立踵转体要求脚踵立到最高点	15

（续表）

单元	模块	教学内容	教学方法	教学标准	课时
团队班	技术动作	绳、圈、球、带、棒协作的技术动作	示范法、讲解法、展示法、评价法、练习法	器械是肢体的延伸，身体动作和器械设计完美结合	25
	技术动作组合	徒手套路： 1. 舞步组合； 2. 行进间波浪组合； 3. 竞技套路（个人和集体）	示范法、讲解法、展示法、评价法、练习法	1. 舞步离地绷脚、步法轻巧、流畅，上身姿态优美； 2. 行进间波浪组合在移动中完成波浪，移动方向不限； 3. 套路准确、姿态优美，难度完成标准	25
		器械套路： 学会竞技器械套路（个人和集体）		把握动作的路线和方位、器械的抛接准确、动作舒展流畅，充分体现学生的线条美和体态美，具有较高的欣赏价值	25
	拓展练习	通过教师引导，学会自学自编套路，会帮助他人完成动作、会评判徒手和器械套路，开阔视野，编排多人的队形变化、动作及多人造型	引导法、启发法	了解徒手和器械套路的评分规则，并能结合自身进行反思提高，培养学生学会学习、健康生活、实践创新的素养	20

第五节 少儿艺术体操活动课程评价

一、评价方式

1. 注重过程性评价

主要评价学生在艺术体操学习过程中的表现，如学习兴趣是否积极主动，学习态度是否认真专注，学习效果是否按要求完成动作等，评价学生学习少儿艺术体操过程中所达成的核心素养。

2. 采取多元评价方式

采取多重视角，如教师评价、学生自我评价与学生相互评价、师生交互评价、家长评价、社会评价、专业裁判评价等多元评价方式。

3. 采用定量定性相结合的评价方式

广泛收集学生课堂、课外、活动、比赛、待人接物等方面的信息，从平时教师、家长的观察、交谈定性分析，对学生进行定量定性综合评价。

二、评价主体

1. 学生自评与互评

学生自评是等级评价的有机组成部分，有利于更全面、更深入地体现学生的综合素质，其具体形式可以是学生表述优劣之处、自我鉴定、自我评估等。通过少儿艺术体操课堂和课外活动或交流展示，采用全班互评、小组间互评的方式，对少儿艺术体操徒手和器械动作协调性、自我表现力、动作创编能力等进行自评与互评。

2. 教师评价

教师对学生的评价是从少儿艺术体操课程的总目标出发，根据各个阶段的具体目标来进行评价的。分别从学生的课堂表现、课后训练、活动比赛、待人接物等多方面进行综合评价。

3. 家长评价

通过课堂活动展示、教学交流展示等活动，家长可用课堂现场评价、教学评定表、问卷调查表的多元评价方式对学生在少儿艺术体操学习中课堂学习习惯的养成、技能动作的协调性、表现力、合作能力和教师教学水平等进行评价。

4. 专业裁判评价

通过少儿艺术体操项目比赛，专业裁判对学生成套动作的编排、完成度、表现力、难度完成等方面进行打分，得出最终成绩。

二、评价内容

评价维度	评价内容	评价选项
知识与技能	了解艺术体操； 掌握艺术体操相应阶段的徒手、器械技能； 学会自主学习	□目标达成 □基本达成 □还需努力
过程与方法	学习技能的过程中积极主动、认真专注； 能提出有意义的问题和建议； 共享个人和集体的学习体验； 能把学到的方法运用到学习和生活中	□目标达成 □基本达成 □还需努力
情感态度与价值观	积极参与教学活动，大胆地展示自我； 顽强坚毅的品质，审美能力的提高； 养成良好的学习习惯； 大胆创新实践	□目标达成 □基本达成 □还需努力

三、评价程序

学生自评→小组互评→教师评价→家长评价

第六节　少儿艺术体操活动课程实施建议

一、教学建议

1. 启蒙阶段教学建议

学会站姿、跪姿、坐姿等，让学生养成良好的身体姿态；学习徒手和器械球的持球、拍球、滚球等技术动作，让学生初步接触和了解少儿艺术体操，激发学生学习兴趣。

教学建议：根据每个阶段学生的实际情况增减教学内容，身体素质及技能训练一定要打牢基础，在教学方法上多采用游戏的教学手段，激发学生的学习兴趣。

2. 初级阶段教学建议

在启蒙教学内容的基础上，掌握徒手技术动作和“茉莉花”成套组合，提升身体协调能力，培养节奏感；掌握器械圈的绕圈、滚圈等技术动作，培养器械感，让学生感受艺术体操的魅力。

教学建议：初级阶段的学生对少儿艺术体操有了一定的认识后，可以提高一些学习的技能难度，同时接触器械时要选择适合的器械动作，提升学生的协调性和器械感，丰富教学内容，挖掘适合学生的教学手段，让学生感受到少儿艺术体操的魅力。

3. 中级阶段教学建议

强化柔韧、力量、速度、灵敏等身体素质的训练，提高身体素质；掌握徒手技术动作和“你的微笑”成套组合；掌握器械绳、圈、球的技术动作及组合；鼓励学生大胆展示，用身体表现美、发现美，提高审美能力、合作和交往能力，从而培养终身体育意识，养成良好学习习惯。

教学建议：中级阶段的学生学会了一些成套徒手和器械技能及组合，要多给机会让学生表现自我，教师多对学生鼓励，树立自信心，增强表现力，引导学生用身体表现美，提高审美能力。

4. 高级阶段教学建议

强化身体素质训练，教师引导学生自学徒手“疯狂动物城”“春江花月夜”等成套组合；掌握徒手技术动作和五项器械（绳、圈、球、棒、带）的单个器械技术动作及组合；学习单人同时使用两项器械、双人及多人同时使用多项器械；学会创编动作、队形和造型，学习少儿艺术体操评分规则和裁判知识，让学生学会学习。

教学建议：高级阶段的学生在自主学习能力方面需要有大的提升，广东省普及推广级别的套路，需要学生分组进行模仿练习，互相教授学习，教师负责纠正和指导，同时学生学会学习之后，要进行徒手和器械技能及组合动作、队形和集体造型的创编，协助教师进行10个等级套路徒手和器械的队形、造型的变化和编排，激发学生的思维和想象力，以学生为主，搭建平台，提供展示交流的机会。

5. 团队班教学建议

强化身体素质训练，掌握竞技徒手和器械技术动作及成套组合，挑战自我；鼓励学生创编动作和成套组合，提升学生实践创新能力；熟练掌握和运用评分规则来提升自我，学会学习、健康生活。

教学建议：多给学生提供展示和交流的机会，学生之间互帮互助，发挥家长的积极作用，利用现代化教学手段，让学生学习更多更强的知识和技能内容，增强身体和心理素质，培养顽强的心理品质，胜不骄、败不馁，珍惜集体荣誉。

二、评价建议

1. 学生评价建议

根据学生自评和互评，评价动作完成度、小组相互配合协作度等。

2. 教师评价建议

根据教师评价，评价学生课堂课外的表现、习惯的养成、小组集体的协作和整体的艺术表现力、待人接物等，具体通过三维目标来进行评价。

3. 家长评价建议

家长根据学生平时上课及家中表现、学期末的展示、比赛成绩等情况进行评价。

三、资源开发与利用

1. 教学设计

结合教学目标的需要，开展教研课、公开课、研讨课，撰写教学设计，为课程教育目标服务。

2. 教学录像

尽量组合不同类型的资源，特别是将教学录像资源结合起来，形成配套教学辅助资源，使学生深入理解课程内容。

3. 教学案例

鼓励教师以新课程理念和教育理念为基础，多组织教学说课和教学案例分享，从而提高、强化教师的教学能力和对课程的整合能力。

4. 教研论文

通过组织教师参加实践教学、教研活动，鼓励教师撰写、发表教研论文，启发和提升教师在专业和教学教研方面的不断反思，学习以及专研的意识。

第二章 武术活动课程实施指南

江山

第一节 武术活动课程概述

一、武术活动课程的性质

武术课程是体育课程里一门特殊课，为学生进行终身体育锻炼提供了一种选择途径。通过本课程的学习增进学生心理与生理健康、身体协调能力，促进学生全面发展，陶冶情操，增强综合素质，培养学生的道德情操，自觉锻炼的意识和能力，为终身体育打下良好的基础。

武术活动课程是以“普及武术技能知识”为导向，以“弘扬民族传统体育，传承中华武术”为宗旨，为国家武术项目培养优秀的后备武术专业人才为目标，基于项目实施的教学活动课程。强调武德教育，重视课堂礼仪，在日常课程中强调规矩与纪律，让学生回到家中后进行与家长之间的互动沟通，将课程从课堂延伸至课后。在武术教学实践当中，以6~14岁学生为培养对象，旨在为每一个爱好武术的学生或将此项运动作为自己终身运动基础的学生进行全面培养，使学生的力量、速度、耐力、协调、柔韧、灵敏这六项基本的身体素质得到不同程度的提升，此外，更要突出意志和毅力、竞争意识、武德意识、终身运动等价值观对青少年儿童的重要性。武术活动课程突出武德教育，坚持知行合一，通过武德教育能激发民族精神，弘扬祖国传统文化。武术是中华民族智慧结晶的一部分。它不仅具有强身健体的作用，更有修身养性的功效，武德教育中寄寓着厚重的民族精神，这将对习武者起到激发爱国主义精神的作用。

二、武术活动课程的特点

1. 武术活动课程具有规范性

武术活动课程教学模式、教学内容规范，以循序渐进、由浅入深的安排，逐渐引领学生从不会武术向武术运动员过渡，让学生更系统地学习中华武术。

2. 武术活动课程具有竞争性

武术属于民族传统体育运动，体育运动都具有较强的竞争性，要培养学生竞争意识，即努力拼搏、不怕苦、不怕累的精神。锻炼学生心理韧性，培养学生的自信心。

3. 武术活动课程具有观赏性

武术套路具有较强观赏性，且大多数综艺晚会均有武术节目的演出，提高学生对于“美”的认识，如肢体美、气质美、动作美等。

4. 武术活动课程具有多样性

武术套路课程内容丰富，既有徒手套路，还包含刀、枪、剑、棍等器械套路，以及各种软兵器、双手兵器等内容。

5. 武术活动课程具有健身性

武术作为中华传统文化的精粹之一，对于人体有很强的健身性，武术对于身体各关节各部位的练习非常的专业且全面，它对于人在运动中身体所需要的柔韧、力量、速度、爆发力、弹跳力、协调性等均有练习。

6. 武术活动课程具有活动性

活动性是武术活动课程的根本特性，又称为实践性。在武术活动课程中，以武术活动实践为载体的教学，是课程的主要表现形式，也是武术活动课程与武术学科课程最大的区别。具体而言，在室内室外的教学活动中，都要求学生实际操作、亲身体验，调动学生的动手、动脑能力，实现武术活动课程教、学、做三位一体目标，使得学生在“做中学、学中做”的过程中拓展武术知识，锻炼武术技能，培养武术品德，增强身心素质。

7. 武术活动课程具有趣味性

武术活动课程主要目的是激发学生学习武术的兴趣，培养学生对武术的爱好，而非将武术作为学生的特长，因此，教学中采用将武术与杂技、武术与表演等其他形式结合起来的方式，增强武术教学的趣味性。比如，在双节棍的表演中，通过增加焰火效果，达到增强表演效果的目的。

三、武术活动课程的核心素养

武术活动课程的核心素养是武术课程育人价值的集中体现，是学生通过学习武术技能逐步形成正确的价值观，逐步理解武德的内涵，使学生不仅懂得尊重他人，认识武术，同时也促进了武术更好地传承与发展，丰富了武术的文化内涵。在武术学习过程中，始终强调的道德修养，成为学生在武术学习中人际交往与发展时共同遵守的行为准则，武术学习不仅能弘扬中华优秀文化传统，还让学生逐步形成了自主锻炼、终身运动的意识，提高了学生的社会适应性、运动技能，丰富了学生的体育文化、健康知识。

第二节　武术活动课程目标

一、武术活动课程的总目标

通过对学生进行武术项目各专业技能的训练，使学生掌握一定的表演能力，理解和认识多种武术项目的区别，掌握多种风格的武术套路演练内容，学会独立或合作进行表演展示，创编武术表演节目或武术表演套路的小组合。在教学过程中注重渗透核心素养，培养学生优秀的品格和良好的审美情操。

1. 认知目标

发展学生的协调性、灵敏性，提高健康水平，养成良好的锻炼习惯和终身体育的意识。

2. 技能目标

学习武术的基本功及基本套路内容，不断地练习、巩固、提高，直到动作的自动化、规范化。

通过训练、比赛、游戏等实践，扎实基本功，获得此项技能，使学生可以游刃有余地操控手中的“指挥棒”，在对武术有一定掌握的基础之上，释放学生爱玩的天性，并在比赛中检验自己。

3. 情感目标

培养学生自主观察探究能力、思维能力、想象能力、创新能力和自我评价能力，在学练中培养学生互相帮助、团结协作的精神。

可将武术基本技术里的腿法、跳跃等分别进行对比与展示，也可将综合技术与武术对身体素质的影响通过比赛的形式展示出来，以促进学生积极参与。

二、武术活动课程的单元目标

1. 启蒙阶段

（1）培养学生对武术学习的兴趣，初步了解武术，感受中华武术文化的魅力。

（2）掌握抱拳礼、鞠躬等武术的基本礼仪。

（3）掌握武术的基本手型。如拳类掌握握拳、冲拳、劈拳；掌类掌握推掌、挑掌、劈掌；掌握刁勾手、提勾手两个基本勾手动作。

（4）掌握武术的弓步、马步、蹼步、歇步、虚步等基本步型；同时掌握弓步马步转换、弓步蹼步转换、提膝蹼步转换等基本转换步型。

（5）掌握正踢腿、侧踢腿等武术的基本腿法。

（6）掌握五步拳正、反两种武术的基本套路。

2. 初级阶段

（1）在柔韧性方面基本可以做到横叉、竖叉、下腰、体前屈。

（2）掌握武术的两个基本跳跃动作：腾空飞脚和旋风脚。

（3）掌握武术的四种基本腿法：里合腿、外摆腿、单拍脚、后撩腿。

（4）掌握初级三路长拳第一段、初级三路长拳第二段、初级三路长拳第三段、初级三路长拳第四段。能将动作完整独立完成，动作清晰，步法准确。

3. 中级阶段

（1）掌握点棍、舞花棍、云棍、劈棍、平抡棍、盖把等武术的基本棍法。

（2）掌握外摆莲、腾空摆莲、旋子等武术的基本跳跃动作。

（3）掌握弹腿、蹬腿、侧踹腿、后扫腿等武术的进阶腿法。

（4）掌握第二套规定棍术的完整武术套路，将动作完整独立完成，动作清晰，连贯有力，步法准确。

4. 高级阶段

（1）掌握雁式平衡、扣腿平衡、前举腿低式平衡等武术基本平衡动作。

（2）掌握刺刀（剑）、舞花、缠头裹脑、劈刀（撩剑、挂剑、云剑）等基本武术刀（剑）术。

（3）掌握侧手翻、侧空翻等武术的进阶跳跃动作。

（4）掌握武术的第二套规定刀（剑）术完整套路。将动作完整独立完成，动作清晰，连贯有力，步法准确。

第三节　武术活动课程结构

依据武术活动课程目标，在充分考虑其课程性质和课程特点的前提下，根据学生的年龄特点和基础水平，将武术活动课程划分为分级和团队两个课程层次，其中分级课程按启蒙阶段、初级阶段、中级阶段和高级阶段逐级递进，每个阶段都有各自的侧重点。武术活动课程结构如下页图所示。

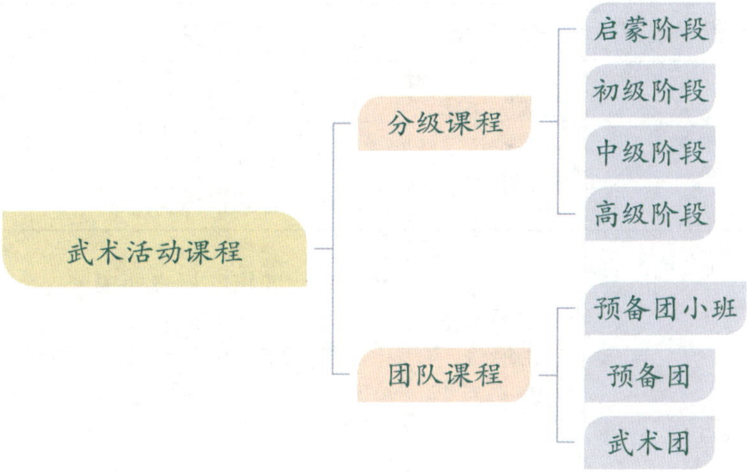

第四节　武术活动课程教学方案

课程类别：体育类

课程名称：武术活动课程

适用对象：5~15岁学生

学生基础要求：无特别要求。

课时说明：

（1）分级课程：15周/学期，1次学习/周，2课时/次（45分钟/课时），总计30课时/学期。

（2）团队课程：15周/学期，1次学习/周，2课时/次（45分钟/课时），总计60课时/学期。

一、分级课程

1. 启蒙阶段课程教学方案

一个学年（2个学期）共计60课时。

单元	模块	教学内容	教学方法	教学标准	课时
第一学期	武术礼仪	抱拳礼	直观展示法、讲授法、现场教学法	1. 敬礼要有精气神； 2. 将抱拳礼与鞠躬区别开； 3. 两手手型要标准； 4. 高度与胸口保持一致	2
第一学期	基本手型	1. 拳：握拳、冲拳； 2. 掌：推掌、挑掌； 3. 勾手：刁勾手	直观展示法、讲授法、现场教学法	1. 拳：四指并拢弯曲攥紧，大拇指扣于食指与中指第二指节处，拳面要平； 2. 掌：四指并拢伸直，大拇指回扣； 3. 勾手：五指指尖抓拢，手腕上提，勾顶与勾尖要分明	6
	基本步型	1. 弓步； 2. 马步； 3. 蹼步； 4. 歇步； 5. 虚步	直观展示法、讲授法、现场教学法	步型清晰，可明确分析步型，基本清楚各步型动作特点	12
	基本腿法	正踢腿	直观展示法、讲授法、现场教学法、示范教学法	身体立直，胳膊伸直向两侧平推，略高于两肩，支撑脚膝盖伸直，全脚掌抓地抓紧，摆动腿膝盖伸直，脚尖回勾，摆腿高度过腰，第二阶段过肩	4
	套路	五步拳（正）	直观展示法、讲授法、现场教学法、示范教学法	将动作完整独立完成，动作清晰，步法准确	6
第二学期	基本手型	1.拳：劈拳； 2.掌：劈掌； 3. 勾手：提勾手	直观展示法、讲授法、现场教学法	1. 劈拳有力，拳面平齐； 2. 劈掌有力，掌刃下劈； 3. 勾手清晰准确，具有提拿之力	4
	基本步型	1. 弓步马步转换； 2. 弓步蹼步转换； 3. 提膝蹼步转换	直观展示法、讲授法、现场教学法	1. 弓步马步之间蹬转明显，步型转换明确； 2. 弓步蹼步间转换明确，转换时身体重心保持，动作不拖泥带水； 3. 蹲起间转换快速，身体重心保持，动作不出现晃动失误	10

（续表）

单元	模块	教学内容	教学方法	教学标准	课时
第二学期	基本腿法	侧踢腿	直观展示法、讲授法、现场教学法、示范教学法	身体立直，胳膊伸直向两侧平推，略高于两肩，支撑脚膝盖伸直，全脚掌抓地抓紧，摆动腿膝盖伸直，脚尖回勾，摆腿高度过腰，第二阶段过肩。踢腿时伸直手架于头顶，弯曲手收放置肩处	6
	套路	五步拳（反）	直观展示法、讲授法、现场教学法、示范教学法	将动作完整独立完成，动作清晰，步法准确	10

2. 初级阶段课程教学方案

两个学年（4个学期）共计120课时。

单元	模块	教学内容	教学方法	教学标准	课时
第一学期	柔韧性	1. 横叉； 2. 竖叉； 3. 下腰； 4. 体前屈	直观展示法、讲授法、现场教学法、示范教学法	1. 腿向两侧伸直，膝盖伸直，身体立直正对前方，屁股离地面高度不超过10cm； 2. 前脚回勾，前腿膝盖伸直，后腿扣正，膝盖伸直，屁股转正，屁股离地面高度不超过10cm； 3. 两手撑起，保证用于支撑身体的部位只有双手与双脚，手与脚之间距离不超过45cm； 4. 双腿膝盖伸直并拢，身体前趴，双手可以抓住双脚	8
	基本腿法	1. 里合腿； 2. 外摆腿	直观展示法、讲授法、现场教学法、示范教学法	1. 身体立直，胳膊伸直向两侧平推，略高于两肩，支撑脚膝盖伸直，全脚掌抓地抓紧，摆动腿膝盖伸直，脚尖回扣，摆动腿经面前划过由外至内画圆，摆腿高度过腰，第二阶段过肩； 2. 身体立直，胳膊伸直向两侧平推，略高于两肩，支撑脚膝盖伸直，全脚掌抓地抓紧，摆动腿膝盖伸直，脚尖回扣，摆动腿经面前划过由内至外画圆，摆腿高度过腰，第二阶段过肩	6

（续表）

单元	模块	教学内容	教学方法	教学标准	课时
第一学期	基础跳跃	腾空飞脚	讲授法、分解教学法、完整教学法、现场教学法、情景引入法、课堂讨论法	腾空提膝收紧，摆腿过腰，可以做到双脚同时落地站稳	6
	套路	初级三路长拳第一段	讲授法、分解教学法、完整教学法、现场教学法、情景引入法、课堂讨论法	将动作完整独立完成，动作清晰，步法准确	10
第二学期	柔韧性	1. 横叉； 2. 竖叉； 3. 下腰； 4. 体前屈	直观展示法、讲授法、现场教学法、示范教学法	1. 腿向两侧伸直，膝盖伸直，身体立直正对前方，屁股离地面高度不超过5cm； 2. 前脚回勾，前腿膝盖伸直，后腿扣正，膝盖伸直，屁股转正，屁股离地面高度不超过5cm； 3. 两手撑起，保证用于支撑身体的部位只有双手与双脚，手与脚之间距离不超过40cm； 4. 双腿膝盖伸直并拢，身体前趴，双手可以抓住双脚	6
	基本腿法	1. 里合腿； 2. 外摆腿	直观展示法、讲授法、现场教学法、示范教学法	1. 身体立直，胳膊伸直向两侧平推，略高于两肩，支撑脚膝盖伸直，全脚掌抓地抓紧，摆动腿膝盖伸直，脚尖回扣，摆动腿经面前划过由外至内画圆，摆腿高度过腰，第二阶段过肩； 2. 身体立直，胳膊伸直向两侧平推，略高于两肩，支撑脚膝盖伸直，全脚掌抓地抓紧，摆动腿膝盖伸直，脚尖回扣，摆动腿经面前划过由内至外画圆，摆腿高度过腰，第二阶段过肩	6

（续表）

单元	模块	教学内容	教学方法	教学标准	课时
第二学期	基础跳跃	腾空飞脚	讲授法、分解教学法、完整教学法、现场教学法、情景引入法、课堂讨论法	腾空提膝收紧，摆腿过腰，摆动腿摆置额头前击响，可以做到双脚同时落地站稳。第二阶段可以做到右脚抢先落地	6
	套路	初级三路长拳第二段	讲授法、分解教学法、完整教学法、现场教学法、情景引入法、课堂讨论法	将动作完整独立完成，动作清晰，步法准确	12
第三学期	柔韧性	1. 横叉； 2. 竖叉； 3. 下腰； 4. 体前屈	练习法	1. 腿向两侧伸直，膝盖伸直，身体立直正对前方，屁股离地面高度不超过3cm； 2. 前脚回勾，前腿膝盖伸直，后腿扣正，膝盖伸直，屁股转正，屁股离地面高度不超过3cm； 3. 两手撑起，保证用于支撑身体的部位只有双手与双脚，手与脚之间距离不超过35cm； 4. 双腿膝盖伸直并拢，身体前趴，双手可以抓住双脚	6
	基本腿法	1. 单拍脚； 2. 后撩腿	直观展示法、讲授法、现场教学法、示范教学法	1. 身体正直，支撑腿伸直，摆动腿摆置额头前击响，拍掌击响与拍脚击响清晰连贯，摆腿迅速，压腿干脆； 2. 身体微前倾，支撑腿伸直，摆动腿自后侧上撩，第一阶段后撩腿撩过腰高度，第二阶段撩至与地面垂直	6
	基础跳跃	旋风脚	讲授法、分解教学法、完整教学法、现场教学法、情景引入法、课堂讨论法	起跳清晰正确，左脚提膝，右脚回扣，右腿由外至内摆动画立圆，摆腿于空中完成，空中需摆腿击响，第一阶段双脚同时落地站稳，第二阶段右脚抢先落地或落地接马步定稳	6

（续表）

单元	模块	教学内容	教学方法	教学标准	课时
第三学期	套路	初级三路长拳第三段	讲授法、分解教学法、完整教学法、现场教学法、情景引入法、课堂讨论法	将动作完整独立完成，动作清晰，步法准确	12
第四学期	柔韧性	1. 横叉； 2. 竖叉； 3. 下腰； 4. 体前屈	练习法	1. 腿向两侧伸直，膝盖伸直，身体立直正对前方，屁股离地面高度不超过3cm； 2. 前脚回勾，前腿膝盖伸直，后腿扣正，膝盖伸直，屁股转正，屁股离地面高度不超过3cm； 3. 两手撑起，保证用于支撑身体的部位只有双手与双脚，手与脚之间距离不超过35cm； 4. 双腿膝盖伸直并拢，身体前趴，双手可以抓住双脚	6
	基本腿法	1. 单拍脚； 2. 后撩腿	直观展示法、讲授法、现场教学法、示范教学法	1. 身体正直，支撑腿伸直，摆动腿摆置额头前击响，拍掌击响与拍脚击响清晰连贯，摆腿迅速，压腿干脆； 2. 身体微前倾，支撑腿伸直，摆动腿自后侧上撩，第一阶段后撩腿撩过腰高度，第二阶段撩至与地面垂直	6
	基础跳跃	旋风脚	讲授法、分解教学法、完整教学法、现场教学法、情景引入法、课堂讨论法	起跳清晰正确，左脚提膝，右脚回扣，右腿由外至内摆动画立圆，摆腿于空中完成，空中需摆腿击响，第一阶段双脚同时落地站稳，第二阶段右脚抢先落地或落地接马步定稳	6
	套路	初级三路长拳第四段	讲授法、分解教学法、完整教学法、现场教学法、情景引入法、课堂讨论法	将动作完整独立完成，动作清晰，步法准确	12

3. 中级阶段课程教学方案

三个学年（6个学期）共计180课时。

单元	模块	教学内容	教学方法	教学标准	课时
第一学期	柔韧性	1. 横叉； 2. 竖叉； 3. 下腰； 4. 体前屈	练习法	1. 腿向两侧伸直，膝盖伸直，身体立直正对前方，屁股离地面高度不超过3cm； 2. 前脚回勾，前腿膝盖伸直，后腿扣正，膝盖伸直，屁股转正，屁股离地面高度不超过3cm； 3. 两手撑起，保证用于支撑身体的部位只有双手与双脚，手与脚之间距离不超过35cm； 4. 双腿膝盖伸直并拢，身体前趴，双手可以抓住双脚	6
	基本棍法	1. 点棍； 2. 舞花棍； 3. 提撩棍	直观展示法、讲授法、现场教学法、示范教学法	1. 身体保持直立，马步标准，双手提至胸前高度，手腕发力左右点棍，眼神随棍摆动看向点地处，腰间绷紧； 2. 舞花棍贴身，画立圆，舞花方向准确，与提撩棍区分开来； 3. 提撩棍贴身，画立圆，提撩方向准确，与舞花棍区分开来	10
	基础跳跃	外摆莲	讲授法、分解教学法、完整教学法、现场教学法、情景引入法、课堂讨论法	右脚起跳，左腿提膝回扣，右腿由内向外摆动画立圆，第一阶段左脚落地，第二阶段双脚同时落地站稳	6
	套路	第二套规定棍术第一段	讲授法、分解教学法、完整教学法、现场教学法、情景引入法、课堂讨论法	将动作完整独立完成，动作清晰，步法准确	8

（续表）

单元	模块	教学内容	教学方法	教学标准	课时
第二学期	柔韧性	1. 横叉； 2. 竖叉； 3. 下腰； 4. 体前屈	练习法	1. 腿向两侧伸直，膝盖伸直，身体立直正对前方，屁股离地面高度不超过3cm； 2. 前脚回勾，前腿膝盖伸直，后腿扣正，膝盖伸直，屁股转正，屁股离地面高度不超过3cm； 3. 两手撑起，保证用于支撑身体的部位只有双手与双脚，手与脚之间距离不超过35cm； 4. 双腿膝盖伸直并拢，身体前趴，双手可以抓住双脚	6
	基本腿法	1. 弹腿； 2. 蹬腿	直观展示法、讲授法、现场教学法、示范教学法	1. 身体直立，支撑腿伸直，屈伸腿提膝上提，然后弹出，弹出后脚背绷直，力达脚尖； 2. 身体直立，支撑腿伸直，屈伸腿提膝上提，然后蹬出，蹬出后脚尖回勾，力达脚跟	4
	基本棍法	1. 云棍； 2. 劈棍	直观展示法、讲授法、现场教学法、示范教学法	1. 动作清晰准确，云棍动作画平圆，尽可能贴近手臂，云棍干脆有力； 2. 动作有力，劈棍干脆，落地后辅助手按至棍身防止落地后回弹	8
	基础跳跃	外摆莲	讲授法、分解教学法、完整教学法、现场教学法、情景引入法、课堂讨论法	右脚起跳，左腿提膝回扣，右腿由内向外摆动画立圆，第一阶段左脚落地，第二阶段双脚同时落地站稳	4
	套路	第二套规定棍术第二段	讲授法、分解教学法、完整教学法、现场教学法、情景引入法、课堂讨论法	将动作完整独立完成，动作清晰，步法准确	8

（续表）

单元	模块	教学内容	教学方法	教学标准	课时
第三学期	柔韧性	1. 横叉； 2. 竖叉； 3. 下腰； 4. 体前屈	练习法	1. 腿向两侧伸直，膝盖伸直，身体立直正对前方，屁股离地面高度不超过3cm； 2. 前脚回勾，前腿膝盖伸直，后腿扣正，膝盖伸直，屁股转正，屁股离地面高度不超过3cm； 3. 两手撑起，保证用于支撑身体的部位只有双手与双脚，手与脚之间距离不超过35cm； 4. 双腿膝盖伸直并拢，身体前趴，双手可以抓住双脚	6
	基本腿法	1. 弹腿； 2. 蹬腿	直观展示法、讲授法、现场教学法、示范教学法	1. 身体直立，支撑腿伸直，屈伸腿提膝上提，然后弹出，弹出后脚背绷直，力达脚尖； 2. 身体直立，支撑腿伸直，屈伸腿提膝上提，然后蹬出，蹬出后脚尖回勾，力达脚跟	4
	基本棍法	1. 平抡棍； 2. 盖把	直观展示法、讲授法、现场教学法、示范教学法	1. 动作清晰，步法跟上动作，平抡棍画平圆，抡棍有力； 2. 身体微侧，棍把下盖，盖把干脆有力	6
	基础跳跃	腾空摆莲	讲授法、分解教学法、完整教学法、现场教学法、情景引入法、课堂讨论法	双脚同时起跳，左腿提膝或伸直，右腿由内至外画立圆，摆腿于空中完成，摆腿过程中于空中完成击响动作。第一阶段完成空中旋转360°，第二阶段旋转360°后双脚同时落地接马步站稳，或完成空中旋转540°	6
	套路	第二套规定棍术第三段	讲授法、分解教学法、完整教学法、现场教学法、情景引入法、课堂讨论法	将动作完整独立完成，动作清晰，步法准确	8

（续表）

单元	模块	教学内容	教学方法	教学标准	课时
第四学期	柔韧性	1. 横叉； 2. 竖叉； 3. 下腰； 4. 体前屈	练习法	1. 腿向两侧伸直，膝盖伸直，身体立直正对前方，屁股离地面高度不超过3cm； 2. 前脚回勾，前腿膝盖伸直，后腿扣正，膝盖伸直，屁股转正，屁股离地面高度不超过3cm； 3. 两手撑起，保证用于支撑身体的部位只有双手与双脚，手与脚之间距离不超过35cm； 4. 双腿膝盖伸直并拢，身体前趴，双手可以抓住双脚	6
	基本腿法	1. 侧踹腿； 2. 后扫腿	直观展示法、讲授法、现场教学法、示范教学法	1. 身体侧倾，支撑腿伸直，屈伸腿提膝收至胸前，然后向外侧踹出，踹出后身体延展性达到最开，屁股前顶，严禁出现撅屁股、下塌等情况； 2. 左腿弯曲，大小腿充分折叠，左脚以脚尖为轴，脚后跟微提起，右腿伸直摆腿外扫，右脚回扣紧贴地面，扫转过程中，全程扫转脚不能脱离地面，在地面扫转360°	6
	基础跳跃	腾空摆莲	讲授法、分解教学法、完整教学法、现场教学法、情景引入法、课堂讨论法	双脚同时起跳，左腿提膝或伸直，右腿由内至外画立圆，摆腿于空中完成，摆腿过程中于空中完成击响动作。第一阶段完成空中旋转360°，第二阶段旋转360°后双脚同时落地接马步站稳，或完成空中旋转540°	6
	套路	第二套规定棍术第四段	讲授法、分解教学法、完整教学法、现场教学法、情景引入法、课堂讨论法	将动作完整独立完成，动作清晰，步法准确	12

（续表）

单元	模块	教学内容	教学方法	教学标准	课时
第五学期	柔韧性	1. 横叉； 2. 竖叉； 3. 下腰； 4. 体前屈	练习法	1. 腿向两侧伸直，膝盖伸直，身体立直正对前方，屁股离地面高度不超过3cm； 2. 前脚回勾，前腿膝盖伸直，后腿扣正，膝盖伸直，屁股转正，屁股离地面高度不超过3cm； 3. 两手撑起，保证用于支撑身体的部位只有双手与双脚，手与脚之间距离不超过35cm； 4. 双腿膝盖伸直并拢，身体前趴，双手可以抓住双脚	6
	基本腿法	1. 后扫腿； 2. 前扫腿	直观展示法、讲授法、现场教学法、示范教学法	1. 左腿弯曲，大小腿充分折叠，左脚以脚尖为轴，脚后跟微提起，右腿伸直摆腿外扫，右脚回扣紧贴地面，扫转过程中，全程扫转脚不能脱离地面，在地面扫转360°； 2. 左腿弯曲，大小腿充分折叠，左脚以脚尖为轴，脚后跟微提起，右腿伸直摆腿内扫，右脚回扣紧贴地面，扫转过程中，全程扫转脚不能脱离地面，在地面扫转360°	6
	基础跳跃	旋子	讲授法、分解教学法、完整教学法、现场教学法、情景引入法、课堂讨论法	起跳清晰，脚步准确，摆腿动作于空中完成，在空中时，两臂伸直张开犹如大鹏展翅，两腿伸直，两脚绷紧，腿做上下摆动，旋转通过转腰完成。旋子动作有明显滞空	6
	套路	第二套规定棍术完整套路	讲授法、分解教学法、完整教学法、现场教学法、情景引入法、课堂讨论法	将动作完整独立完成，动作清晰，连贯有力，步法准确	12

（续表）

单元	模块	教学内容	教学方法	教学标准	课时
第六学期	柔韧性	1. 横叉； 2. 竖叉； 3. 下腰； 4. 体前屈	练习法	1. 腿向两侧伸直，膝盖伸直，身体立直正对前方，屁股离地面高度不超过3cm； 2. 前脚回勾，前腿膝盖伸直，后腿扣正，膝盖伸直，屁股转正，屁股离地面高度不超过3cm； 3. 两手撑起，保证用于支撑身体的部位只有双手与双脚，手与脚之间距离不超过35cm； 4. 双腿膝盖伸直并拢，身体前趴，双手可以抓住双脚	6
	基本腿法	1. 后扫腿； 2. 前扫腿	直观展示法、讲授法、现场教学法、示范教学法	1. 左腿弯曲，大小腿充分折叠，左脚以脚尖为轴，脚后跟微提起，右腿伸直摆腿外扫，右脚回扣紧贴地面，扫转过程中，全程扫转脚不能脱离地面，在地面扫转360°； 2. 左腿弯曲，大小腿充分折叠，左脚以脚尖为轴，脚后跟微提起，右腿伸直摆腿内扫，右脚回扣紧贴地面，扫转过程中，全程扫转脚不能脱离地面，在地面扫转360°	4
	基础跳跃	旋子	讲授法、分解教学法、完整教学法、现场教学法、情景引入法、课堂讨论法	起跳清晰，脚步准确，摆腿动作于空中完成，在空中时，两臂伸直张开犹如大鹏展翅，两腿伸直，两脚绷紧，腿做上下摆动，旋转通过转腰完成。旋子动作有明显滞空。	6
	套路	第二套规定棍术完整套路	讲授法、分解教学法、完整教学法、现场教学法、情景引入法、课堂讨论法	将动作完整独立完成，动作清晰，连贯有力，步法准确	14

4. 高级阶段课程教学方案

三个学年（6个学期）共计180课时。

单元	模块	教学内容	教学方法	教学标准	课时
第一学期	平衡动作	雁式平衡	直观展示法、讲授法、现场教学法、示范教学法	左腿支撑腿伸直站稳，身体前趴上挺，右腿伸直由后向上抬起，右脚绷紧，抬腿高度过腰	6
	基本刀（剑）法	1. 刺刀（剑）； 2. 舞花	直观展示法、讲授法、现场教学法、示范教学法	1. 刺刀（剑）动作干脆有力，保证器械从腰间刺出，刺出后器械与手臂、肩膀呈一条直线； 2. 舞花动作清晰正确，刀（剑）花贴身画立圆	10
	基础跳跃	侧手翻	直观展示法、讲授法、现场教学法、示范教学法	手臂撑紧，两腿于空中摆开，不可并拢，仰头看地，腿在空中画立圆摆过	4
	套路	第二套规定刀（剑）术第一段	讲授法、分解教学法、完整教学法、现场教学法、情景引入法、课堂讨论法	将动作完整独立完成，动作清晰，步法准确	10
第二学期	柔韧性	1. 横叉； 2. 竖叉； 3. 下腰； 4. 体前屈	练习法	1. 腿向两侧伸直，膝盖伸直，身体立直正对前方，屁股离地面高度不超过3cm； 2. 前脚回勾，前腿膝盖伸直，后腿扣正，膝盖伸直，屁股转正，屁股离地面高度不超过3cm； 3. 两手撑起，保证用于支撑身体的部位只有双手与双脚，手与脚之间距离不超过35cm； 4. 双腿膝盖伸直并拢，身体前趴，双手可以抓住双脚	6

（续表）

单元	模块	教学内容	教学方法	教学标准	课时
第二学期	平衡动作	雁式平衡	直观展示法、讲授法、现场教学法、示范教学法	左腿支撑腿伸直站稳，身体前趴上挺，右腿伸直由后向上抬起，右脚绷紧，抬腿高度过腰	4
	基本刀（剑）法	1. 刺刀（剑）； 2. 舞花	直观展示法、讲授法、现场教学法、示范教学法	1. 刺刀（剑）动作干脆有力，保证器械从腰间刺出，刺出后器械与手臂、肩膀呈一条直线； 2. 舞花动作清晰正确，刀（剑）花贴身画立圆	8
	基础跳跃	侧手翻	讲授法、分解教学法、完整教学法、现场教学法、课堂讨论法	手臂撑紧，两腿于空中摆开，不可并拢，仰头看地，腿在空中画立圆摆过	4
	套路	第二套规定刀（剑）术第二段	讲授法、分解教学法、完整教学法、现场教学法、情景引入法、课堂讨论法	将动作完整独立完成，动作清晰，步法准确	8
第三学期	柔韧性	1. 横叉； 2. 竖叉； 3. 下腰； 4. 体前屈	练习法	1. 腿向两侧伸直，膝盖伸直，身体立直正对前方，屁股离地面高度不超过3cm； 2. 前脚回勾，前腿膝盖伸直，后腿扣正，膝盖伸直，屁股转正，屁股离地面高度不超过3cm； 3. 两手撑起，保证用于支撑身体的部位只有双手与双脚，手与脚之间距离不超过35cm； 4. 双腿膝盖伸直并拢，身体前趴，双手可以抓住双脚	6

（续表）

单元	模块	教学内容	教学方法	教学标准	课时
第三学期	平衡动作	扣腿平衡	直观展示法、讲授法、现场教学法、示范教学法	支撑腿弯曲，大腿与地面呈平行状态，大腿与小腿间大于90°角，扣腿贴紧支撑腿后膝盖窝	4
	基本刀（剑）法	1. 缠头裹脑； 2. 劈刀（撩剑、挂剑、云剑）	直观展示法、讲授法、现场教学法、示范教学法	1. 动作贴身，有明显护头意识，刀背冲自己； 2. 由上至下做立圆劈砍动作，动作干脆有力； 3. 剑与手腕呈90°直角，由下向上撩起，于身体两侧画左右立圆；剑与手腕呈90°直角，由上向下挂穿，于身体两侧画左右立圆； 4. 剑于头顶做平圆转动，手腕转动，手臂不动	8
	基础跳跃	侧空翻	讲授法、分解教学法、完整教学法、现场教学法、课堂讨论法	在侧手翻动作基础上，手臂禁止撑地，摆腿迅速，落地站稳	4
	套路	第二套规定刀（剑）术第三段	讲授法、分解教学法、完整教学法、现场教学法、情景引入法、课堂讨论法	将动作完整独立完成，动作清晰，步法准确	8
第四学期	柔韧性	1. 横叉； 2. 竖叉； 3. 下腰； 4. 体前屈	练习法	1. 腿向两侧伸直，膝盖伸直，身体立直正对前方，屁股离地面高度不超过3cm； 2. 前脚回勾，前腿膝盖伸直，后腿扣正，膝盖伸直，屁股转正，屁股离地面高度不超过3cm； 3. 两手撑起，保证用于支撑身体的部位只有双手与双脚，手与脚之间距离不超过35cm； 4. 双腿膝盖伸直并拢，身体前趴，双手可以抓住双脚	6

（续表）

单元	模块	教学内容	教学方法	教学标准	课时
第四学期	平衡动作	扣腿平衡	直观展示法、讲授法、现场教学法、示范教学法	支撑腿弯曲，大腿与地面呈平行状态，大腿与小腿间大于90°角，扣腿贴紧支撑腿后膝盖窝	4
	基础跳跃	侧空翻	讲授法、分解教学法、完整教学法、现场教学法、情景引入法、课堂讨论法	在侧手翻动作基础上，手臂禁止撑地，摆腿迅速，落地站稳	8
	套路	第二套规定刀（剑）术第四段	讲授法、分解教学法、完整教学法、现场教学法、情景引入法、课堂讨论法	将动作完整独立完成，动作清晰，步法准确	12
第五学期	柔韧性	1. 横叉； 2. 竖叉； 3. 下腰； 4. 体前屈	练习法	1. 腿向两侧伸直，膝盖伸直，身体立直正对前方，屁股离地面高度不超过3cm； 2. 前脚回勾，前腿膝盖伸直，后腿扣正，膝盖伸直，屁股转正，屁股离地面高度不超过3cm； 3. 两手撑起，保证用于支撑身体的部位只有双手与双脚，手与脚之间距离不超过35cm； 4. 双腿膝盖伸直并拢，身体前趴，双手可以抓住双脚	6
	平衡动作	前举腿低式平衡	直观展示法、讲授法、现场教学法、示范教学法	支撑腿直立时保证腿部伸直，弯曲时保证大小腿充分折叠，前举腿保持伸直状态，前举高度高过腰	4
	基础跳跃	侧空翻	练习法	在侧手翻动作基础上，手臂禁止撑地，摆腿迅速，落地站稳	8

（续表）

单元	模块	教学内容	教学方法	教学标准	课时
第五学期	套路	第二套规定刀（剑）术完整套路	讲授法、分解教学法、完整教学法、现场教学法、情景引入法、课堂讨论法	将动作完整独立完成，动作清晰，连贯有力，步法准确	12
第六学期	柔韧性	1. 横叉； 2. 竖叉； 3. 下腰； 4. 体前屈	练习法	1. 腿向两侧伸直，膝盖伸直，身体立直正对前方，屁股离地面高度不超过3cm； 2. 前脚回勾，前腿膝盖伸直，后腿扣正，膝盖伸直，屁股转正，屁股离地面高度不超过3cm； 3. 两手撑起，保证用于支撑身体的部位只有双手与双脚，手与脚之间距离不超过35cm； 4. 双腿膝盖伸直并拢，身体前趴，双手可以抓住双脚	6
	平衡动作	前举腿低式平衡	直观展示法、讲授法、现场教学法、示范教学法	支撑腿直立时保证腿部伸直，弯曲时保证大小腿充分折叠，前举腿保持伸直状态，前举高度高过腰	4
	基础跳跃	侧空翻	练习法	侧空翻动作腿部摆动圆形明显清晰，动作有滞空感，落地平稳	6
	套路	第二套规定刀（剑）术完整套路	讲授法、分解教学法、完整教学法、现场教学法、情景引入法、课堂讨论法	将动作完整独立完成，动作清晰，连贯有力，步法准确	14

二、团队课程

团队班，六个学年（12个学期）共计720课时。

班级	模块	教学内容	教学方法	教学标准	课时
预备团小班	柔韧性	1. 横叉； 2. 竖叉； 3. 下腰； 4. 体前屈	直观展示法、讲授法、现场教学法、示范教学法	1. 腿向两侧伸直，膝盖伸直，身体立直正对前方，屁股离地面高度不超过3cm； 2. 前脚回勾，前腿膝盖伸直，后腿扣正，膝盖伸直，屁股转正，屁股离地面高度不超过3cm； 3. 两手撑起，保证用于支撑身体的部位只有双手与双脚，手与脚之间距离不超过10cm； 4. 双腿膝盖伸直并拢，身体前趴，双手可以抓住双脚	60
	基本步型	1. 弓步； 2. 马步； 3. 蹼步； 4. 歇步； 5. 虚步	直观展示法、讲授法、现场教学法	1. 弓步：前腿基本蹲平，前腿膝盖不超过脚尖，后腿绷直，身体正对前方，屁股下压； 2. 马步：两脚尖正对前方，两腿基本蹲平，两腿膝盖外撑，腰背立直，屁股微微后翘； 3. 蹼步：弯曲腿、大小腿充分折叠，伸直腿全腿绷直，两脚脚尖内扣向前，两脚全脚掌抓地，腰背挺直； 4. 歇步：身体保持直立，重心稳定，步型不会晃动，屁股完整坐于脚后跟上； 5. 虚步：身体保持直立，重心整体下蹲，前腿虚放，前脚尖轻点地面，重心在后脚	60

（续表）

班级	模块	教学内容	教学方法	教学标准	课时
预备团小班	基本腿法	1. 正踢腿； 2. 侧踢腿； 3. 里合腿； 4. 外摆腿； 5. 单拍脚； 6. 前扫腿； 7. 后扫腿	直观展示法、讲授法、现场教学法、示范教学法	1. 正踢腿、侧踢腿：腰背挺直，膝盖蹬直，支撑脚站稳，摆动腿快速，摆动脚脚尖回勾； 2. 里合腿、外摆腿：腰背挺直，膝盖伸直，支撑脚抓地抓紧，摆动腿快速，摆动脚绷直回扣； 3. 单拍脚：腰背挺直，膝盖伸直，支撑脚抓地抓紧，摆动腿快速；击响点在脚背，脚背绷直； 4. 前扫腿、后扫腿：腰背挺直，弯曲腿充分折叠，支撑脚抓地抓紧；扫摆腿膝盖伸直，脚贴紧地面	60
	基础跳跃	1. 腾空飞脚； 2. 旋风脚； 3. 腾空摆莲； 4. 旋子； 5. 侧手翻	讲授法、分解教学法、完整教学法、现场教学法、情景引入法、课堂讨论法	1. 腾空提膝收紧，摆腿过腰，可以做到双脚同时落地站稳； 2. 起跳清晰正确，左脚提膝，右脚回扣，右腿由外至内摆动画立圆，摆腿于空中完成，空中需摆腿击响，第一阶段双脚同时落地站稳，第二阶段右脚抢先落地或落地接马步定稳； 3. 双脚同时起跳，左腿提膝或伸直，右腿由内至外画立圆，摆腿于空中完成，摆腿过程中于空中完成击响动作；第一阶段完成空中旋转360°，第二阶段旋转360°后双脚同时落地接马步站稳，或完成空中旋转540°； 4. 起跳清晰，脚步准确，摆腿动作于空中完成，在空中时，两臂伸直张开犹如大鹏展翅，两腿伸直，两脚绷紧，腿做上下摆动，旋转通过转腰完成。旋子动作有明显滞空； 5. 手臂撑紧，两腿于空中摆开，不可并拢，仰头看地，腿在空中画立圆摆过	60

（续表）

班级	模块	教学内容	教学方法	教学标准	课时
预备团	柔韧性	1. 横叉； 2. 竖叉； 3. 下腰； 4. 体前屈	练习法	1. 腿向两侧伸直，膝盖伸直，身体立直正对前方，屁股离地面高度不超过3cm； 2. 前脚回勾，前腿膝盖伸直，后腿扣正，膝盖伸直，屁股转正，屁股离地面高度不超过3cm； 3. 两手撑起，保证用于支撑身体的部位只有双手与双脚，手与脚之间距离不超过10cm； 4. 双腿膝盖伸直并拢，身体前趴，双手可以抓住双脚	30
	平衡动作	1. 雁式平衡； 2. 扣腿平衡； 3. 前举腿低式平衡	直观展示法、讲授法、现场教学法、示范教学法	1. 左腿支撑腿伸直站稳，身体前趴上挺，右腿伸直由后向上抬起，右脚绷紧，抬腿高度过腰； 2. 支撑腿弯曲，大腿与地面呈平行状态，大腿与小腿间大于90°角，扣腿贴紧支撑腿后膝盖窝； 3. 支撑腿直立时保证腿部伸直，弯曲时保证大小腿充分折叠，前举腿保持伸直状态，前举高度高过腰	30
	拳术基础组合	1. 单拍脚基础组合； 2. 里合腿基础组合； 3. 外摆腿基础组合； 4. 抡臂基础组合	直观展示法、讲授法、现场教学法、示范教学法	1. 动作完成标准； 2. 动作完成速度快，力度干脆； 3. 动作演练美观，具有初步的武术身法	60

（续表）

班级	模块	教学内容	教学方法	教学标准	课时
预备团	器械基础动作	1. 棍术基础动作； 2. 刀术基础动作； 3. 剑术基础动作； 4. 枪术基础动作	讲授法 分解教学法、完整教学法、现场教学法、情景引入法、课堂讨论法	1. 动作完成标准； 2. 动作演练速度快，力度干脆	60
	套路	1. 长拳自选套路； 2. 棍术自选套路； 3. 刀术自选套路； 4. 剑术自选套路； 5. 枪术自选套路	讲授法、 分解教学法、完整教学法、现场教学法、情景引入法、课堂讨论法	1. 根据学生自身情况学习拳术及一套长器械套路、一套短器械套路； 2. 将动作完整独立完成，动作清晰，步法准确	60
武术团	柔韧性	1. 横叉； 2. 竖叉； 3. 下腰； 4. 体前屈	练习法	1. 腿向两侧伸直，膝盖伸直，身体立直正对前方，屁股离地面高度不超过3cm； 2. 前脚回勾，前腿膝盖伸直，后腿扣正，膝盖伸直，屁股转正，屁股离地面高度不超过3cm； 3. 两手撑起，保证用于支撑身体的部位只有双手与双脚，手与脚之间距离不超过10cm； 4. 双腿膝盖伸直并拢，身体前趴，双手可以抓住双脚	30

（续表）

班级	模块	教学内容	教学方法	教学标准	课时
武术团	拳术基础动作	1. 南拳基础动作； 2. 南拳基础步型； 3. 太极拳基础动作； 4. 太极拳基础步型	直观展示法、讲授法、现场教学法、示范教学法	1. 根据学生身体素质情况，分别选拔南拳、太极拳学员进行基础动作教学； 2. 动作完成标准； 3. 动作演练快速、干脆、有力（太极拳需有韵味）	60
	基础跳跃	1. 旋风脚； 2. 腾空摆莲； 3. 旋子转体； 4. 侧空翻	讲授法、分解教学法、完整教学法、现场教学法、课堂讨论法	1. 旋风脚完成空中540° 旋转接马步或接竖叉； 2. 腾空摆莲完成空中540° 旋转接马步； 3. 旋子转体完成空中360° 旋转平稳落地； 4. 侧空翻在侧手翻动作基础上，手臂禁止撑地，摆腿迅速，落地站稳	60
	套路	1. 长拳自选套路； 2. 南拳自选套路； 3. 太极拳自选套路； 4. 长器械（棍、枪）自选套路； 5. 短器械（刀、剑）自选套路	讲授法、分解教学法、完整教学法、现场教学法、情景引入法、课堂讨论法	1. 将动作完整独立完成，动作清晰，步法准确； 2. 动作完成规范； 3. 动作演练具有相对应的套路动作技术风格	90

第五节　武术活动课程评价

一、评价主体

1. 学生自评与互评

评价技能的完成质量，针对动作质量及动作速度、力量等进行定性评价。

2. 教师评价

评价学生课堂的状态及表现，有待提高和改正的地方，具体通过知识与技能、过程与方法、情感态度与价值观三方面来进行评价。

二、评价内容

评价维度	评价内容	评价选项
知识与技能	积极参加练习，不同程度提高协调、柔韧、灵敏等身体素质，掌握所学基本技术	□目标达成 □基本达成 □还需努力
过程与方法	通过游戏法、竞赛法、以赛代练法等对基本技术进行学习后，充分调动学生积极性，让学生了解技术动作的学习过程，并可以将动作教给他人	□目标达成 □基本达成 □还需努力
情感态度与价值观	与组员交流沟通，共同探讨，愉快地完成基本技术的学习	□目标达成 □基本达成 □还需努力

三、评价程序

学生自评→小组互评→教师评价→家长评价

第六节 武术活动课程实施建议

一、教学建议

1. 认知活动教学建议

先把各种认知目标确定好，可以通过讲故事的方式对学生进行说明，如一些武侠故事、电视剧等，举例一些武术著名人物的生平故事，以激发学生对武术世界的向往。

2. 实践活动教学建议

活动教学对于武术课程必不可少，每一项新课程都必须通过活动教学来加深理解与实践。我们可以把目标分成简单、普通、高级几个等级，先从简单开始逐步增加难度。让学生先达成小目标，从而建立自信，同时鼓励他们向高难度挑战，并从中发掘优秀人才。

3. 交流活动教学建议

知己知彼才能加深对自己的认识，所以应多创造机会让学生参加交流活动。武术项目课程具有较强的竞争性，积极组织学生进行交流竞赛活动，让学生通过与人交流互动来提高武术的兴趣。平时学习的技巧能够得到实践应用是最好的价值体现。进行一些不同形式的交流活动可以更好地提高学生的竞争意识以及加深学生对于武术项目相关知识的理解与认知。

4. 展示活动教学建议

通过展示活动可以获取很多信息，如学生的学习情况、自我表现能力、团队合作能力、个人体育素质。在武术课程里展示活动可体现在“武术表演”“武术比赛”中。教师可以按学生自身的特点进行不同的项目培训。由于展示活动中不可控因素较多，临场应变能力也极为重要，教师要在培训过程中培养学生对于突发事件的灵活应变能力以及面对挫折的能力，勇于面对失败，从挫折中成长。

二、评价建议

1. 学生评价建议

可挑选不同层级的学生进行互评，让部分学生当评委或组建学生评审团，既能加深学生对项目的理解，又能活跃课堂气氛。

2. 教师评价建议

教师可作总结性的点评，说明优缺点和改良的方向，更重要的是潜移默化中对学生的思想品德进行引导。

3. 家长评价建议

家长评价学生的学习情况和教师教学水平。家长应与教师研讨如何让学生在家与在校联动学习，将两个不同的学习环境相互协调以促进学生的学习效果。

三、资源开发与利用

1. 教学设计

结合武术发展和社会对教学新的要求，必须不断地改良教学设计。同时通过武术教研课、公开课等途径发掘新的教学模式。

2. 教学案例

通过公开研讨课、网络学习、外出求学等多种途径来开阔视野。组织开发更适合现今教学需求的新模式，形成更有效果的教学案例，促进教师教学效率的提高。

3. 教研论文

组织教师参与更多跨学科的教学教研活动，参与更高层次的教学论坛。开拓教师对于教学理论更深层的思考，提供各种机会让教师撰写、发表自己的教学论文。

4. 交流提升

加强与各市各区武术教学组织的交流学习，同时加深与相关武术教学机构的联系，形成互联互动的共同体。发展不只局限于武术套路领域，还应跨学科跨领域地多元互联，让新的思维不断进行碰撞。

第三章 跆拳道活动课程实施指南

肖扬　李军

第一节　跆拳道活动课程概述

一、跆拳道活动课程的性质

跆拳道运动起源于朝鲜半岛，2000年正式列为奥运会比赛项目，是现代青少年理想的运动之一。跆拳道运动是一种主要使用手及脚进行格斗或对抗的运动，是以脚踢为主、拳打为辅，注重礼仪的人体徒手格斗类体育项目，包括品势套路和实战搏击两大部分内容。

跆拳道活动课程是以“跆拳道精神”为理念，通过竞技、品势和跆拳道舞及特技等运动形式，使学生增强体质，掌握技术，并培养坚韧不拔的意志品质和正确的人生观和价值观的体育课程。它是以跆拳道运动为载体，让学生通过跆拳道运动，形成良好的体育锻炼习惯，培养和加深学生对跆拳道运动的喜爱。跆拳道活动课程不仅能提升学生体质健康与体育能力，还能对学生体育兴趣、体育文化素养、礼仪礼貌、德育教育等方面起到积极的促进作用。

1. 以跆拳道运动为载体，强身健体

跆拳道以竞技、品势为主体，衍生出跆拳道舞、特技等表演项目。其具有防身健身、修身养性、磨炼意志、培养品格、娱乐观赏等多方面的作用，是一项具有实用性和观赏性的体育课程。跆拳道是一种主要使用手及脚进行格斗或对抗的运动，学习和运动过程中，力量、速度、耐力、协调、柔韧、灵敏等基本身体素质会得到不同程度的提升。跆拳道活动课程则是以跆拳道运动为载体，让学生通过跆拳道运动，形成良好的体育锻炼习惯，培养和加深学生对跆拳道运动的喜爱，从而达到强身健体的目的。

2. 以跆拳道精神为载体，育德育人

跆拳道精神包括礼仪、廉耻、忍耐、克己、百折不屈。教师不单要传授跆拳道方面的专业知识和精神，还要从训练中不断引导学生树立正确的人生观与价值观。通过跆拳道运动学习跆拳道文化精髓，从中感受跆拳道蕴含的文化底蕴。

3. 以跆拳道训练为载体，培育人才

通过跆拳道日常运动和专业知识技能的训练等途径发掘可造之才，成立专业训练队伍参加比赛或表演等活动，为国家培养优秀的后备人才，同时在深化改革中提高体育后备人才培养质量和效益，造就适应现代竞技体育事业发展需要的优秀体育后备人才。

二、跆拳道活动课程的特点

1. 跆拳道活动课程具有规范性

跆拳道活动课程教学模式、教学内容规范，以循序渐进、由浅入深的安排，逐渐引领学生从白带到黑带进行提高，让学生更好地学习跆拳道，同时跆拳道运动也具有严格的行为礼仪规范，礼仪是跆拳道精神的体现。

2. 跆拳道活动课程具有健身性

跆拳道集竞技、品势和跆拳道舞、特技等项目于一身，通过跆拳道运动训练强健体魄，为成长奠定良好的身体基础。跆拳道运动紧张激烈，对抗性强，可使人强壮身

骨，提高各关节的灵活性及肌肉的伸展性和收缩能力，提高人的速度、反应、灵敏、力量和耐力等身体素质。

3. 跆拳道活动课程具有修身性

跆拳道练习推崇“以礼始，以礼终”的尚武精神，以“礼仪廉耻，忍耐克己，百折不屈”为宗旨，因此，可以培养人顽强果断、吃苦耐劳的精神，磨炼人坚韧不拔、积极向上的品质，养成礼让谦逊、宽厚待人的美德，造就热爱祖国、勇于献身的思想。通过跆拳道学习领会跆拳道精神“礼仪、廉耻、忍耐、克己、百折不屈”，从中树立高尚的人生观与价值观，无论在何时何地都始终以礼相待，养成谦虚、友好、礼让的作风，从而树立正确认知，真正达到身心健康发展。

三、跆拳道活动课程的核心素养

跆拳道运动因其独具特色的项目理念与文化，在发挥体育育人功能进而培养学生核心素养方面有着特殊的作用。

1. 通过身体训练增强体质、磨炼意志、健全人格

增强体质是跆拳道运动的基本功能，通过严格的身体训练进而磨炼意志品质，这与学生核心素养培养“健全人格”的培养目标紧密结合。

2. 通过礼仪、行为规范的训练提升学生综合素质修养

跆拳道运动有着严格的礼仪、行为规范，通过植根于日常行为和每一次练习细节的礼仪、行为规范要求，强化学生“礼仪规范和自我管理能力”。

3. 通过比赛交流培养学生沟通交际和社会适应能力

比赛交流不但可以提高学生技战术的应用能力，帮助他们理解跆拳道运动的独特魅力，更能够拓展学生的交际面，提升交际能力、独立能力和社会适应能力。比赛中，通过和对手搏击切磋技艺，学会尊重对手、尊重规则，学会面对胜利与失败。

第二节　跆拳道活动课程目标

一、跆拳道活动课程的总目标

参与跆拳道活动课程体能和技能的训练，强身健体，激发学生学习兴趣，培养顽强、坚毅的品质；教师引导学生树立正确人生观、价值观，培养健全人格及明辨是非等能力。同时通过跆拳道训练和社团活动培养学生的交往能力和团结协作的团队精神等，使得学生在练习跆拳道的过程中内在修养得到提高。通过跆拳道相关的体能、技能、艺术素养的训练，提高学生身体、心理素质和社会适应能力。通过跆拳道教学提高学生自理能力、增强保护意识、掌握防身技能，有利于学生养成互帮互助、团结协作的优良品质，培养良好的人际关系和社交能力，并以此指导自我社会实践。了解跆拳道专业相关知识，掌握竞技、品势及表演等技能技巧。全面掌握跆拳道发展史、礼仪、礼节、品势、步法、腿法、拳法，了解与专业相关的保健、养生、防治职业病的相关体育理论知识。学生在掌握跆拳道基本技术的同时，通过丰富的形式开展体能训练，提高身体素质，增强意志品质。

二、跆拳道活动课程的单元目标

1. 启蒙阶段（白带—黄绿带）

（1）白带段位。

注重跆拳道精神教学，学生学会国旗礼、师生礼、鞠躬等基本的跆拳道礼仪；培养学生对跆拳道运动的兴趣，引导学生以感受为主，乐意学习跆拳道，了解跆拳道的基本知识、动作技能；掌握跆拳道格斗式准备姿势，掌握马步冲拳、格斗式抬膝、深蹲等跆拳道的基本动作步法及腿法；掌握基本柔韧性架腿动作。

（2）白黄带段位。

掌握马步冲拳的进阶式、原地上中下格挡、上步、撤步、调换步挡、前踢等跆拳道的基本动作步法及腿法；掌握跆拳道击破动作技能中的马步冲拳；学会基本柔韧性动作横叉、竖叉，掌握品势动作技能中的太极一章。

（3）黄带段位。

掌握跆拳道前行步、上中下格挡、滑步、后滑步、前踢、左右前踢等基本动作步法及腿法；体能目标达到俯卧撑8个，仰卧起坐8个；掌握品势动作技能中的太极二章、击破中的前踢动作。

（4）黄绿带段位。

注重跆拳道精神教学，学生将跆拳道精神融入日常生活中。注重礼仪礼貌，尊师重道，团结友爱；掌握跆拳道弓步上中下格挡、横踢（左右横踢）、下劈（横踢+下劈）等基本动作步法及腿法；掌握俯卧撑、两头起、背肌等基本体能训练技能；掌握品势动作技能中的太极三章以及击破中的横踢动作。

2. 中级阶段（绿带—蓝带）

（1）绿带段位。

注重跆拳道精神教学，观察学生言行举止，渗透进日常生活中引导学生树立正确人生观、价值观；掌握跆拳道前行步单手刀颈部攻击、三七步单手刀外格挡、垫步前横踢（垫步前横踢+后横踢）、侧踢等基本动作步法及腿法；掌握高抬腿（支撑腿跳离地面）、快速连续左右提膝腿、抱膝跳等基本体能训练技能；掌握基本动作技能中品势的太极四章、击破中的垫步前横踢，并配合发音；掌握左右竖叉、横叉基本柔韧性动作。

（2）绿蓝带段位。

掌握跆拳道双手刀中外格挡、单拳中外格挡、背拳前击、双飞（垫步前横踢+双飞）、拳卧撑等基本动作步法及腿法；掌握跆拳道基本动作技能品势中的太极五章、击破中的双飞动作；掌握拳卧撑、立卧撑跳、抱膝跳等基本体能训练技能。

（3）蓝带段位。

掌握跆拳道弓步下格挡+捶拳、三七步单手刀+弓步手肘攻击、后踢、横踢+后踢等基本动作步法及腿法；掌握腾空分腿跳、单腿快速横踢脚靶的基本体能训练；掌握基本动作技能品势中的太极六章，击破中的后踢动作；掌握横竖叉基本柔韧性练习动作。

3. 高级阶段（蓝红带—黑带）

（1）蓝红带段位。

掌握跆拳道单手刀斜外上格挡、后撤步弓步推掌+中位两次冲拳、360° 横踢、横踢+360° 横踢等基本动作步法及腿法；掌握立卧跳转体360° 、原地左右横踢打脚靶等基本体能训练动作；掌握基本动作技能品势中的太极七章，击破中360° 横踢动作。

（2）红带段位。

掌握跆拳道十字交叉防卫（双手交叉中外格挡+中位双仰直拳+交叉拳下格挡）、后旋踢、横踢+后旋踢基本动作步法及腿法，以及3种任意组合腿法；掌握前横踢转身踢击脚靶、左右横踢转身踢击脚靶等基本体能训练动作；掌握跆拳道基本动作技能品势中的太极八章，击破中的后旋踢；达到1分钟一回合的实战目标。

（3）黑带段位。

学生认知黑带的意义，贯彻跆拳道的精神，习德修身；掌握跆拳道半山式防御（外山势格挡）+勾拳、横踢+360° 横踢+后旋踢、横踢+双飞+后踢、原地腾空后旋的基本动作步法及腿法；掌握基本体能训练中的多飞动作；掌握跆拳道基本动作技能品势中的太极一至八章；达到2分钟一回合的实战目标；熟悉并掌握跆拳道基本理论、裁判规则、技术理论学习、竞赛规则等。

第三节　跆拳道活动课程结构

依据跆拳道活动课程目标，在充分考虑其课程性质和课程特点的前提下，根据学生的年龄特点和基础水平，将跆拳道活动课程划分为启蒙阶段、中级阶段和高级阶段，三个阶段逐级递进，每个阶段都有各自的侧重点。跆拳道活动课程结构如下图所示。

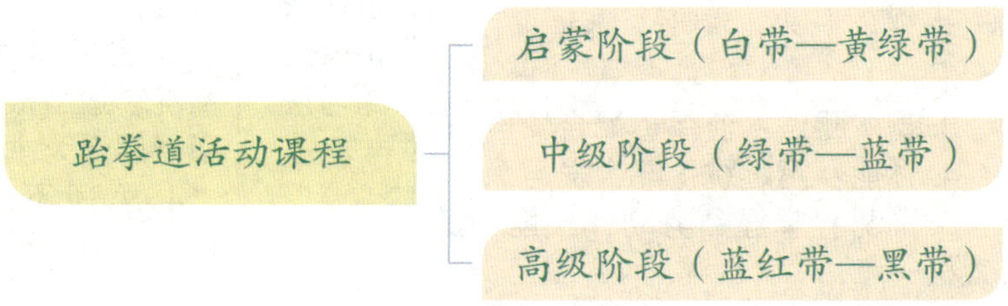

第四节 跆拳道活动课程教学方案

课程类别：体育类
课程名称：跆拳道活动课程
适用对象：6岁以上学生
学生基础要求：初步具有独立思考能力，热爱运动。
课时说明：15周/学期，1次学习/周，2课时/次（45分钟/课时），总计30课时/学期。

1. 启蒙阶段课程教学方案

两个学年共计120课时。

单元	模块	教学内容	教学方法	教学标准	课时
启蒙阶段（白带—黄绿带）	白带	1. 礼仪：国旗礼、师生礼； 2. 基本动作：a.基本准备姿势：格斗势准备（配合发声）；b.马步冲拳：一式一拳、二式二拳、三式三拳； 3. 基本腿法：格斗式抬膝（配合发声）； 4. 体能：深蹲（配合发声）； 5. 品势：无； 6. 柔性：架腿	示范法、练习法、游戏法	1. 注重跆拳道精神教学； 2. 通过游戏引发学生兴趣； 3. 强调课堂纪律，劳逸结合； 4. 架腿压腿不过腰； 5. 注意学生身体情况，适当放松，以引导感受为主	30
	白黄带	1. 礼仪：国旗礼、师生礼； 2. 基本动作：a.基本准备姿势：格斗式准备（配合发声）；b.马步冲拳：一式一拳、二式二拳、三式三拳(上中下冲拳)（配合发音）；c.原地上中下格挡（配合发声）；d.步法：上步、撤步、跳换步（配合发声）； 3. 基本腿法：前踢（配合发声）； 4. 体能：蹬起跳（配合发声）； 5. 品势：掌握品势动作技能中的太极一章； 6. 击破：马步冲拳（配合发音）； 7. 柔韧：横叉、竖叉	示范法、讲解法、练习法	1. 注重跆拳道精神教学； 2. 冲拳手肘不能拳直； 3. 注意学生身体情况；适当放松。以引导感受为主； 4. 柔韧不可太过用力，循序渐进	30

（续表）

单元	模块	教学内容	教学方法	教学标准	课时
启蒙阶段（白带—黄绿带）	黄带	1. 礼仪：国旗礼、师生礼； 2. 基本动作：a. 前行步上中下格挡（配合发声）；b. 步法：前滑步、后滑步（配合发声）； 3. 基本腿法：a. 前踢（配合发声）；b. 左右前踢组合（配合发声） 4. 体能：a. 俯卧撑（8个）；b. 仰卧起坐（8个）； 5. 品势：太极二章； 6. 击破：前踢（配合发音）； 7. 柔韧：横叉竖叉	示范法、讲解法、练习法	1. 注重跆拳道精神教学，开始引导学生思考以开发大脑； 2. 动作不用快，但一定要有力量、到位； 3. 前踢抬膝要高； 4. 太极一章是品势的根基，要求学生动作到位，发力准确； 5. 柔韧不可太过用力，循序渐进	30
	黄绿带	1. 礼仪：国旗礼、师生礼； 2. 基本动作：a. 弓步上中下格挡（配合发声）;b. 柔韧：左右竖叉、横叉； 3. 基本腿法：a. 横踢（左右横踢）（配合发声）；b. 下劈（横踢+下劈）（配合发声）； 4. 体能：a. 俯卧撑；b. 仰卧起坐；c. 背肌； 5. 品势：太极三章； 6. 击破：横踢（配合发音）； 7. 柔韧：横叉、竖叉	示范法、讲解法、练习法	1. 注重跆拳道精神教学，引导学生将跆拳道精神运用到日常生活中。强调礼仪礼貌，尊师重道，团结友爱； 2. 韧带：开始要求学生有强度地拉开柔韧； 3. 横踢：横踢是所有跆拳道腿法里最常用的基本腿法，起腿要求贴着重心腿抬膝，注意腰跨转动到位，重心脚转动到位，击打腿平行弹踢，引导学生感受发力； 4. 下劈抬膝一定要高，注意不可直腿	30

2. 中级阶段课程教学方案

2.5个学年共计150课时。

单元	模块	教学内容	教学方法	教学标准	课时
中级阶段（绿带—蓝带）	绿带	1. 基本动作：a.前行步单手刀颈部攻击；b.三七步单手刀外格挡；c.柔韧：左右竖叉、横叉； 2. 基本腿法：a.垫步前横踢（垫步前横踢+后横踢）（配合发音）；b.侧踢（配合发音）； 3. 体能：a.高抬腿（支撑腿跳离地面）；b.快速连续左右提膝腿（配合发音）；c.抱膝跳（配合发音）； 4. 品势：太极四章； 5. 击破：垫步前横踢（配合发音）	示范法、讲解法、练习法	1. 注重跆拳道精神教学，观察学生言行举止，渗透进日常生活中引导学生树立正确人生观、价值观； 2. 侧踢，起腿贴着重心腿，转体后膝盖收于胸前，侧向击打出去	30
	绿蓝带	1. 基本动作：a.双手刀中外格挡；b.单拳中外格挡；c.背拳前击； 2. 基本腿法：双飞（垫步前横踢+双飞）（配合发音）； 3. 体能：a.抱膝跳（配合发音）；b.拳卧撑（配合发音）；c.立卧撑跳（配合发音）； 4. 品势：太极五章； 5. 击破：双飞（配合发音）	示范法、讲解法、练习法	1. 注重跆拳道精神教学，观察学生言行举止，渗透进日常生活中引导学生树立正确人生观、价值观； 2. 引导学生感受腰跨转动发力，双飞踢不可离地太高	60
	蓝带	1. 基本动作：a.弓步下格挡+捶拳；b.三七步单手刀+弓步手肘攻击； 2. 基本腿法：a.后踢（配合发声）；b.横踢+后踢（配合发声）； 3. 体能：a.腾空分腿跳（配合发音）；b.单腿快速横踢脚靶（配合发音）； 4. 品势：太极六章； 5. 击破：后踢（配合发音）； 6. 韧带：横竖叉	示范法、讲解法、练习法	后踢可先练习如何出腿，双手抓住把杆，背向目标，往面向方向提膝，向后击出，出腿要贴住重心腿，再练习转体动作	60

3. 高级阶段课程教学方案

三个学年共计180课时。

单元	模块	教学内容	教学方法	教学标准	课时
高级阶段（蓝红带—黑带）	蓝红带	1. 基本动作：a. 单手刀斜外上格挡；b. 后撤步弓步推掌＋中位两次冲拳； 2. 基本腿法：a.360° 横踢（配合发声）；b. 横踢＋360° 横踢（配合发声）； 3. 体能：a. 立卧跳转体360°；b. 原地左右横踢打脚靶（配合发音）； 4. 品势：太极七章； 5. 击破：360° 横踢（配合发音）	示范法、讲解法、练习法	360° 横踢：即旋风踢，先练习转体，要求一气呵成，体会转体发力和平衡感，再加上抬膝转体击打	60
	红带	1. 基本动作：十字交叉防卫（双手交叉中外格挡＋中位双仰直拳＋交叉拳下格挡）； 2. 基本腿法：a. 后旋踢（配合发声）；b. 横踢＋后旋踢（配合发声）；c. 任意组合腿法（3种）； 3. 体能：a. 前横踢转身踢击脚靶（30秒计60次，配合发音）；b. 左右横踢转身踢击脚靶（30秒计60次，配合发音）； 4. 品势：太极八章； 5. 实战：1分钟一回合； 6. 击破：后旋踢	示范法、讲解法、练习法	后旋踢：保持基本姿势，左脚以脚掌为轴内旋约90°，上身旋转，重心前移，屈膝收腿，右腿向右后方最高点伸出并用力向右屈膝鞭打，重心在原地继续旋转，右脚落于起始位置，也就是身体旋转360°	60

（续表）

单元	模块	教学内容	教学方法	教学标准	课时
高级阶段（蓝红带—黑带）	黑带	1. 基本动作：半山式防御（外山势格挡）+勾拳； 2. 腿法：a. 横踢+360° 横踢+后旋踢（配合发音）；b. 横踢+双飞+后踢（配合发音）；c. 原地腾空后旋（配合发音）； 3. 体能：多飞； 4. 品势：太极一至八章； 5. 实战：2分钟一回合； 6. 理论：裁判规则、技术理论学习	示范法、讲解法、练习法	1. 引导学生认知黑带的意义，习德修身； 2. 了解熟知竞赛等规则，为竞赛表演活动做好准备； 3. 对抗训练时注意学生身体情况，不可过度强调击打力量，避免受伤	60

第五节　跆拳道活动课程评价

一、评价主体

1. 学生评价

评价动作完成度，学生互评等。

2. 教师评价

评价学生课堂养成习惯、小组集体协助能力和整体表现力等。具体从知识与技能、过程与方法、情感态度与价值观三个方面来进行评价。

3. 家长评价

评价学生课堂养成的习惯、整体表现和教师的教学水平等。

二、评价内容

评价维度	评价内容	评价选项
知识与技能	认知了跆拳道文化精神； 掌握了跆拳道的基本体能和技能动作； 提升了模仿能力和自主学习的能力	□目标达成 □基本达成 □还需努力
过程与方法	经历了学习技能的过程； 提出了有意义的问题和建议； 共享了个人和集体的学习体验； 能把学到的方法运用到学习和生活中	□目标达成 □基本达成 □还需努力
情感态度与价值观	积极参与教学活动，大胆地展示自我； 顽强坚毅的品质，审美能力的提高； 养成良好的学习习惯； 感受到跆拳道项目的魅力	□目标达成 □基本达成 □还需努力

三、评价程序

学生自评→小组互评→教师评价→家长评价

第六节　跆拳道活动课程实施建议

一、教学建议

1. 认知活动教学建议

按照跆拳道色带级别确定各种认知目标，通过讲解一些跆拳道名人，奥运会、世锦赛金牌得主的训练比赛事迹，激发学生对跆拳道的兴趣。

2. 实践活动教学建议

活动教学对于跆拳道课程必不可少，每一项新课程都必须通过活动教学来加深理解与实践。我们可以把目标按照色带等级进行区分，让学生先达成一个色带要求，从而建立自信，同时激励学生向更高的色带发起挑战。

3. 交流活动教学建议

知己知彼才能加深对自己的认识，所以应多创造机会让学生参加交流活动。跆拳道活动课程具有较强的竞争性，积极组织学生进行交流竞赛活动，让学生通过与人交流互动来提高学习跆拳道的兴趣。进行一些不同形式的交流活动可以更好地提高学生的竞争意识，以及加深学生对于跆拳道项目相关知识的理解与认知。

4. 展示活动教学建议

通过学生的展示活动可以获取更多信息，如学生学习情况、自我表现能力、团队合作能力、个人体育素质。在跆拳道课程里展示活动可体现在品势章法、腿法、击破、实战对抗中。教师可以按学生自身的特点进行不同的项目培训。由于展示活动中不可控因素较多，临场应变能力也极为重要，教师要在培训过程中培养学生对于突发事件的灵活应变能力以及面对挫折的能力，勇于面对失败，从挫折中成长。

二、评价建议

1. 学生评价建议

可挑选不同层级的学生进行互评，让部分学生当评委或组建学生评审团，既能加深学生对项目的理解，又能活跃课堂气氛。

2. 教师评价建议

教师可作总结性的点评，主要发现优缺点和改良的方向，更重要的是在潜移默化中对学生的思想品德进行引导。

3. 家长评价建议

家长评价学生的学习情况和教师教学情况。家长应与教师研讨如何让学生在家与在校联动学习，将两个不同的学习环境相互协调促进学生学习。

三、资源开发与利用

1. 教学设计

结合跆拳道的发展和社会对教学新的要求，必须不断地改良教学设计。同时通过跆拳道教研课、考级等途径发掘新的教学模式。

2. 教学案例

通过公开研讨课、网络学习、外出求学等多种途径来开阔视野。组织开发更适合现今教学需求的新模式，形成更有效果的教学案例，促进教师教学效率的提高。

3. 教研论文

组织教师参与更多跨学科的教学教研活动，参与更高层次的教学论坛。开拓教师对于教学理论更深层的思考，提供各种机会让教师撰写并发表教学论文。

4. 交流与整合

增加与各市各区交流学习机会，同时加深与跆拳道相关教学机构的联系，形成互联互动的共同体。将来发展不应只局限于跆拳道教学内容的范围，应该跨学科、跨领域地多元互联，让新的思维不断进行碰撞。

第四章 象棋活动课程实施指南

黎嘉伟

第一节　象棋活动课程概述

一、象棋活动课程的性质

象棋是一种考验人思维能力的游戏，在弈棋的过程中能够培养学生的观察能力、思维能力、自学能力和记忆能力等。对弈者需要斗智斗巧，在下棋的过程中，处处都透露着弈棋者的智慧。象棋比赛属于智力运动，不但是技巧的运用，更重要的是学生身心的体现。通过“理论、实战、研究”的训练方法，提高象棋实战水平及心理弹性能力（抗挫能力），体验象棋的妙趣横生。

中国象棋不仅仅是一种竞技，它在教育上也起着促进的作用。象棋活动课程是以能力发展为倡导，以普及象棋教育、提高国民素质为宗旨，以实现高水平象棋普及教育为目标，基于项目具体实践实施的活动课程。象棋活动课程建立以学生为主体的教学模式，使教学活动有的放矢地开展，切实将学生的学习需求作为教学内容的根本，从学生的年龄特点、兴趣特点入手，使教学内容更丰富、生动。象棋活动课程将使学生展示自我，更善于思考，进而传承文化、感受生活。启发他们的想象力、教会他们大胆而具有创造力的思维方式；同时，象棋的竞技特点，又可以激发学生的好胜心，养成积极向上的好习惯。象棋活动课程构建象棋训练活动课程知识运用、棋局攻守兼备和情感态度与价值观的多元评价体系，促进学生能力发展，提升人文素养。

二、象棋活动课程的特点

1. 象棋活动课程具有综合性

象棋不仅仅是一门体育竞技训练的课程，同时也是培养学生逻辑思维的过程，学习象棋理论、研究象棋战术，从散乱的、很难有重复的棋局中，找出其运子和子力相互配合的规律，象棋还融合了艺术、科学等学科内容，它与军事、心理学、哲学一样既相同也相异。

2. 象棋活动课程具有实践性

利用象棋比赛培养各项综合能力，即观察能力、抗挫能力、逻辑思维能力、创新能力等，同时有助于学生加深对象棋的认知，使学生深入体会到下棋的乐趣。

3. 象棋活动课程具有创造性

象棋训练活动课程通过一系列实践体验，培养学生的创造思维能力，充分调动学生积极性，勇于发现问题与解决问题。推动学生学习不同的布局攻防技巧，加深对布局的理解。在学习“攻防”的过程中提升观察与判断能力，从而将理论与实践相结合，达到育人目的。

4. 象棋活动课程具有创新性

课程设置上不停留在现今社会普遍存在的单纯技能传授层面，而是综合专业教师多年的教学经验，并借鉴国家级象棋教材，在教材内容上进行细致的板块分支梳理，并附有独特的攻防技巧训练。同时，在教学中强调、渗透德育理念，整体课程呈现综合性、多样性、科学性及实践性，是非常适合运用到教学实践中并加以推广的课程指南。

三、象棋活动课程的核心素养

根据《中国学生发展核心素养》所表述的“人文底蕴、科学精神、学会学习、健康生活、责任担当、实践创新”六大素养，基于象棋活动课程本体，对知识与技能、过程与方法、情感态度与价值观三维目标进行整合凝练其核心素养，学生学习象棋活动课程后所应达成的必备品格和关键能力表述如下：

象棋活动课程核心素养，围绕中国学生发展六大核心素养，明确学生学习象棋后所应形成的必备品格和关键能力，主要包括乐学善学、勤于反思、健全人格、自我管理、批判质疑、问题解决。

1. 乐学善学

能正确认识和理解学习的价值，具有积极的学习态度和浓厚的学习兴趣；能养成良好的学习习惯，掌握适合自身的学习方法；能自主学习，具有终身学习的意识和能力等。

2. 勤于反思

具有对自己学习状态进行审视的意识和习惯，善于总结经验，能够根据不同情境和自身实际选择或调整学习策略和方法等。

3. 健全人格

具有积极的心理品质：自信自爱，坚韧乐观，有自制力，能调节和管理自己的情绪，具有抗挫能力等。

4. 自我管理

正确认识与评估自我，合理分配使用时间与精力，依据自身个性和潜质选择适合的发展方向，具有达成目标的持续行动力等。

5. 批判质疑

思维缜密，具有问题意识，能独立思考与判断，多角度、辩证地分析问题，做出选择和决定等。

6. 问题解决

善于发现和提出问题，有解决问题的兴趣和热情；能依据特定情境和具体条件，制订合理的解决方案，具有在复杂环境中行动的能力等。

第二节　象棋活动课程目标

一、象棋活动课程的总目标

激发学习象棋的兴趣，感受象棋竞技的乐趣，培养良好的学习习惯和竞争意识，从而激发长期学习象棋的欲望。

掌握象棋的基础，理解和认识象棋不同时代的“棋风”，学会独立思考问题、发现问题、解决问题，在注重掌握攻防技巧的同时，提升学生心理素质和抗挫能力。循序渐进、分级学习并掌握象棋的基本要求：布局、中局、残局，基础技巧技能：进攻，防御，以及高级象棋布局攻防特点与残局胜和定式。

1. 能力目标

培养学生具有敏锐的观察能力、逻辑思维能力、丰富的想象力、具体及抽象思维能力，锻炼良好的记忆力，充分发展学生的求异思维能力、创造能力，树立创新意识。

2. 个性目标

培养学生良好的纪律性、坚韧不拔的意志力和自制力，增强信心，养成全面客观对待事物的品质，避免作片面评价。

3. 认知活动目标（启蒙阶段）

通过认知活动，使学生了解象棋攻防规律，明白象棋是人类文化和智慧的结晶。

4. 实践活动目标（初级、中级阶段）

通过“实战”对弈训练，规范学生的礼仪，使学生进一步认知象棋，并熟练掌握象棋攻防技巧，培养学生对象棋的兴趣，释放潜能，激发棋感及判断力。

5. 交流活动目标（高级阶段、团队班）

通过比赛活动，促使学生进行“手谈”，充分表达出个人思路，并通过赛后复盘，学会分析棋局形势的优劣及应对的方法。

二、象棋活动课程的单元目标

1. 启蒙阶段

了解下棋的礼仪、棋史、规则，了解棋盘的结构、棋子的走法，学习吃子的技巧，对弈的实战训练。

2. 初级阶段

掌握一步杀法、两步杀法的攻杀技巧，基本布局阵型的认知，练习基本布局的棋谱及实战的棋谱记录，进行比赛模式的训练。

3. 中级阶段

掌握三步杀法、四步杀法的攻杀技巧，学习基本布局的阵型区别，练习基本布局的棋谱及实战的棋谱记录，进行比赛模式的训练。

4. 高级阶段

学习五步攻杀、基本残局定式，学习布局的攻防特点、中盘战术的技巧、模拟实战训练及复盘。

5. 团队班

学习实战残局、中盘战术的运用，掌握布局陷阱的攻防技巧，模拟实战训练及复盘。

第三节 象棋活动课程结构

依据象棋活动课程目标，在充分考虑其课程性质和课程特点的前提下，根据学生的年龄特点和基础水平，将象棋活动课程划分为分级和团队两个项目层次，其中分级课程按启蒙阶段、初级阶段、中级阶段和高级阶段逐级递进，每个阶段都有各自的侧重点，除启蒙阶段外，其余阶段原则上需有前一阶段的学习基础。象棋活动课程结构如下图所示。

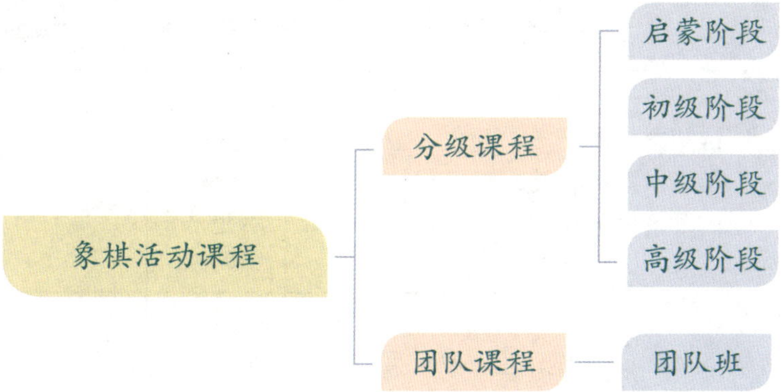

第四节　象棋活动课程教学方案

课程类别：体育类

课程名称：象棋活动课程

适用对象：5~15岁学生

学生基础要求：启蒙阶级无特别要求；初级阶段要懂得基本布局和一步至两步基础杀法；中级阶段要懂得基本的布局攻防技巧和三步杀法、基本中盘战术的运用；高级阶段需懂得运用布局、高级中局战术、高级残局；团队阶级需懂实战布局、中局战术、残局的技巧运用。

课时说明：15周/学期，1次学习/周，2课时/次（45分钟/课时），总计30课时/学期。

一、分级课程

1. 启蒙阶段课程教学方案

启蒙阶段的学习时长为一个学年，学生年龄为5岁，一学期30课时，一课时45分钟。

单元	模块	教学内容	教学方法	教学标准	课时
第一学期	认知概念	1. 认知象棋的历史、礼仪、道德； 2. 学习棋盘的构造； 3. 棋子价值的认知	游戏法、情景导入法、示范法、练习法	认知象棋的基本知识	2
	走子训练	学习车、马、炮、士、象、兵（卒）、将（帅）的走法	讲授法、示范法、游戏法、练习法	熟练各个棋子走法的特点	12
	吃子训练	学习车、马、炮、士、象、兵（卒）、将（帅）的吃法	讲授法、示范法、游戏法、练习法	熟练各个棋子吃子的技巧	16
第二学期	攻防训练	学习车、马、炮、士、象、兵（卒）、将（帅）的攻防特点与弱点	讲授法 示范法 游戏法 练习法	熟练各个棋子的攻防技巧	6
	基本棋谱训练	学习棋谱记录与棋谱练习	讲授法 示范法 游戏法 练习法	熟练棋谱并学会用棋谱记录	8
	比赛训练	1. 学习比赛对阵表； 2. 独立寻找比赛座位； 3. 模拟比赛	讲授法 示范法 游戏法 练习法	培养学生的独立能力	8
	规则训练	学习比赛规则	讲授法 示范法 游戏法 练习法	培养学生的规则意识	8

2. 初级阶段课程教学方案

初级阶段的学习时长为两个学年，学生年龄为6~7岁，一学期30课时，一课时45分钟。

单元	模块	教学内容	教学方法	教学标准	课时
第一学年	初级布局训练	1. 顺炮横车对车； 2. 顺炮直车对横车； 3. 中炮对单提马； 4. 中炮对屏风马； 5. 中炮对反宫马	讲授法、示范法、练习法	学会初级布局的攻防技巧	32
	初级杀法技巧训练	1. 车马炮类杀局； 2. 双车马类杀局； 3. 双车炮类杀局	讲授法、示范法、练习法	懂得运用车、马、炮进行攻杀	28
第二学年	初级布局训练	1. 进阶顺炮横车对车； 2. 进阶顺炮直车对横车； 3. 进阶中炮对单提马； 4. 进阶中炮对屏风马； 5. 进阶中炮对反宫马	讲授法、示范法、练习法	熟练运用初级布局的进阶攻防技巧	26
	初级杀法训练	1. 进阶车马炮类杀局； 2. 进阶双车马类杀局； 3. 进阶双车炮类杀局	讲授法、示范法、练习法	熟练运用车、马、炮进行攻杀	34

3. 中级阶段课程教学方案

中级阶段的学习时长为一个学年，学生年龄为8岁，一个学期为30课时，一课时为45分钟。

单元	模块	教学内容	教学方法	教学标准	课时
第一学期	中级布局攻防特点训练	1. 中炮对屏风马——中炮属于进攻型开局，屏风马属于防御型； 2. 顺炮局——由于双方都顺着一边走中炮，属于对攻型开局； 3. 五七炮对反宫马——五七炮属于进攻型开局，反宫马属于防御型开局； 4. 五六炮对屏风马——五六炮属于缓攻型开局，屏风马属于防御型开局，但这种开局具有反弹性	讲授法、示范法、练习法	能独自练棋谱、学习布局的攻防技巧	16

（续表）

单元	模块	教学内容	教学方法	教学标准	课时
第一学期	中级杀法技巧训练	学习中级杀的各种不同类型的杀法与基本要求：例如钓鱼马杀法、侧面虎杀法、挂角马杀法、八角马杀法	讲授法、示范法、练习法	增强计算能力及攻杀技巧	14
第二学期	中级布局攻防进阶训练	1. 中炮对屏风马进阶——中炮属于进攻型开局，屏风马属于防御型； 2. 顺炮局进阶——由于双方都顺着一边走中炮，属于对攻型开局； 3. 五七炮对反宫马进阶——五七炮属于进攻型开局，反宫马属于防御型开局； 4. 五六炮对屏风马进阶——五六炮属于缓攻型开局，屏风马属于防御型开局，但这种开局具有反弹性	讲授法、示范法、练习法	能独自练棋谱、学习布局的攻防技巧	10
	中级残局训练	学习基本残局，例如：单车吃将、单马吃将、单炮士吃将、单兵吃将	讲授法、示范法、练习法	增强计算能力及攻杀技巧	10
	中级战术训练	学习基本战术：得子、拦截、捉双、牵制、弃子等	讲授法、示范法、练习法	计算、观察红方与黑方棋子的位置、多角度思考进攻	10

4. 高级阶段课程教学方案

高级阶段的学习时长为一个学年，学生年龄为9岁，一学期为30课时，一课时为45分钟。

单元	模块	教学内容	教学方法	教学标准	课时
第一学期	高级布局训练	实战开局训练。例如： 1. 中炮进七兵对屏风马（左马盘河）； 2. 中炮进七兵对屏风马（平炮兑车）； 3. 五七炮进七兵对反宫马进七卒； 4. 顺炮直车对横车，顺炮缓开车	讲授法、示范法、练习法	学会开局特点、作用和棋谱内容，并且在不看棋谱的情况下，在棋盘上复出来，培养复盘能力	10
	高级中盘战术训练	学习高级战术：得子、拦截、捉双、牵制、弃子等	讲授法、示范法、练习法	懂得中盘战术的运用	8

（续表）

单元	模块	教学内容	教学方法	教学标准	课时
第一学期	高级残局训练	实战残局训练：兵类残局、马类残局、炮类残局、车类残局等	讲授法、示范法、练习法	理解高级攻杀的运用技巧，攻杀的分类运用技巧：默算训练、观察训练、形势判断训练	8
	复盘训练	实战对局后：要求复盘时发现问题，解决问题	讲授法、示范法、练习法	复盘，总结	4
第二学期	高级布局训练	实战开局的训练：例如： 1. 中炮进七兵对屏风马（左马盘河）； 2. 中炮进七兵对屏风马（平炮兑车）； 3. 五七炮进七兵对反宫马进七卒； 4. 顺炮直车对横车，顺炮缓开车	讲授法、示范法、练习法	每个开局特点、作用和棋谱内容都要记下来，并且在不看棋谱的情况下，在棋盘上复出来	10
	高级中盘战术训练	学习高级战术：得子、拦截、捉双、牵制、弃子等	讲授法、示范法、练习法	懂得中盘战术的运用	8
	高级残局训练	1. 攻杀的分类运用技巧：默算训练、观察训练、形势判断训练； 2. 实战残局训练：兵类残局、马类残局、炮类残局、车类残局等。	讲授法、示范法、练习法	理解高级攻杀的运用技巧，攻杀的分类运用技巧：默算训练、观察训练、形势判断训练	8
	复盘训练	实战对局后，要求复盘时发现问题、解决问题	讲授法、示范法、练习法	复盘、总结	4

二、团队课程

团队班课程教学方案

团队班的学习时长为一个学年，学生年龄10岁及以上，一个学期为30课时，一课时为45分钟。

单元	模块	教学内容	教学方法	教学标准	课时
第一学期	实战布局训练	布局攻防训练： 1. 中炮对屏风马（三、五、七兵变化）； 2. 顺炮局（三、七兵变化）； 3. 中炮对反宫马（三、五、七兵变化）	讲授法、示范法、练习法	练习国家级大师实战对局的攻防技巧	10
	中盘战术训练	中盘战术训练：抽吃、捉双、牵制、围堵、拦截、闪击、顿挫、兑子、弃子、运子	讲授法、示范法、练习法	熟练战术的运用技巧	8
	实用残局训练	1. 残局攻防训练； 2. 车兵类残局； 3. 车马类残局； 4. 车炮类残局； 5. 马炮类残局	讲授法、示范法、练习法	熟练运用残局的攻杀技巧	8
	模拟比赛训练	运用专业比赛软件进行模拟比赛	讲授法、示范法、启发法、练习法	赛后复盘、总结	4
第二学期	实战布局训练	布局攻防进阶训练： 1. 中炮对屏风马（三、五、七兵变化）； 2. 顺炮局（三、七兵变化）； 3. 中炮对反宫马（三、五、七兵变化）	讲授法、示范法、练习法	练习国家级大师实战对局的攻防技巧	10
	中盘战术训练	中盘战术进阶训练：抽吃、捉双、牵制、围堵、拦截、闪击、顿挫、兑子、弃子、运子	讲授法、示范法、练习法	熟练运用战术技巧	8

（续表）

单元	模块	教学内容	教学方法	教学标准	课时
第二学期	实用残局训练	残局攻防进阶训练： 1. 双车兵类残局； 2. 车马兵类残局； 3. 车炮兵类残局； 4. 马炮兵类残局	讲授法、示范法	熟练运用残局的攻杀技巧	8
	模拟比赛训练	运用专业比赛软件进行模拟比赛	讲授法、示范法、启发法、练习法	比赛之后复盘、总结	4

第五节　象棋活动课程评价

一、评价主体

1. 学生自评与互评

以象棋试卷考核与参加广东省象棋等级赛为评价标准。

2. 教师评价

评价学生知识熟练的程度和攻防技巧的运用。

3. 家长评价

评价学生在课堂的积极性与主动性及象棋学习习惯。

二、评价内容

评价维度	评价内容	评价选项
知识与技能	熟练流行布局的攻防特点； 熟练中局战术与判断形势的优劣； 熟练残局的攻杀技巧和解杀技巧	□目标达成 □基本达成 □还需努力

（续表）

评价维度	评价内容	评价选项
过程与方法	赛前调整自身心态与状态； 针对流行的布局进行训练； 赛后要进行复盘和总结	□目标达成 □基本达成 □还需努力
情感态度与价值观	培养心理素质、抗挫能力； 培养逻辑思维、逆向思维； 培养观察能力、判断能力	□目标达成 □基本达成 □还需努力

三、评价程序

学生自评→小组互评→教师评价→家长评价

第六节　象棋活动课程实施建议

一、教学建议

1. 教学过程教学建议

由于每个学生的理解能力和认知能力不同，将象棋活动课程分为启蒙阶段、初级阶段、中级阶段、高级阶段、团队班，具体的教学过程中都会涉及观察能力、判断能力、抗挫能力及逻辑思维能力，但选择的内容会稍有不同。

2. 实践活动教学建议

培养学生对象棋的兴趣，鼓励学生积极参加比赛，鼓励学生独自面对顺境或逆境的局面，做到胜不骄、败不馁，充分锻炼学生的抗挫能力和综合素质。

3. 交流活动教学建议

双方通过对弈，即“手谈”，指导学生将个人的想法和见解展示出来，但面对不想表达的学生，可适当鼓励，不宜强迫。

4. 展示活动教学建议

让学生在大棋盘上对弈或破解残局，并讲解棋局，提高学生的自信心。

二、资源开发与利用

1. 教学设计

结合教学目标撰写教学设计，开展教研课、公开课。

2. 教学录像

将象棋教学录像形成配套教学辅助资源，使学生深入理解课程内容。

3. 教学案例

多组织教师分享日常课堂教学存在的问题，然后大家给出解决方案，从而提高、强化教师的教学能力。

4. 教研论文

组织教师参加象棋的教研活动，推动教师在专业和教育教研方面不断专研。

第五章
篮球活动课程实施指南

程光煜　苏德军

第一节　篮球活动课程概述

一、篮球活动课程的性质

篮球运动具有集体性（多人配合进行）、对抗性（技战术对抗）、竞技性（比赛胜败）、转换性（攻防转换）、动态性（动中攻防、动中发展变化）、统一性（体能、技战术、心理、规则等多种因素的统一）的特点。篮球运动既是一项综合性很强的活动游戏，又是一个现代竞技体育的运动项目。篮球运动不仅丰富了人们的娱乐方式，促进了人们的身体健康，还直接影响到社会的政治、经济、军事等方面。从此项运动诞生至今，已经成为一种社会文化形态（篮球文化），一门现代体育科学的学科课程门类。作为体育科学的学科课程门类，它以全面系统的科学理论为基础，以丰富多彩的实践内容融入全面综合的素质教育，通过开发人的智慧，陶冶人的情操，修身养心，提高素质，开拓思路。“篮球”活动课程对心（心理）、智（智力）、体（身体）、能（体能）的发展具有非常积极的影响，能更好地挖掘和发挥篮球运动的教育育人功能。

1. 篮球活动课程的具体性质

篮球活动课程根据中国篮球协会确定的篮球规则，按照篮球项目的学科要求，根据学生身心发展规律和特点，以篮球活动为主，通过跑、跳、传、投等运动以及双方的攻防配合与对抗，对学生的速度、力量、耐力、协调、灵敏、柔韧等身体素质施以影响，对学生的身体素质起到良好的促进作用。通过教学实践活动，让学生掌握篮球运动的基本知识、基本技术和基本技能，让学生学会打篮球，愿意主动提高篮球水平，学会欣赏篮球比赛，主动参与篮球活动。从而达到锻炼身体、增加体质、培育爱党爱国情怀，培养集体主义和团队协作意识，形成积极进取、顽强拼搏、克服困难、奋勇争先的优良品质。达到发展个性、陶冶情操、促进身心正常发育，提升核心素养，全面提高综合素质，培养合格的社会主义事业接班人的目的。

2. 篮球活动课程的建设理念

新时期，随着我国学校教育和社会教育在深化改革中不断发展，人们对校外教育的需求也越来越大，要求也越来越高，课程建设始终是教育与教学改革的重要内容。将校外教育的篮球活动课程建设成一门体现现代教育思想，符合科学性、先进性、实用性和校外教育教学普遍规律，具有鲜明特色，并能够恰当地运用现代校外教育教学技术、方法与手段及简易实用的教学标准与评价，建设成教学效果显著的易操作课程。这是目前校外教育专业课程建设、实施与发展的需要，也是提高全民身体素质，播种终身体育理念，培养篮球后备人才的需要。以借鉴学校体育课程和结合校外篮球需要及发展为主线，以学生为主体，以培养学习兴趣、培训技能、培育德行为主要目标，更好地发挥篮球育人的作用。

3. 篮球活动课程的阶段

篮球活动课程按5~16岁学生年龄设置，分启蒙、初级、中级、高级四个阶段，共420个课时。要求学生身体健康，可进行较为激烈的运动，学习内容由低到高循序渐进。

4. 篮球活动课程的主要任务

篮球活动课程的主要任务是通过课堂教学和课余活动，在教师、学生的参与和教与学相互作用中完成的。作为教与学的内容，课程是教与学活动的中介，相互作用构成了一个完整的教学过程。在这个过程中，学生是学习活动的主体，教师处于主导地位。在教师的引导下，学生积极主动地掌握篮球运动的技能和理论知识。在教学过程之外，学生以篮球知识和所掌握的技能为手段参与各类课余活动。通过篮球活动开发学生的智力，全面发展其身体机能和素质，培养他们正确的人生观和良好的意志品质及道德情操。

二、篮球活动课程的特点

1. 篮球活动课程具有趣味性

篮球活动课程是由学生自行选择确定参与的，课程的活动时间由学生自由支配，因此在这样的时间内开展篮球活动，学生是否参加，完全取决于学生的篮球基础、学生的愿望和需要。同时篮球活动课程的初级阶段内容简单有趣，学生在参与活动的过程中，便会对篮球运动产生浓厚的兴趣，从而自觉地进行活动和练习。这是篮球活动课程的一个显著特点。

2. 篮球活动课程具有目的性

篮球运动已经渗透到校园及学生的生活之中，良好的篮球知识和技能可以满足学生的多种需要，由于学生参加课外篮球活动是自己选择的，有深厚的兴趣，都有明确的目标。有的学生想增强体质，有的学生想提高篮球专项水平，有的学生想广交朋友。因此课外篮球活动课程能充分发挥学生的特长，满足学生的愿望，满足学生对篮球技术水平提高的特殊需要。

3. 篮球活动课程具有灵活性

篮球活动课程，不拘泥于教学计划的要求，灵活生动多变。依据篮球运动的规律、技战术的性质、学生的篮球基础和体能，有针对性地开展活动。活动内容可以多变组合、活动方式可灵活调整、活动时间可长可短。

4. 篮球活动课程具有多元性

经过一百多年发展，现代篮球运动内容结构的多元性、综合化，使篮球运动形成了自身独特的理论体系和技战术体系，已成为一门相互交叉的边缘性学科课程。具体的活动课程内容融入了相关的现代科学。它特殊的身体形态和生理机能要求，运动意识和气质修养，意志品质和道德作风的培养，专门的基本功、技战术配合方法及实战能力等，使篮球活动课程内容更趋于科学化、独特化、多元化。

5. 篮球活动课程具有对抗性

篮球运动过程中要比技术、比战术、比体能、比心理，是一项高强度的对抗性运动项目。因此在篮球活动课程中，需要学生快速奔跑、急起急停，连续起跳、敏捷反应、力量对抗，身体、技能、心理等全面立体抗衡。

三、篮球活动课程的核心素养

篮球活动课程的核心素养是篮球课程育人价值的集中体现。篮球活动课程旨在让学生了解篮球知识，掌握篮球技术、战术，养成自主练习和研究型学习的习惯，感受篮球运动快乐；掌握科学的健身方法，加强健身实践能力，树立健康第一和终身运动的思想，养成良好的健康理念，学会健康生活；培养坚韧、顽强的品格，提高自信心，加强自我调控能力，增强团队协作，健全人格，强化责任担当意识；提高处理人际关系的能力和社会适应能力，养成良好习惯，形成正确的世界观、价值观和人生观。

第二节　篮球活动课程目标

一、篮球活动课程的总目标

篮球活动课程以培养学生篮球运动兴趣，培训并掌握篮球运动各种技术、技能和能力以及篮球运动的规则，培育学生建立优良品德和行为，增进学生身心健康，提高和推进学生素质，养成自主练习和研究型学习的习惯，让学生树立起健康第一和终身体育的思想，以“篮球健体、篮球启智、篮球交友、篮球立德”的理念进行全过程教育教学。

1. 认识目标

掌握篮球运动的基本知识与基本理论，了解并熟悉篮球运动的规则、作用、发展等相关知识，了解篮球文化内涵与文化功能，对篮球课程中理论层面的问题能有所创新和发展。

2. 技能目标

了解篮球的技术、战术基本方法和用途，掌握正确的移动、投篮、传球、运球、持球突破等攻防技术，并能够根据球场变化合理使用技术，能组织简单的战术配合。在熟练运用战术方法的同时，对篮球课程中实践层面的问题能有所创新与突破。

3. 健体目标

提高各种跑、跳移动能力和身体对抗能力，增强力量、速度、灵敏、柔韧、耐力、协调素质。提高骨骼系统、肌肉系统、循环系统功能水平，抓住学生身体素质发展的敏感时机，打好综合素质基础。掌握锻炼的正确方法，养成良好的锻炼习惯。

4. 过程目标

快乐教学、快乐体验。通过由简到繁、由低到高循序渐进的教学过程，经过学生反复的实践练习，充分发挥教师的引领作用和学生的主观能动性，掌握身体锻炼的规律和正确的锻炼方法，在运动实践中体验运动的乐趣、团结的力量、坚持的收获。

5. 德行目标

通过学习，建立起学生浓厚的篮球兴趣，使学生在教学活动实践中逐步养成吃苦耐劳、积极进取、顽强拼搏的优良品质和强烈的竞争意识、团队合作意识，并发展个性，形成正确的世界观、价值观和人生观。

6. 社会适应目标

通过篮球课程理论和实践内容的学习与掌握，帮助和支持学生提高身心健康标准，能运用适宜的方法调节自身的情绪，改善心理状态，克服心理障碍，培养良好的体育道德以及合作、协作精神，正确处理竞争与合作的关系。提高学生的创造思维能力和人际交往能力，增强社会适应能力。

7. 综合能力发展目标

通过篮球活动课程的学习，可以制订个人篮球运动练习计划并能进行自我监控，把篮球运动当作长期锻炼身体的方法，养成自主锻炼的习惯，具备组织和参与篮球竞赛的能力。掌握篮球竞赛的观赏方法，能举一反三，具备一定的控制力和学习力。

二、篮球活动课程的单元目标

课程分为四个阶段：注重学生个体差异与不同的需求，在掌握技术、锻炼身体、培养良好品质的过程中注重体育核心素养的培养。

1. 启蒙阶段

（1）培养篮球运动的兴趣，了解篮球基本知识。

（2）学会徒手各种移动以及单一的篮球基本技术，以柔韧、协调、灵敏为主，发展学生身体素质。

（3）熟悉球性，学生习惯课程活动中的常规和要求。

（4）不怕苦，不怕累，积极上进。

2. 初级阶段

（1）使用篮球术语，建立简单的篮球概念，初步了解国内外篮球运动现状。

（2）学会并可以初步使用单一篮球技术动作，做简单的篮球组合技术动作，初步具备控制和支配球的能力。

（3）发展以柔韧性、协调性和速度素质为主的运动能力和综合素质。

（4）建立打篮球的兴趣，促进学生个性发展，自觉自愿与同伴合作完成篮球活动。

（5）培养坚韧、顽强、拼搏的良好意志品质。

3. 中级阶段

（1）熟悉并掌握单一技术动作并基本能合理使用技术。能完成2~3个技术动作组合，有一定的运动判断能力。

（2）用科学的方法参与篮球运动和锻炼活动，对篮球产生兴趣，知晓篮球的基本知识，正确使用篮球术语。

（3）发展身体灵敏、协调、柔韧、速度、耐力等素质，加强爆发力训练。

（4）培养勇敢、顽强精神，加强竞争、争先意识，培育主动合作的团队协作精神，有良好的心理品质，愿意与他人交往。

4. 高级阶段

（1）熟悉并能合理运用篮球基本技术动作，基本掌握三个以上技术组合，能在实际对抗中使用，具备一定的应变能力。

（2）发展速度、力量、灵敏、协调、耐力、柔韧等综合素质。

（3）学习基础战术配合，不断提高战术配合意识。同时加强团结、协作的集体观和团队意识。

（4）培养积极进取、顽强拼搏、克服困难、意志坚强的良好品质，全面加强核心素养。

第三节　篮球活动课程结构

依据篮球活动课程目标，在充分考虑其课程性质和课程特点的前提下，根据学生的年龄特点和基础水平，将篮球活动课程按启蒙阶段、初级阶段、中级阶段和高级阶段逐级递进，每个阶段都有各自的侧重点。篮球活动课程结构如下图所示。

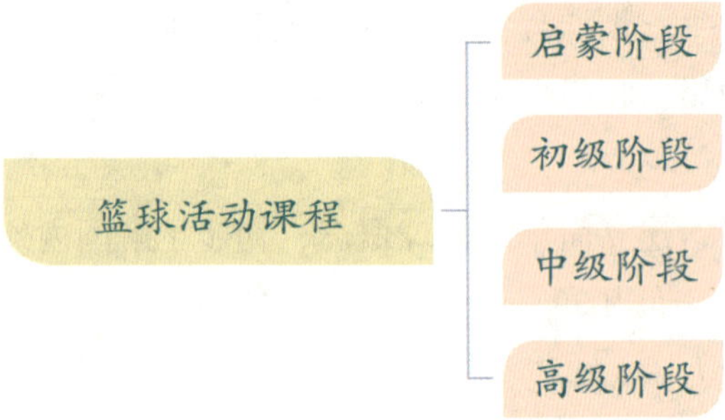

第四节　篮球活动课程教学方案

课程类别： 体育类

课程名称： 篮球活动课程

适用对象： 5~16岁学生

学生基础要求： 要求学生身体健康，可进行较为激烈的运动，学习内容由低到高循序渐进。

课时说明： 15周/学期，1次学习/周，2课时/次（45分钟/课时），总计30课时/学期。

篮球活动课程按年龄设置，分启蒙阶段、初级阶段、中级阶段、高级阶段四个阶段，共420个课时。

1. 启蒙阶段课程教学方案

启蒙阶段（5~6岁）共30次课，60课时。

单元	模块	教学内容	教学方法	教学标准	课时
身体素质	一般身体素质	跑、跳	练习法	动作协调，能完成运动强度适中的练习	4
技术	移动	跑、滑步、跨步、转身、急停、急起	语言法、直观教学法、练习法、完整与分解教学法、预防与纠正错误练习法、游戏法、竞赛法	能合理控制重心，全身协调，在中等速度下完成动作	8
	运球	1. 原地左右手运球； 2. 行进间左右手运球； 3. 原地及行进间左右手运球； 4. 运球急起急停； 5. 体前变向换手运球； 6. 转身运球		腕、肘屈伸灵活，手心空出，按拍球协调，落点合理，基本能够控制球并配合完成脚步动作	18
	传、接球	1. 双手接胸前球； 2. 双手接头上球； 3. 双手胸前传球； 4. 单手胸前传球		不挫手指，能接住球，有前伸迎球及缓冲球动作	13
	投篮	1. 双手胸前投篮； 2. 单手胸前（发力手侧胸前）投篮 3. 行进间高低手投篮		1. 持球位置及手型正确，发力自下而上，全身用力协调； 2. 停球时机正确，跨步："一大、二小、三跳"全身协调。命中率15%以上	13
核心素养	习惯	1. 尊重教师同学； 2. 站队，听教师口令	语言法、直观教学法、游戏及竞赛法	养成相互问候、主动站队，"听""练"专注的习惯，学习"违例"等篮球规则，接受规则约束，拥护团队，建立坚持、上进的品质	4
	意识	1. 守纪律，听指挥； 2. 学习篮球规则			
	品德	1. 愿坚持； 2. 讲团结			

2. 初级阶段课程教学方案

初级阶段（7~9岁）共60次课，120课时。

单元	模块	教学内容	教学方法	教学标准	课时
身体素质	一般及专项身体素质	一般身体素质： 速度、灵敏素质为主（各种跑、跳等）	练习法、直观教学法	身体协调，尽可能加快速度	10
		专项身体素质： 协调、灵敏、柔韧素质，爆发力		中等运动量与运动强度下，可协调完成有球与无球练习	
技术	移动	跑（侧身跑、变向跑、后退跑等）、滑步（侧滑步、前滑步、后滑步）、跨步、转身（前转身、后转身）、急停、急起	语言法、直观教学法、练习法、完整与分解教学法、预防与纠正错误练习法、游戏法、竞赛法	动作协调，重心起伏少，清晰脚跟与脚前掌的使用时机，可以在中等速度下正确完成动作	10
	运球	1. 原地左右手运球； 2. 行进间左右手运球； 3. 原地及行进间左右手换手运球； 4 运球急起急停运球； 5 体前变相换手运球； 6 转身运球		全身协调，可以控制篮球，知晓球的落点与人体运动的关系，使球随人一体移动，强侧手可以熟练拍球	30
	传接球	双手接球		基本可以接住不同方向的来球，并完成接球后的下一个动作	15
		1. 双手胸前传球； 2. 单手胸前传球； 3. 单手肩上传球		持球、引球动作正确，手指手腕拨球动作明显，全身用力协调	
	投篮	1. 双手胸前投篮； 2. 单手胸前（发力手侧胸）投篮； 3. 单手肩上		持球正确，全身用力协调，手指、手腕拨球动作准确，命中率20%以上	30
		行进间高低手投篮		熟练完成跨步："一大二小三跳"，全身协调，投篮手型正确，命中率40%以上	
	持球突破	交叉步、顺步持球突破		脚步与推放球配合协调，重心下压，加速明显，熟练使用交叉步及顺步突破	15

（续表）

单元	模块	教学内容	教学方法	教学标准	课时
核心素养	习惯	1. 尊重教师同学； 2. 站队，听教师讲解； 3. 想打篮球，想运动	语言法、 直观教学法、 游戏及竞赛法	养成问候、主动站队、“听”“练”专注、想打篮球的习惯，清楚各种违例及侵人犯规等篮球规则，知晓罚则，接受规则约束，爱团队，培育坚韧、协作、拼搏的品质	10
	意识	1. 守纪律，爱团队； 2. 学习篮球规则，遵守规则			
	品德	1. 愿坚持； 2. 讲团结； 3. 想拼搏			

3. 中级阶段课程教学方案

中级阶段（10~13岁）共60次课，120课时。

单元	模块	教学内容	教学方法	教学标准	课时
身体素质	一般及专项身体素质	一般身体素质： 灵敏、柔韧、速度、力量素质为主（徒手跑、跳等）	练习法、 直观教学法	判断、反应及动作速率较快，动作协调，重心控制良好	7
		专项身体素质： 灵敏、协调、速度素质，爆发力		各种专项跑、跳、移动反应及动作速率较快，全身协调具备较好的爆发力	
技术	移动	跑（侧身跑、变向跑、后退跑等）、滑步（侧滑步、前滑步、后滑步）、跨步、转身（前转身、后转身）、急停、急起	语言法、 直观教学法、 练习法、 完整与分解教学法、 预防与纠正错误练习法、 游戏法、 竞赛法	全身动作协调，重心起伏平稳，跑、停、转等动作脚跟与脚前掌的使用准确；能在中高速度状态下完成动作	7
	运球	1. 原地各种运球； 2. 运球急起急停； 3. 体前变向换手运球； 4. 转身运球； 5. 胯下运球		全身协调，能控制篮球（球跟人移动），完成运球技术过程中脚步动作正确，弱侧手基本可以控制球	29

（续表）

单元	模块	教学内容	教学方法	教学标准	课时
技术	传接球	1. 双手接球； 2. 双手胸前传球； 3. 单手胸前传球； 4. 单手肩上传球	语言法、直观教学法、练习法、完整与分解教学法、预防与纠正错误练习法、游戏法、竞赛法	能够接住不同方向不同速度的来球，并完成接球后的下一个动作 传球时持球、引球动作正确，手指手腕拨球力度可根据需要进行主动调节，可控制传球速度及落点，全身用力协调	12
	投篮	1. 双手胸前投篮； 2. 单手胸前（发力手侧胸）投篮； 3. 单手肩上投篮		持球正确，全身用力协调，手指、手腕拨球动作准确，可在不同类技术组合下正确完成投篮动作，命中率25%以上。	29
		行进间高低手投篮		熟练完成跨步："一大二小三跳"，全身协调，投篮手型正确，强侧手命中率60%以上，弱侧手命中率20%以上	
战术	持球突破	1. 持球顺步突破； 2. 持球交叉步突破	语言法、直观教学法、练习法、完整与分解教学法、预防与纠正错误练习法、游戏法、竞赛法	可根据需要调整脚步与推放球位置，重心下压，加速明显，熟练使用技术动作，能与其他技术运动进行组合使用	12
	抢篮板球	1. 抢进攻篮板球； 2. 抢防守篮板球		有抢篮板球意识，明确判断、抢位、挡人的重要性，可顺利完成技术动作	4
	基础战术配合	1. 传切配合； 2. 掩护配合； 3. 策应配合； 4. 突破分球配合		知道基础战术配合的目的意义，知晓每个位置队员的作用，可以画出战术示意图，在无防守或消极防守下组织完成配合过程	10

（续表）

单元	模块	教学内容	教学方法	教学标准	课时
核心素养	知识	1. 健康与运动锻炼的关系； 2. 运动锻炼的一般方法； 3. 学习篮球规则，遵守规则	语言法、直观教学法、游戏及竞赛法	1. 知晓健康与运动锻炼的关系，开始养成体育运动锻炼的习惯，清晰准备活动和整理运动在体育运动中的作用； 2. 喜欢打篮球，熟悉篮球规则，对一般的违例、犯规可进行判断； 3. 主动协作、讲团结，维护团队，勇于克服困难，顽强拼搏	10
	意识	1. 喜欢打篮球，喜欢运动； 2. 守纪律，爱团队			
	品德	1. 有毅力，能吃苦； 2. 讲协作，愿配合； 3. 想竞争，能拼搏			

4. 高级阶段课程教学方案

高级阶段（13~16岁）共60次课，120课时。

单元	模块	教学内容	教学方法	教学标准	课时
身体素质	一般及专项身体素质	1. 一般身体素质：灵敏、速度、力量素质为主； 2. 专项身体素质：灵敏性、协调性、动作速度、力量，爆发力	练习法、直观教学法	反应快、动作迅速，腰腹力量及协调力强，弹跳性好，大肌肉群收缩力强，弹性好；小肌肉群灵敏性高，全身动作协调，重心控制良好	7
技术	移动	跑（侧身跑、变向跑、后退跑等）、滑步（侧滑步、前滑步、后滑步）、跨步、转身（前转身、后转身）、急停、急起	语言法、直观教学法、练习法、完整与分解教学法、预防与纠正错误练习法、游戏法、竞赛法	完成动作协调，重心可根据动作需要起伏自如；跑、停、转等动作脚跟与脚前掌的使用准确，能在高速度状态下顺利完成动作	8

（续表）

<table>
<tr><th>单元</th><th>模块</th><th>教学内容</th><th>教学方法</th><th>教学标准</th><th>课时</th></tr>
<tr><td rowspan="7">技术</td><td>运球</td><td>1. 原地各种运球；
2. 体前变向换手运球；
3. 转身运球；
4. 胯下运球</td><td rowspan="7">语言法、
直观教学法、
练习法、
完整与分解
教学法、
预防与纠正
错误练习法、
游戏法、
竞赛法</td><td>全身协调，能自如控制篮球（球随人移动），完成运球技术过程中脚步动作正确，强弱侧手均可以控制球，能够顺利完成与其他不同类技术动作的组合</td><td>20</td></tr>
<tr><td rowspan="2">传接球</td><td>1. 双手接球；
2. 单手接球</td><td>能够单双手接住不同方向、不同速度的来球，并自如完成接球后的下一个动作</td><td rowspan="2">10</td></tr>
<tr><td>1. 双手胸前传球；
2. 单手胸前传球；
3. 单手肩上传球；
4. 单手体侧传球；
5. 背后传球；
6. 传反弹球</td><td>持球、引球动作正确，手指、手腕拨球力度可根据需要进行主动调节，可自如控制传球速度及落点，并能完成与其他不同类技术动作的组合，全身用力协调</td></tr>
<tr><td rowspan="2">投篮</td><td>单手肩上投篮</td><td>持球正确，全身用力协调，手指、手腕拨球动作准确；可在不同类技术动作组合下正确完成投篮动作，命中率25%以上</td><td rowspan="2">22</td></tr>
<tr><td>行进间高低手投篮</td><td>自如完成跨步，全身协调，投篮手型正确，在篮圈的不同位置可较好地完成技术动作，完成与其他类技术动作的组合；强侧手命中率70%以上，弱侧手命中率50%以上</td></tr>
<tr><td>持球突破</td><td>1. 持球顺步突破；
2. 持球交叉步突破</td><td>可根据需要调整脚步与推放球，重心下压，加速明显，熟练使用技术动作，能与其他技术类动作进行组合使用</td><td>10</td></tr>
</table>

（续表）

单元	模块	教学内容	教学方法	教学标准	课时
技术	抢篮板球	1. 抢进攻篮板球； 2. 抢防守篮板球	语言法、直观教学法、练习法、完整与分解教学法、预防与纠正错误练习法、游戏法、竞赛法	有较强的抢篮板球意识，可相对准确地进行判断，正确完成抢位、挡人起跳抢球等动作	4
	抢断球	1. 抢断传球； 2. 抢断运球； 3. 抢持球		清晰抢断各种球的时机，基本掌握动作方法	3
战术	基础战术配合	1. 传切配合； 2. 掩护配合； 3. 策应配合； 4. 突破分球配合		知道基础战术配合的目的意义，知晓每个位置队员的作用，可以画出战术示意图，在无防守或消极防守下组织完成配合过程	12
	全队战术配合	1. 明确全队战术配合概念； 2. 以传切配合、掩护配合为主的全队战术配合； 3. 综合全队战术配合		了解全队战术配合的作用和意义，明晰每个位置队员的职责与任务，知晓篮球移动与每名队员相互间移动的路线、时机等因素的配合方法，基本熟悉2~3种全队配合的战术	14
核心素养	知识	1. 尊重教师，爱同学； 2. 注意力集中，服从指挥； 3. 喜欢打篮球，喜欢运动	语言法、直观教学法、游戏法、竞赛法	掌握一般的体育运动锻炼前准备活动的方法及要求和注意事项，重视运动后的整理活动；了解心率、血压等基本生理指标及作用；喜爱打篮球，喜爱运动锻炼；熟悉篮球竞赛的规则，明晰罚则，了解篮球裁判法，并能对运动中经常发生的具体情况进行较为准确的判断；主动协作、维护团队，不怕苦，不怕累，愿意竞争，不怕困难，勇于进取，顽强拼搏	10
	意识	1. 守纪律，爱团队； 2. 学规则，守规则			
	品德	1. 有毅力，能吃苦； 2. 讲协作，愿配合； 3. 想竞争，能拼搏			

第五节　篮球活动课程评价

一、评价建议

1. 学生评价建议

应该经常要求学生个体及小组进行评价，通过学生之间的互评，既能加深学生对学习活动内容的理解，又能增加判别能力和纠错能力，加大团队效应，增强学生自信心和团结协作、共同进步的意识。

2. 教师评价建议

教师要关注学生学习过程，多作过程性评价，及时发现学生的进步与变化，充分调动学生的积极性，提高学生的自信心，并充分挖掘和展现学生的个性潜能，促进他们在学习、思想、习惯上全面提高和全面发展。

3. 家长评价建议

家长评价主要体现在学生的学习兴趣、热情、态度等心理及学生身体健康状况等方面。教师应引导家长评价的内容和方法，通过家校互通，达到优化教学活动，更好地提升教学效能。

二、评价主体

1. 学生自评

对照评价内容和标准进行定性评价。

2. 教师评价

综合知识与技能、过程与方法、情感态度与价值观三个方面进行综合评价。

评价维度	评价内容	评价选项
知识与技能	了解篮球运动的特点和规律，掌握基本规则与判罚，能够参与篮球运动； 了解篮球运动与身体健康的关系，熟悉健康运动基本知识，习惯并经常进行体育运动； 掌握各学习阶段的基本技术，并在不同情况下，合理运用技术动作； 了解各学习阶段的战术配合，可以组织并实施简单的战术配合	□目标达成 □基本达成 □还需努力

（续表）

评价维度	评价内容	评价选项
过程与方法	学习过程中积极主动，出勤率高； 有良好学习习惯，能自主学习和相互练习； 能够积极参与对抗、比赛等活动； 能自我评价及对他人评价； 课堂作业及家庭作业完成情况好	□目标达成 □基本达成 □还需努力
情感态度与价值观	有浓厚的学习兴趣，喜爱篮球，喜欢运动； 有健康运动的意识和行为； 篮球战术配合意识强，有正确的集体主义、团队协作意识； 有克服困难、进取拼搏、坚定顽强的作风； 具备一定的运动竞赛欣赏能力与感知力	□目标达成 □基本达成 □还需努力

三、评价程序

学生自评→小组互评→教师评价→家长评价

第六节　篮球活动课程实施建议

一、层级教学建议

1. 启蒙阶段

身体素质以柔软性、协调性素质为主，并将熟悉球性作为有球练习的主要内容，多采用游戏法练习，激发学习兴趣，在练习中注重引导学生形成良好的学习习惯、讲规则和守纪律意识。

2. 初级阶段

身体素质以协调、灵敏、爆发力为主，掌握各项技术要注重强弱侧手的均衡发展，建立攻防意识，多采用游戏法、竞赛法进行练习，帮助学生建立篮球兴趣，培养良好的学习习惯。

3. 中级阶段

逐步增加专项身体素质练习的比重，以灵敏、速度为主要内容，各项技术需要在不同类技术动作组合下反复练习，并在实践需要中能合理使用，将基础战术配合的学习融入技术练习中。提倡学生在配合中完成各种技术练习。

4. 高级阶段

身体素质以速度、爆发力、灵敏为主，加大力量、耐力素质练习的比重，全面提高身体机能。各单项技术的练习要在对抗、不同速度、多种组合的复杂情况下进行练习。战术学习要借助画图、视频录像、多媒体等多种形式结合进行。注重篮球规则学习，养成良好健康的锻炼习惯。

二、竞赛法教学建议

篮球运动的形式就是有对抗性的竞赛活动，因此教学中应多采用竞赛法教学的方式进行教学。由于学习中的竞赛活动将直接影响到学生技战术的掌握，现提出以下建议：

（1）身体素质练习可多采用竞赛法练习。

（2）技术学习过程中的单项竞赛应在设置完成技术动作质量的前提下进行。

（3）战术学习过程中的竞赛，可采用完成战术配合后加分的方式进行。

（4）各学习阶段根据教学需要，合理安排全场、半场的比赛以及与其他班级的比赛。

（5）注重学生个体差异，合理安排个人、小组、团队间的竞赛。

第六篇

科技类项目活动课程

科技进步是一个国家进步与发展的重要标志，培养未来科技人才是国家和社会发展最重要的因素之一。从小培养学生学科学、爱科学、用科学的理念，让学生增强创新意识，培养学生创新精神和实践能力是全面提高学生素质教育的要求。科技类项目活动课程能让学生发现自己的潜能、树立远大的理想，培养他们的观察力、想象力、动手能力，锻炼坚强的意志。通过参加省市及全国比赛，提高个人的科学素养及专业能力和团队精神。科技类项目活动课程包括模拟飞行、模型制作、智能机器人、无线电测向运动、“博士星 STEM”等活动课程。

第一章

模拟飞行活动课程实施指南

蔡冠峰

第一节　模拟飞行活动课程概述

一、模拟飞行活动课程的性质

模拟飞行属于模拟运动的项目之一，模拟飞行是通过电脑设备及软件，对真实飞行中各种元素在计算机中进行仿真模拟的一项航空科技活动。模拟飞行器通常运用于空军和民用飞行员的地面飞行训练，是专业性很强、价格昂贵的飞行设备。随着个人电脑的发展，基于家用计算机的模拟飞行平台开始出现，模拟飞行真正开始蓬勃发展。学习模拟飞行不仅能启发青少年对科技的向往，还能增加青少年的航空航天知识。通过仿真模拟技术，能够使飞行更加易学、易懂，大大提高了青少年学习航空知识的兴趣。培养青少年责任担当和实践创新的科学精神。

模拟飞行是建构在虚拟世界与现实世界之间的桥梁，最终目标是回归现实，为未来中国培养出更多具有航空潜质的青少年群体。模拟飞行活动课程是以“科技兴国”为理念，以普及航空为导向，以“推广航空科技教育，提高学生的科学素养”为宗旨，以为国家培养优秀航空人才为目标的活动课程。

二、模拟飞行活动课程的特点

1. 模拟飞行活动课程具有仿真性

模拟飞行是使用电脑设备和飞行软件，进行真实飞机的仿真飞行活动。在电脑虚拟的飞行场景中对各种飞机、各种元素进行交互呈现，达到身临其境的效果。模拟飞行中对飞行员的视觉、听觉、触觉有即时的反馈，使操纵体验具有现场感、真实感。使用互联网或局域网可以多人联机飞行，在联网飞行中可以感受到与其他人融合互动，体验到更强的仿真效果。

2. 模拟飞行活动课程具有适用性

模拟飞行有很强的适用性。驾驶飞机对于普通人来讲很难体验。模拟飞行就可以利用高仿真度和情景代入的特点，把深奥的航空理论知识和难以接触的飞行技术推广到普罗大众中。对于初学飞行的人来说，既降低了培训成本，又保证了充裕的培训时间。目前大部分飞行爱好者在学习真飞机驾驶之前都要进行模拟飞行训练。而且对于想提升飞行技术的老飞行员也有很大帮助，一些高难度飞行动作可以提前在模拟器上练习，然后在现实飞行中实践，可以大幅度提高真实飞行的成功率。

3. 模拟飞行活动课程具有普及性

模拟飞行普及性好，所使用的器材仅仅是家用电脑和飞行操纵杆，使学习成本大大低于实际通航飞行训练。在模拟训练中还能学习航空知识和飞行驾驶技能；包含机械、物理、数学、通信、气象、地理、历史、无线电、空气动力学等各类知识；使复杂的航空理论和飞行技术更加易学、易懂。模拟飞行还突破了场地、时间、飞行风险的限制，将航空运动从户外搬到家里或学校的电脑上进行，让人随时随地享受到飞行带来的乐趣。

4. 模拟飞行活动课程具有趣味性

模拟飞行课程内容丰富，既有航空历史、航空知识和飞行原理的学习，又有模型飞机制作的内容。模拟飞行训练时学生通过操作模拟飞行设备，学习各种不同类型飞机的驾驶技术。各阶段学习结束后进行飞行考核来检验学生的学习情况：以双飞、多飞、编队等飞行方式来培养学生的协作能力和团队精神。定期举办模拟飞行比赛和游戏活动，让学生有更多的机会与志同道合的朋友相互交流。

5. 模拟飞行活动课程具有竞技性

模拟飞行和真实飞行的基础训练具有融通性，航空领域专家认为模拟飞行是进行真实飞行基础训练的最好途径。我们每学期挑选优秀的学生进行参赛培训，利用学生自身的特点来安排集训内容及参赛项目。培训内容包括空气动力原理的理解和航空知识的实践应用。并对学生的飞行数据进行分析，找出改良的方案。组织学生参加省市及全国级别的模拟飞行比赛，鼓励学生对航空事业发展向更高更强迈进。

三、模拟飞行活动课程的核心素养

模拟飞行活动有助于青少年锻炼手脑的协调能力，增强思维敏捷度，提高快速应变能力，也有助于青少年从小学习航空知识，了解航空文化，培养航空情怀，树立航空志向，成长为优秀航空后备人才。

青少年学习模拟飞行首先可以学习到物理、数学、外语、机械、航空、气象、雷达、计算机等多方面知识，为青少年全面发展提供了正确和有益的渠道。

模拟飞行软件作为一个优秀的航空知识教学的载体，弥补了以前航空知识教学枯燥无味、知识难度较高、学生理解度不够的教学问题。

学生发展核心素养，主要指学生应具备的、能够适应终身发展和社会发展需要的必备品格和关键能力，可分为文化基础、自主发展、社会参与三个方面。学生通过模拟飞行活动课程的学习与训练，可以提升自身综合素养，为成为全面发展的人打下基础。

1. 有助于知识的融合与运用

学生通过模拟飞行，能够学到机械、物理、通信、气象、地理等各领域的知识，在学习、理解、运用相关科学知识和技能时，形成了快速的思维能力和反应能力。在仿真环境中具有问题意识；能独立思考、独立判断；思维缜密，能多角度、辩证地分析问题，随着训练的层层深入，作出恰当的决断。模拟运动科技含量高,知识性强,涉及体育运动、机械、物理、制作、计算机等多方面知识和技能,有利于全面培养、锻炼和提高学生的身心素质。

2. 提升信息收集与处理能力

模拟飞行可以让学生在仿真环境中，自主有效地获取、评估、鉴别、使用信息，发展信息素养，提升信息采集加工处理能力，主动适应信息化社会，为学会学习、自主发展打下信息素养基础。

3. 培养实践创新能力

在整个模拟飞行课程中，学生理解、掌握并运用飞行技术，了解人类航空航天知识与人类文明产生有机联系。仿真飞行环境有利于培养学生依据特定情境和具体条件，制订合理的解决方案的能力，能在复杂环境中作出正确反应。通过比赛和完成任务的形式，培养学生责任担当和实践创新的科学精神。

4. 培养多维空间感和方位感

今后的学习、工作和生活中经常需要三维思维和较强的方位感，而模拟飞行课程可以提升学生的空间思维能力与立体方位感，对今后的日常实际生活大有裨益。

5. 激发对航空的向往情怀

现代越来越多的航空飞行成就，让学生对飞行的关注越来越多。模拟飞行不仅能启发学生对科技的向往，更重要的是通过训练能提升学生航空航天知识和飞行技能。在模拟飞行活动课程中，学生了解、体验和感知航空运动，享受航空运动带来的乐趣，激发他们热爱航空、热爱飞行的科学兴趣。

第二节　模拟飞行活动课程目标

一、模拟飞行活动课程的总目标

让少年儿童学习航空知识与飞行原理，通过模拟飞行软件的学习，掌握多种飞机的基本驾驶技术和相关飞行规定。从中让学生了解一些飞机的机械结构、空气动力、技术数据等知识。在学习专业技能的过程中，我们更重视素质教育，特别是学习飞行员优良的思想品德、扎实的技术本领、健康的身体素质，让学生做更好的自己。

课程采用新的模拟教学技术，让学生用新的方法来学习科学知识。在学习开飞机的过程中感受科技的魅力，认知航空发展对于社会的推动起到极其重要的作用，激发学生对航空事业的向往。通过了解我国航空业的迅猛发展，增强对祖国的认同感和自豪感。

二、模拟飞行活动课程的单元目标

（一）分级课程

1. 启蒙阶段

掌握模拟飞行软件和飞行操纵杆的基本使用方式，利用软件结合操纵杆进行飞行学习。学会J–5飞机的起飞、航行、降落的操作程序。懂得在软件中设定飞机的机型、飞行环境和飞行任务。初步熟悉电脑键盘功能键和飞行摇杆功能键的使用方法。学会“五边起降”项目的飞行操作，包括起飞、爬升、航线、转向、降落等操作。

2. 初级阶段

掌握软件联网飞行的操作，多人联网飞行的技术要点。了解全国模拟飞行比赛项目。熟悉“团体编队”项目的飞行路线，SU26飞机编队飞行技术及小组队员之间的沟通配合。学会红队飞行路线、蓝队飞行路线，提高降落成功率。

3. 中级阶段

掌握“航母起降”项目飞行路线及比赛规则，飞机使用格鲁曼F6F–3地狱猫舰载机，需要完成完整的甲板起飞和降落流程。按飞行动作是否规范和降落时“钩挂钢索”与“滑行停止”的得分来评判成绩。

掌握“个人竞速”项目飞行路线及比赛规则，飞机使用SU26运动飞机，按飞行动作规范和飞行时间来评判成绩。

4. 高级阶段

掌握“空中技巧”项目飞行路线及比赛规则，飞机使用SU26运动飞机，按飞行动作规范和飞行时间来评判成绩。

掌握“四人对抗”项目飞行技巧及比赛规则，飞机使用寇蒂斯Hawk 81A–2战斧飞机，按规定时间内击落对方战机来评判成绩。

（二）团队课程

1. 预备团

掌握“团体编队、个人竞速、航母起降”项目的全部飞行路线和操作流程。熟悉每项比赛规则和扣分的细节，保证飞行动作的规范与成功率。按飞行动作规范、飞行时间和胜负率来评判成绩。挑选优秀队员参加各项省市比赛。

2. 航模队

掌握“团体编队、个人竞速、航母起降、空中对抗、空中技巧”等项目的全部飞行路线和操作流程。熟悉每项比赛规则和扣分的细节，保证飞行动作的规范与成功率。按飞行动作规范、飞行时间和胜负率来评判成绩。挑选优秀队员参加各项省市、全国比赛。

第三节 模拟飞行活动课程结构

依据模拟飞行活动课程目标，在充分考虑其课程性质和课程特点的前提下，根据学生的年龄特点和基础水平，将模拟飞行活动课程划分为分级课程和团队课程两个课程层次，其中分级课程按启蒙阶段、初级阶段、中级阶段和高级阶段逐级递进，每个阶段都有各自的侧重点。模拟飞行活动课程结构如下图所示。

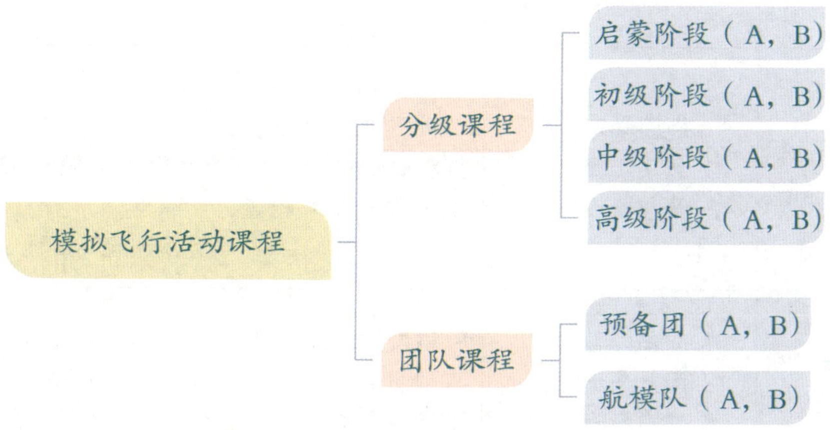

第四节　模拟飞行活动课程教学方案

课程类别：科技类

课程名称：模拟飞行活动课程

适用对象：7岁以上学生

学生基础要求：会电脑基本操作。

课时说明：15周/学期，1次学习/周，2课时/次（45分钟/课时），总计30课时/学期。

器材：软件“音速时代Sonic Age”+硬件“3D飞行操纵杆”。

一、分级课程

1. 启蒙阶段课程教学方案

启蒙阶段分为A，B两个学期，每学期30课时，共60课时。

单元	模块	教学内容	教学方法	教学标准	课时
启蒙阶段A	认识软件	1. 电脑使用； 2. 软件使用； 3. 飞行摇杆使用	讲授法、 直观演示法、 现场教学法	1. 学会电脑开关、键盘、鼠标功能键使用； 2. 学会打开飞行软件、进入功能菜单选择； 3. 学会操纵杆及功能键的使用	8
	J-5飞机起飞训练	1. 地面学习； 2. 起飞步骤； 3. 升空操作	讲授法、 直观演示法、 现场教学法	1. 学会看仪表板及地面操作； 2. 学会启动引擎及起飞检查； 3. 学会跑道起飞流程	10
	J-5飞机航线训练	1. 航向学习； 2. 爬升与下降； 3. 左右盘旋	讲授法、 直观演示法、 现场教学法	1. 学会看航向表飞行； 2. 学会看高度表飞行； 3. 学会看水平仪转向盘旋	12

（续表）

单元	模块	教学内容	教学方法	教学标准	课时
启蒙阶段B	J-5飞机降落训练	1. 目标定位； 2. 进近练习； 3. 跑道滑行	讲授法、 直观演示法、 现场教学法	1. 学会定位跑道； 2. 学会看飞行数据掌握降落操作； 3. 学会跑道停机	8
	转场训练	1. 起飞步骤； 2. 航线飞行； 3. 降落步骤	练习法、 自主学习法、 现场教学法	1. 要求正常跑道起飞； 2. 要求航线符合预设要求； 3. 要求安全降落目标机场	8
	飞行任务	1. 敌军机场； 2. 火车站； 3. 寻找数字	任务驱动法、 自主学习法、 讨论法	1. 学会看地图，找到目标； 2. 学会看地图，低空飞行； 3. 学会小组协作	10
	考核	五边飞行起降任务	考核	考核要求：能驾驶J-5初级上单翼飞机按指定飞行路线飞完全程并安全降落	4

2. 初级阶段课程教学方案

初级阶段分为A，B 两个学期，每学期30课时，共60课时。

单元	模块	教学内容	教学方法	教学标准	课时
初级阶段A	联网	1. 建立小组； 2. 小组联网； 3. 全体联网	讲授法、 直观演示法、 现场教学法	1. 学员形成4人小组并选出队长； 2. 学会小组建群及加群的操纵步骤； 3. 学会全班同学联网飞行的步骤	6
	编队训练	1. 学习2人编队； 2. 学习4人编队	练习法、 现场教学法、 讨论法	1. 学会2人伴飞空中航线； 2. 学会4人编队转场飞行	10
	SU26飞机起飞训练	1. 地面学习； 2. 起飞步骤； 3. 升空操作	直观演示法、 练习法、 现场教学法	1. 学会看仪表板及地面操作； 2. 学会启动引擎起飞检查； 3. 学会跑道起飞流程	6
	SU26飞机降落训练	1. 目标定位； 2. 进近练习； 3. 跑道滑行	直观演示法、 练习法、 现场教学法	1. 学会定位跑道； 2. 学会看飞行数据掌握降落操作； 3. 学会跑道停机	8

（续表）

单元	模块	教学内容	教学方法	教学标准	课时
初级阶段B	团体赛红队训练	1. 滑行待飞； 2. 红队路线； 3. 降落跑道	练习法、现场教学法	1. 学会跑道滑行； 2. 学会红队全程飞行路线； 3. 学会各自跑道降落并停入红框	10
	团体赛蓝队训练	1. 滑行待飞； 2. 蓝队路线； 3. 降落跑道	练习法、现场教学法	1. 学会跑道滑行； 2. 学会蓝队全程飞行路线； 3. 学会各自跑道降落并停入蓝框	12
	团体赛考核	团体赛4人编队接力赛	考核	考核要求：能驾驶SU26飞机按团体赛指定飞行路线飞完全程	8

3. 中级阶段课程教学方案

中级阶段分为A，B两个学期，每学期30课时，共60课时。

单元	模块	教学内容	教学方法	教学标准	课时
中级阶段A	航母起飞	1. 地面学习； 2. 起飞步骤； 3. 升空操作	直观演示法、练习法、现场教学法	1. 学会看仪表板及地面操作； 2. 学会启动引擎起飞检查，W键、K键的使用； 3. 学会航母跑道起飞，收襟翼与起落架	8
	航母降落	1. 目标定位； 2. 进近练习； 3. 跑道滑行	直观演示法、练习法、现场教学法	1. 学会定位航母跑道； 2. 学会看飞行数据掌握降落操作，J键、X键的使用； 3. 学会航母跑道快速停机	16
	航母起降项目考核	航母五边起降赛	考核	考核要求：能驾驶格鲁曼F6F-3地狱猫舰载机飞机在航母上完成起飞和降落的飞行	6

（续表）

单元	模块	教学内容	教学方法	教学标准	课时
中级阶段B	个人竞速项目训练	1. 竞速赛单人飞行； 2. 竞速赛小组飞行； 3. 竞速赛集体飞行	讨论法、 练习法、 现场教学法	1. 学会飞行路线； 2. 小组交流心得； 3. 集体联网竞速，知己知彼	24
	个人竞速项目考核	初中、小学组个人竞速赛	考核	考核要求：能驾驶SU26飞机按个人竞速赛指定飞行路线飞完全程	6

4. 高级阶段课程教学方案

高级阶段分为A，B两个学期，每学期30课时，共60课时。

单元	模块	教学内容	教学方法	教学标准	课时
高级阶段A	精英赛空中技巧项目训练	1. 第一段“荡秋千”； 2. 第二段“大弹簧”； 3. 第三段“三叶草”； 4. 第四段“四叶草”； 5. 第五段“双桶滚”； 6. 第六段“过山车”	直观演示法、 练习法、 现场教学法	1. 掌握最大拉杆的临界点； 2. 掌握椭圆形筋斗的翻滚； 3. 掌握右转盘旋高低衔接技巧； 4. 掌握左转盘旋高低衔接技巧； 5. 掌握桶滚连续背飞翻滚技术； 6. 掌握爬升角度与倒飞翻越	24
	精英赛空中技巧项目考核	精英赛个人项目：“空中技巧”	考核	考核要求：能驾驶SU26飞机按“空中技巧”项目指定飞行路线飞完全程	6
高级阶段B	精英赛双机格斗项目训练	1. 起飞阶段； 2. 空战阶段； 3. 结束阶段	讲授法、 直观演示法、 现场教学法、 任务驱动法	1. 熟练跑道滑行，正确操作起飞程序； 2. 灵活应用空战策略，与僚机做好战术配合； 3. 熟练短距离降落技术，及时停机入库	24
	精英赛双机格斗项目考核	精英赛空战项目：双机格斗	考核	考核要求：每两人一队，进行“二对二”对的空中格斗比赛；按全国赛规则进行淘汰	6

二、团队课程

1. 预备团课程教学方案

预备团分为A，B两个学期，每学期30课时，共60课时。

单元	模块	教学内容	教学方法	教学标准	课时
预备团A	建立团队	1. 找自己； 2. 找队友； 3. 找组织	测评、 任务驱动法、 讨论法、 自主学习法	1. 进行各比赛项目的测试，形成数据图表，让队员了解自己与其他队友； 2. 每两名队员组成飞行组合，形成主机僚机的搭配； 3. 每两对组合联盟，形成“2+2”的4人飞行小组	8
	团体赛编队	团体4人编队接力赛（训练）	练习法、 讨论法、 任务驱动法、 自主学习法	选出队长，分配起飞顺序，编制飞行口令；讨论飞行方法，寻找最佳方案；红方、蓝方的图形都要训练	16
		团体4人编队接力赛（选拔）	考核	各飞行小组进行红蓝对抗的循环比赛，选出优胜的小组参加省市比赛	6
预备团B	个人竞速	个人竞速赛（训练）	练习法、 讨论法、 任务驱动法、 自主学习法	单独针对弱项分段练习，提高个人最好成绩；与队友进行多人对抗模式训练，提高同场竞技能力	9
		个人竞速赛（选拔）	考核	各飞行小组进行内部选拔，推选两名队员进入决赛，挑选出优胜的队员参加省市比赛	6
	航母起降	航母起降赛（训练）	练习法、 讨论法、 任务驱动法、 自主学习法	起飞阶段主要熟练常规步骤，降落阶段主要练习第四边、第五边的操纵，熟记高度、速度、航向等数据	9
		航母起降赛（选拔）	考核	各飞行小组进行内部选拔，推选两名队员进入决赛，挑选出优胜的队员参加省市比赛	6

2. 航模队课程教学方案

航模队分为A，B两个学期，每学期30课时，共60课时。

单元	模块	教学内容	教学方法	教学标准	课时
航模队A	能力测试	1. 个人竞速赛； 2. 航母起降赛； 3. 空中对抗赛； 4. 团体编队SU26； 5. 精英赛：空中技巧； 6. 精英赛：双机对抗； 7. 精英赛：编队MI-15	考核	A级分数线： 1. 7.45~7.55秒； 2. 32分以上； 3. 2000分以上； 4. 3.25~3.35秒； 5. 3.20~3.30秒； 6. 优胜率80%； 7. 完成率80%	10
	组建团队	1. 激发潜能； 2. 最佳队友； 3. 融入团队	练习法、 任务驱动法、 游戏法	1. 限时进行刷圈速竞赛，冲击个人最好成绩； 2. 要求在完成飞行任务的过程中配对适合自己的同伴； 3. 通过游戏让队员相互了解，加强团队磨合	20
航模队B	赛前训练	1. 知己知彼； 2. 模拟初赛； 3. 模拟决赛； 4. 心理素质	练习法、 讨论法、 任务驱动法、 自主学习法	1. 数据对比：与别人成绩对比，了解自己的优缺点； 2. 采用正式比赛预赛的规则进行海选； 3. 采用正式比赛决赛的规则进行排名； 4. 心理训练：在不同环境中施加不同的干扰因素，进行飞行测试，提高队员的心理抗压能力	12
	参赛准备	1. “蓝天飞梦”模拟飞行全国赛项目； 2. 模拟飞行全国精英赛项目	练习法、 讨论法、 任务驱动法、 自主学习法	按当前比赛项目进行模拟竞赛演练，主要增强自身的稳定度和情绪控制能力	8
	参赛总结	1. “蓝天飞梦”模拟飞行全国赛项目； 2. 模拟飞行全国精英赛项目	讨论法	根据比赛出现的情况进行分析总结，归纳出注意事项并形成文本	4

（续表）

单元	模块	教学内容	教学方法	教学标准	课时
航模队B	学位考核	期末进行各项目的测评	考核	评估队员飞行能力、上进心、行为规范、团体协作能力，思想品德等，综合评分低的队员采取淘汰制	6

第五节　模拟飞行活动课程评价

一、评价主体

1. 学生评价

通过学生自评与互评，促进学生互相鼓励、互相鞭策，相互间了解加深，学生更加自信并能充分认识到集体对自己的关心及希望。

2. 教师评价

可通过飞行测试与竞赛来了解学生对课程内容的理解和执行度，通过观察学生各项目标的达成情况和团体协作表现来评价学生的优缺点。

3. 家长评价

评价学生的学习情况、教师的教学能力、课程给学生带来的影响。

二、评价内容

评价维度	评价内容	评价选项
知识与理论	认识航空发展历史过程，中国航空发展的意义； 了解飞机基本结构与主要零部件名称和作用； 知晓简单的空气动力学原理，通航飞行基本守则	□目标达成 □基本达成 □还需努力
项目与技能	飞行软件的使用和项目操作的流程； 飞行操纵杆的使用和电脑使用的能力； 个人飞行竞赛项目的完成度； 团体协作项目的完成度； 个人应变能力与情绪控制能力	□目标达成 □基本达成 □还需努力

（续表）

评价维度	评价内容	评价选项
拓展与改善	能自己设计飞机的外观涂装，创建自己的飞行地图； 能自己发现问题并自我改善，形成良好训练习惯； 能很好地应用所学知识技能，并应用到现实生活中	□目标达成 □基本达成 □还需努力
情感态度与价值观	认识航空发展对于国家发展的重要性； 积极参与课程活动，从飞行课程中感受到乐趣； 以杰出航空人物为榜样，建立学习航空知识的愿望	□目标达成 □基本达成 □还需努力

三、评价程序

学生自评→小组互评→教师评价→家长评价

第六节　模拟飞行活动课程实施建议

一、教学建议

1. 认知活动教学建议

把各种认知目标确定，一些不容易理解的理论、难点可以通过讲故事做实验等容易接受的方式对学生进行说明。航空知识和空气动力学都可以从很多历史故事、实验游戏中得到呈现。举例一些航空著名人物的生平故事，激发学生对航空领域的向往。

2. 实践活动教学建议

活动教学对于航空课程必不可少，每一项新课程都必须通过实践活动教学来加深理解。教师可以把目标分成简单、普通、高级，先从简单开始逐步增加难度。让学生先达成小目标从而建立自信，同时鼓励学生向高难度挑战，并从中发掘优秀人才。

3. 交流活动教学建议

知己知彼才能加深对自己的认识，所以应该多创造机会让学生参加交流活动。模拟飞行活动课程有一些竞赛项目非常适合与不同的团体进行交流，让学生通过与别人交流互动来发掘项目的知识点。平时在课堂学习的技能可以在现实中应用是最好的价值体现。与一些不同科目的学生进行交流活动也是激发新思想、发现新方向的途径。

4. 展示活动教学建议

通过学生的展示活动可以获取很多信息，如学生的学习情况、自我表现能力、团队的合作能力、个人的科学素养等。模拟飞行活动课程里，展示活动可体现在飞行表演、飞行比赛、飞行游戏中，教师可以按学生自身的特点因材施教，进行不同的项目培训。由于飞行展示活动的难度大、易失败，教师要在培训过程中培养学生面对挫折的能力，勇于面对失败并从挫折中成长。

二、评价建议

1. 学生评价建议

可挑选不同的学生轮流进行互评，让部分学生当评委或组建学生评审团，既能加深学生对项目的理解，又能活跃课堂气氛。

2. 教师评价建议

教师可作总结性的点评，主要发现学生的优缺点和改良的方向，更重要的是在潜移默化中对学生的思想品德进行引导。

3. 家长评价建议

家长对学生的学习情况和教师教学层面进行评价。家长应与教师研讨如何让学生在家与在校联动学习，将两个不同的学习环境相互协调促进学习。

三、资源开发与利用

1. 教学设计

结合科学技术蓬勃发展和社会对教学新模式的需求，必须与时俱进升级教学设计，可以利用新的教学设备发掘新的教学模式。

2. 教学案例

通过公开研讨课、网络学习、外出求学等多种途径来开阔视野。组织开发更适合现今教学需求的新模式，形成更有效果的教学案例，促进教师教学效率的提高。

3. 教研论文

组织教师参与更多跨学科的教学教研活动，参与更高层次的教学论坛。开拓教师对于教学理论更深层的思考，提供各种机会让教师撰写、发表教学论文。

4. 交流与整合

增加与各市各区科技组织的交流学习机会，同时加深与相关科技机构的联系，形成互联互动的共同体。将来发展不只局限于科技范围，应该在更多的领域合作，点燃更多新的火花让未来更加璀璨。

第二章

模型制作活动课程实施指南

黄启健

第一节　模型制作活动课程概述

一、模型制作活动课程的性质

模型是指根据相似性理论，参照实物的形状和结构按比例缩小或放大制作而成的物体。模型制作活动课程是指教师指导学生对航海、航空、车辆、建筑等领域的模型进行设计、拼装、调试的活动。通过不同模型的制作，学生不仅可以学会使用简单的木工、金工等工具，掌握基本的识图能力，还能掌握某种材料的加工技法，更为重要的是，可以使学生学到许多科学知识，养成善于动脑、勇于进取的优秀品质，为今后的终身发展奠定基础。

模型制作活动课程以能力发展为导向，以“培养科学素养”为宗旨，细心呵护学生与生俱来的好奇心，培养他们对科学的兴趣和求知欲，引领他们学习与周围世界有关的科学知识，帮助他们体验科学活动的过程和方法，使他们了解科学、技术与社会的关系，乐于与人合作，与环境和谐相处，为后续的科学学习、为其他学科的学习、为终身学习和全面发展打下基础。

模型制作活动课程从车模、空模、海模、建筑模型等几个模块，由浅入深进行实践操作课的教授。模型制作活动课程应坚持小学课程方案的理念，根据本课程的任务及学生发展的需求，从科技普及、能力培养、团队协作三个方面来设计课程目标。强调过程，强调协作，强调探究。本课程重视对学生进行科技知识的普及，让学生通过对模型的了解，更加热爱科学文化知识，热爱钻研，献身人类进步事业。

本课程还要求学生自主地参加科技实践活动，与物质的和非物质的科技文化精华接触，在普及知识的学习中提高自身修养，实现促进学生科技素养提高的目标。注重学生动手动脑能力、探究能力、独立思考能力的培养，养成实事求是的科学精神，培养探究精神和创新能力，培养主动学习的精神。通过学生自主进行模型的制作，培育学生团队协作的能力，进而培养学生的集体主义精神。

二、模型制作活动课程的特点

1. 模型制作活动课程具有综合性

模型制作活动课程致力于实现“培养科学素养”的目标，体现基础性、普及性和发展性。课程面向全体学生，适应学生个性发展的需要，使得人人都能获得良好的科学教育。无论学生在地区、民族、经济条件、文化背景、性别、天资方面存在着怎样的差异，课程均为每一个学生提供公平的学习机会和科学潜能发展的基础。

2. 模型制作活动课程具有实践性

模型制作活动课程不仅要使学生获得重要的基本科学概念，并认识科学概念之间的联系，还要使学生获得科学探究的技能和方法，以及合作交往、语言表达的能力，更要使学生获得善于思考、勇于开拓、实事求是的科学态度。同时，应在课程内容中全面体现科学知识、科学思想、科学方法和科学精神四个层面。

3. 模型制作活动课程具有探究性

科学探究是科学研究过程的本质特征，具有重要的教育价值。教师是学生学习科学的支持者和引导者。引导学生自主探究，亲历科学探究的过程，这将有利于保护学生的好奇心和激发学生学习科学的主动性。科学探究是学生学习科学的重要方式，但不是唯一的方式。根据教学内容的不同，学生的学习方式可以是多样的。教学中要根据教学目标和内容采用不同的教学方式与策略，让学生将探究式的学习与其他方式的学习充分结合起来，以获得最佳的学习效果。

4. 模型制作活动课程具有自主性

模型制作活动课程在学习内容、活动组织、作业与练习、评价等方面给教师和学生提供了选择的机会和创造的空间。课程最大限度上满足不同地区、不同经验背景的学生学习科学的需要。提倡引导学生利用广泛存在于学校、家庭、社会、大自然、网络和各种媒体中的多种资源进行科学学习，加强科学与其他学科之间的渗透与整合。

三、模型制作活动课程的核心素养

模型制作活动课程作为一个集科学、工程、艺术、数学等多学科技能于一体的校外教育活动课程，对学生动手操作能力、科技兴趣、工程思维、道德品质等方面的培养具有重要的意义。激发学生的科学兴趣、培养学生的动手能力和工程思维，满足学生多方面的发展需要，结合各校的教育理念和可利用的资源，通过开展模型制作活动提升学生的动手和动脑实践水平，锻炼学生分析和解决问题的能力。在应用基础科学知识的过程中提高学生的动手实践操作能力，提升学生的核心素养。

1. 关注社会实际，确定实践主题

根据社会实际问题做出判断和决定，选题根据学生的学习情况、活动的需求以及社会需要进行。如目前社会所关注的科学技术、环境污染、安全医疗等。结合社会发展的大背景下，教师可以针对近期抗疫的社会话题，制作简单的新型冠状病毒模型、“呼吸机”医疗器材模型等，通过制作相关模型，在锻炼学生实践能力的同时，了解相关的医学知识，了解防疫方式，激发学生社会危机意识。模型制作活动课程主题选择针对的是社会的热点和需求，社会需求能激发学生的探究欲望，也能进一步提升学生的核心素养。

2. 以学生为主导，促进自主实践

综合实践活动模型制作课程践行学生是学习的主体，并根据学生的特点开展实践活动，在活动中给学生提供足够的展示自我和表达的机会，提高学生的思考能力，鼓励相互交流和合作。课程在很多情况下都需要团队或小组共同努力，在整个过程中促进学生自我思维的表达，也进一步增强学生的团队协作意识。

在模型制作活动课程中，以理论知识为基础并结合学生的喜好开展趣味实践，让学生通过自我思考和喜好做出选题决定，既能发展思维，还能放大学生的强项，从中

也可以获取并分析教学的重难点。

在模型制作活动课程中，多以学生发问或激发兴趣的角度做课程教学。另外，在高难度和复杂的模型制作时，增加学生间的思想交流，采取小组竞赛、模型课程交流会等。针对活动中生成的不解现象或疑问，教师应引导学生发现问题、提出问题，然后让学生想方设法去找到解决问题的方法，这就是学生的实践摸索过程。除目标达成外，在不同时段针对不同主题活动，有目的地达成模型制作的基本知识或技能的整体提升。

3. 以生活为向导，加快社会实践

模型制作活动课程的本质就是提升学生适应社会发展的品格和能力，因此在开展模型制作活动课程时要从生活实际出发，根据生活实际进行探讨，这样更能让学生跟上教学课程的进度，也能够带动学生培养综合素质的兴趣，避免因疑惑乏味的难题而失去探索实践的学习态度。因此，模型制作活动课程源于生活，能调动学生的实践积极性，是学生放松自我的实践过程，也是有利于发挥学生自身的创新思维的活动课程。

第二节　模型制作活动课程目标

一、模型制作活动课程的总目标

通过模型制作活动课程，认识和接触模型制作，了解模型的类别和特点，激发学生学习模型制作的兴趣，感受模型制作的乐趣，培养良好的学习习惯和对美好事物的向往，从而树立长期学习模型制作的愿望及具备模型制作审美能力。

培养学生掌握模型制作的基础知识、拼装技巧，提高学生识图和制作能力，开发学生智力，激发学生深入探究科学技术的兴趣，并且要求学生在原有技术原理、结构原理的基础上能够进行重新组合、大胆创新。培养学生成为具备速度、效率、团结协作等科学技术学习意识的技能型人才。在注重制作技巧掌握的同时，让学生灵活运用模型制作理论知识解决实际问题，进而培养和提高学生自己设计并完成主题类创新的能力。

二、模型制作活动课程的单元目标

（一）常规课程

1. 初级阶段

初步学习航海、航空、车辆、建筑模型（以下简称“四模”）的制作，初步了解模型各种构件的结构及用途、工具的使用方法等，培养学生的动手能力和创新能力，以及了解和学习基本科技知识等。

2. 中级阶段

深入学习“四模”的相关知识、制作、操作方法，理解模型各种构件的结构及用途、工具的使用方法等，培养学生动手实践和开拓创新的能力，以及了解和学习基本科技知识等。

3. 高级阶段

熟练掌握“四模”的制作及无线电遥控车模、船模、航空模型等知识，能独立进行“四模”的制作，掌握“四模”制作的结构原理、各种构件的用途及工具的使用方法。培养学生动手实践和开拓创新的能力，以及了解和学习基本科技知识等。

（二）团队课程

1. 预备队

全面学习各类遥控车、船、飞机、建筑模型的基本结构和动力传递原理。能够运用所学知识对“四模”进行安装、调试和操控。培养学习参加各级航模比赛的技能技巧及提升学生科技实践和创新的能力。

2. 车模队

熟知车辆模型的种类，包括静态车模、非控制车模、自控车模和遥控车模等类型及其原理。了解车辆模型的常用制作材料，掌握各种类型车辆模型的基本结构和特殊结构，理解车辆模型的动力传递方式，能够独立完成启动、变速、转向、制动、停车等行驶功能。熟练使用制作车辆模型的工具，掌握几种车辆模型制作实用电路，熟练掌握各类车辆模型的安装、调试和操控技术，重点掌握参加各级车辆模型比赛的技能技巧，锻炼团队协作能力，能够从容应赛。

3. 船模队

熟知舰船的相关理论知识及原理，包括舰船的航海性能分类等。掌握航海模型的制作、组装及维护时需要使用的各种制作工具。熟知制作航海模型的各种材料及特性。学会读懂并绘制设计图纸，能够通过图纸了解模型各部分的组成和零部件的情况。理解内部结构，学会各种零部件的制作。综合学习并掌握各类航海模型的安装、调试和操控技术，重点掌握参加各级船模比赛的技能技巧等，锻炼团队协作能力，能够从容应赛。

4. 航模队

熟知航空模型相关理论知识，如初级空气动力学、电学、材料学、控制技术、创新思维、设计技巧、制作技巧和交流技术等。熟练掌握识图、工具使用和黏合等相关技能。全面学习并掌握各类航空模型的制作安装、调试和操控技术，提升学生操纵模型飞行的调控能力，培养竞争意识和意志力等心理品质，重点掌握参加各级航空模型比赛的技能技巧，锻炼团队协作能力，能够从容应赛。

5. 建筑模型队

熟知建筑模型基本的设计、制作方法、技巧，掌握各类建筑模型的安装技术，另外增加建筑模型的场景设计与制作等拓展内容，提升学生的合作能力、创新能力、设计能力、制作能力、动手操作能力、审美能力，锻炼意志，陶冶艺术情操。重点掌握参加各级建筑模型比赛的技能技巧，能够从容应赛。

第三节　模型制作活动课程结构

依据模型制作活动课程目标，在充分考虑其课程性质和课程特点的前提下，根据学生的年龄特点和基础水平，将模型制作活动课程划分为分级课程和团队课程两个项目层次，其中常规课程按启蒙阶段、初级阶段、中级阶段和高级阶段逐级递进，每个阶段都有各自的侧重点。模型制作活动课程结构如下图所示。

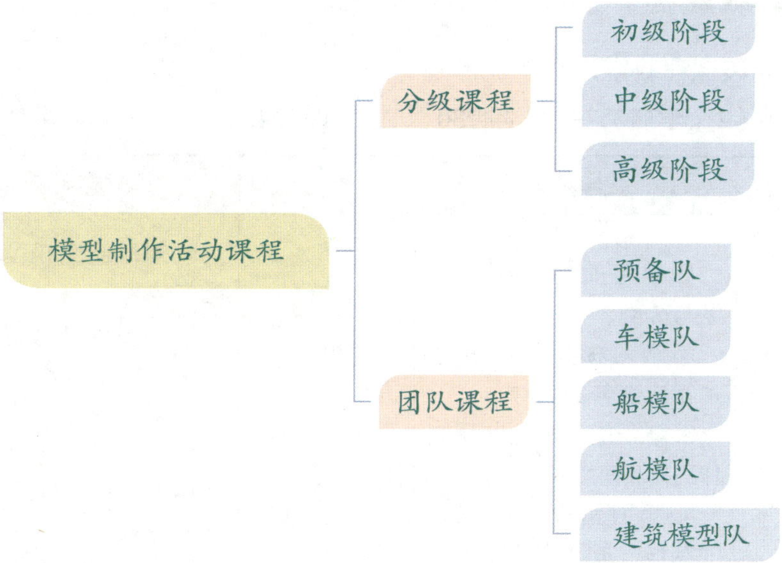

第四节　模型制作活动课程教学方案

课程类别： 科技类

课程名称： 模型制作活动课程

适用对象： 初级阶段（6~7岁）、中级阶段（7~8岁）、高级阶段（8~9岁）、预备队（9~12岁）、团队班（10岁以上）

学生基础要求： 根据相应年龄及认知水平作相对应基础要求。

课时说明：

（1）初级阶段、中级阶段、高级阶段总课时均为一个学年，2学期/学年，15周/学期，1次学习/周，2课时/次（45分钟/课时），总计30课时/学期，60课时/学年。

（2）团队课程总课时为一个学期，15周/学期，1次学习/周，2课时/次（45分钟/课时），总计30课时/学期。

一、分级课程

1. 初级阶段课程教学方案

一个学年（2个学期），一个学期30课时，1课时45分钟，总计60课时。

单元	模块	教学内容	教学方法	教学标准	课时
第一学期	航空模型	1. 学习航空模型的内涵与分类； 2. 学习模型飞机各基本组成部分的名称； 3. 认识航空模型常用制作工具及使用方法； 4. 学习留空时间飞机的制作、放飞方法	讲授法、直观演示法、现场教学法、体验性教学法	1. 知道航空模型的内涵与分类； 2. 知道模型飞机各基本组成部分的名称； 3. 知道航空模型常用制作工具的名称并学会使用1~2种工具； 4. 学会2~3种留空时间飞机的制作及放飞方法	8
	航海模型	1. 学习航海模型的内涵与分类； 2. 学习船舶发展的历史、种类、用途； 3. 认识航海模型制作的常用工具及使用方法； 4. 学习初级难度航海模型的结构、制作方法及技巧、试航方法	讲授法、直观演示法、现场教学法、体验性教学法	1. 知道航海模型的内涵与分类； 2. 知道船舶发展的历史、种类、用途； 3. 知道航海模型制作的常用工具的名称并学会使用1~2种工具； 4. 学会2~3种初级难度航海模型的结构、制作方法及技巧、试航方法	8
	车辆模型	1. 学习车辆模型的结构原理； 2. 学习车辆模型的分类及动力方式等； 3. 认识车辆模型制作常用工具及使用方法； 4. 学习初级难度车辆模型的结构、制作方法及试驾方法	讲授法、直观演示法、现场教学法、体验性教学法	1. 知道车辆模型的结构原理； 2. 知道车辆模型的分类及动力方式等； 3. 知道车辆模型制作常用工具的名称并学会使用1~2种工具； 4. 学会2~3种初级难度车辆模型的结构、制作方法及试驾方法	8

（续表）

单元	模块	教学内容	教学方法	教学标准	课时
第一学期	建筑模型	1. 学习房屋结构及世界不同风格的房屋特点； 2. 认识建筑模型制作常用的工具及使用方法； 3. 学习利用几种常见的生活物品搭建主题建筑	讲授法、直观演示法、现场教学法、体验性教学法	1. 知道房屋结构及世界不同风格的房屋特点； 2. 知道建筑模型制作常用工具的名称并学会使用1~2种工具； 3. 学会利用常见的生活物品（如牙签、萝卜、泡沫、纸箱等）搭建主题建筑	6
第二学期	航空模型	1. 深入学习航空模型的内涵与分类； 2. 深入学习模型飞机各基本组成部分的名称； 3. 深入学习留空时间飞机的制作及放飞方法； 4. 了解固定翼遥控飞机的工作原理及体验遥控飞行的乐趣	讲授法、直观演示法、现场教学法、体验性教学法	1. 掌握航空模型的内涵与分类； 2. 掌握模型飞机各基本组成部分的名称； 3. 掌握2~3种留空时间飞机的制作及放飞方法； 4. 初步认识固定翼遥控飞机的工作原理，并能初步体验遥控飞行的乐趣	8
	航海模型	1. 深入学习航海模型的内涵与分类； 2. 深入学习船舶发展的历史、种类、用途； 3. 深入学习初级难度航海模型的结构、制作方法、技巧及试航方法； 4. 了解遥控快艇的工作原理及体验遥控航行的乐趣	讲授法、直观演示法、现场教学法、体验性教学法	1. 掌握航海模型的内涵与分类； 2. 掌握船舶发展的历史、种类、用途； 3. 掌握3~5种初级难度航海模型的结构、制作方法及技巧、试航方法； 4. 初步认识遥控快艇的工作原理并能初步体验遥控快艇的乐趣	8

（续表）

单元	模块	教学内容	教学方法	教学标准	课时
第二学期	车辆模型	1. 深入学习车辆模型的结构原理； 2. 深入学习车辆模型的分类及动力方式等； 3. 深入学习初级难度车辆模型的结构、制作方法及试驾方法； 4. 了解初级难度遥控车辆模型的工作原理及体验驾驶遥控模型车的乐趣	讲授法、 直观演示法、 现场教学法、 体验性教学法	1. 掌握车辆模型的结构原理； 2. 掌握车辆模型的分类及动力方式等； 3. 掌握3~5种初级难度车辆模型的结构、制作方法及试驾方法； 4. 初步认识简易遥控汽车的工作原理，并能初步体验遥控模型车的乐趣	8
	建筑模型	1. 深入学习房屋结构及世界不同风格的房屋特点； 2. 深入学习利用几种常见的生活物品搭建主题建筑； 3. 学习几套简易建筑模型的拼装、搭建	讲授法、 直观演示法、 现场教学法、 体验性教学法	1. 掌握房屋结构及世界不同风格的房屋特点； 2. 掌握利用几种常见的生活物品（如牙签、萝卜、泡沫、纸箱等）搭建主题建筑； 3. 掌握简易建筑模型的拼装、搭建技巧	6

2. 中级阶段课程教学方案

一个学年（2个学期），一个学期30课时，1课时45分钟，总计60课时。

单元	模块	教学内容	教学方法	教学标准	课时
第一学期	航空模型	1. 认识航空模型的飞行原理； 2. 认识模型飞机各基本组成部分的名称及作用； 3. 学会使用更多航空模型制作的常用工具； 4. 认识直线距离投掷模型飞机的制作及放飞方法	讲授法、 直观演示法、 现场教学法、 体验性教学法	1. 知道航空模型的飞行原理； 2. 知道模型飞机各基本组成部分的名称及作用； 3. 知道航空模型常用制作工具的名称并学会使用3~5种工具； 4. 学会2~3种直线距离投掷模型飞机的制作及放飞方法	8

（续表）

单元	模块	教学内容	教学方法	教学标准	课时
第一学期	航海模型	1. 认识航海模型的工作原理； 2. 认识航海模型的主要组成部分的名称及作用； 3. 学会使用更多航海模型制作的常用工具； 4. 认识中级难度航海模型的结构、制作方法、技巧及试航方法	讲授法、直观演示法、现场教学法、体验性教学法	1. 知道航海模型的工作原理； 2. 知道航海模型的主要组成部分的名称及作用； 3. 知道航海模型制作的常用工具的名称并学会使用3~5种工具； 4. 学会2~3种中级难度航海模型的结构、制作方法及技巧、试航方法	8
	车辆模型	1. 认识车辆发展的历史、种类、用途； 2. 学习车辆模型主要组成部分的名称及作用； 3. 学会使用更多车辆模型制作的常用工具； 4. 认识中级难度车辆模型的结构、制作方法及调试方法	讲授法、直观演示法、现场教学法、体验性教学法	1. 知道车辆发展的历史、种类、用途； 2. 知道车辆模型主要组成部分的名称及作用； 3. 知道车辆模型制作常用工具的名称并学会使用3~5种工具； 4. 学会2~3种中级难度车辆模型的结构、制作方法及调试方法	8
	建筑模型	1. 学习不同建筑模型的类型和风格； 2. 学习使用更多建筑模型制作常用的工具； 3. 学习利用几种常见的生活物品搭建主题建筑的技巧和方法	讲授法、直观演示法、现场教学法、体验性教学法	1. 知道不同建筑模型的类型和风格； 2. 知道建筑模型制作常用的工具的名称并学会使用3~5种工具； 3. 学会利用常见的生活物品（如牙签、萝卜、泡沫、纸箱等）搭建主题建筑的技巧和方法	6

（续表）

单元	模块	教学内容	教学方法	教学标准	课时
第二学期	航空模型	1. 深入认识航空模型的飞行原理； 2. 深入认识模型飞机各基本组成部分的名称及作用； 3. 认识更多中级难度航空模型的制作及放飞方法； 4. 了解遥控航空模型的飞行原理，学习遥控航空模型	讲授法、 直观演示法、 现场教学法、 体验性教学法	1. 掌控航空模型的飞行原理； 2. 掌握模型飞机各基本组成部分的名称及作用； 3. 学会3~5种中级难度航空模型的制作及放飞方法； 4. 初步了解遥控航空模型的飞行原理及初步学会遥控航空模型	8
	航海模型	1. 深入认识航海模型的工作原理； 2. 深入认识航海模型的主要组成部分的名称及作用； 3. 认识更多中级难度航海模型的结构、制作方法、技巧及试航方法； 4. 了解遥控航海模型的工作原理，学习遥控航海模型的基本操控方法	讲授法、 直观演示法 现场教学法 体验性教学法	1. 掌握航海模型的工作原理； 2. 掌握航海模型的主要组成部分的名称及作用； 3. 掌握3~5种中级难度航海模型的结构、制作方法、技巧及试航方法； 4. 初步掌握遥控航海模型的工作原理，学习遥控航海模型的基本操控方法	8
	车辆模型	1. 深入认识车辆发展的历史、种类、用途； 2. 深入学习车辆模型主要组成部分的名称及作用； 3. 认识更多中级难度车辆模型的结构、制作方法及调试方法； 4. 了解1/24遥控模型车的工作原理和遥控技巧	讲授法、 直观演示法、 现场教学法、 体验性教学法	1. 掌握车辆发展的历史、种类、用途； 2. 掌握车辆模型主要组成部分的名称及作用； 3. 掌握3~5种中级难度车辆模型的结构、制作方法及调试方法； 4. 初步掌握 1/24遥控模型车的工作原理和遥控技巧	8

（续表）

单元	模块	教学内容	教学方法	教学标准	课时
第二学期	建筑模型	1. 深入认识不同建筑模型的类型和风格； 2. 学习利用更多常见的生活物品搭建主题建筑的技巧和方法； 3. 了解景观模型的规划、设计和搭建	讲授法、 直观演示法、 现场教学法、 体验性教学法	1. 掌握不同建筑模型的类型和风格； 2. 掌握更多常见的生活物品搭建主题建筑的技巧和方法； 3. 初步学会景观模型的规划、设计和搭建	6

3. 高级阶段课程教学方案

一个学年（2个学期），一个学期30课时，1课时45分钟，总计60课时。

单元	模块	教学内容	教学方法	教学标准	课时
第一学期	航空模型	1. 认识更多航空模型的相关科技知识； 2. 读懂飞机模型图纸并能制作模型飞机； 3. 学会使用更多航空模型制作的常用工具； 4. 认识高级难度的航空模型的制作技巧及放飞方法	讲授法、 直观演示法、 现场教学法、 体验性教学法	1. 知道更多航空模型的相关科技知识； 2. 能够读懂飞机模型图纸并能独立制作模型飞机； 3. 掌握航空模型常用制作工具的名称并学会使用5~8种； 4. 学会2~3种高级难度模型飞机的制作技巧及放飞方法	8
	航海模型	1. 认识更多航海模型的相关科技知识； 2. 读懂航海模型图纸并能制作航海模型； 3. 学会使用更多航海模型制作的常用工具； 4. 认识高级难度航海模型的制作技巧及试航方法	讲授法、 直观演示法、 现场教学法、 体验性教学法	1. 知道更多航海模型的相关知识； 2. 能够读懂航海模型图纸并能制作航海模型； 3. 掌握航海模型制作的常用工具的名称并学会使用5~8种； 4. 学会2~3种高级难度航海模型的结构、制作方法及技巧、试航方法	8

（续表）

单元	模块	教学内容	教学方法	教学标准	课时
第一学期	车辆模型	1. 认识更多车辆模型的相关科技知识； 2. 读懂车辆模型图纸并能制作车辆模型； 3. 学会使用更多车辆模型制作的常用工具； 4. 认识高级难度车辆模型的结构、制作方法及调试方法	讲授法、 直观演示法、 现场教学法、 体验性教学法	1. 知道更多车辆模型的相关科技知识； 2. 能够读懂车辆模型图纸并能制作车辆模型； 3. 知道车辆模型制作常用工具的名称并学会使用3~5种； 4. 学会2~3种高级难度车辆模型的结构、制作方法及调试方法	8
	建筑模型	1. 认识更多建筑模型的相关科技知识； 2. 学会使用更多建筑模型制作常用的工具； 3. 读懂建筑模型图纸并能制作建筑模型	讲授法、 直观演示法、 现场教学法、 体验性教学法	1. 知道更多建筑模型的相关科技知识； 2. 掌握建筑模型制作常用工具的名称并学会使用5~8种工具； 3. 能够读懂建筑模型的图纸并能制作建筑模型	6
第二学期	航空模型	1. 深入认识更多航空模型的相关科技知识； 2. 读懂更多飞机模型图纸并能制作模型飞机； 3. 认识更多高级难度的航空模型的制作技巧及放飞方法； 4. 掌握遥控航空模型的方法，进一步学习遥控航空模型	讲授法、 直观演示法、 现场教学法、 体验性教学法	1. 掌握更多航空模型的相关科技知识； 2. 掌握读懂飞机模型图纸的方法并能独立制作模型飞机； 3. 掌握3~5种高级难度模型飞机的制作技巧及放飞方法； 4. 初步掌握遥控航空模型的方法	8
	航海模型	1. 深入认识更多航海模型的相关科技知识； 2. 读懂更多航海模型图纸并能制作航海模型； 3. 掌握更多高级难度航海模型的制作技巧及试航方法； 4. 掌握遥控航海模型的方法，进一步学习遥控航海模型	讲授法、 直观演示法、 现场教学法、 体验性教学法	1. 掌握更多航海模型的相关知识； 2. 掌握读懂航海模型图纸的方法并能制作航海模型； 3. 掌握3~5种高级难度航海模型的结构、制作方法及技巧、试航方法； 4. 初步掌握遥控航海模型的方法	8

（续表）

单元	模块	教学内容	教学方法	教学标准	课时
第二学期	车辆模型	1. 深入认识更多车辆模型的相关科技知识； 2. 读懂更多车辆模型图纸并能制作车辆模型； 3. 掌握更多高级难度车辆模型的结构、制作方法及调试方法； 4. 掌握遥控车辆模型的方法，进一步学习遥控车辆模型	讲授法、 直观演示法、 现场教学法、 体验性教学法	1. 掌握更多车辆模型的相关科技知识； 2. 掌握读懂车辆模型图纸的方法并能制作车辆模型； 3. 掌握3~5种高级难度车辆模型的结构、制作方法及调试方法； 4. 初步掌握遥控车辆模型的方法	8
	建筑模型	1. 深入认识更多建筑模型的相关科技知识； 2. 读懂更多建筑模型图纸并能制作建筑模型； 3. 了解园林模型的规划、设计和搭建	讲授法、 直观演示法、 现场教学法、 体验性教学法	1. 掌握更多建筑模型的相关科技知识； 2. 掌握读懂建筑模型图纸的方法并能制作建筑模型； 3. 初步掌握园林模型的规划、设计和搭建	6

二、团队课程

1. 预备队课程教学方案

总学时为一个学年（2个学期），一个学期30课时，1课时45分钟，总计60课时。

单元	模块	教学内容	教学方法	教学标准	课时
第一学期	航空模型	1. 初步认识航空模型比赛规则及参赛技巧； 2. 掌握并能运用航空模型图纸制作航空模型； 3. 精通航空模型的制作技巧及放飞方法； 4. 融合所学航空模型知识，创新发明航空模型	讲授法、 直观演示法、 现场教学法、 体验性教学法	1. 知道航空模型比赛规则及参赛技巧； 2. 能独立运用航空模型图纸制作航空模型； 3. 精通各种航空模型的制作技巧及放飞方法； 4. 通过改良或者增加功能，能创新发明航空模型	8

（续表）

单元	模块	教学内容	教学方法	教学标准	课时
第一学期	航海模型	1. 初步认识航海模型比赛规则及参赛技巧； 2. 掌握并能运用航海模型图纸制作航海模型； 3. 精通航海模型的制作技巧及航行方法； 4. 融合所学航海模型知识，创新发明航海模型	讲授法、 直观演示法、 现场教学法、 体验性教学法	1. 知道航海模型比赛规则及参赛技巧； 2. 能独立运用航海模型图纸制作航海模型； 3. 精通各种航海模型的制作技巧及试航方法； 4. 通过改良或者增加功能，能创新发明航海模型	8
	车辆模型	1. 初步认识车辆模型比赛规则及参赛技巧； 2. 掌握并能运用车辆模型图纸制作车辆模型； 3. 精通车辆模型的制作技巧及调试方法； 4. 融合所学车辆模型知识，创新发明车辆模型	讲授法、 直观演示法、 现场教学法、 体验性教学法	1. 知道车辆模型比赛规则及参赛技巧； 2. 能独立运用车辆模型图纸制作车辆模型； 3. 精通各种车辆模型的制作技巧及调试方法； 4. 通过改良或者增加功能，能创新发明车辆模型	8
	建筑模型	1. 初步认识建筑模型比赛的规则及参赛技巧； 2. 掌握并能运用建筑模型图纸制作建筑模型； 3. 精通建筑模型的制作技巧	讲授法、 直观演示法、 现场教学法、 体验性教学法	1. 知道建筑模型比赛规则及参赛技巧； 2. 能独立运用建筑模型图纸制作建筑模型； 3. 精通各种建筑模型的制作技巧； 4. 通过改良或者增加功能，能创新发明建筑模型	6

（续表）

单元	模块	教学内容	教学方法	教学标准	课时
第二学期	航空模型	1. 掌握航空模型比赛规则及参赛技巧； 2. 融合所学航空模型知识，创新发明航空模型及维修升级改造； 3. 团队选拔——模拟航空模型比赛； 4. 正式比赛实操训练	讲授法、直观演示法、现场教学法、体验性教学法	1. 能把航空模型比赛规则及参赛技巧运用到比赛中； 2. 能运用所学航空模型知识，创新发明航空模型及维修升级改造； 3. 根据模拟比赛，积累比赛经验； 4. 能独立参加上级主管部门组织的科技比赛	8
	航海模型	1. 掌握航海模型比赛规则及参赛技巧； 2. 融合所学航海模型知识，创新发明航海模型及维修升级改造； 3. 团队选拔——模拟航海模型比赛； 4. 正式比赛实操训练	讲授法、直观演示法、现场教学法、体验性教学法	1. 能把航海模型比赛规则及参赛技巧运用到比赛中； 2. 能运用所学航海模型知识，创新发明航海模型及维修升级改造； 3. 根据模拟比赛，积累比赛经验； 4. 能独立参加上级主管部门组织的科技比赛	8
	车辆模型	1. 掌握车辆模型比赛规则及参赛技巧； 2. 融合所学车辆模型知识，创新发明车辆模型及维修升级改造； 3. 团队选拔——模拟车辆模型比赛； 4. 正式比赛实操训练	讲授法、直观演示法、现场教学法、体验性教学法	1. 能把车辆模型比赛规则及参赛技巧运用到比赛中； 2. 能运用所学车辆模型知识，创新发明车辆模型及维修升级改造； 3. 根据模拟比赛，积累比赛经验； 4. 能独立参加上级主管部门组织的科技比赛	8
	建筑模型	1. 掌握建筑模型比赛的规则及参赛技巧； 2. 团队选拔——模拟建筑模型比赛； 3. 正式比赛实操训练	讲授法、直观演示法、现场教学法、体验性教学法	1. 能把建筑模型比赛规则及参赛技巧运用到比赛中； 2. 根据模拟比赛，积累比赛经验； 3. 能独立参加上级主管部门组织的科技比赛	6

2. 车模队课程教学方案

总学时为一个学期，1课时45分钟，总计30课时。

单元	模块	教学内容	教学方法	教学标准	课时
一学期	知识巩固	1. 传统比赛项目知识回顾及巩固练习； 2. 确立目标和发展方向	讲授法、直观演示法、现场教学法、体验性教学法	1. 精通车辆模型传统项目的制作、比赛技巧； 2. 树立目标，为实现目标制订计划	6
	新比赛项目知识学习	1. 新比赛项目的相关知识讲解； 2. 新比赛项目的实操训练	讲授法、直观演示法、现场教学法、体验性教学法	1. 精通车辆模型新项目的制作、比赛技巧； 2. 对车辆模型新项目进行创新训练	6
	创新能力训练	1. 融合所学车辆模型知识，创新、升级改造车辆模型； 2. 精通车辆模型应急维修方法	讲授法；直观演示法；现场教学法；体验性教学法	1. 能独立完成车辆模型改造和创新； 2. 能独立完成车辆模型应急维修	6
	比赛实操	1. 精通车辆模型比赛规则及参赛技巧； 2. 参加正式比赛实操训练	讲授法、现场教学法、体验性教学法	1. 能够运用比赛规则及参赛技巧参赛； 2. 能独立参加上级主管部门举办的科技比赛	10
	综合测试及评价	1. 分享比赛心得； 2. 互相学习评价	讲授法、直观演示法、现场教学法	1. 能与同学交流心得体会，共同进步； 2. 学会分享，为今后学习打下更坚实的基础	2

3. 船模队课程教学方案

总学时为一个学期，1课时45分钟，总计30课时。

单元	模块	教学内容	教学方法	教学标准	课时
一学期	知识巩固	1. 传统比赛项目知识回顾及巩固练习； 2. 确立目标和发展方向	讲授法、直观演示法、现场教学法、体验性教学法	1. 精通航海模型传统项目的制作、比赛技巧； 2. 树立目标，为实现目标制订计划	6

（续表）

单元	模块	教学内容	教学方法	教学标准	课时
一学期	新比赛项目知识学习	1. 新比赛项目的相关知识讲解； 2. 新比赛项目的实操训练	讲授法、 直观演示法、 现场教学法、 体验性教学法	1. 精通航海模型新项目的制作、比赛技巧； 2. 对航海模型新项目进行创新训练	6
	创新能力训练	1. 融合所学航海模型知识，创新、升级改造航海模型； 2. 精通航海模型应急维修方法	讲授法、 直观演示法、 现场教学法、 体验性教学法	1. 能独立完成航海模型改造和创新； 2. 能独立完成航海模型应急维修	6
	比赛实操	1. 精通航海模型比赛规则及参赛技巧； 2. 参加正式比赛实操训练	讲授法、 现场教学法、 体验性教学法	1. 能够运用比赛规则及参赛技巧参赛； 2. 能独立参加上级主管部门举办的科技比赛	10
	综合测试及评价	1. 分享比赛心得； 2. 互相学习评价	讲授法、 直观演示法、 现场教学法	1. 能与同学交流心得体会，共同进步； 2. 学会分享，为今后学习打下更坚实的基础	2

4. 航模队课程教学方案

总学时为一个学期，1课时45分钟，总计30课时。

单元	模块	教学内容	教学方法	教学标准	课时
一学期	知识巩固	1. 传统比赛项目知识回顾及巩固练习 2. 确立目标和发展方向	讲授法、 直观演示法、 现场教学法、 体验性教学法	1. 精通航空模型传统项目的制作、比赛技巧； 2. 树立目标，为实现目标制订计划	6
	新比赛项目知识学习	1. 新比赛项目的相关知识讲解； 2. 新比赛项目的实操训练	讲授法、 直观演示法、 现场教学法、 体验性教学法	1. 精通航空模型新项目的制作、比赛技巧； 2. 对航空模型新项目进行创新训练	6

（续表）

单元	模块	教学内容	教学方法	教学标准	课时
一学期	创新能力训练	1. 融合所学航空模型知识，创新、升级改造航空模型； 2. 精通航空模型应急维修方法	讲授法、直观演示法、现场教学法、体验性教学法	1. 能独立完成航空模型改造和创新； 2. 能独立完成航空模型应急维修	6
	比赛实操	1. 精通航空模型比赛规则及参赛技巧； 2. 参加正式比赛实操训练	讲授法、现场教学法、体验性教学法	1. 能够运用比赛规则及参赛技巧参赛； 2. 能独立参加上级主管部门举办的科技比赛	10
	综合测试及评价	1. 分享比赛心得； 2. 互相学习评价	讲授法、直观演示法、现场教学法	1. 能与同学交流心得体会，共同进步； 2. 学会分享，为今后学习打下更坚实的基础	2

5. 建筑模型队课程教学方案

总学时为一个学期，1课时45分钟，总计30课时。

单元	模块	教学内容	教学方法	教学标准	课时
一学期	知识巩固	1. 建筑模型传统比赛项目知识回顾及巩固练习； 2. 确立目标和发展方向	讲授法、直观演法、现场教学法、体验性教学法	1. 精通建筑模型传统项目的制作、比赛技巧； 2. 树立目标，为实现目标制订计划	6
	新比赛项目知识学习	1. 建筑模型新比赛项目的相关知识讲解； 2. 建筑模型新比赛项目的实操训练	讲授法、直观演示法、现场教学法、体验性教学法	1. 精通建筑模型新项目的制作、比赛技巧； 2. 对建筑模型新项目进行创新训练	6
	创新能力训练	1. 融合所学建筑模型知识，创新、升级改造建筑模型； 2. 精通建筑模型应急维修方法	讲授法、直观演示法、现场教学法、体验性教学法	1. 能独立完成建筑模型改造和创新； 2. 能独立完成建筑模型应急维修	6

（续表）

单元	模块	教学内容	教学方法	教学标准	课时
一学期	比赛实操	1. 精通建筑模型比赛规则及参赛技巧； 2. 参加正式比赛实操训练	讲授法、现场教学法、体验性教学法	1. 能够运用比赛规则及参赛技巧参赛； 2. 能独立参加上级主管部门举办的科技比赛	10
	综合测试及评价	1. 分享比赛心得； 2. 互相学习评价	讲授法、直观演示法、现场教学法	1. 能与同学交流心得体会，共同进步； 2. 学会分享，为今后学习打下更坚实的基础	2

第五节 模型制作活动课程评价

一、评价方式

1. 注重过程性评价

主要评价学生在模型制作学习过程中的兴趣、态度、积极性和效果，评价学生学习模型制作过程中所达成的核心素养。

2. 采取多元评价方式

采取多重视角，如教师评价、学生自我评价与相互评价、师生交互评价、家长评价、社会评价等多元评价方式。

二、评价主体

1. 学生自评与互评

学生自评是等级评价的有机组成部分，有利于更全面、更深入地体现学生的综合素质，其具体形式可以是学生表述自身优劣之处、自我鉴定、自我评估等。通过模型制作课堂活动或课堂交流展示，采用全班互评、小组间互评的方式，对模型相关基础知识的掌握程度、模型制作的精准度、工具使用情况，以及学生自我解决问题的能力、团队协作解决问题的能力、创新思维能力等进行自评和互评。

2. 教师评价

模型制作学习的评价是通过三维目标的知识与技能、过程与方法、情感态度与价值观三个方面进行综合评价。在知识形成的过程中教师评价学生发现问题、分析问题、解决问题的能力，评价学生各个模块学习的总体水平；学习模型制作的兴趣和愿望；表达意见和创意、与他人交流合作的意识与能力。

3. 家长评价

通过课堂活动展示、教学交流展示等活动，家长可用课堂现场评价、表格教学评定表、问卷调查表的多元评价方式对学生合作能力和教师教学水平进行评价。

三、评价内容

评价维度	评价内容	评价选项
知识与技能	能按模型图纸的要求，合理精准地完成模型制作； 能按照模型的工作原理，合理使用工具，将模型调试到最佳状态； 能按教师提供的任务，合理设计、制作模型； 能把所学知识关联到其他比赛项目中并能够发明新模型	□目标达成 □基本达成 □还需努力
过程与方法	课堂学习态度端正，积极投入； 有良好学习习惯，能自主学习和相互练习； 积极参与交流展示及比赛； 能自我评价及对他人评价； 课堂作业及家庭作业完成度高	□目标达成 □基本达成 □还需努力
情感态度与价值观	有浓郁学习兴趣； 具备一定模型制作的审美能力	□目标达成 □基本达成 □还需努力

四、评价程序

学生自评→小组互评→教师评价→家长评价→比赛实践

第六节　模型制作活动课程实施建议

教学建议

1. 认知活动教学建议

把模型制作课程的总目标落实到每一节课，设计课程的教学目标时应注意：

（1）“用教材教”而不是“教教材”。

（2）用不同的行为化动词表述不同类型的教学目标。

（3）尽可能用表现性目标表达需长期积累才可能实现的目标。

2. 实践活动教学建议

用丰富多彩的亲历活动充实教学过程，以培养学生科学素养为宗旨的科学教育强调以学生参与的丰富多彩的活动为主要教学形式，这些活动应是学生熟悉的、能直接引起他们学习兴趣的、精心选择和设计的、具有典型科学教育意义的。通过这些活动的教学，可以让学生亲身体验一次科学发现、科学探究、科学创造的过程。这些丰富多彩的活动在教学目标上应该把科学素养的各个方面融合在一起，既有知识教育的要求，又能体现情感态度与价值观的培养和科学探究的实践。

第三章 智能机器人活动课程实施指南

李强

第一节 智能机器人活动课程概述

一、智能机器人活动课程的性质

智能机器人活动课程作为一门集机械学、电子学、工程学、自动控制、物理、计算机和人工智能等学科于一体的新型综合课程，通过组装、搭建、运行机器人等学习活动，激发学生学习兴趣，培养学生编程、机械、电子、物理等综合能力。智能机器人活动课程是集合了可编程主机、电动马达、传感器及机械零件（齿轮、轮轴、横梁、插销）的可编程积木，所有掌握的知识都是通过动手从基础的建构中获得，可编程积木只是教学体系内最基础的建构，编程调试控制机器人动作是机器人学习的重点内容，根据生活实际需求搭建、编程、控制机器人完成相应任务是课程学习的最终目标。学生通过课程的学习，充分锻炼逻辑思维和创新思维，培养动手实践能力，展示对知识的综合应用，有助于提高学生的整体素质和信息素养。

二、智能机器人活动课程的特点

1. 智能机器人活动课程具有综合性

智能机器人活动课程不仅仅是一门科技技能训练课程，也是培养学生科学素养的过程，将科学素养培养与技能训练融合在一起，才能够真正地培养学生动手实践能力和创新思维。

2. 智能机器人活动课程具有实践性

丰富多元、结合生活实际的项目式学习方式，动手实践体验有助于帮助学生加深对智能机器人操作技能的领悟，培养学生的科学素养和创新思维，使课程内容与学生的日常学习和生活密切联系起来，培养学生的创新精神和实践能力。

3. 智能机器人活动课程具有启发性

智能机器人活动课程以个性塑造为宗旨，将课程设置成拓展选修课，以满足不同兴趣偏好学生的需求，使每个学生在了解相关理论和技术的同时，选择自己感兴趣的领域进一步学习。

4. 智能机器人活动课程具有挑战性

课程内容具有挑战性，能激发学生的学习兴趣和求知欲望，并能引导学生积极思考，主动参与，为国家培养复合型人才奠定基础。智能机器人活动课程的程序设计，让学生能够充分分析问题，进而激发创造思维。在智能机器人课堂任务中出现的问题是各种各样的，通常是程序编写问题，或者是结构问题，学生会遇到各式各样的挑战。在挑战过程中，学生可以根据不同的任务分析问题进行研究比较，更好地解决问题，在具有趣味性、挑战性的任务驱使下学生学会了修改程序，并设计程序，观看机器人执行任务，在趣味中不断地学习新知识。在学习过程中，能够将枯燥的编程转变为体验式的喜悦，进一步激发学习热情，培养自主创新能力。

三、智能机器人活动课程的核心素养

智能机器人活动课程不仅仅是“机器人”组装技巧的掌握和熟练运用，而且能引领学生掌握扎实的基础知识，促进学生高阶思维的发展。借助信息技术手段把多学科内容融入机器人教学中，是一门重点培养学生“学会学习、科学精神和实践创新”三方面核心素养的创客基础课程。通过让学生在自主探究中学习、思考，寻找问题的解决办法，动手实践，展示创造成果等方式，提升学生的创新思维和创造能力，弥补传统教育忽视动手实践能力、创新能力和个性发展的缺陷，激发其创造的潜能与兴趣。

在学习方面，拓展机器人、信息技术、科学和语文等相关知识，学会初步编程，帮助学生形成学习意识，选择合适的学习方法，提高学生自我评价的能力；在科学精神方面，培养学生严谨科学的求知态度，提高学生逻辑思维能力，培养学生勇于批判探究的科学精神；在实践创新方面，培养学生在日常活动、问题解决、适应挑战等方面的实践创新能力与创新意识。

1. 培养探究精神

将学生与学习课题相连接，在课堂开始时让学生保持积极的学习态度并集中注意力，通过与实验相关的生活现象、视频、活动等方式激发学生学习兴趣，使学生明确实验的学习目标与主要内容，养成良好的学习习惯，找到适合自身的学习方法。根据引入环节的内容，提出与实验相关的问题，让学生根据问题进行思考与探究。培养学生善于发现和提出问题的能力，有解决问题的兴趣和热情；能依据特定情境和具体条件，选择制订合理的解决方案；具有在复杂环境中行动的能力。

2. 培养创造精神

在创造阶段，主要是让学生在完成基础任务的基础上，进行改变与创新。这一阶段是学生创新能力体现、发挥与培养的重要阶段。这一阶段主要是让学生尝试搭建和编程，锻炼学生的动手操作能力和提高效率意识。首先，学生在这一过程中会形成问题意识并独立思考与判断，多角度、辩证地分析问题，作出选择和决定；其次，要不畏困难，有坚持不懈的探索精神；最后，要大胆尝试，积极寻求有效的问题解决方法。当学生遇到问题时，教师要给予积极的帮助和指导。通过这一阶段的训练，学生的科学精神与实践创新能力能得到极大的提高，并逐渐形成工程思维，将创意和方案转化为有形物品或对已有物品进行改进与优化。

3. 培养分享精神

让每个学生有展示自己的机会，实验成果展示形式可以是个人展示也可以是小组间合作展示，课后保存学习文档并根据实验成果进行学习评价。这一阶段能够帮助学生形成对自己学习状态进行审视的意识，养成自我评价的习惯，能够根据不同情境和自身实际，选择或调整学习策略和方法等。在这个过程中，还要不断学习其他同学的优点，保持团队意识、互助精神与终身学习的意识，同时保持批判精神，对不合理的地方提出质疑。

第二节　智能机器人活动课程目标

一、智能机器人活动课程的总目标

智能机器人活动课程立足信息技术教学的基础，以基础的、宽泛的、与学生日常生活紧密联系的技术内容为载体，以进一步提高学生的信息素养、技术素养及促进学生全面而富有个性的发展为目标。

（1）通过本课程的学习，能够掌握常规机器人电子器件工作原理与使用技巧，能够独立操控智能机器人实现特定功能。经过独立思考、自主学习、开拓创新等过程，建立感性认识，发展理性认识。养成崇尚科学、团队协作、高尚品德等优良品质，具有一定的科学素养。

（2）通过本课程的学习，学生将进一步拓宽信息技术的视野，学会或掌握一些通用技术的基本知识和基本技能，掌握技术及其设计的一般思想和方法；具有一定的技术探究、运用技术原理解决实际问题以及终身进行技术学习的能力；形成和保持对技术的兴趣和学习愿望，具有正确的技术观和较强的技术创新意识；养成积极、负责、安全使用技术的行为习惯，发展初步的技术能力和一定的职业规划能力，为迎接未来社会挑战、提高生活质量、实现终身发展奠定基础。

（3）智能机器人活动课程注重学生创新精神和实践能力的培养，在实现以上目标的同时，并着力在以下几个方面形成目标上的独特追求：技术的理解、使用、改进及决策能力；意念的表达与理念转化为操作方案的能力；知识的整合、应用及物化能力；创造性想象、批判性思维及问题解决的能力；技术文化的理解、评价及选择能力。

二、智能机器人活动课程的单元目标

1. 启蒙阶段

能根据不同的功能需求，搭建出各种类型的结构体；了解力的组成、齿轮的类别等，为后面的机器人搭建打下基础。

2. 初级阶段

能使用编程软件进行程序设计，培养学生的逻辑思维能力。通过Scratch编程在PicoBoard传感器板中的应用，进一步强化训练软件与硬件的互动联系。

3. 中级阶段

能使用编程软件控制机器人小车完成各项任务，学会使用传感器感知环境数据自动控制机器人。

4. 高级阶段

学习焊接技术，能独立完成各类电子元器件的焊接；能使用电烙铁焊接机器人套装散件，制作出自己独特的机器人。

第三节　智能机器人活动课程结构

依据智能机器人活动课程目标，在充分考虑其课程性质和课程特点的前提下，根据学生的年龄特点和基础水平，将智能机器人活动课程按启蒙阶段、初级阶段、中级阶段和高级阶段逐级递进，每个阶段都有各自的侧重点。智能机器人活动课程结构如下页图所示。

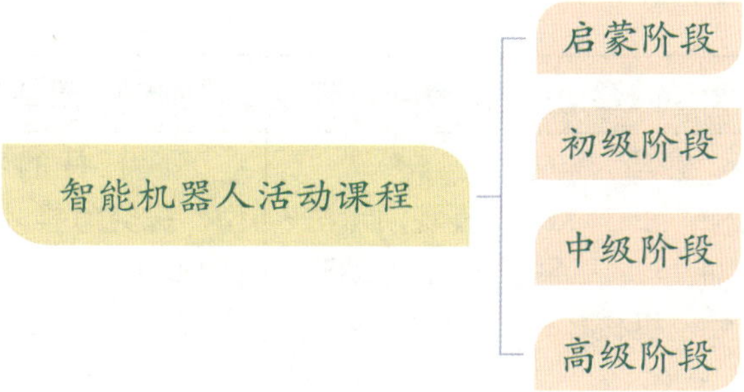

第四节　智能机器人活动课程教学方案

课程类别： 科技类

课程名称： 智能机器人活动课程

适用对象： 5~12岁学生

学生基础要求： 无特别要求。

课时说明： 15周/学期，1次学习/周，2课时/次（45分钟/课时），总计30课时/学期。

1. 启蒙阶段课程教学方案

启蒙阶段总学时为4个学期，每学期30课时，共120课时。

单元	模块	教学内容	教学方法	教学标准	课时
启蒙阶段	形状与结构	1. 四边形结构； 2. 三角形结构； 3. 高塔结构； 4. 桥梁结构	直观演示法、任务驱动法、探究教学法	1. 认识四边形结构的特点，能搭建出四边形结构特点的模型； 2. 认识三角形结构的特点，探究三角形的稳定性，能搭建出三角形结构特点的模型； 3. 认识高塔建筑的形状特点，探究结构与稳固性的关系，能搭建出稳定的高塔结构特点的模型； 4. 了解常见桥梁的种类，探究桥梁的结构特点与功能，能搭建出紧固的桥梁结构模型	8

（续表）

单元	模块	教学内容	教学方法	教学标准	课时
启蒙阶段	简单机械	杠杆： 杠杆尺、天平、篮球架、机械抓手	直观演示法、任务驱动法、探究教学法	了解杠杆的特点和常见类型，探究怎样才能让天平和杠杆保持平衡，能进行杠杆平衡实验，并做实验观察和实验记录	8
		斜面： 斜面拉车	直观演示法、任务驱动法、探究教学法	认识斜面是一种简单的省力结构，通过斜面省力实验，探究斜面倾斜度的不同省力效果	2
		滑轮： 小猴爬树	直观演示法、任务驱动法、探究教学法	认识滑轮结构，能够通过功能分析，区分动滑轮与定滑轮，掌握定滑轮与动滑轮在机械传动中的应用	2
		齿轮： 压纹机、手摇风扇、手动搅拌器、手摇旋转木马	直观演示法、任务驱动法、探究教学法	认识齿轮的特点，了解齿轮的种类，理解齿轮的作用，了解齿轮在机械传动中的应用，能够搭建出生活中不同的齿轮运用的模型。	10
		蜗杆： 手摇钻、手摇道闸	直观演示法；任务驱动法；探究教学法	认识蜗轮与蜗杆的传动原理、特点，掌握蜗杆在机械传动中的应用	4
		齿条： 陀螺发射器、手动升降台	直观演示法、任务驱动法、探究教学法	认识齿条的特点，了解齿轮与齿条的传动原理、特点，掌握齿条在机械传动中的应用	4
	运动与力	重力： 重力滑车、重力碰撞小车、重力轮轴小车	直观演示法、任务驱动法、探究教学法	认识重力的存在，以及重力有大小和方向，了解动能和势能的相互转化，知道重力的大小与哪些因素相关	6
		弹力： 弹力轮轴小车、弹力投球器	直观演示法、任务驱动法、探究教学法	认识弹力，以及弹力有大小和方向，掌握弹力的大小与哪些因素相关，知道弹力在生活中的应用	6
		反冲力： 气球驱动小车	直观演示法、任务驱动法、探究教学法	认识反冲力，以及反冲力有大小和方向，能够解释反冲力在生活中的应用	4

（续表）

单元	模块	教学内容	教学方法	教学标准	课时
启蒙阶段	运动与力	磁力： 手摇舞蹈表演盒、磁力跷跷板	直观演示法；任务驱动法；探究教学法	认识磁铁的两极，探究磁铁的方向特性，以及磁铁间同极相斥、异极相吸的规律	4
		离心力： 旋转飞椅	直观演示法、任务驱动法、探究教学法	认识离心力，以及离心力有大小和方向，观察离心力的大小与哪些因素相关	2
	动力传动	齿轮与齿轮传动： 手摇发电机、转眼睛的宠物、齿轮传送带、换挡变速车、风力跷跷板	直观演示法、任务驱动法、探究教学法	认识齿轮与齿轮传动原理、特点，掌握齿轮在机械传动中的应用	10
		齿轮与齿条传动： 升降台、台式电钻机、电动机床、榨汁机	直观演示法、任务驱动法、探究教学法	认识齿轮与齿条的传动原理、特点，掌握齿条在机械传动中的应用	8
		蜗轮与蜗杆传动： 电动搅拌器、电动打蛋器、豆浆机、旋转木马	直观演示法、任务驱动法、探究教学法	认识蜗轮与蜗杆的传动原理、特点，掌握蜗杆在机械传动中的应用	8
		滑轮传动： 塔吊、电动升旗装置、大力水手、吊车	直观演示法、任务驱动法、探究教学法	认识滑轮结构，能够通过功能分析，区分动滑轮与定滑轮，掌握定滑轮与动滑轮在机械传动中的应用	8
		螺旋传动： 剪式升降机、汽车升降机、千斤顶	直观演示法、任务驱动法、探究教学法	认识螺旋是斜面的一种变形结构，知道螺旋的工作特点	6
		皮带传动： 自动人行道、工厂生产线、自动运输器	直观演示法、任务驱动法、探究教学法	认识皮带传动的各种结构形式，知道生活中皮带传动的应用和分类，理解皮带传动的工作特点	8
		曲柄连杆传动： 电锯、电动雨刮器、电动玩偶、列队骑兵、机械人偶、机械宠物	直观演示法、任务驱动法、探究教学法	认识曲柄连杆结构的各组成部分，探索曲柄连杆机构的作用	12

2. 初级阶段课程教学方案

总学时为两个学期，每学期30课时，共60课时。

单元	模块	教学内容	教学方法	教学标准	课时
初级阶段	初识编程	1. 编程基本方法，生活中的编程； 2. 灯光机器人； 3. 块编程	直观演示法、任务驱动法、探究教学法	1. 能够运用编程基本方法来列出生活、学习中常见条理事务顺序； 2. 能够运用指令式编程闯关，至少完成6关任务； 3. 能够在块编程软件中完成图形模块，迷宫模块中能够完成8关，动物模块中能够完成8关	10
	图形化编程	1. 认识编程猫； 2. 角色与造型； 3. 坐标、更改中心点； 4. 广播积木模块； 5. 条件积木模块； 6. 声音积木模块； 7. 画板的使用； 8. 变量的使用； 9. 克隆模块； 10. 数据列表	直观演示法、任务驱动法、探究教学法	1. 了解编程猫课程界面、采集素材、保存作品等；尝试在编程猫界面中制作小游戏，掌握删除、拼合积木脚本的方法； 2. 学会区别“角色”与“造型”并学习【控制】盒子，“重复执行”积木的知识与使用方法； 3. 学会在游戏中运用坐标与【动作】盒子中“在（1）秒内，移动到位置X：0、Y：0积木”与更改中心点的知识与用法； 4. 能够说出与“广播”相关的积木的数量及其使用方法，并能够使用广播积木完成范例作品； 5. 掌握“如果”积木的基本用法，能够找到条件积木，并与“如果”积木嵌套使用；理解“如果”“如果……否则……”积木脚本的不同； 6. 学会自己绘制素材，学会【声音】盒子中“声音”积木脚本用法及添加声音素材； 7. 学会【事件】盒子中“广播”积木、“如果、循环”积木等知识结合画笔积木创作作品；	20

（续表）

单元	模块	教学内容	教学方法	教学标准	课时
初级阶段	图形化编程			8. 学会认识【运算】盒子中“变量”积木脚本的基本用法，理解变量作为得分等的含义； 9. 掌握【控制】盒子中“克隆”积木脚本的基本用法，掌握“克隆”与移动的搭配使用方法； 10. 掌握【数据】盒子中“链表”积木脚本的基本用法，理解“链表”的含义	
	传感器板的使用与Scratch编程	1. 认识Picoboard及Scratch入门； 2. 按键的使用； 3.LED灯的使用； 4. 滑杆的使用； 5. 蜂鸣器的使用； 6. 声音传感器的使用； 7. 亮度传感器的使用； 8. 摇杆传感器的使用； 9. 震动开关的使用； 10.热敏电阻的使用	直观演示法、任务驱动法、探究教学法	1. 能够清楚说出Picoboard传感器板上各个部件的名称及功能； 2. 能够使用按键传感器设计程序对亮度进行控制； 3. 能够使用传感器板上的LED设计一个火灾预警小程序； 4. 能够使用传感器板上的滑杆设计程序调整音量、调整亮度； 5. 能够设计程序控制蜂鸣器发出警报； 6. 能够设计程序根据传感器板上的声音传感器来控制人物运动速度； 7. 能够根据传感器板上亮度传感器感应环境光线变化，从而设计程序来控制环境变化； 8. 能够设计程序，根据摇杆传感器的变化来控制角色的运动； 9. 能够外接震动开关传感器来控制程序中角色的运动； 10. 能够设计程序来感应环境温度的变化，从而控制角色做出反应	30

3. 中级阶段课程教学方案

总学时为两个学期，每学期30课时，共60课时。

单元	模块	教学内容	教学方法	教学标准	课时
中级阶段	Arduino UNO与Mixly	1. 认识Arduino UNO板的结构和Mixly界面； 2. 组装机器人小车； 3. 编程让机器人动起来； 4. 编程让机器人前进和后退； 5. 编程让机器人转弯及走规定图形； 6. 红外遥控器的编码； 7. 编程遥控机器人运动； 8. 超声波传感器的使用——机器人跟随； 9. 超声波传感器的使用——机器人自动避障； 10. 寻迹传感器的使用——直线巡线； 11. 寻迹传感器的使用——曲线巡线； 12. 寻迹传感器的使用——丁字路口巡线； 13. 寻迹传感器的使用——十字路口巡线； 14. 超声波和寻迹传感器综合运用	直观演示法、任务驱动法、探究教学法	1. 能够熟练指出Arduino UNO板各部件名称及Mixly各模块的位置； 2. 能够完成机器人小车组装； 3. 能够正确连接马达与UNO板线路，正确区分左右侧马达，掌握左右侧马达的管脚编号； 4. 能够编写程序控制机器人前进和后退； 5. 能够编写程序控制机器人转弯及按规定的图形运行； 6. 熟练掌握串口通信的使用方法，记录下红外遥控器各按键的编码； 7. 编写程序遥控机器人前进、后退、左转、右转； 8. 能够编写程序让机器人识别前方障碍物，跟随障碍物移动； 9. 能够编写程序让机器人识别前方障碍物，主动避开障碍物； 10. 编写程序让机器人完成直线巡线任务； 11. 编写程序让机器人完成曲线巡线任务； 12. 编写程序让机器人完成丁字路口巡线任务； 13. 编写程序让机器人完成十字路口巡线任务； 14. 编写程序让机器人使用超声波传感器和寻迹传感器综合完成任务	30

（续表）

单元	模块	教学内容	教学方法	教学标准	课时
中级阶段	传感器技术	1. 触碰传感器的使用； 2. 红外传感器的使用； 3. 光敏传感器的使用； 4. 灰度传感器的使用； 5. 声音传感器的使用； 6. 火焰传感器的使用； 7. 温度传感器的使用； 8. 陀螺仪传感器的使用； 9. 磁敏传感器的使用	直观演示法、任务驱动法、探究教学法	1. 编写程序让机器人使用触碰传感器，实现机器人主动避障； 2. 编写程序让机器人使用红外传感器，实现机器人主动避障和自动跟随任务； 3. 编写程序让机器人使用光敏传感器，实现机器人能够根据环境光度的变化做出相应动作； 4. 编写程序让机器人使用灰度传感器，实现机器人完成巡线任务； 5. 编写程序让机器人使用声音传感器，实现机器人根据环境声音大小做出不同动作； 6. 编写程序让机器人使用火焰传感器，实现机器人避开火焰，完成灭火任务； 7. 编写程序让机器人使用温度传感器，实现机器人根据环境温度的变化，做出相应的动作； 8. 编写程序让机器人使用陀螺仪传感器，实现机器人能够感知到角度的变化，做出不同的动作； 9. 编写程序让机器人使用磁敏传感器，实现机器人根据环境磁场变化，做出不同的调整	30

4. 高级阶段课程教学方案

总学时为两个学期，每学期30课时，共60课时。

单元	模块	教学内容	教学方法	教学标准	课时
高级阶段	电路焊接技术	1. 认识电烙铁、焊锡丝等焊接工具，学习焊接要领； 2. 洞洞板焊接练习； 3. 简易LED电路的焊接； 4. 4灯LED闪烁电路的焊接； 5.LED心形闪烁灯电路的焊接； 6. 12只LED循环灯电路的焊接； 7. 光控指示灯电路的焊接； 8. 声控指示灯电路的焊接； 9. 声控延时电路的焊接； 10. 声控LED旋律灯电路的焊接； 11. 电子蜡烛电路的焊接； 12. 电子骰子电路的焊接； 13. 电子幸运转盘电路的焊接； 14. 火灾报警电路的焊接	直观演示法、任务驱动法、探究教学法	1. 能够熟练说出焊接工具的名称、用途，掌握安全操作顺序； 2. 能够将一个电阻焊接到洞洞板上； 3. 能够完成简易LED电路的焊接，通电测试正常； 4. 能够完成4灯LED闪烁电路的焊接，通电测试正常； 5. 能够完成LED心形闪烁电路的焊接，通电测试正常； 6. 能够完成12只LED循环灯电路的焊接，通电测试正常； 7. 能够完成光控指示灯电路的焊接，通电测试正常； 8. 能够完成声控指示灯电路的焊接，通电测试正常； 9. 能够完成声控延时电路的焊接，通电测试正常； 10. 能够完成声控LED旋律灯电路的焊接，通电测试正常； 11. 能够完成电子蜡烛电路的焊接，通电测试正常； 12. 能够完成电子骰子电路的焊接，通电测试正常； 13. 能够完成电子幸运转盘电路的焊接，通电测试正常； 14. 能够完成火灾报警电路的焊接，通电测试正常	30

（续表）

单元	模块	教学内容	教学方法	教学标准	课时
高级阶段	DIY焊接机器人	1. 焊接机器人电源模块、主板芯片； 2. 焊接机器人程序下载模块； 3. 焊接机器人显示模块、马达模块； 4. 焊接机器人发音模块、输入输出模块； 5. 焊接机器人液晶屏、电池盒、马达连接线； 6. 组装机器人小车； 7. 编程让机器人前进和转弯； 8. 编程让机器人走规定图形； 9. 编程让机器人显示英文单词和数字； 10. 编程让机器人发出声音； 11. 焊接光敏传感器，编程让机器人追光； 12. 焊接灰度传感器，编程让机器人走黑线； 13. 焊接LED灯模块，编程让机器人闪烁LED灯； 14. 编程让机器人完成综合任务	直观演示法、任务驱动法、探究教学法	1. 能够完成机器人电源模块、主板芯片的焊接，通电测试正常； 2. 能够完成机器人程序下载模块的焊接，通电测试正常； 3. 能够完成机器人显示模块、马达模块的焊接，通电测试正常； 4. 能够完成机器人发音模块、输入输出模块的焊接，通电测试正常； 5. 能够完成机器人液晶屏、电池盒、马达连接线的焊接，通电测试正常； 6. 能够完成机器人小车各部件的组装，通电测试正常； 7. 能够编程完成机器人前进和转弯； 8. 能够编程完成机器人走规定图形； 9. 能够编程完成机器人显示英文单词和数字； 10. 能够编程完成机器人发出声音； 11. 能够完成光敏传感器的焊接，编程测试正常； 12. 能够完成灰度传感器的焊接，编程测试正常； 13. 能够完成LED灯模块的焊接，编程测试正常； 14、能够编程完成机器人完成各类综合任务	30

第五节　智能机器人活动课程评价

一、评价主体

1. 学生评价

学生自评与互评，评价学习任务完成度、小组相互配合协助度。

2. 教师评价

评价学生课堂的养成习惯、集体活动的协作能力、学习任务完成度和创新思维等。

3. 家长评价

评价学生课堂的养成习惯、技能的熟练程度和教师教学水平等。

二、评价内容

评价维度	评价内容	评价标准
知识与技能	理解智能机器人技术的性质，了解智能机器人技术的发展历史和一些最新成果以及其生活和生产中的应用，能正确认识智能机器人技术对人们日常生活及社会产生的正反两方面的影响，具有正确操作机器人基本技能； 了解传感器在智能机器人工作中的作用，理解红外、光敏、碰撞等传感器的工作原理和在智能机器人中的应用； 了解智能机器人设计的基本知识，初步掌握智能机器人设计的一般程序和基本技能，能对设计的过程、方案和成果作出比较全面的评价； 能从技术设计的角度理解结构、系统、流程、控制的一般概念，了解简单的结构设计、系统设计、流程设计、控制设计的基本知识，以及这些知识在机器人设计中的内在联系和广泛应用； 了解算法的概念和在机器人设计中的重要作用；能够用自然语言来描述机器人工作的过程； 熟悉一种可视化窗口的程序设计，并应用于机器人的制作，具有初步的技术试验的操作技能，能进行基本的技术测试和技术指标测量，会写简单的技术测试和技术试验报告	□目标达成 □基本达成 □还需努力

（续表）

评价维度	评价内容	评价标准
过程与方法	经历根据生活和学习需要提出问题并形成设计解决问题方案的过程，体验学习中应用批判性思维和创造性想象能力的方法； 经历技术方案的实现或转化为作品的过程，初步学会模型或作品的制作、装配、调试的方法； 经历作品制作中交流与评价的过程，学会在小组活动中进行学习的方法； 经历将结构、流程、系统与控制的基本知识应用于技术实践的过程，初步掌握结构、流程、系统与控制的基本思想和方法，并能综合运用所学知识和技能解决一些实际问题，发展创新精神和理论运用于实践的能力； 经历典型的技术设计、制作和评价的活动过程，初步掌握基本的技术学习方法和技术探究方法，具有初步的参与技术活动的能力和使用技术及其产品的能力，发展技术的决策能力、创新能力和终身学习能力	□目标达成 □基本达成 □还需努力
情感态度与价值观	形成和保持对技术问题的敏感性和探究欲望，领略技术世界的奥秘与神奇，关注技术的新发展，具有对待技术的积极态度和正确使用的技术意识； 熟悉从事技术活动必须具备的品质，能够安全而又负责任地参加技术活动，具有良好的合作和交流的态度，养成严谨、守信、负责、勤俭、进取等良好品质； 体验技术问题解决过程的艰辛与曲折，具有克服困难的勇气和决心，培养不怕困难、不屈不挠的意志，感受解决技术难题和获得劳动成果所带来的喜悦； 认识技术的创造性特征，形成实事求是、精益求精的态度，培养富于想象、善于批判、敢于表现、勇于创新的个性品质； 理解技术的文化特性和艺术特性，具有认识技术问题的国际视野和全球意识，以及一定的对技术文化的理解和选择能力； 理解科学、技术与社会的相互关系，增强劳动观念，具有敬业意识与创业意识，形成与技术相联系的经济意识、质量意识、环保意识、伦理意识，以及主动参与当地经济建设的意识	□目标达成 □基本达成 □还需努力

三、评价程序

学生自评→小组互评→教师评价→家长评价

第六节　智能机器人活动课程实施建议

一、教学建议

教学是实现课程目标的主要途径，教师的角色转换和学生学习方式的改善是实施有效教学的关键，是课程改革成功的保证。为实现本课程目标，结合课程的设计思想和教学实际，提出如下教学建议：

1. 引导学生全程参与活动设计的过程

学习活动设计是技术活动中的核心过程。在教学中，应让学生亲历由一系列环节组成的设计活动。

（1）教师要重视学生的全员性参与，注意发挥每个学生的积极性，最大限度地开发每个学生的潜能，促使其主动、有效地参与设计过程，获得直接经验。

（2）强调学生的全程性参与，即每个学生都必须经历设计方案的形成过程、方案转化为作品的过程、交流和评价的过程，引导学生从多个角度提出问题，用多种方法解决问题，运用各种技术交流和评价手段丰富设计过程，使学生获得完整的体验。

（3）创设一种开放、民主、活跃、进取的学习氛围，鼓励学生展开想象，大胆创新，使设计真正成为生动活泼、师生互动的过程，使全体学生在设计过程中都得到发展。

2. 重视技术思想和方法的学习指导

在解决具体技术问题的过程中，要重视对学生进行技术思想和方法的学习指导，并把它贯穿在整个教学过程中。在教学中，教师要精心挑选一些集中体现技术思想和方法的技术设计实例，引导学生使用技术思想和方法这把“钥匙”，去打开技术问题的“大门”，从而去体验、领悟技术思想和方法的真谛。技术思想和方法的获得并非通过一次实践就能完成，而要经过“实践—认识—再实践—再认识”的多次循环。

3. 重视机器人仿真试验的教学

受场地、器材的限制，仿真试验是解决技术问题的一个重要方法。智能机器人的教学初期，可以根据教学实际，结合学校的具体情况，采用一些机器人仿真软件系统模拟试验。

4. 倡导学习方式的多元化

要针对不同的学习内容和学生差异，选择模仿、合作和研究等不同的学习方式，促进学生在教师指导下主动地、富有个性地学习。应特别重视合作学习方式在技术教学中的应用。可以让学生分工协作设计作品来完成某个技术任务。要积极渗透研究性学习的方式，改变以往的教学过于偏重接受性学习的倾向，促进课内外的沟通，加强学生学习的自主性，提高学生的技术探究能力。

5. 加强对学生的个别辅导

由于智能机器人活动课程内容之间的联系十分紧密，学生的接受能力各有差异，所以在学生的学习过程中，容易出现分化现象。特别是在机器人调试中，有些学生如果得不到教师的及时辅导和具体帮助，往往会造成学习的中断，甚至还会干扰正常的教学秩序。教师要加强巡视，采用小组辅导、个别辅导和学生之间互帮互学等多种方式，及时给有学习困难的学生提供帮助。

在制作过程中，有的学生如果提前完成任务，教师可以及时聘请他当“小老师”，辅导有学习困难的学生，分析出现问题的原因；或者对这些学生提出更高的要求，让他们继续进行研究和改进。

二、评价建议

智能机器人活动课程的评价是指对学生在知识与技能、过程与方法、情感态度与价值观等方面的学习过程和发展状况进行定性定量的描述。合理的评价可以使学生了解自己在技术学习中的特点、已有成绩和不足之处，也可以帮助教师调整和改善教学行为，进而促进学生和教师的共同发展。

1. 评价主体

智能机器人活动课程的评价主体（评价者）主要有教师、学生、家长、校外技术人员，以及校外竞赛组织机构等。要发挥不同评价主体在评价中的作用，将教师的评价与学生的自评、互评，校外技术人员的参评等有机结合起来。教师是各类评价主体的组织者，应根据不同评价内容协调有关人员参与评价，切实发挥各类评价主体在评价中的作用。

2. 评价内容

评价要体现本课程的基本理念、课程目标和内容标准。可以从知识与技能、过程与方法、情感态度与价值观三方面了解学生对技术的理解和运用状况，进行学生技术学习水平的评价。

在对学生的技术学习进行评价时，知识与技能、过程与方法、情感态度与价值观三者不是孤立的、机械分割的，而是一个有机的整体，应将三个方面有机融合起来，灵活运用各种评价方法对学生进行全面的评价。

3. 评价方法

本课程的评价是开放、灵活的，评价方法多种多样，可以有书面测试、方案及作品评析、过程记录卡、访谈、活动报告等。这些评价方法各有特点，适合不同的评价对象，评价者要根据具体的评价目标、具体内容，客观分析并灵活运用这些评价方法。

三、器材开发与利用建议

由于目前市面上各类智能机器人教育产品众多，价格、质量参差不齐，要结合本地学生普通家庭经济状况，根据学生的年龄特征、学习能力、学习阶段等不同选取性价比较高的教育机器人产品。不建议整个智能机器人各个阶段选用同一品牌的系列产品，要选取开放性高、开源的教育机器人产品，可以通过网络多了解市面上教育机器人产品，对性能、价格、与教学内容的适合度等多方面进行对比选择。

四、课堂教学组织模式建议

基于智能机器人活动课程的目标及特征，建议每节课主要采取基于任务驱动的项目教学法，建议如下：

（1）准备阶段：每学期第一节课要进行学生分组，根据学生年龄、基础交叉搭配分组；每节课上课前确定小组成员及分工（学生考勤不稳定问题）。

（2）课题引入：学习项目背景分析、任务布置，明确项目任务目标。

（3）头脑风暴：小组合作，进行项目任务分解，讨论完成任务的方法及可能存在的问题，明确小组成员任务分工。

（4）动手实践：通过机器人搭建和编程、调试、运行，完成项目任务。

（5）成果展示：各小组展示项目学习成果，总结收获。

（6）评价总结：进行学习评价和总结。

第四章

无线电测向运动活动课程实施指南

李强　麦昆源

第一节　无线电测向运动课程概述

一、无线电测向运动活动课程的性质

无线电测向运动是跨科技、体育两个领域的运动项目，集知识性、趣味性、竞技性于一体，使学生知识技能、身体素质、运动能力、心理品质等方面都能得到有效的锻炼。它类似于捉迷藏游戏，但寻找的是能发射无线电波的小型信号源（即发射机），是现代无线电通信技术与传统捉迷藏游戏的结合。通常，我们把实现巧妙隐藏起来的信号源比喻成狡猾的狐狸，故此项运动又称无线电“猎狐”或“抓狐狸”。在无线电测

向运动比赛中，还有测向机制作项目，要求学生除掌握一定的无线电理论知识外，还需具有一定的制作技能。既培养学生的动手和动脑能力，又有益于德、智、体的发展，培养学生“勇敢、创新、协作、进取”的精神。开展无线电测向运动，要结合校园实际情况，选择校园、公园、广场等安全性较高的场地进行。

二、无线电测向运动活动课程的特点

无线电测向运动作为一项竞技体育运动，有它独特的魅力和特点：

1. 科技与体育相结合

无线电测向运动是跨科技、体育两个领域的运动项目，使学生知识技能、身体素质、运动能力、心理品质等方面都能得到有效的锻炼。

2. 竞技性

无线电测向运动要求学生积极参与比赛，在最短的时间内准确判定信号源的位置，富有趣味性的同时，也培养学生的竞争意识。

3. 提升学生身体素质

无线电测向运动不仅为学生提供了一个新的有别于传统长跑的运动方式，而且对普通学生身体素质的提高起到积极作用。

4. 提升学生心理素质

无线电测向运动在训练和比赛的整个过程中都需要学生独立思考完成，学生需要在运动过程中准确判定信号源的位置，这就需要学生不仅要保持运动的状态，而且要在大脑控制身体正常运动的基础上，综合判断其他信息，如信号方向、信号反射、路线选择等，从而作出正确的决定以找到信号源。这需要学生自主分析、独立解决，不同于一般人在静态下的思考环境，需要学生有强大的心理素质支撑，从而作出正确的判断。沉浸运动其中，这本身就是一个良好的压力释放过程，有助于释放来自各方面的压力，能让学生在心理健康问题上受益匪浅。

5. 情操陶冶

无线电测向运动在自然环境中进行，学生在大自然中陶冶了情操，锻炼了意志，培养了快乐向上、勇于竞争的意识。每找到一部隐蔽的电台，都能获得一份成功的喜悦，也增强了学生的自信心；遇到找不到电台或找错顺序，体力消耗过大等各种各样的困难，不仅能磨炼学生的情绪控制能力，锻炼学生自觉挑战困难和战胜困难的意志品质。

三、无线电测向运动活动课程的核心素养

无线电测向运动作为科技体育运动，集体育、科技、趣味于一体，有利于培养学生科学素养，也深得中小学生的喜爱。无线电测向运动不仅能提高学生的身体素质，

还可以有效地提高其求实意识，开发大脑潜能。通过比赛形式的不断创新，学生的探究精神以及整合知识的能力也在逐步提高，使得学生爱科学、学科学、用科学。

1. 快速应对环境变化，提高学生综合身体素质

进行无线电测向运动的场所通常是公园、原野等户外环境，公园、原野等外部环境通常比较复杂，障碍多、隐蔽性强，不像校内场所般平整、一目了然，因此，参加无线电测向运动需要学生具备灵敏的应急能力和准确的判断能力。加之户外的不确定因素较多，这对学生的身体素质提出了一定的要求。因此，参加无线电测向运动一定程度上能够帮助学生提高以上各项能力，对学生综合素质的提高具有促进作用。

2. 开发大脑潜能

参加无线电测向运动，学生需要具备空间认知能力，能够对电台的方位进行准确的测定，选择合理的方法确定寻找电台的顺序与行进的路线。此过程不仅能够训练学生信息的能力，培养学生的逻辑思维，还能增强学生对空间定位的认知以及对复杂关系的处理能力，有助于开发右脑潜能。

3. 培养学生的求实意识

鉴于进行无线电测向运动的场地特点，学生不仅要具备良好的身体素质，还要有良好的心理素质。在参加活动时，学生不仅要对周围环境情况进行迅速且准确的判断，还要对耳机中传来信号的声音大小和频率进行比较，才能快速而精确地调整测向机的状态，直至寻找到最终目标。

第二节　无线电测向运动活动课程目标

一、无线电测向运动活动课程的总目标

1. 知识与技能

（1）了解无线电测向的基本知识，掌握无线电测向技能。

（2）认识和掌握无线电测向机的大音面、磁棒轴线、频率键、音量键的功能。

（3）了解无线电波传输知识，了解无线电收发信号设备电气原理。

（4）了解国际、国内无线电测向竞赛规则。

（5）掌握短距离越野的基本体育常识。

2. 过程与方法

（1）通过开展无线电测向运动提高学生分析、判断和团队协作能力。

（2）通过无线电测向技术的学习，培养学生对无线电测向技术的综合运用能力。

（3）通过无线电测向运动的训练，让学生的智力和体能得到强化，从而提高学生的综合身体素质。

3. 情感态度与价值观

（1）通过无线电测向训练活动，提升学生的集体意识，培养良好道德品质。

（2）在无线电测向训练过程中，让学生获得归属感，懂得集体的重要性、国家的重要性。

二、无线电测向运动活动课程的单元目标

1. 初级阶段

无线电测向运动活动课程初级阶段目标为培养学生学习无线电测向运动活动课程的兴趣，提高体能；使学生掌握无线电测向基本技术和焊接技术，了解无线电测向运动规则；让学生积极融入无线电测向运动团队。

2. 中级阶段

无线电测向运动活动课程中级阶段目标是使学生熟悉无线电测向比赛规则，掌握无线电测向技术，能独立制作80米无线电测向机，且有一定的体能，如能够持续跑3000米；参加无线电测向省市级赛事，能与队友合作参加团体比赛，交流测向心得。

3. 高级阶段

无线电测向运动活动课程高级阶段目标，是让学生掌握无线电测向技术和比赛规则，了解和熟悉无线电测向技术在日常生活中的应用，提高科学素养，提高生存能力，培养团结协作精神。

第三节　无线电测向运动活动课程结构

依据无线电测向运动活动课程目标，在充分考虑其课程性质和课程特点的前提下，根据学生的年龄特点和基础水平，将无线电测向运动活动课程按初级阶段、中级阶段、高级阶段逐级递进，每一阶段分为A，B两个级别，每个级别30课时，每个阶段都有各自的侧重点。无线电测向运动活动课程结构如下图所示。

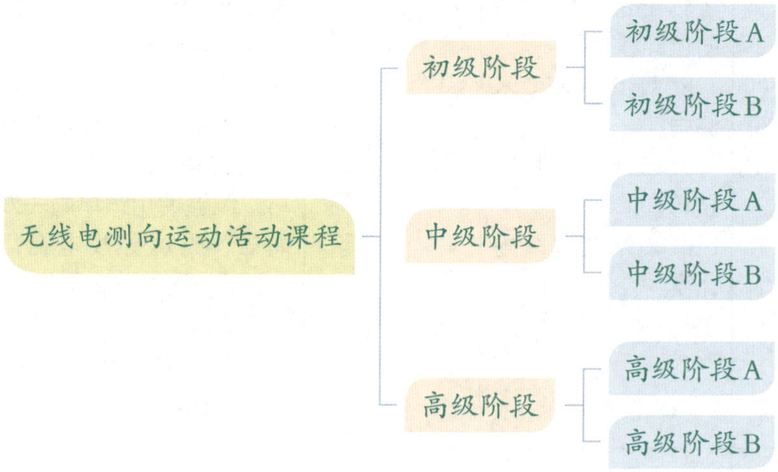

第四节　无线电测向运动活动课程教学方案

课程类别：科技类

课程名称：无线电测向运动活动课程

适用对象：7~13岁学生

学生基础要求：身体健康。

课时说明：15周/学期，1次学习/周，2课时/次（45分钟/课时），总计30课时/学期。

1. 初级阶段课程教学方案

单元	模块	教学内容	教学方法	教学标准	课时
初级阶段A	体能训练	进行长跑锻炼，增强学生体能	任务驱动法	能够在20分钟内完成2000米场地的搜寻目标和跑步练习	2
	80米短距离测向	1. 走进无线电测向世界； 2. 初步了解80米测向； 3. 80米测向基本技巧； 4. 80米测向队内比赛	任务驱动法、现场教学法、直观演示法	1. 能够说出无线电测向的器材名称及常规无线电赛事； 2. 能够使用80米测向机，说出80米测向信号源拍号，掌握正确的持机方法； 3. 掌握使用80米测向机搜索电台的技巧和动作要领，掌握大音面和哑点线的测向技巧；能够使用“单向—双向测向法”成功寻找电台，使用“双向—单向测向法”成功寻找电台； 4. 能够使用80米测向机完成队内比赛	14
	测向机制作	1. 了解无线电测向电子制作； 2. 测向机的制作	任务驱动法、现场教学法、直观演示法	1. 能够说出80米测向机的结构组成和常用电子元件名称； 2. 能够准确认识80米测向机中的电子元件，完成焊接训练、插元件训练；能够初步完成测向机焊接	8
	2米测向基本技巧	1. 初步了解2米测向； 2. 2米测向基本技巧	任务驱动法、现场教学法、直观演示法	1. 能够准确认识2米测向机、2米测向信号源拍号，掌握正确的持机方法； 2. 能够使用2米测向机搜索电台，掌握搜索电台的技巧和动作要领； 3. 能够使用2米测向机扫动式前进	6

（续表）

单元	模块	教学内容	教学方法	教学标准	课时
初级阶段B	体能训练	进行长跑锻炼，增强学生体能	任务驱动法	能够在20分钟内完成2000米场地的搜寻目标和跑步练习	2
	80米短距离测向	1.80米收听电台专项训练； 2.80米测向基本技巧； 3.80米测向技巧的对比学习； 4.80米测向个人赛综合训练； 5.80米测向接力赛综合训练	任务驱动法、现场教学法、直观演示法	1. 能够进行定点蒙眼测向找台，蒙眼后站在原地搜索定点放置的3个以下80米电台的哑点线和大音面； 2. 能够说出80米测向交叉定位的理论知识，初步掌握交叉定位动作要领； 3. 能够正确使用单双向测向法与交叉定位测向法； 4. 能够综合使用自己所掌握的测向技巧进行测向实践，完成寻找4个电台的任务； 5. 能够综合使用自己所掌握的测向技巧进行测向实践，每组完成寻找6个电台的任务	10
	测向机制作	测向机制作	任务驱动法、现场教学法、直观演示法	1. 能够初步说出80米测向机电路原理和常用电子元件的功能； 2. 能够完成安插元件训练； 3. 能够焊接制作自己的测向机，正确进行测向机的调试	10
	2米收听电台专项训练	1.2米收听电台专项训练； 2. 扫动式前进专项训练； 3.2米测向个人赛综合训练； 4.2米测向接力赛综合训练	任务驱动法、现场教学法、直观演示法	1. 能够进行定点蒙眼测试，蒙眼后站在原地搜索定点放置的3个以下2米电台； 2. 能够进行移动蒙眼训练，蒙眼后扫动式前进搜索定点放置的2个2米电台； 3. 能够综合使用自己所掌握的测向技巧进行测向实践，完成寻找4个电台的任务； 4. 能够综合使用自己所掌握的测向技巧进行测向实践，每组完成寻找6个电台的任务	8

2. 中级阶段课程教学方案

单元	模块	教学内容	教学方法	教学标准	课时
中级阶段A	体能训练	进行长跑锻炼，增强学生体能	任务驱动法	能够在20分钟内完成2000米场地的搜寻目标和跑步练习	2
	80米搜索电台专项训练	1.80米搜索电台专项训练； 2. 标图训练； 3. 正式比赛规则与流程学习； 4.80米测向个人赛综合训练； 5.80米测向接力赛综合训练	任务驱动法、现场教学法、直观演示法	1. 能够进行移动蒙眼训练，蒙眼后前进搜索定点放置的4个以下80米电台和间歇性移动的80米电台； 2. 能够在规定区域内，通过交叉定位对不远处丛林中的多个电台进行标定； 3. 能够正确说出各级比赛（全国、省和市）的比赛项目与规章流程； 4. 能够在规定时间内完成寻找6个电台的任务； 5. 能够在规定时间内，每组完成寻找9个电台的任务	12
	测向机制作	测向机制作	任务驱动法、现场教学法、直观演示法	1. 熟练掌握焊接技术，独立完成插元件和焊接； 2. 能够进行测向机的调试和故障检测	6
	2米搜索电台专项训练	1.2米搜索电台专项训练； 2. 扫动式前进专项训练； 3.2米测向个人赛综合训练； 4.2米测向接力赛综合训练	任务驱动法、现场教学法、直观演示法	1. 能够蒙眼后移动搜索定点放置的4个以下2米电台和实时移动的1个2米电台； 2. 能够在规定时间内完成寻找6个电台的任务； 3. 能够在规定时间内，每组完成寻找9个电台的任务	10
中级阶段B	体能训练	进行长跑锻炼，增强学生体能	任务驱动法	能够在20分钟内完成2000米场地的搜寻目标和跑步练习	2

（续表）

单元	模块	教学内容	教学方法	教学标准	课时
中级阶段B	80米搜索电台专项训练	1.80米搜索电台专项训练； 2.80米测向个人赛综合训练； 3.80米测向接力赛综合训练	任务驱动法、现场教学法、直观演示法	1. 能够在蒙眼后前进搜索实时移动的80米电台和不按次序寻找实时移动的4个80米电台； 2. 能够在规定时间内完成寻找6个电台的任务； 3. 能够在规定时间内，每组完成寻找9个电台的任务	12
	测向机制作	测向机制作	任务驱动法、现场教学法、直观演示法	1. 能够独立完成插元件和焊接； 2. 能够熟练进行测向机的调试、故障检测和维修	6
	2米搜索电台专项训练	1.2米搜索电台专项训练； 2.2米测向个人赛综合训练； 3.2米测向接力赛综合训练	任务驱动法、现场教学法、直观演示法	1. 能够在蒙眼后前进搜索实时移动的2米电台、不按次序寻找实时移动的4个2米电台； 2. 能够在规定时间内完成寻找6个电台的任务； 3. 能够在规定时间内，每组完成寻找9个电台的任务	10

3. 中级阶段课程教学方案

单元	模块	教学内容	教学方法	教学标准	课时
高级阶段A	体能训练	进行长跑锻炼，增强学生体能	任务驱动法	能够在20分钟内完成2000米场地的搜寻目标和跑步练习	2
	快速测向	1. 认识快速测向； 2. 真假电台判断； 3. 快速测向高阶理论学习	任务驱动法、现场教学法、直观演示法	1. 能够快速收听间隔发信号的电台； 2. 能够综合利用快速搜台和直线到位技术进行快速测向，辨别真假信号源； 3. 能够正确说出拉出天线高度、音量大小和电台距离之间的联系	12

（续表）

单元	模块	教学内容	教学方法	教学标准	课时
高级阶段A	测向机制作	测向机制作	任务驱动法、现场教学法、直观演示法	能够在教师的指导下进行测向机的改装	4
	80米测快速测向综合训练	1.80米测快速测向综合训练； 2.80米测向个人赛综合训练； 3.80米测向接力赛综合训练	任务驱动法、现场教学法、直观演示法	1. 能够按照省赛规则进行快速测向，在规定时间内完成寻找6个电台的任务； 2. 能够按照省赛规则进行测向实践，在规定时间内完成寻找6个电台的任务； 3. 能够按照省赛规则进行测向实践，在规定时间内，每组完成寻找9个电台的任务	6
	2米测快速测向综合训练	1.2米测快速测向综合训练； 2.2米测向个人赛综合训练； 3.2米测向接力赛综合训练	任务驱动法、现场教学法、直观演示法	1. 能够按照省赛规则进行快速测向，在规定时间内完成寻找6个电台的任务； 2. 能够按照省赛规则进行测向实践，在规定时间内完成寻找6个电台的任务； 3. 能够按照省赛规则进行测向实践，在规定时间内，每组完成寻找9个电台的任务	6
高级阶段B	体能训练	进行长跑锻炼，增强学生体能	任务驱动法	能够在20分钟内完成2000米场地的搜寻目标和跑步练习	2
	突发情况的应急处理	突发情况的应急处理	讲授法、现场教学法	掌握比赛中伤害事故处理方法与预防措施	2
	测向技术总结	1.80米测向技术总结； 2.2米测向技术总结	讲授法、现场教学法	能够介绍自己的训练经验和参赛经验	4
	高阶理论学习	高阶理论学习	讲授法、现场教学法	能够正确说出无线电测向过程中地形因素造成的影响及其应对策略	4

（续表）

单元	模块	教学内容	教学方法	教学标准	课时
高级阶段B	测向机制作	测向机制作	任务驱动法、现场教学法、直观演示法	1. 能够完成焊接制作自己的测向机，独立进行调试和故障检修； 2. 在自己的主导下对已完成的测向机进行改装	6
	80米测快速测向综合训练	1.80米测快速测向综合训练； 2.80米测向个人赛综合训练； 3.80米测向接力赛综合训练	任务驱动法、现场教学法、直观演示法	1. 能够按照国赛规则进行快速测向，在规定时间内完成寻找6个电台的任务； 2. 能够按照国赛规则进行测向实践，在规定时间内完成寻找6个电台的任务； 3. 能够按照国赛规则进行测向实践，在规定时间内，每组完成寻找9个电台的任务	6
	2米测快速测向综合训练	1.2米测快速测向综合训练； 2.2米测向个人赛综合训练； 3.2米测向接力赛综合训练	任务驱动法、现场教学法、直观演示法	1. 能够按照国赛规则进行快速测向，在规定时间内完成寻找6个电台的任务； 2. 能够按照国赛规则进行测向实践，在规定时间内完成寻找6个电台的任务； 3. 能够按照国赛规则进行测向实践，在规定时间内，每组完成寻找9个电台的任务	6

第五节　无线电测向运动活动课程评价

一、评价主体

1. 学生评价

学生自评与互评，评价动作完成度，小组相互配合协助度。

2. 教师评价

评价学生任务完成度、在训练及比赛中的体能素质及心理素质等。

3. 家长评价

评价学生技能的熟练程度和教师教学水平等。

二、评价内容

评价维度	评价内容	评价标准
知识技能	是否已经掌握了80米短距离测向技术。正确的持机方法、音量旋钮与频率旋钮调节方法、单向—双向测向法、双向—单向测向法、交叉定位测向法、辨别假台、受干扰情况下测向等测向技术； 是否已经掌握了2米短距离测向技术。正确的持机方法、音量旋钮与频率旋钮调节方法、交叉定位测向法、辨别假台、受干扰情况下测向等测向技术； 是否已掌握80米测向机制作技术。包括认识电路图、认识电子元件及其用途、熟悉电路原理、掌握正确焊接技术、掌握调试收测电台的技术	□目标达成 □基本达成 □还需努力
体能素质	学生的体能是否增强； 学生在找台时的心理素质情况	□目标达成 □基本达成 □还需努力

三、评价程序

学生自评→小组互评→教师评价→家长评价

第六节　无线电测向运动活动课程实施建议

一、教学方式

以户外实践训练为主，课堂理论学习为辅，两者比例约为8：2。以“理论—实践—总结—实践—提高”的任务驱动法教学；以老带新，发挥老队员的作用。

二、教学准备

1. 器材准备

户外教学器材：80米测向机（含电池、耳塞）、2米测向机（含电池、耳塞）、80

米和2米信号源若干部（含电池）、电子计时器（点签，若无，可用针式打卡器）。

电子制作器材：电源、测向机制作套件、电烙铁、焊锡、烙铁架、螺丝刀、剪钳、吸锡器等。

2. 学生需准备物品

运动鞋、运动服、计时器、饮用水、测向机、备用电池与耳塞、小笔记本、笔等。

3. 选择适当的场地

户外训练需要在稍微大一点的地方，最好为0.5平方千米以上的公园、旷野或丛林。

4. 人员准备

除了一名任课教师以外，需要助教一名。电子制作课程，助教在课堂协助发放物品、维持秩序等；户外课堂，助教协助放置信号源。

三、教学建议

（1）以学生亲身体验为主，理论和实践紧密结合。学生往往先学习一小段理论，然后教师组织实践，实践后总结提高。

（2）组织技能分享活动。学生容易借鉴其他同学的测向经验，然后投入实践和总结。

第五章

“博士星STEM”活动课程实施指南

谭红艳　李强

第一节　“博士星STEM”活动课程概述

一、“博士星STEM”活动课程的性质

STEM教育是跨界科学（Science）、技术(Technology)、工程(Engineering)、数学(Mathematics)等自然学科，以解决问题为目的的教育模式。其新颖地以项目学习为载体，以团队合作共同学习的形式，将抽象的知识运用于日常生活中解决实际问题，非常值得校外科技教学借鉴，如果将STEM教育的教学方式、教学方法，灵活地运用到

校外科技教学中，则会更加有效地达到提升学生的科学素养、培养学生的创新精神和实践能力的目的。“博士星STEM”活动课程是以能力发展为导向，以“普及科技教育，提高全民科学素养”为宗旨，以实现科学探究实践、科技普及教育为目标，基于项目实施的活动课程。

二、“博士星STEM”活动课程的特点

1.“博士星STEM”活动课程具有综合性

“博士星STEM”活动课程不仅仅是一门技能训练课程，也是培养学生科学素养的课程，在融合科学素养培养与技能训练为一体的学习基础上，真正培养学生动手实践能力和创新思维。STEM教育注重跨学科知识融合，强调在学和做中发展学生的多元智能，通过各学科的规律性练习，不断培养学生的创新意识、创新能力和创新精神。

2.“博士星STEM”活动课程具有体验性

丰富的、多元的动手实践体验有助于帮助学生加深对科学探究实验操作技能的领悟，培养学生的科学素养和创新思维，学生在参与、体验、获得知识的过程中，不仅获得结果性知识，还学习到了在项目问题解决过程中的过程性知识。STEM教育主张学生通过自学或教师引导习得抽象知识，更强调学生动手、动脑，参与学习过程。STEM教育提供了学生动手做的学习体验，应用所学的数学和科学知识应对现实问题，创造、设计、建构、发现、合作并解决问题，最终实现“博士星STEM”活动课程的教学目标。

三、“博士星STEM”活动课程的核心素养

在校外科技教育教学实践中，借鉴STEM教育的精华，策略性地进行渗透融合。从教育理念上，让学生从知识消费者变成创造者；从教学传统上，让教师从知识传播者变成探究者；从教育氛围上，让教育从教室拓展到更广阔的空间；从教学方法上，采用跨界的融合、本土化特色的结合、文化精神的契合，在校外科技教学中让学生学会解决问题的能力方法，培养科学解决问题的思维习惯，达成创新意识和创新能力的培养目标。

1. 培养学生科学精神，设计科学探究活动

在课堂教学中结合教材内容和学生实际情况来创设科学探究活动，在科学探究活动中持续地培养学生的科学精神。

2. 在自主学习中学会学习

在课堂中借助文字、图片等资料，让学生多学科、多维度地学习科学知识，采用自主学习完成学习目标，使学生在自主学习中养成乐学善学和勤于反思的习惯，形成信息意识。

3. 结合生活实际进行实践创新

“博士星STEM”活动课程作为一门以动手实践为主体的课程，通过“科学、精准、多元化”的训练方法，提高学生动手操作能力的同时，让学生全面参与到实践中，与生活实际紧密结合，将科学与生活巧妙结合，激发学生对科学的兴趣与思考，从而让学生留心日常生活中的科学现象，将科学生活化、生活科学化。

第二节 “博士星STEM”活动课程目标

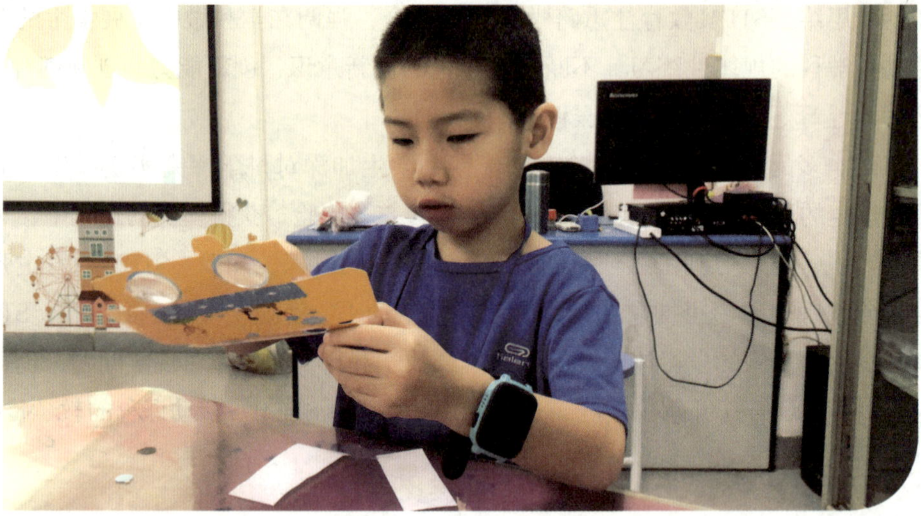

“博士星STEM”活动课程立足科学实验探究教学的基础，以基础的、宽泛的、与学生日常生活联系紧密的技术内容为载体，以进一步提高学生的科学素养、技术素养，促进学生全面而富有个性的发展为目标。

一、“博士星STEM”活动课程的总目标

（1）知道与周围常见事物有关的浅显的科学知识，并能应用于日常生活，逐渐养成科学的行为习惯和生活习惯。

（2）了解科学探究的过程和方法，并尝试应用于科学探究活动中，逐步学会科学地看问题、想问题。

（3）保持和发展对周围世界的好奇心与求知欲，形成大胆想象、尊重证据、敢于

创新的科学态度和爱科学、爱家乡、爱祖国的情感。

（4）亲近自然、欣赏自然、珍爱生命，积极参与资源和环境的保护，关心科技的新发展。

二、“博士星STEM”活动课程的单元目标

1. 启蒙阶段

掌握各种工具的使用；了解与各项实验活动相关的简明科学原理；逐步熟悉科学探究的基本过程，能运用已有知识作出自己对问题的假想答案，并根据假想答案，制订简单的科学探究计划；能通过对身边自然事物的观察，发现和提出问题，解决问题；具备观察、比较和寻找事物共同特征的能力。

2. 初级阶段

学会独立使用工具，安装电子元件等。初步具备应用实验观察杠杆、风能、简单化学反应、基本电路、视觉暂停动画、结晶体、天文、声音传播媒质等现象，并在生活中应用的能力；初步具备相关物理原理、化学、天文知识的能力，并能在教师的示范下进行模仿制作。

3. 中级阶段

中级阶段的学习重在物理、历史、数学、地理、天文、航空、化学应用。逐步理解科学探究的基本特征，会根据主题进行实验设计与实验，能够掌握物理和化学应用原理、验证方法与动手技能。会根据主题进行实验DIY活动，能通过实验报告呈现实验结论，能够掌握物理和化学应用原理、验证方法与动手技能，具备一定的逻辑推理能力。

4. 高级阶段

充分理解科学探究的基本特征，能通过实验、制作、观察、调查、展示成果等活动进行探究，组织形成系统的知识。调查生活状况和垃圾去向，让学生学会制订合理的计划，按计划去调查，形成有效报告，给学生一个创新空间展示成果，使学生学会分享学习、合作学习。科学实验调查课堂教学围绕生活中的实验现象来组织，对提高学生的学习效率、促进学生发展是十分重要的。

第三节 “博士星STEM”活动课程结构

根据青少年宫教学特点和“博士星STEM”活动课程的设计理念，以及“博士星STEM”活动课程目标，在充分考虑其课程性质和课程特点的前提下，根据学生的年龄

特点和基础水平，该项目活动课程涉及生命科学、物质科学、地球与宇宙科学、技术与工程等四大领域。根据学生的年龄特点和认知水平，本系列课程按启蒙阶段、初级阶段、中级阶段、高级阶段逐级递进。启蒙阶段分为A、B、C、D四个级别，每个级别30课时，初级阶段、中级阶段、高级阶段分别分为A、B两个级别，每个级别30课时/学期，每个阶段都有各自的侧重点。“博士星STEM”活动课程结构如下图所示。

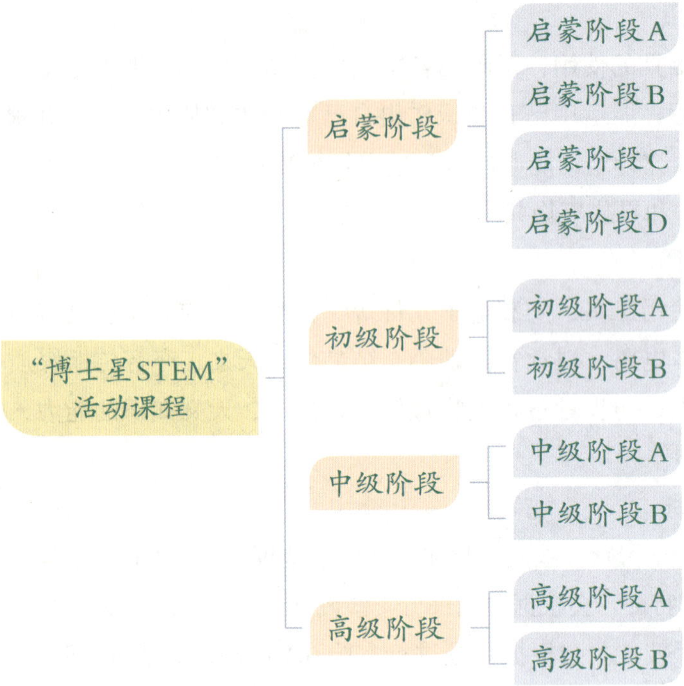

第四节 “博士星STEM”活动课程教学方案

课程类别： 科技类

课程名称： “博士星STEM”活动课程

适用对象： 5~13岁学生

学生基础要求： 无特别要求。

课时说明： 15周/学期，1次学习/周，2课时/次（45分钟/课时），总计30课时/学期。

1. 启蒙阶段课程教学方案

<table>
<tr><th>单元</th><th>模块</th><th>教学内容</th><th>教学方法</th><th>教学标准</th><th>课时</th></tr>
<tr><td rowspan="2">启蒙阶段A</td><td>物质科学</td><td>1. 磁力小车；
2. 制作果冻；
3. 皮影戏；
4. 磁铁；
5. 凸透镜；
6. 静电；
7. 酸碱指示剂；
8. 防水物质；
9. 大气压力</td><td>直观演示法、探究发现法、实验探究法</td><td>1. 能够动手制作完成磁力小车，说出磁铁的特性；
2. 能够制作出果冻，说出制作果冻的原材料；
3. 了解古代的皮影戏艺术，能够说出光与影的关系；
4. 能够制作出磁铁玩具，说出磁铁在生活中的应用；
5. 能够说出凸透镜成像的作用，探究出凸透镜成像大小的规律；
6. 能够完成摩擦生电实验，并能利用静电做一些有趣的小实验；
7. 能够说出酸碱指示剂的特性，指出常见溶液的酸碱性；
8. 完成物质的防水实验，举例说明哪些建筑和衣服做过防水处理；
9. 能够感受到大气压力的存在，说出大气压力在我们生活中的应用</td><td>20</td></tr>
<tr><td>技术与工程</td><td>1. 平面镜和哈哈镜；
2. 静态模型；
3. 身边的轮子；
4. 摇摆木马；
5. 回旋飞机</td><td>直观演示法、探究发现法、实验探究法</td><td>1. 能够讲解平面镜和哈哈镜的特点与区别，探索出软镜镜面变化与人像之间的关系；
2. 能够搭建小小警察局模型，掌握静态搭建模型的技巧和方法；
3. 能够探究出圆形、正方形、长方形轮子哪种滚动起来更省力；
4. 能够完成摇摆木马的制作，探究出木马是因为重心的改变而来回摇摆的；
5. 能够完成回旋飞机制作，说出回旋飞机的飞行原理</td><td>10</td></tr>
</table>

（续表）

单元	模块	教学内容	教学方法	教学标准	课时
启蒙阶段B	生命科学	1. 食物链与生态平衡； 2. 蚂蚁筑巢； 3. 种子发芽； 4. 恐龙	直观演示法、探究发现法、实验探究法	1. 能够说出大自然中的某一种生物是如何保持生态平衡的，并说出其食物链； 2. 能够说出蚂蚁筑巢的过程，及蚂蚁的生活习性； 3. 能够说出种子的作用，及种子发芽需要的基本条件； 4. 能够说出恐龙的构造和恐龙的生活环境	8
	物质科学	1. 水晶树； 2. 乌鸦喝水的实验； 3. 凸透镜和凹透镜； 4. 制作饮料； 5. 磁铁； 6. 虹吸现象； 7. 声音	直观演示法、探究发现法、实验探究法	1. 能够说出水晶树形成的原因，说出尿素结晶后的形状结构和结晶过程； 2. 能够完成乌鸦喝水的实验，说出液体和固体的区别； 3. 能够说出凸透镜和凹透镜的外部特征，说出它们的成像特点及用途； 4. 能够完成制作饮料的实验，说出饮料的成分； 5. 能够说出磁铁的特性； 6. 能够说出生活中哪些地方用到了虹吸； 7. 能够探究出声音是由物体的振动产生的	16
	技术与工程	1. 降落伞； 2. 榫卯结构； 3. 机械手	直观演示法、探究发现法、实验探究法	1. 能够说出降落伞的原理和降落伞的应用； 2. 能够说出榫卯结构的特点及作用； 3. 能够完成制作机械手，说出机械手的组成和应用	6
启蒙阶段C	生命科学	1. 认识蝴蝶； 2. 认识谷物	直观演示法、探究发现法、实验探究法	1. 能够完成蝴蝶模型拼装，说出蝴蝶的生活习性； 2. 能够完成制作谷物标本，认识谷物的分类，能区分我们经常食用的谷物的特征，了解不同谷物的用途	4

（续表）

单元	模块	教学内容	教学方法	教学标准	课时
启蒙阶段C	物质科学	1. 雪花； 2. 导电电路； 3. 水和油； 4. 光和影子； 5. 注射器与气球； 6. 水的浮力； 7. 空气动力小车	直观演示法、探究发现法、实验探究法	1. 能够完成制作雪花模型，探究相关自然现象； 2. 能够区分哪些物体具有导电性； 3. 能够通过实验探究出水不溶于油，并了解液体间存在的分离和融合状态； 4. 能够说出影子形成的原因，了解光与影的关系； 5. 能够完成大气压的探究实验； 6. 能够探究出浮力的相关知识； 7. 能够完成制作空气动力小车，了解力的知识	16
	技术与工程	1. 皮带传动； 2. 3D眼镜； 3. 汉诺塔； 4. 插球拼装； 5. 拼装机器人	直观演示法、探究发现法、实验探究法	1. 能够完成制作皮带传动，探究出皮带传动的工作原理，说出皮带传动原理在生活中的应用； 2. 能够完成制作3D眼镜，说出3D眼镜的原理； 3. 能够完成汉诺塔游戏； 4. 能够利用插球拼装出各种各样的立体图形； 5. 能够完成拼装机器人	10
启蒙阶段D	生命科学	1. 昆虫运动； 2. 种子发芽	直观演示法、探究发现法、实验探究法	1. 能够了解昆虫的基本知识，认识昆虫爬行的特点； 2. 能够认识各种植物的种子及基本知识，并了解种子发芽需要的基本条件	4

（续表）

单元	模块	教学内容	教学方法	教学标准	课时
启蒙阶段D	物质科学	1. 沉与浮的变化； 2. 橡皮筋的弹力； 3. 浮力； 4. 热胀冷缩； 5. 弹力球； 6. 针孔相机； 7. 平衡力； 8. 印花手绢； 9. 大风车； 10. 万花筒	直观演示法、探究发现法、实验探究法	1. 能够了解物体质量与液体密度的关系，认识物体沉与浮的原理； 2. 能够认识橡皮筋的弹力特性，了解作用力和反作用力的关系； 3. 能够认识浮力的存在，并了解作用力与反作用力的相关知识； 4. 能够认识热胀冷缩的现象，了解生活中物体热胀冷缩的应用； 5. 能够了解弹力球的特性，增强对物体弹力的认识； 6. 能够完成制作针孔相机，认识凸透镜的成像作用，探究凸透镜成像大小的规律； 7. 能够认识平衡力的存在，并了解物体重心高低对平衡力的影响； 8. 能够认识相似相溶原理，了解什么是溶质、溶剂； 9. 能够认识风动力的作用及人们对风能的应用； 10. 能够完成制作万花筒，认识光反射的应用，了解平面镜成像原理	22
	技术与工程	1.3D 校车； 2. 木筏帆船	直观演示法、探究发现法、实验探究法	1. 能够认识校车的基本结构； 2. 认识帆船的基本结构，了解帆船靠风力行驶的原理	4

2. 初级阶段课程教学方案

单元	模块	教学内容	教学方法	教学标准	课时
初级阶段A	生命科学	1. 恐龙化石； 2. 自制植物香水	直观演示法、探究发现法、实验探究法	1. 能够了解恐龙的大概分类及进化的历史； 2. 能够说出植物香水的主要成分及作用	4

（续表）

单元	模块	教学内容	教学方法	教学标准	课时
初级阶段A	物质科学	1. 小手电制作； 2. 龙卷风； 3. 气球直升机； 4. 弹力拉线小车； 5. 音乐瓶； 6. 表面张力； 7. 风力小车	直观演示法、探究发现法、实验探究法	1. 使学生了解小手电的工作原理，并学习简单电路的连接； 2. 能够了解龙卷风形成条件及形成的四个阶段； 3. 能够认识空气的作用力与反作用力； 4. 能够认识弹力在拉线小车运动中的作用； 5. 能够了解声音是怎样产生的，并认识声音传播的介质； 6. 能够认识液体表面张力的存在； 7. 能够认识风力小车的工作原理，并了解风能在生活中的应用	16
	技术与工程	1. 制作道闸； 2. 制作手摇发电机； 3. 制作转圈玩偶； 4. 制作斜拉桥； 5. 吸管立体空间	直观演示法、探究发现法、实验探究法	1. 能够认识齿轮传动的作用及蜗轮蜗杆的结构； 2. 能够认识发电机的工作原理，并了解手摇发电机的结构及零部件名称； 3. 能够了解转圈玩偶与机械运动的关系，并学会简单电路的连接； 4. 能够认识斜拉桥所受水平方向上的力是怎么相互抵消的，并了解桥梁的分类； 5. 能够使用吸管完成立体空间的设计和制作	10
初级阶段B	物质科学	1. 视觉暂留现象； 2. 明轮船； 3. 平面镜景观盒； 4. 自制牙膏	直观演示法、探究发现法、实验探究法	1. 能够认识视觉暂留现象，并了解其原理； 2. 能够认识明轮船向前运动的动力来源，并了解弹性势能的作用； 3. 能够了解无限长廊景观盒的成像原理； 4. 能够认识牙膏的主要组成成分及各成分的作用	8

（续表）

单元	模块	教学内容	教学方法	教学标准	课时
初级阶段B	地球与宇宙科学	1. 星象仪； 2. 水晶瓶	直观演示法、探究发现法、实验探究法	1. 能够了解星象仪的作用，认识一些常见的星座； 2. 能够认识水晶的外貌特征，并了解其结晶过程	4
	技术与工程	1. 钟表制作； 2. 机械手制作； 3. 听诊器制作； 4. 音乐投币盒； 5. 小路灯； 6. 简易答题器； 7. 小风扇制作； 8. 制作四驱车	直观演示法、探究发现法、实验探究法	1. 能够完成钟表制作，认识钟表的结构； 2. 能够认识机械手的工作原理，了解杠杆的作用； 3. 能够了解听诊器的工作原理及其基本结构； 4. 能够了解音乐投币盒的工作原理； 5. 能够认识并联电路的特点，并会连接简单的并联电路； 6. 能够了解答题器的工作原理，并会连接简单的闭合电路； 7. 能够认识风扇的主要结构，并了解能量之间的转换； 8. 能够认识四驱车的驱动形式，并了解齿轮传动的作用	18

3. 中级阶段课程教学方案

单元	模块	教学内容	教学方法	教学标准	课时
中级阶段A	物质科学	1. 弹力滑翔机； 2. 浮沉玩偶； 3. 彩虹色水； 4. 砰砰气体枪； 5. 动力小车； 6. 水晶皂	直观演示法、探究发现法、实验探究法	1. 能够认识弹力滑翔机主要结构，并了解弹性势能转化成动能的过程； 2. 能够认识浮沉玩偶的工作原理，并了解影响物体浮沉的因素； 3. 能够了解影响密度大小的因素，并知道溶液会出现饱和、不饱和、过饱和状态； 4. 能够认识大气压的存在，了解大气压在生活中的应用； 5. 能够认识双层动力小车的工作原理，了解基本的用电常识； 6. 能够认识水晶皂的化学组成及各成分的作用	12

（续表）

单元	模块	教学内容	教学方法	教学标准	课时
中级阶段A	技术与工程	1. 电灯笼； 2. 杆秤； 3. 织布机； 4. 下雨报警器； 5. 竹签陀螺； 6. 幻灯机； 7. 云霄飞车； 8. 滑翔机	直观演示法、探究发现法、实验探究法	1. 能够知道电灯笼的基本构造，并学会连接串联电路； 2. 能够认识杆秤由哪些部分组成的，并了解杠杆三要素及杠杆平衡条件； 3. 能够认识织布机的主要结构，并了解织布机的工作过程； 4. 能够认识下雨报警器的发声原理，并了解导体与绝缘体的分类； 5. 能够认识竹签陀螺的平衡原理，并学会制作竹签陀螺； 6. 能够认识幻灯机的工作原理； 7. 能够认识重力势能与动能之间的相互转换； 8. 能够认识弹性势能，了解弹力在生活中的应用	18
中级阶段B	物质科学	1. 电子蜡烛； 2. 自制八音盒； 3. 自制洗涤刷	直观演示法、探究发现法、实验探究法	1. 能够认识单向可控硅的作用，了解电学知识及电学元件； 2. 能够认识八音盒的发声原理，了解八音盒的发展史； 3. 能够了解洗涤灵的组成和化学性质，认识洗涤刷的结构原理	6
	地球与宇宙科学	1. 火山爆发； 2. 双轨怪坡； 3. 自制日晷； 4. 月球仪	直观演示法、探究发现法、实验探究法	1. 能够认识火山爆发的形成原因，并了解火山的分类； 2. 能够认识寻找物体重心的方法，了解重心对物体运动的影响； 3. 能够认识古代计时工具，了解日晷的结构和优点，学习日晷计时的方法； 4. 能够了解月球的结构和地形，了解人类登月的历史	8

（续表）

单元	模块	教学内容	教学方法	教学标准	课时
中级阶段B	技术与工程	1. 自制望远镜； 2. 投篮器； 3. F1赛车； 4. 模拟发报机； 5. 电动海鸥； 6. 自制火箭模型； 7. 孔明锁之神机妙算	直观演示法、探究发现法、实验探究法	1. 能够认识望远镜的基本结构，并了解凸透镜的作用； 2. 能够认识杠杆的三要素，及杠杆的分类，了解杠杆在生活中的应用； 3. 能够认识F1赛车的动力装置及其工作原理； 4. 能够认识电报的通信方式，了解发报机的发展史； 5. 能够认识电动海鸥的工作原理，及曲柄连杆机构的应用； 6. 能够了解火箭的基本结构及在航天史上的作用； 7. 能够认识榫卯结构的特点，了解榫卯结构在传统建筑物中的作用	16

4. 高级阶段课程教学方案

单元	模块	教学内容	教学方法	教学标准	课时
高级阶段A	物质科学	1. 七彩光纤灯； 2. 二极管电路； 3. 磁悬浮； 4. 还原氧化反应； 5. 电磁陀螺	直观演示法、探究发现法、实验探究法	1. 能够了解光的全反射及光传导的特点，认识光导纤维的应用； 2. 能够了解发光二极管和电阻的相关知识，认识并联电路的特点及开关的多样性； 3. 能够了解磁悬浮的制作和调试方法； 4. 能够认识维生素C的还原性及氧化反应，了解碘酒及高锰酸钾在日常生活中的应用； 5. 能够了解电磁陀螺的工作原理，认识干簧管和电感线圈的作用	10

（续表）

单元	模块	教学内容	教学方法	教学标准	课时
高级阶段A	地球与宇宙科学	1. 自制地震仪； 2. 活动星图	直观演示法、探究发现法、实验探究法	1. 能够了解地震的危害和成因，认识地震仪的工作原理，学习地震的逃生方法； 2. 能够认识不同季节天空中出现的不同星座	4
	技术与工程	1. 走马灯； 2. 多角球体； 3. 红外线遥控电风扇； 4. 凸轮机构； 5. 音乐听筒； 6. 智能小车； 7. 自制照相机	直观演示法、探究发现法、实验探究法	1. 能够认识走马灯的工作原理和风的形成原因； 2. 能够认识不同的正多面体，探索组成正多面体的平面展开图形，丰富学生的空间思维能力； 3. 能够了解红外线接收装置、光敏二极管和晶体三极管的作用，认识光敏开关的工作原理，及红外线在生活中的应用； 4. 能够认识凸轮机构的传动知识，了解凸轮机构在生活中的应用； 5. 能够了解音乐芯片知识，认识扬声器的发声原理，了解各电子元件的作用； 6. 能够了解智能小车的结构组成及其工作原理，认识万向轮的作用； 7. 能够了解照相机的发展史及其工作原理，认识凸透镜的成像原理	16

（续表）

单元	模块	教学内容	教学方法	教学标准	课时
高级阶段B	物质科学	1. 悬浮球； 2. 电磁铁； 3. 电动爬虫； 4. 五球碰摆； 5. 隐形墨水； 6. 净水实验； 7. 翻板； 8. 甩干机	直观演示法、探究发现法、实验探究法	1. 能够认识伯努利原理的应用，了解涡轮风机的工作原理； 2. 能够了解磁铁的历史，认识电磁铁的工作原理； 3. 能够了解偏心运动的产生原因； 4. 能够认识五球碰摆的能量转换原理，了解动量守恒定律知识； 5. 能够认识简单的氧化还原反应和酸碱显色反应，了解酚酞、碘酒、碳酸钠及维生素C在生活中的应用； 6. 能够通过实验探究“干净的水”的由来，了解净水的科学知识； 7. 能够完成翻板玩具的制作，认识重心及支点知识； 8. 能够认识甩干机的工作原理，了解离心力的相关知识	18
	地球与宇宙科学	1. 国际时钟； 2. 天球仪	直观演示法、探究发现法、实验探究法	1. 能够认识国际时钟的组成，了解国际上的时区是如何划分的； 2. 能够了解天文学的起源，认识浩瀚的宇宙星球	4

（续表）

单元	模块	教学内容	教学方法	教学标准	课时
高级阶段B	技术与工程	1. 显微镜； 2. 自制录放机； 3. 遥控智能车； 4. 水陆两栖船	直观演示法、探究发现法、实验探究法	1. 能够了解显微镜的发展史，认识显微镜的组成，并学会如何利用显微镜去观察标本； 2. 能够认识录放机的工作原理，了解录放机的发展历程； 3. 能够了解遥控智能车的组成及工作原理，认识两通道遥控板的接收和发射装置； 4. 能够了解水陆两栖船的组成部分，认识它的动力系统	8

第五节 “博士星STEM”活动课程评价

一、评价主体

1. 学生自评与互评

评价学习任务完成度、小组相互配合协助度。

2. 教师评价

评价学生课堂的养成习惯、小组集体协助能力、任务完成度和创新思维等。

3. 家长评价

评价学生的学习习惯、技能的熟练程度和教师教学水平等。

二、评价内容

评价维度	评价内容	评价标准
管理信息	提出并回答关于项目的问题； 开始计划； 按照课程指示推进活动任务； 在教师所提供的材料和资源中选择所需的信息，提出获取信息的方式； 识别和使用简单的方法来记录信息	□目标达成 □基本达成 □还需努力

（续表）

评价维度	评价内容	评价标准
思考/解决问题和决策	细心观察并描述活动现象； 展示活动和信息的顺序时，能够看到整体和部分； 确定相同/不同的知识，并能将事物进行分类； 在实验之前能进行简单的预测； 提出项目活动中会出现的不同类型问题，并能给出意见和理由	□目标达成 □基本达成 □还需努力
设计/创造性	对设计活动感到好奇并能积极主动地提问； 提出关于项目活动的观点； 设计模型； 愿意接受挑战； 通过书写、绘制、标记和制作模型来验证自己的观点	□目标达成 □基本达成 □还需努力
协作	学会和小组其他成员一起协作； 发展聆听、表达、分享和协作的能力； 能够学会演示和建模； 意识到自己的工作对其他人有一定的影响； 信任教师和同学	□目标达成 □基本达成 □还需努力
自我管理	谈论自己在这个活动中做了什么和学到了什么； 发展集中、专注和坚持的能力； 能够处理任务中的任何问题； 能够在活动中做出选择和决策； 在完成活动任务时敢于向教师和同学寻求帮助	□目标达成 □基本达成 □还需努力

三、评价程序

学生自评→小组互评→教师评价→家长评价

第六节 “博士星STEM”活动课程实施建议

一、教学建议

教学是实现课程目标的主要途径，教师的角色转换和学生学习方式的改善是实施有效教学的关键，是课程改革成功的保证。为实现本课程目标，结合课程的设计思想和教学实际，提出如下教学建议：

（1）进一步促进科技制作活动STEM化。要丰富科技制作活动的育人目标，开展多学科知识整合，引导学生进行创意设计，开展自主学习和团队合作学习，组织学生进行分享活动，将科技制作活动STEM化。

（2）找准科技素养普及和科技精英培养的平衡点。在教学过程中注重过程体验，让学生在活动中“玩”出新意。在学生动手实践的过程中，培养学生坚持不懈，追求卓越。

（3）借助创客教育的社会化平台，推进STEM教育的多元化发展。创客教育是社会文化，强调学习者也是创造者，学习过程也是创造过程。“造物”是创客教育的重要特征，注重将学习者不同的想法变成现实。STEM教育更注重动手实践的过程，进而开展科学探索，达到解决问题的能力办法，是一种跨界的教学模式。“项目化”学习是创客教育和STEM教育的关联点，通过沉浸式的项目学习去引导学生全方位地掌握新技术，多元化地推进创新人才的培养。

二、评价建议

“博士星STEM”活动课程学习的评价是指对学生在知识与技能、过程与方法、情感态度与价值观三方面的学习过程和发展状况进行定性定量的描述。主要从以下内容进行评价：

（1）动手操作实践能力评价，对于要实验操作的内容将小组合作和独立操作相结合。

（2）创新精神培养，本课程教学中，每项学习任务的完成过程中总会出现许多奇思妙想，学生需要创造性地大胆解决这些问题，教师给予充分的肯定。

（3）赏识评价，学生做实验过程中没有一次成功，也不要气馁，告知学生失败也是实验的一部分，千万不要因为实验没成功而灰心，重要的是在实验中享受快乐和知识。

（4）成长记录的作用，在学习过程中，要不断地记录学习过程，可以是课堂笔记、设计调查表、画图、实验报告、小制作。既可以培养学生的自主学习能力，教师和家长也能客观认识了解学生学习情况。

（5）实验操作细节评价，课堂灌输特别注重细节规范和操作习惯，大多数科学实验的失败都是由于忽视细节导致的。

三、器材开发与利用建议

目前用于科学探究、STEM教学的器材非常多，要根据学生年龄特点和教学需求进行器材的选购，同时还要准备多种废旧材料、工具等，以供学生进行创新制作。

第七篇

综合类项目活动课程

综合类项目活动课程是一门面向中小学生开设的，由学生自主选择的活动课程，是着眼于发展学生的综合实践与探究能力的发展性课程。以贴近学生现实的夏（冬）令营研学活动课程、“劳动+”活动课程、流动少年宫活动课程等主题为课程基本内容。让学生“动”起来，是“知与行”“动手与动脑”的结合与统一。让学生在活动结束时“有所知”“有所得”“有所悟”，通过亲身体验进行学习，积累和丰富直接经验，培养创新精神和终身学习的能力，从而达到“育人”的价值。

第一章
夏(冬)令营研学活动课程实施指南

罗志群　张薇薇

第一节　夏（冬）令营研学活动课程概述

一、夏（冬）令营研学活动课程的性质

夏（冬）令营研学活动课程本质上是一种体验性的活动。将夏（冬）令营课程化，融入课程体系中，使其成为一种实践性的活动课程。活动让学生自身产生探究的兴趣，

在教师的指导下，从综合体验中确定探究的主题，开展研究性学习。它在强调课程的实践价值与动态过程的同时，不仅重视教师和学生在课程开发中的作用，还主张社会其他相关主体参与。

夏（冬）令营研学活动课程以生活体验类课程、手工体验类课程、生存挑战类课程、军事体验类课程为主线。本活动包含了人文、自然、地理、科技等多学科的融合。

二、夏（冬）令营研学活动课程的特点

1. 学：自主学习，合作学习

夏（冬）令营研学活动课程将学生带出校园，带入充满未知的大自然与社会，陌生的环境有利于激发学生发现某些已学知识与现实问题之间的差异，激发学生深入思考，让学生更加主动地学习。

2. 行：集体旅行，集中食宿

通过集体旅行、集中食宿的方式开展研究性学习和旅行体验相结合的校外教育活动，是学校教育和校外教育衔接的创新形式，是教育教学的重要内容，是综合实践育人的有效途径。

3. 践：亲身体验，实践感悟

夏（冬）令营研学活动课程注重学生的亲身体验和积极实践，是一种学习方式的变革，在一定程度上可以起到匡正当前学校课程过于偏重书本知识、偏重课堂讲授的弊端，弥补学生生活经验狭隘、理论脱离实际的缺陷。

4. 研：任务驱动，探究学习

学习情境的设置有利于实现高效学习。夏（冬）令营研学活动课程为学生学习提供了一个真实的情境。相比教师基于课本仅限于课堂使用的单一情境的教学，真实情境是复杂的、开放的，是一个综合的知识宝库，更有利于学生开展主动学习、合作学习、探究学习，做到“主动参与、乐于探究、勤于动手”，而不是简单地依据材料回答问题。

5. 悟：感悟人生，感恩亲人

夏（冬）令营研学活动课程还增加了军事课程、生活体验类课程，能在一定程度上促进学生对人生的多重思考，感恩父母、感恩社会、感恩国家。

三、夏（冬）令营研学活动课程的核心素养

中国学生发展核心素养，以科学性、时代性和民族性为基本原则，以培养“全面发展的人”为核心，分为文化基础、自主发展、社会参与三个方面，综合表现为人文底蕴、科学精神、学会学习、健康生活、责任担当、实践创新六大素养。本课程也是按照这六大素养来设置。

第二节　夏（冬）令营研学活动课程目标

一、夏（冬）令营研学活动课程的总目标

培养认知能力，引导学生具备独立思考、逻辑推理、信息加工、学会学习、语言表达和文字写作的素养，养成终身学习的意识和能力。培养合作能力，引导学生学会自我管理，学会与他人合作，学会过集体生活，学会处理好个人与社会的关系，遵守、履行道德准则和行为规范。培养创新能力，激发学生好奇心、想象力和创新思维，养成创新人格，鼓励学生勇于探索、大胆尝试、创新创造。培养职业能力，引导学生适应社会需求，树立爱岗敬业、精益求精的职业精神，践行“知行合一”，积极动手实践和解决实际问题。

1. 认知活动

培养学生认知能力，养成终身学习，活到老、学到老的思维意识。

2. 实践活动

通过对应的社会实践，锻炼学生运用知识解决实际问题的能力，达到学以致用的目的。

3. 交流活动

在实践活动中，促进师生之间、学生之间的交流，激发学生的沟通技能。

4. 展示活动

通过展示学生夏（冬）令营的研学风采，扩大其影响，促进形成积极向上的学风。

二、夏（冬）令营研学活动课程的单元目标

1. 生活体验类课程

通过生活习惯以及食物制作过程的学习，培养学生基本的生活技能，平衡生活和学习，也能够在一定程度上让学生体会父母的不易，避免成为生活自理方面的弱者。

2. 手工体验类课程

通过各种食物、物品的来源以及制作过程的学习，让学生亲身实践创作，制作独一无二的物品，完成自己的创意，了解物品制作原理，拓宽知识面。

3. 生存挑战类课程

通过防火、防水、防震的安全教育以及钻木取火、搭帐篷等野外生存技能的培训，培养学生自己面临人身危险时主动应对的能力。

4. 军事体验类课程

通过体能训练、队列训练的方式，增强学生的爱国主义精神以及国防理念，保卫祖国、建设祖国始终是我军的光荣使命；提高集体主义精神，培养集体荣誉感，提高组织纪律性，做到一切行动听指挥。

第三节　夏（冬）令营研学活动课程结构

依据夏（冬）令营研学活动课程目标，在充分考虑其课程性质和课程特点的前提下，根据学生的年龄特点和基础水平，将夏（冬）令营研学活动课程按生活体验类、手工体验类、生活挑战类和军事体验类逐级递进，每个阶段都有各自的侧重点。夏（冬）令营研学活动课程结构如下页图所示。

第四节　夏（冬）令营研学活动课程教学方案

课程类别： 综合类

课程名称： 夏（冬）令营研学活动课程

适用对象： 中小学生

学生基础要求： 有较好的身体素质。

课时说明： 综合类项目活动课程不是连续进行，该课程设定原则是以每次活动的具体内容来确定，具体课时详见各课程教学方案。

1. 生活体验类课程教学方案

单元	模块	教学内容	教学方法	教学标准	课时
生活助手	叠被子	学习折被子的方法	边操作边讲解	被子有棱角、上下厚度匀称、上下两层吻合，不可错位	1

（续表）

单元	模块	教学内容	教学方法	教学标准	课时
生活助手	洗衣服	浸湿、抹皂、搓揉、刷洗、漂洗、晾晒	边操作边讲解	按程序规范地在短的时间内洗干净“脏衣服”并晾晒整齐	1
	收纳整理	整理内务、衣服和床铺	边操作边讲解	整洁、干净	1
烹饪达人	制作豆浆	小组分工、泡豆、磨豆、滤豆渣、煮豆浆、品尝成果、清理	讲解、 方法传授、 动手实操、 清理工作	1. 了解豆浆的营养价值； 2. 知道手工石磨豆浆制作方法； 3. 小组分工，在规定的时间内完成豆浆的制作； 4. 还原现场并做好清理工作	1.5
	制作糍粑	小组分工、蒸糯米、打糯米、品尝成果、清理	讲解、 方法传授、 动手实操、 清理工作	1. 了解糍粑的营养价值； 2. 知道手打糍粑制作方法； 3. 小组分工，在规定的时间内完成糍粑的制作； 4. 还原现场并做好清理工作	1.5
	制作馒头	小组分工、准备材料、面粉和水的比例、和面、发面、蒸馒头、品尝成果、清理	讲解、 方法传授、 动手实操、 清理工作	1. 了解馒头的营养价值； 2. 知道馒头制作方法； 3. 小组分工，在规定的时间内完成馒头的制作， 4. 还原现场并做好清理工作	1.5
	包饺子	小组分工、和面、制作饺子皮、制作饺子馅、煮饺子、品尝成果、清理	讲解、 方法传授、 动手实操、 清理工作	1. 了解饺子的营养价值； 2. 知道饺子制作方法； 3. 小组分工，在规定的时间内完成饺子的制作； 4. 还原现场并做好清理工作	1.5

2. 手工体验类课程教学方案

单元	模块	教学内容	教学方法	教学标准	课时
农耕少年	蔬果种植	1. 讲解蔬果培育； 2. 锄地翻土、细土拌种子、播撒种子、施肥的种植步骤； 3. 分组种植	先讲解演示，再分组实践	1. 了解蔬果培育； 2. 学会蔬果种植的基本步骤； 3. 每组用最短的时间，按学习的步骤完成种植	3
	蔬果采摘	1. 讲解成熟蔬果的特点； 2. 育苗移栽、嫁接、采摘、制作； 3. 分组采摘	先讲解演示，再分组实践	1. 认识成熟的蔬果； 2. 学会采摘的要领和步骤； 3. 每组用最短的时间，按学习的步骤完成任务	3
手艺达人	制作陶艺	1. 学习制作泥丸、泥条、泥板； 2. 制作一个成品	讲解法、演示法、实践法	1. 学习各种制作陶泥成型方法； 2. 用最快的速度高质量完成一个作品	1.5
	制作灯笼	1. 灯笼的来历； 2. 准备材料、学习灯笼制作步骤； 3. 设计DIY灯笼、制作DIY灯笼； 4. 清理工作	讲解法、演示法、实践法	1. 了解灯笼的来历； 2. 学会制作灯笼的步骤； 3. 自己制作独一无二的灯笼，展示创意，以最快的速度高质量完成一个作品； 4. 还原现场并做好清理工作	1.5
	制作风筝	1. 风筝的来历； 2. 准备材料、学习风筝制作步骤； 3. 设计风筝、制作风筝； 4. 清理工作	讲解法、演示法、实践法	1. 了解风筝的来历； 2. 学会制作风筝的步骤； 3. 自己制作独一无二的风筝，展示创意，以最快的速度高质量完成一个作品； 4. 还原现场并做好清理工作	1.5

（续表）

单元	模块	教学内容	教学方法	教学标准	课时
手艺达人	制作香囊	1. 香囊的来历； 2. 准备材料、学习香囊制作步骤； 3. 设计香囊、制作香囊； 4. 清理工作	讲解法、演示法、实践法	1. 了解香囊的来历； 2. 学会制作香囊的步骤； 3. 自己制作独一无二的香囊，展示创意，以最快的速度高质量完成一个作品； 4. 还原现场并做好清理工作	1.5

3. 生存挑战类课程教学方案

单元	模块	教学内容	教学方法	教学标准	课时
安全卫士	防震	1. 讲解地震给人类带来的危害； 2. 地震自救与逃生的基本方法； 3. 进行安全演练，练习地震中逃生和紧急疏散	观看有关地震的视频录像和图片，进行讲解和演示	1. 了解地震给人类带来的危害； 2. 掌握地震中自救与逃生的基本方法，加强安全意识； 3. 进行演练让学生熟悉逃生方法和疏散路线； 4. 检验学生的学习效果	1
	防火	1. 讲解火灾给人类带来的危害； 2. 学习火灾中自救和急救的基本方法； 3. 进行安全演练，练习火灾中逃生和紧急疏散	观看有关火灾的视频录像和图片，进行讲解和演示	1. 了解火灾给人类带来的危害； 2. 掌握火灾中自救和急救的基本方法，具备安全意识； 3. 学生熟悉逃生方法和疏散路线； 4. 检验学生的学习效果	1
	防溺水	1. 讲解溺水安全的有关内容； 2. 学习溺水中自救与施救的基本方法； 3. 学习人工呼吸、心肺复苏； 4. 进行安全演练，练习自救和施救溺水者的方式，两人一组，进行人工呼吸和心肺复苏的练习	观看有关溺水的视频录像和图片，进行讲解和演示	1. 了解溺水安全的有关内容； 2. 掌握溺水中自救与施救的基本方法； 3. 学会施救方法； 4. 完成安全演练； 5. 小组评比	1

（续表）

单元	模块	教学内容	教学方法	教学标准	课时
绝境求生	搭帐篷	1. 讲解帐篷的历史； 2. 学习搭帐篷的流程； 3. 分组进行，各组成员配合完成搭建	讲解法、演示法、实践法	1. 认识帐篷的来历； 2. 掌握搭帐篷的流程和技巧； 3. 分组完成，体验和同伴合作搭帐篷，学会与同伴商量着解决问题，享受其中的乐趣	1.5
	打绳结	1. 讲解绳结的用处； 2. 传授打端头结、单活结、双活结的方法； 3. 比赛打绳结	讲解法、演示法、实践法	1. 认识绳结； 2. 学会打端头结、单活结、双活结的方法； 3. 知道打绳结的用处，学习打绳结后，比赛进行演示，时间最快的学生和按绳结完成标准的学生获胜	1.5
	钻木取火	1. 故事导入，利用已有的生活经验，讲解在木头上钻来钻去，从而取得火种； 2. 验证摩擦生热的原理	讲解法、演示法、实践法	1. 了解钻木取火的历史； 2. 学会钻木取火的技能，实践中，感受“取火”； 3. 评选最快完成取火任务的学生	1.5
	滤水	1. 讲解水的重要性； 2. 自制净水的方法，使用材料：棉花、碎木炭、细沙、石子、纱布等自制净水器	讲解法、演示法、实践法	1. 知道水的重要性； 2. 能利用日常生活中的用品，自制出净水的一般方法，要求每个学生能够自制简易的净水器	1.5
	野炊	1. 学习饮食文化； 2. 掌握生火、做饭、择菜、配菜、炒菜等基本的生活技能； 3. 学习炊具的使用方法； 4. 体验制作菜肴	讲解法、演示法、实践法	1. 了解饮食文化； 2. 学会家常菜的简单制作方法； 3. 学会正确、安全使用各种常用炊具的方法； 4. 根据提供的菜品，制作出色、香、味俱全的菜肴	3

4. 军事体验类课程教学方案

单元	模块	教学内容	教学方法	教学标准	课时
军人风采	队列训练	立正、稍息、跨立、蹲下、起立、步法行进、立定	讲解示范、分组组织练习、比赛	按指挥员的口令，动作要求整齐划一，小组可以统一完成动作，评比动作最整齐规范准确的一组	2
小兵出击	体能训练	俯卧撑、仰卧起坐、障碍赛、三公里越野、紧急集合	讲解示范、分组组织练习、比赛	能够完成指挥员的指定数目，评比表现优秀，有坚强意志的学生	2
	真人CS	1. 分为对立两组； 2. 讲解任务，掌握射击中三点一线； 3. 掌握瞄准姿势和击发时机	讲解法、演示法、实践法	1. 了解真人CS的含义和意义； 2. 学习并完成射击中三点一线、掌握瞄准姿势和击发时机； 3. 在规定时间内，将对方全部击毙即为获胜	2

备注：依据不同地域、教学环境和教学水平的差异，根据学生认知水平和年龄特点，制订知识深浅和技能难易程度的教学方案，教师可对以上教学方案中的教学内容和教学标准按实际情况增减。

第五节　夏（冬）令营研学活动课程评价

一、评价主体

1. 学生自评与互评

评价完成活动任务完整性、正确率。

2. 教师评价

评价学生课堂表现和各小组之间互相配合情况等。

3. 家长评价

评价学生活动后的改变、教师的教学水平等。

二、评价方式

1. 及时奖励

针对部分表现优秀的学生，通过表扬的方式，能增强学生的自信心，激发学生不断努力向前，给其他学生树立榜样，让其效仿。

2. 终极奖励

通过卫生评比、纪律评比、活动评比、优秀学生评比，给予学生荣誉证书和礼品的奖励。

三、评价内容

1. 优秀团队

（1）组织纪律性和凝聚力强；

（2）互帮互助、团结友爱地完成夏（冬）令营的各项活动目标；

（3）按照每项活动的总分评出。

2. 优秀寝室

（1）内务整洁干净；

（2）简洁温馨；

（3）团结友爱，和谐相处；

（4）学习风气好。

3. 优秀学生

（1）能严格遵守夏（冬）令营营规，认真完成夏（冬）令营活动目标；

（2）在夏（冬）令营中表现出良好的思想、心理品质，意志坚强，有出色的才艺表现；

（3）个人卫生好，乐意帮助他人，能积极主动协助辅导员教师完成夏（冬）令营活动。

四、评价程序

学生自评→小组互评→教师评价→家长评价

第六节　夏（冬）令营研学活动课程实施建议

一、教学建议

1. 教学过程教学建议

因为学生的理解能力和知识层次不同，课程的内容设置不宜太难。

2. 实践活动教学建议

在实践活动中，因为学生的年龄不同，分组时尽量将每组年龄平均一点，可以年龄大的学生带着年龄小的学生，做到互帮互助。

3. 交流活动教学建议

鼓励学生将自己的想法和见解表达出来，但是面对一些不想表达的学生，可适当鼓励，但不可强迫。

4. 展示活动教学建议

展示环节要贴合学生的个性，体现课程特色和内容，而且展示的过程中尽量照顾每个学生的情绪，促进个性发展。

二、资源开发与利用

1. 教学设计

结合教学目标的需要，开展实地考察，开设教研课、公开课，撰写教学设计，为课程教育目标服务。

2. 教学录像

尽量组合不同类型的资源，特别是将教学录像资源结合起来，形成配套教学辅助资源，使学生深入理解课程内容。

3. 教学案例

鼓励教师以新课程理念和教育理念为基础，多组织教学说课和教学案例分享，从而提高、强化教师的教学能力和对课程的整合能力。

4. 教研论文

通过组织教师参加各类教育、教研活动，鼓励教师撰写、发表教研论文，开发和提升教师在专业和教育教研方面的不断反思、学习以及专研的意识。

第二章

“劳动+”活动课程实施指南

蒋晓春　郑少冰

第一节　“劳动+”活动课程概述

一、“劳动+”活动课程的性质

“劳动+”活动课程坚持以“劳动是生命的底色”为理念，以“实践出真知”为宗旨，以能力发展和素质提升为导向，在综合实践活动中落实劳动教育，它发挥青少年宫在校外教育的优势，根据实际情况可以考虑开设农耕劳作、手工创意、科技探秘、生活能手、宫本兴趣五大模块的多个课程内容，以构建普适性、开放性、真实性和多样化的实践活动，针对不同学段的学生，按照其身心发育的特点以分层递进、螺旋上升的教学方式开展"劳动+"活动课程，采取必修与选修的实施模式，以多样的课堂，适合的教育，丰富学生在校外实践的教育经历，在锻炼实践能力、提升综合素养、树立理想信念、培养社会责任感、厚植家国情怀等方面具有重要的意义。

"劳动+"活动课程具有很强的综合性和实践性特点，它充分尊重学生在教学活动中的主体地位，从学生的年龄特点和兴趣爱好着手，通过多渠道、多举措、多投入，因地制宜地将知识、技能、观念、品格等劳动教育各培养要素综合贯穿于各个模块，以激发学生学习热情，引导其联系实际，把所学的知识和技能广泛地应用于生活中。从"适应学生的终身学习，适应学生的未来发展"出发，将劳动观念和劳动精神贯穿于立德树人的全过程，倡导学生学会发现劳动的美，体验劳动的乐趣，享受劳动的成果，以学生的全面发展、持续发展、终身发展为目标，实现以劳树德、以劳增智、以劳强体、以劳育美、以劳创新的综合育人功能。

二、"劳动+"活动课程的特点

1. "劳动+"活动课程具有普适性

"劳动+"活动课程在落实和促进学生德智体美劳全面发展的教育方针上，具有普通教育的属性。它是基于日常生活和校本课程的延伸，以注重知识与能力的运用、学习与生活的结合，营造了劳动教育的新样态，拓展了劳动教育的深度和广度，在基础教育阶段具有重要的意义。

2. "劳动+"活动课程具有实践性

"劳动+"活动课程寓思想教育于实践之中，让学生走出书本、走出校园，到"更广阔的空间"去实践锻炼。通过内容丰富、方式多元的"劳动+"活动课程使学生体验劳动价值，养成劳动精神品质。

"劳动+"活动课程以学生亲身经历、亲手操作、手脑并用的实践方式，获得丰富的体验。在重视技术能力的同时，关注操作活动中学生实践意识的形成、实践思维和良好劳动习惯的培养，尤其注重的是学生创新精神和创新实践能力，将掌握劳动技能、态度养成、能力发展有机统一，促进学生全面地、和谐地、自主地发展。

3. "劳动+"活动课程具有价值性

价值性作为"劳动+"活动课程的基础，以遵循教育规律，把握育人导向，从学生年龄特点和兴趣爱好入手，以体力和脑力二者相结合，通过亲身体验实践，引导学生树立正确的劳动观，崇尚劳动、尊重劳动，体现育人价值。

4.“劳动+”活动课程具有开放性

“劳动+”活动课程充分利用各种资源，发挥青少年宫在校外教育的优势，丰富学生在校外实践的教育经历，引领学生贴近生活，走进社会。“劳动+”活动课程的内容可以是学校教材的拓展延伸，也可以是校外教育的探究；可以是单学科的，也可以是跨学科或学科相互融合的；可以是偏重脑力创新设计方面的，也可以是偏重体力劳作和青少年宫兴趣爱好实践方面等。

“劳动+”活动课程恰当地融入科技与创新内容，充实“劳动+”活动课程的开放性且培养学生发现问题、思考问题和解决问题的能力，发展学生的创新思维和创造能力，为学生充分展示自己天赋、才能和创造力搭建实践活动的平台。

“劳动+”活动课程的实施不受教材、教室、时间、教师等约束，反之以超越课堂、超越书本，带领学生走出学校，开展多个维度的开放性学习。即便是统一的课程，仍按照不同学段学生的身心发育特点采用分层递进、螺旋上升的教学方式，在内容和目标的要求上应有所不一，使“劳动+”活动课程在面对不同层次的学生时，具有开放性、延续性、兼容性、扩展性和灵活性。

三、“劳动+”活动课程的核心素养

1. 以“劳动+”树德，育时代新人

“劳动+”活动课程和德育紧密联系，以立德树人为先，作为教育的根本任务，培养学生树立正确的劳动品德，践行社会主义核心价值观，以学生全面地、可持续地终身成长为目标。通过融会贯通的“劳动+”活动课程和丰富多彩的育人活动，引导学生学以致用、学深悟透，树立劳动最光荣、劳动最崇高、劳动最伟大、劳动最美丽的观念，亲身体会劳动创造美好生活，体验劳动的乐趣，享受劳动的成果，培育勤俭、奋斗、创新、奉献的劳动精神和品质，满足新时代青少年身心健康、全面发展的需要，掌握基本生存发展的劳动技能且形成良好的劳动习惯，努力发展成为担当民族复兴大任的时代新人。

2. 以“劳动+”增智，促启能创新

“劳动+”活动课程促进学生的智力发展，培养劳动实践能力。帮助学生在“劳动+”各项目课程中充分获得自主发展的机会，为学生提供展示自己天赋、才能和创造力的实践活动平台。通过“劳动+”活动课程中的观察、分析、判断、动手和创造，培养学生发现问题、思考问题和解决问题的能力，不断提升自身的潜质，发展课程核心素养和创新能力，收获在学校书本和教室里不一样的实践教育经历。

3. 以“劳动+”强体，践行知合一

“劳动+”活动课程培养学生劳动素养，提高综合实践基本技能，在课程实践中锻炼体能体魄，实现“以行促知，以知助行”，让学生在参与中动手又动脑、出力又流汗，达到强身健体、磨炼意志的效果，以潜心努力奋斗弘扬工匠精神，实现幸福的生活愿景。

4. 以“劳动+”育美，化美育人生

“劳动+”活动课程重视培养学生发现美、鉴赏美、体验美、创造美的能力。以劳动创造美、勤劳的人最美丽为育人导向，帮助学生树立正确的审美观念，塑造学生拥有美好的心灵和完美的人格。

第二节 “劳动+”活动课程目标

一、“劳动+”活动课程的总目标

“劳动+”活动课程充分发挥青少年宫在校外教育中的优势和作用，体现校外教育的特性。本章通过农耕劳作、手工创意、科技探秘、生活能手、宫本兴趣五大模块的课程，采取必修与选修的实施模式，让学生亲身实践劳动，积累基本的生活常识，学会生活自理，掌握满足生存发展需要的基本劳动能力，树立正确的世界观、人生观和价值观，学会发现劳动的美、体验劳动的乐趣、享受劳动的成果、体悟劳动的价值，

养成劳动精神品质，形成良好的劳动习惯。在教学过程中注重核心素养教育，理解辛勤劳动、诚实劳动、创造性劳动才能构筑美好幸福的生活，让学生在青少年宫校外育人的环境中，施展潜能培养兴趣爱好，发展综合素养和实践能力，努力成长为德智体美劳全面发展的社会主义建设者和接班人。

二、“劳动+”活动课程的单元目标

1. 农耕劳作学习目标

认识常见蔬菜、农作物，了解种植栽培劳作的基本方法和技巧；积极主动参与劳动，掌握并正确使用农具进行生产劳动；具备应用能力和创新意识开展创意设计；具有与他人相互协作共同进行劳动实践的态度与能力，主动分享劳动成果，表达感受。

2. 手工创意学习目标

了解手工文化，知道手工制作的基本材料、工具知识，掌握制作的步骤和方法；乐于参与手工制作实践活动；设计制作有一定的新意、造型规律、美观且实用的工艺品。

3. 科技探秘学习目标

了解机器人、航空领域发展的历史、现状及未来趋势，了解电路相关的知识，知道基本构造和制作原理，正确规范地使用劳动工具，掌握制作的步骤和方法；保持对科技领域学习的好奇心和求知欲，形成用科技提高生活质量的意识，能在制作和检验成果的过程中克服困难、坚持不懈；能够自主制作并完成作品，能够发挥创造力装饰美化作品外观，主动交流分享，参与展示和评议。

4. 生活能手学习目标

了解烘焙的历史、文化、发展和原理知识，熟悉烘焙的工具和材料的使用；学会原材料的分配比例、计量方法和制作步骤，掌握烘烤的方法，具备用双手创造生活的能力、美化生活的意识；能够自主或与他人合作完成制作体验，能够大胆地分享课程收获和劳动后的感想。

5. 宫本兴趣学习目标

积极主动参与宫本兴趣体艺类的学习，了解相关知识，初步感知“劳动+”活动课程，积极投入学习，掌握简单的学习技能，能够运用语言、动作、声音、表情等表达自己对作品的理解、想象和情感。主动交流分享，创造性地表达自己所见所闻和所想所感，展示学习的效果，获得快乐学习的体验，形成持续学习的意愿。

第三节 “劳动+”活动课程结构

依据“劳动+”活动课程目标，在充分考虑其课程性质和课程特点的前提下，发挥青少年宫在校外教育的优势，根据实际开设农耕劳作、手工创意、科技探秘、生活能手、宫本兴趣五大模块的多个课程内容。每个模块的每个内容都有各自的侧重点，课程适合小学四年级以上的学生，且根据学生认知水平、年龄特点，设定知识深浅和技能难易程度。每个课程的学生人数可以根据实际情况而定，一般在20~50人。“劳动+”活动课程结构如下图所示。

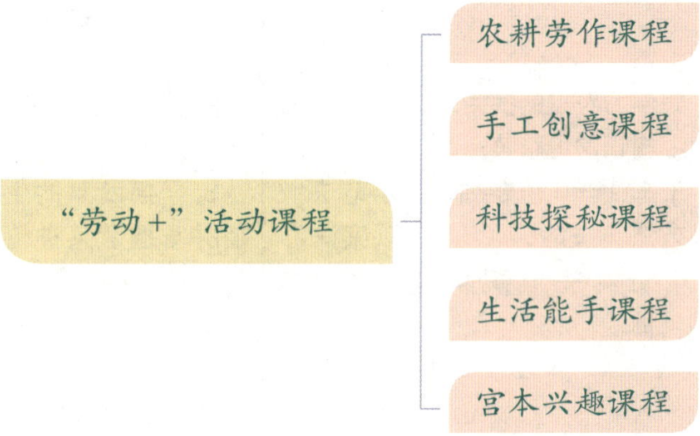

第四节 “劳动+”活动课程教学方案

课程类别：综合类

课程名称：“劳动+”活动课程

适用对象：小学四年级及以上的学生

学生基础要求：遵守课堂基本要求，遵守活动课程安全规定。

课时说明：综合类项目活动课程不是连续进行的，该课程设定原则是以每次活动的具体内容来确定，具体课时详见各课程教学方案。

1. 农耕劳作课程教学方案

单元	模块	教学内容	教学方法	教学标准	课时
农耕劳作	创意盆栽制作	1. 认识盆栽，学习制作盆栽； 2. 设计盆栽造型； 3. 进行交流展示	启发法、讲解法、示范法、练习法、展示分享法	1. 认识盆栽种植、培育的常识、步骤、要领，初步学会并组合完成一个盆栽； 2. 尝试运用扎帮、修剪、布局、制作、配景和点缀的基本技能与方法，完成盆栽观赏部位动势均衡、浑然一体的造型； 3. 与同学交流展示课程收获和劳动后的感想	2
	蔬菜种植	1. 学习农具的使用； 2. 辨识常见蔬菜； 3. 掌握种植的基本方法与技能； 4. 分组完成蔬菜种植体验	讲解法、示范法、观察法、小组合作法	1. 初步学会农具正确规范的使用方法； 2. 能准确分辨蔬菜的种类，熟练辨识常见的蔬菜； 3. 了解蔬菜的生长习性，知道并掌握蔬菜种植的程序和方法； 4. 乐于交流，养成善于合作的团队意识，根据任务分配共同完成蔬菜种植体验	2

2. 手工创意课程教学方案

单元	模块	教学内容	教学方法	教学标准	课时
手工创意	编织围巾	1. 认识编织，感受美的艺术； 2. 学习基本的编织方法，学会拿针、穿针、收针操作； 3. 独立完成创意围巾的编织	启发法、互动法、讲解法、示范法、练习法	1. 了解编织，感受和理解编织作品蕴含的情感和思想，从中体验生活的情趣； 2. 学会编织的基本方法，掌握各步骤的操作手法，学会拿针、穿针、收针操作； 3. 能够在规定时间内用完毛线团，独立编织一条完整的围巾； 4. 发挥创意完成二色拼花的围巾编织，二色交替循环，搭配和谐美观	2

（续表）

单元	模块	教学内容	教学方法	教学标准	课时
手工创意	拉坯	1. 认识陶艺； 2. 了解泥土原理、拉坯成型手法、基本陶瓷釉料烧成知识； 3. 学习拉坯制作技法、拉坯机的使用； 4. 欣赏名家陶艺作品，创作完成一件拉坯器皿	讲解法、示范法、启发法、练习法	1. 感知陶艺，了解陶艺的发展简史和文化底蕴； 2. 初步学会陶艺制作的原料，知道泥土原理、拉坯工艺、修坯、釉料和电窑烧制的基础知识； 3. 揉好的泥致密，无气孔，掌握正确的拉坯姿势和手型，找到重心，准确控制速度、力度、拉坯水分，安全使用拉坯机，掌握基本操作技法和制作步骤； 4. 感知名家拉坯工艺作品，独立创作完成拉坯成型的立体器皿	1.5
	泥塑	1. 了解泥塑艺术； 2. 学习泥塑基本技法，知道制作步骤； 3. 欣赏名家泥塑作品，创作完成一件泥塑作品	讲解法、示范法、启发法、练习法	1. 感知泥塑艺术，了解泥塑发展史，感受传统文化； 2. 掌握泥塑(泥板、泥条、泥丸）的制作技法，熟悉各环节步骤，准确抓住制作要领； 3. 理解民间名家泥塑作品，提高艺术修养和审美认知，学会应用泥塑的基本创作方法，独立完成自己喜欢的题材的泥塑作品，体悟创作的乐趣	1.5

3. 科技探秘课程教学方案

单元	模块	教学内容	教学方法	教学标准	课时
科技探秘	DIY机器人	1. 认识机器人； 2. 学习劳动工具的使用； 3. 学习机器人的基本构造和原理，完成机器人组装； 4. 分享与评价	探究法、讲解法、示范法、启发法、练习法	1. 了解机器人的历史，知道科技现状及未来发展趋势； 2. 学会正确规范使用螺丝刀、砂纸等劳动工具； 3. 知道机器人基本构造和原理，具备动手能力，初步学会机器人制作、装配、调试并完成组装，具备思考问题和解决问题的能力，获得劳动成果的喜悦；	1.5

（续表）

单元	模块	教学内容	教学方法	教学标准	课时
科技探秘	DIY机器人			4. 具备创新意识和能力，独立完成装饰色彩和谐、画面干净均匀的机器人外观； 5. 能够大胆地展示自己设计的机器人，愿意与同学交流课程收获和劳动后的感想，获得持续学习的意愿	
	制作小飞机	1. 学习中国航空发展历史，介绍小飞机制作生产线； 2. 学习使用热切割工具，学习制作小飞机零件； 3. 设计图案，组装完整的小飞机； 4. 小飞机制作评比	探究法、启发法、讲解法、示范法、练习法	1. 了解我国航空发展历史，知道小飞机的制作生产线； 2. 学会使用热切割工具，正确规范完成切割机身、机翼、尾翼等零件； 3. 自行设计独立完成装饰色彩和谐、画面干净均匀的个性化小飞机涂装； 4. 愿意与同学的小飞机进行比较，能用简单的语言描述、解释自己的小飞机，主动分享课程收获	2
	电插板制作	1. 学习电路知识，认识电插板； 2. 动手完成电插板制作； 3. 创意设计电插板外观	启发法、讲解法、示范法、探究法、练习法	1. 了解电路相关的知识和操作要领，初步学会电插板的制作方法和步骤，知道应用技术； 2. 尝试独立制作完成电插板，并在制作过程中认识安全用电的重要性； 3. 具备创新意识和能力，独立完成装饰色彩和谐、画面干净均匀的电插板	2

4. 生活能手课程教学方案

单元	模块	教学内容	教学方法	教学标准	课时
生活能手	Pizza制作	1. 了解Pizza起源； 2. 学习制作Pizza，和面、发酵、制作面饼、搭配食材、烤箱烘焙等； 3. 分享与评价	讲解法、示范法、练习法、小组合作法	1. 知道Pizza起源，感知蕴含文化； 2. 知道制作流程，应用正确方法和步骤完成面饼的制作，小组或个人根据喜欢的口味进行食材搭配，完成烘烤； 3. 愿意与同学交流、评价课程收获和劳动后的感想	1.5

5. 宫本兴趣课程教学方案

单元	模块	教学内容	教学方法	教学标准	课时
宫本兴趣	彩圈动起来	1. 动手用彩色的丝带，装饰彩圈； 2. 跟随教师，体验彩圈转动和变换动作的乐趣； 3. 跟随音乐，舞动彩圈，完成表演	示范法、练习法、对比法、游戏法	1. 初步学会把纯色的圈，按照个人喜欢的颜色和线条，进行装饰，色彩和谐、均匀； 2. 主动跟随教师节奏指令，学会匀速、持续稳定地绕动、滚动彩圈，达到规定技术要求，完成动作的变换； 3. 学会聆听音乐，主动跟随音乐的节奏舞动彩圈，按照学习的技能知识，能够匀速、持续稳定地绕动、滚动彩圈，且动作的变换自然流畅，完整表演，获得持续学习的意愿	1
	武林小子	1. 认识武术，了解中华传统文化； 2. 热身活动； 3. 学习武术基本套路的“六法”，学习健身拳的手形、步法等； 4. 跟随口令，反复练习，完成武术片段展示	讲解法、互动法、示范法、练习法、分解教学法	1. 理解中华武术，认知博大精深的文化底蕴，建立初步学习武术的兴趣； 2. 积极主动参与热身活动，正确使各关节、韧带活动充分，安全练习； 3. 初步学习武术套路的“六法”（手法、步法、身法、腿法、眼法、呼吸方法），学习掌握健身拳的基本手型、步法，掌握动作规范，动作表现灵活且舒展大方，理解武术健身、防身知识； 4. 学会听口令节奏，正确规范地掌握武术动作、方向、要点、变化，接受反复练习，完整流畅地展示武术片段，初步具备眼随手走，意与心动，精气神俱在，获得持续学习的意愿	1

（续表）

单元	模块	教学内容	教学方法	教学标准	课时
宫本兴趣	芭蕾初体验	1. 认识芭蕾舞蹈，学习天鹅优雅的形象； 2. 学习芭蕾舞蹈经典片段； 3. 跟随音乐，完成芭蕾舞蹈经典片段表演	讲解法、启发法、示范法、练习法、分解教学法	1. 了解芭蕾舞蹈，感受舞蹈风格，初步学会芭蕾基本体态、脚位、手位，正确掌握动作要领，领会审美感知天鹅优雅的身姿体态，获得身心愉悦； 2. 初步掌握动作要领，接受反复练习，保持乐于学习的兴趣，愿意参与芭蕾舞蹈的学习和体验； 3. 学会聆听音乐，主动跟随音乐的节奏展示学习的效果，初步完成动作的交替变换且自然流畅，获得快乐学习体验	1
	趣味运动舞	1. 用简单的动作，有趣的运动形式，感知身体运动变化，激发学习热情； 2. 了解运动解剖，体验激活肌肉运动，调整形态； 3. 跟随音乐或口令进行趣味性的运动舞蹈组合，发展身体核心力	游戏法、讲解法、示范法、练习法、分解教学法	1. 接受参与趣味性的游戏运动，理解静力和动力核心力量练习的动作要领，知道锻炼的价值，保持学习兴趣； 2. 接受速度、力度、耐力、灵敏、协调的身体运动，理解身体在运动中健康发展。积极参与体验，认识自身潜能，初步学会调整自我的身体形态； 3. 学会聆听音乐或口令，具备建立正确动作的概念，体验运动舞蹈，感知趣味和舞蹈的快乐，乐于与他人合作；保持运动舞蹈动作的稳定发挥，耐力坚持，接受运动舞蹈组合分解、合成动作的完成规律；锻炼身体，愉悦身心，获得终身学习的意识	1

（续表）

单元	模块	教学内容	教学方法	教学标准	课时
宫本兴趣	小号的诞生	1. 认识小号，了解铜管乐器； 2. 体验吹奏小号姿势和方法，音阶练习，感受其中的乐趣； 3. 制作简单的小号，感受小号乐器的发声原理；展示与评价，分享收获	讲解法、示范法、练习法、分解教学法	1. 了解小号的构造和历史，知道小号的外形，能够熟练辨识音色，理解小号的表现力及在乐队中的地位和作用，初步形成探究兴趣； 2. 积极主动参与体验吹小号，初步学习演奏的基本姿势与方法（身姿、手型、指法、口型、呼吸、声音等），接受音阶练习； 3. 接受教师的指导，制作简单且能吹出声音的小号，知道小号乐器发声原理，愿意与同学展示交流、评价，主动分享课程收获	1
	快乐 Do Re Mi	1. 学习简单的五线谱，掌握五线谱知识，会简单识谱 2. 玩音阶接龙游戏，认识歌曲组成的元素； 3. 学习歌唱《音阶歌》； 4. 歌舞表演《音阶歌》	讲解法、示范法、游戏法、练习法、展示法	1. 初步学会简单的五线谱，具备识谱能力； 2. 乐于与他人参与唱歌游戏活动，知道音乐的基本要素、歌曲的组成，初步掌握和运用正确的方法歌唱； 3. 认识歌谱，能用正确的演唱姿势、自然的声音、准确的节奏和音调流畅地歌唱《音阶歌》，身心愉悦； 4. 初步尝试根据《音阶歌》的节奏、情感，在歌唱中即兴表演，表情自然大方、舞蹈肢体与音乐情感协调；愿意在同学面前快乐大方地进行表演，建立学习音乐艺术的兴趣	1

备注：依据不同地域、教学环境和教学水平的差异，根据学生认知水平和年龄情况设定知识深浅和技能难易程度，教师可对以上教学方案中的教学内容和教学标准按实际情况增减。

第五节 “劳动+”活动课程评价

一、评价主体

（1）学生评价：评价对“劳动+”活动课程的兴趣程度和应用程度。

（2）教师评价：评价学生劳动观念的培养情况和劳动技能的掌握情况。

（3）家长评价：评价学生课后表现和应用所学内容的情况。

二、评价方式

（1）过程评价：学生自评、学生互评、小组评价、教师评价、家长评价。

（2）课程评价：课程实施效果评价、教师评价、家长评价。

（3）激励评价：成果展示交流分享、评选“劳动之星”。

（4）满意度调查：所有课程均设定各自的课程评价、项目效果及需求问卷调查。

三、评价内容和标准

1. 课程评价

（1）评价内容：以学生在“劳动+”活动课程中的表现为主，师生通过观察记录、行为表现、意识形成、学习态度、技术能力、合作精神、探究能力、习惯养成等方面进行自我评价、学生互评、小组评价、教师评价，给予学生指导和鼓励，帮助学生健康向上发展。

（2）评价标准：所有“劳动+”活动课程需根据学生认知水平和年龄情况合理设定各自的课程评价，评价标准根据课程内容和目标量身设定。

2. 评选“劳动之星”

（1）评价内容：劳动观念、劳动能力、劳动成果。

（2）评价标准：

① 劳动观念：良好自觉的劳动态度，吃苦耐劳的精神，劳动动机明确，具备劳动意识。

② 劳动能力：完成课程目标，掌握劳动知识及其应用能力，技能习得与创新能力。

③ 劳动成果：弘扬劳动精神，团结协作，主动探究学习，完成课程目标，展示劳动成果。

（3）评价组织与实施：

① 完成课程目标奖。每节课按课程目标要求完成任务的学生，可获得“星星章”一枚（每节课一枚），给予肯定与激励性奖励。

② 课堂表现突出奖。表现特别突出的学生，可以再奖励“星星章”一枚

③“劳动之星”评选。根据课程计划，按照课程次数和“星星章”获得数量，对于获得数量多的学生，在总结仪式上颁发“劳动之星”荣誉证书，并给予特别鼓励。

四、评价结果与利用

（1）学生劳动评价结果记入劳动课程档案。

（2）学生劳动评价结果可作为学生学校评优、评先参考。

（3）学生劳动成果可在青少年宫范围分享、展示。

第六节 “劳动+”活动课程实施建议

一、课程资源整合

借助青少年宫在校外教育的优势，充分挖掘各种劳动教育、综合实践文化资源，联合各方优势，对现有资源进行整合和升级，为学生创设各行各业教育学习平台，因地制宜地开设活动课程，逐步形成具有青少年宫特色的“劳动+”活动课程体系。

1. 师资力量

充分利用青少年宫教师资源，发挥教师专业能力和综合素养，以学生实际需求、教学环境符合、教师能力达标为基础要求，开设专业领域、开发专业周边以及教师的技艺优势，开设与生活、劳动息息相关的活动课程；特邀行业内专家、学者、非遗文化传承人等，开设专家课堂，让学生与大师面对面进行学习与交流。

2. 课程设计

“劳动+”活动课程的五大模块课程设计，紧密结合劳动教育价值传递和人才素质培养的目标，不仅仅局限于一堂课的教学，还可以考虑以学期、学段为节点进行进阶式培养，实施连贯性、链条性的课程，通过阶段性测评、考评、建成长档案等方式，让“劳动+”活动课程真正成为一门让学生受益终身的课程。

3. 课程设定条件

依据不同地域、教学环境、教学水平和经济文化状况等差异，按照学生认知水平、年龄情况设定知识深浅和技能的难易程度，教师可对以上课程按实际情况设定。

二、课程模式

设置学生必修和选修的课程，进一步明确各类课程的功能定位。

1. 学生必修课程

学生必修课程着眼于掌握满足生存发展需要的基本劳动能力，以形成良好的劳动品质和劳动习惯为目的，课程由教师根据不同学段的学生认知和需求设定，由学校与青少年宫达成一致，排成固定的课程表，师生按照作息时间和课程表进行，由青少年宫负责课程具体安排与管理。

2. 学生选修课程

学生选修课程以培养学生的兴趣爱好施展潜能发展为目标，根据了解到的学校与学生在学段与实际的需求，结合选修课程菜单，由学校组织学生进行，打破了原班的限制，按学生自身兴趣爱好进行选择，由青少年宫负责课程具体安排与管理。

三、课程实施方法指导

坚持“着眼素质、夯实基础、全面发展、办出特色”的课程实施原则，从开始准备、实施过程、结束后续三个阶段，开展青少年宫“劳动+”活动课程。

1. 开始准备

（1）前期论证。结合现有资源，通过问卷调查、访谈等形式征集广大师生、家长的意见及建议，确定该项“劳动+”活动课程开发实施的需求。

（2）师资培训。根据青少年宫教师的专业教学能力进行调查和测试，通过行业内专家讲座、示范课程学习、书籍影像资料学习、优质课评比展示等途径加强师资培训，确保课程有效进行。

2. 实施过程

（1）认知教学。依据不同地域、教学环境、教学水平和经济文化状况的差异，按照学生认知水平和年龄情况设定知识深浅和技能的难易程度，教师可对实际教学按情况增减。

（2）情境教学。在真实的劳动场境，结合学生的年龄特点和实践能力，开展活动课程。以启发式、探究式、参与式、展示式、游戏式等教学，引导学生进入活动情境。

（3）互动交流。指导学生在劳动实践中学会交往；学会与他人建立联系，学会分工合作，学会与他人共同参与活动课程。

（4）操作示范。指导学生学会规范安全地使用劳动工具，学生在学习中有效利用技术，提高劳动效率。

3. 结束后续

（1）课程评价。一是学生评价建议，结合学生自评、学生互评、小组评价、教师评价等方式，关注学生在“劳动+”课程的所思所悟所学，检验教学成果；二是教师评价建议，根据学生劳动过程及结果进行综合评价，所有课程均设定各自的课程评价，评价标准根据课程内容和目标量身设定，从而反思课程教学的优劣，针对项目效果及需求，在课程结束前学生如实完成问卷调查；三是家长评价建议，通过问卷调查、家庭观察与定期反馈等方式体现学生日常最真实的劳动表现，提高家庭与青少年宫共育合作意识。

（2）教学成果积累。一是录制教学视频，对课程进行录制、分类和整合，记录丰富多彩的课堂；二是整理教学案例，鼓励教师参与综合实践、劳动教育优质课展示、优秀案例评比，提高教学质量；三是撰写教研论文，以“劳动+”活动课程为主题，鼓励教师积极参加教研活动，促进教师在专业教育和教学研究上的反思与深化。

第三章

“流动少年宫”活动课程实施指南

陈敏　谭红艳

第一节　“流动少年宫”活动课程概述

一、“流动少年宫”活动课程的性质

少年宫是提供青少年公共服务的重要场所，是政府统筹各类社会资源服务青少年的平台。可以说，少年宫是集少儿专业兴趣培训、开展示范倡导性活动、少儿教育研究于一体，对少年儿童实施全面素质教育的综合校外教育实体。

“流动少年宫”是少年宫教育教学活动的延伸，通过送艺术、送科技、送文化的形式，最大限度地体现流动性、公益性、长效性，通过“请进来走出去”，使“流动少年宫”真正“流动”起来，让更多少年儿童享受到优质的校外教育。由于教育资源的有限性和竞争性，艺术、科技、体育、多元文化等资源在城乡间、群体间不均衡的问题突出，尤其是外来人员子女的艺术、科技、体育教育缺失问题。针对这一问题，“流动少年宫”项目选取偏远地区留守儿童、城市随迁子女集中的子弟学校作为实施目的地，同时，这里也是解决艺术、科技等资源不均衡问题的着手点，实现市域、区域和县域少年宫艺术资源的联动，为解决艺术、科技、体育、多元文化等教育资源城乡间、群体间不均衡的问题，形成大而有力的“网”。

党的十八大坚持把教育公平作为国家基本教育政策，把促进公平与提高质量一起作为国家教育改革发展两大战略任务，推动教育公平迈出重大步伐。“流动少年宫”依托少年宫载体，充分利用城市少年宫资源优势、积极整合社会资源，以推进素质教育、促进教育公平、服务青少年全面发展和实践创造能力为己任，通过开展一系列关爱少年儿童的长效性、公益性活动，在加强未成年人思想道德建设、促进和谐社会建设方面发挥了重要作用，充分体现了教育公平原则，让更多学生能够接受多元化的素质教育，进一步凸显了少年宫校外教育场所的公益性和社会性。

“流动少年宫”活动课程是以兴趣培养和能力发展为导向，以“体验一次，学会一点，快乐一回”为活动目标，以学生在实践活动中激发兴趣、拓宽视野、启迪智慧、体验快乐、提高能力为目的的基于项目实施的活动课程。

二、“流动少年宫”活动课程的特点

1.“流动少年宫”活动课程具有综合性

“流动少年宫”活动课程包含艺术、科技、体育、多元文化等综合性课程。它把青少年宫有代表性的优质兴趣课程和活动体验课程送到乡村学校，让学生了解各类兴趣课程的教学特点，激发学生多方面的潜能。

2.“流动少年宫”活动课程具有实践性

“流动少年宫”活动课程的特点是“做中学，玩中学”。学生通过参与、体验、感知“流动少年宫”活动课程，在丰富多彩的实践活动中播撒兴趣的种子，激发探求新知的欲望，提升自身的综合能力。

3.“流动少年宫”活动课程具有灵活性

“流动少年宫”活动课程是教师结合学生年龄、身心特点和自身专业特长而设计的课程，且可以在教学过程中根据学生认知水平、学校教学环境等实际情况灵活调整知识点和技能难度。

4.“流动少年宫”活动课程具有创新性

“流动少年宫”活动课程是以“体验一次，学会一点，快乐一回”作为每一次送教的活动目标，通过“实践—认知—再实践—再认知”的过程，达成教育的“知行合一”，发展学生的学习能力、实践能力、创新能力。在活动课程建设和实施上体现活动主题化、主题活动化、活动课程化、课程系列化。

“流动少年宫”活动课程类型丰富多彩，分为技能类（肢体技能、语言技能、音乐技能、手工技能、多元技能）、体验类（科普体验、安全体验、传统文化体验）、展示类（表演展示、作品展示、项目展示）、欣赏类（科技表演、文艺表演、特技特色表演）等，基本结构为“四步曲”（认知活动—实践活动—交流活动—展示活动），且有不同类型的活动课程的操作模式和相关实施策略及评价标准。

三、“流动少年宫”活动课程的核心素养

1. 培养爱国主义情感

在兴趣培训活动中，让学生在自身感兴趣的领域里，感受中华传统文化的价值和魅力，培养爱国主义情感。让学生在动手动脑的过程中，了解伟大祖国的历史文化发展过程，形成爱祖国、爱家乡的高尚情感。

2. 培养创新思维意识

针对广大学生富有好奇心和创造力的天性，在开展特色活动中，实施创造教育，培养学生的创新意识，提高他们的创新能力。在趣味创意的基础上，让学生的动手能力、团队协作能力、沟通能力在探究式的课程学习中潜移默化地提高。

3. 护航健康成长

心理健康教育是素质教育的重要内容，是德育工作的重要方面。“流动少年宫”通过开展心理健康教育，使广大少年儿童不断正确认识自我，悦纳自我，增强调适自我、承受挫折、适应环境的能力，从而培养学生健全的人格和良好的个性心理品质。

第二节 "流动少年宫"活动课程目标

一、"流动少年宫"活动课程的总目标

"流动少年宫"活动课程是少年宫教育教学活动的延伸，通过送艺术、送科技、送文化的形式，最大限度地体现流动性、公益性、长效性，通过"请进来走出去"，使"流动少年宫"真正"流动"起来，让更多少年儿童享受到优质的校外教育，通过"流动少年宫"活动，达到让学生"体验一次，学会一点，快乐一回"的目标。

1. 认知活动目标

通过不同形式的认知活动，对项目的特点、基础知识、技能技巧等有基本的认识，并形成记忆。

2. 实践活动目标

运用认知活动中获得的知识、技能，根据不同的主题、不同的材料、不同的项目要求，进行思维加工、技能练习、想象创作等，形成自己的认识和能力。

3. 交流活动目标

引导学生就某一个主题、某一件作品等，进行相互讨论、交流，形成某一观点、认识，促进学生之间、师生之间相互沟通，加强表达和情感的交流。

4. 展示活动目标

通过展示活动，将思考的问题、形成的观点、达成的认识、完成的作品、习得的技能大胆地呈现出来，锻炼表达能力，增强自信心，感受收获的乐趣。

二、"流动少年宫"活动课程的单元目标

1. 技能类

技能类活动包括肢体技能、语言技能、音乐技能、手工技能和多元技能。肢体技能类开设的舞蹈和体育两类活动能让学生的肢体充分得到锻炼，增强肢体协调性、稳定性，并能展示自我形态的美感。语言技能类开设文学写作、语言艺术与英语口语等语言类的活动，不仅能让学生了解文学作品，感受语言魅力，还能锻炼学生的演讲能力，提升学生展现自己的能力，让学生能充分表达自己的思想与感情。音乐技能类开设了声乐和器乐活动，让学生感受到音乐的魅力，热爱音乐，提升学生欣赏美、鉴赏美的能力，为进一步创造美打下基础。手工技能类活动品种繁多，包含美术、书法、科技制作和科学实验，主要涉及美术和科技知识，可以培养学生一技之长，树立自信心，锻炼学生的动手能力，通过完成作品，让学生获得成就感。多元技能涉及各个学科、各种门类的知识，可以培养学生的综合能力、创新思维。

2. 体验类

体验类活动包括科普体验、安全体验和传统文化体验，通过亲自体验的形式，让学生直观感受到科学世界的奇妙、安全的珍贵与传统文化的魅力，拓宽学生的眼界，为以后的学习生活和兴趣培养埋下种子。

3. 展示类

展示类活动包含表演展示、作品展示和项目展示。学生通过展示作品的形式来展示自己的动手成果，增强自信心，获得他人肯定的同时，也学会肯定他人。

4. 欣赏类

欣赏类活动包括科技表演、文艺表演和特技特色表演的欣赏，在活动中营造振奋人心、神秘昂扬、精彩绝伦的活动场景及愉悦、高雅的艺术氛围，丰富学生的精神生活，陶冶学生的审美情趣，激发学生对生活的热爱之情。

第三节 "流动少年宫"活动课程结构

依据"流动少年宫"活动课程目标，在充分考虑其课程性质和课程特点的前提下，根据学生的年龄特点和基础水平，以及每次开展"流动少年宫"送教活动的天气和学校的实际情况，将"流动少年宫"活动课程分为技能、体验、展示、欣赏四个类别，每个类别又按照项目的特点分设不同课程内容和课程形式，每个类别都有各自的侧重点。"流动少年宫"活动课程结构如下页图所示。

- “流动少年宫”活动课程
  - 技能类
    - 肢体技能
    - 语言技能
    - 音乐技能
    - 手工技能
    - 多元技能
  - 体验类
    - 科普体验
    - 安全体验
    - 传统文化体验
  - 展示类
    - 表演展示
    - 作品展示
    - 项目展示
  - 欣赏类
    - 科技表演
    - 文艺表演
    - 特技特色表演

第四节 “流动少年宫”活动课程教学方案

课程类别：综合类

课程名称：“流动少年宫”活动课程

适用对象：幼儿园大班、中小学生

学生基础要求：无特别要求。

课时说明：综合类项目活动课程不是连续进行的，该课程设定原则是以每次活动的具体内容来确定，具体课时详见各课程教学方案。

1. 技能类课程教学方案

技能类课程适合幼儿园大班，小学一至六年级学生。每个课程会根据学生认知水平和年龄情况设定知识深浅和技能难易程度。每个项目的学生人数可以根据学校实际情况而定，一般在20~50人之间，集体舞是两位教师任教，可以在80~120人之间。

单元	模块	教学内容	教学方法	教学标准	课时
肢体技能	舞蹈	儿童舞、民族舞、拉丁舞、芭蕾舞、街舞等	讲解法、示范法、模仿法、练习法	能根据音乐节奏和运用相关舞蹈的表现技能，自信、大方地表演一段舞蹈	2
	体育	球类、棋类、武术、跆拳道、艺术体操等各种体育项目	讲解法、示范法、游戏法、练习法	能根据口令或音乐节奏，进行相关技能展示或表演。棋类能掌握三棋简单的运棋技能	
语言技能	文学写作	趣味写作、体验诗歌创作、语文乐园、小记者采访等	谈话法、游戏法、观察法、练习法、探究法、任务驱动法	能运用语言文字技能，完成相关作品或交流展示、现场采访	2
	语言艺术	小主持、朗诵、讲故事、戏剧角色表演、演讲等	示范法、对比法、启发法、练习法	能运用语言技能，自信、大方地进行语言技能展示或表演	
	英语口语	英语游戏、英语乐园、口语交际等	谈话法、游戏法、情景教学法	能大胆地运用简单英语交流和表达	
音乐技能	声乐	表演唱、合唱（含指挥体验）、独唱等	讲解法、示范法、模仿法、练习法	能根据音乐节奏和旋律，自信、大方地演唱一段歌曲（学习合唱时可体验，学习简单节奏的合唱指挥）	2
	器乐	中外乐器、合奏体验等	谈话法、体验法、对比法、练习法	认识主要中外乐器，能体验感受演奏的乐趣和特点，还能按要求演奏一段曲目	

（续表）

单元	模块	教学内容	教学方法	教学标准	课时
手工技能	美术	绘画、工艺美术、立体造型等	演示法、观察法、启发法、练习法	能运用提供的工具和材料，根据不同画种或材料的特点，完成一幅（件）作品	2
	书法	硬笔书法、毛笔书法	演示法、观察法、练习法	能根据书法不同字体风格的基本笔画特点，书写“福”字	
	科技制作	四模一电的组装和操控、电子制作及机器人	讲解法、演示法、观察法、练习法、任务驱动法	能制作简单的四模一电和操控其运行；能根据图形制作简单电子设备或机器人	
	科学实验	有魔力的食物、纸船载重等	探究法、观察法、小组合作法	能根据实验材料和要求，观察、探究、归纳出科学结论	
多元技能	模特走秀	步法、节奏、肢体	示范法、练习法	能根据不同音乐节奏迈步、转身、亮相，自信地展示自我	2
	智能训练	专注力、辩论达人	谈话法、体验法、游戏法、竞赛法	能注意力高度集中听或做一件事；能按照一定章法进行辩论	
	影视媒体	摄影、摄像、微电影等	讲解法、体验法、观察法、探究法	能根据拍摄的基本要素，进行拍摄实践体验，并拍出一张好照片或微电影分享交流	
	创客教育	创课、STEM教育	探究法、小组合作法、任务驱动法	能运用相关技能和方法，通过小组合作解决一个问题或完成一项任务	

2. 体验类课程教学方案

体验类课程适合小学和初中学生。每个项目学生需要排队进行，全校学生可以轮流参与，每个项目体验时间2~5分钟。每参与体验一个项目，教师会给一个表情包贴纸，贴纸多的学生会获得奖励。

单元	模块	教学内容	教学方法	教学标准	课时
体验类	科普体验	VR虚拟现实、模拟飞行、趣味编程等	体验法、观察法、任务驱动法	1. 了解相关项目的科学知识； 2. 学会不同项目的体验方法； 3. 能与他人分享体验的感受	1~2
	安全体验	“三防”知识和措施、危险自救方法等	体验法、谈话法、游戏法	1. 了解相关项目的安全知识； 2. 能与他人分享体验的感受	1~2
	传统文化体验	拉坯、蜡染、舞狮、鳌鱼、滚圈、转陀螺、龙船竞技等	体验法、竞赛法、游戏法	1. 了解传统文化的特点； 2. 能与他人分享体验的感受	1~2

3. 展示类课程教学方案

展示类课程适合幼儿园大班、小学和初中学生，一般是在学生参与“流动少年宫”各项目课程学习后进行，全校学生可以全部参与，地点通常在大操场或体育馆进行。

单元	模块	教学内容	教学方法	教学标准	课时
展示类	表演展示	舞蹈、音乐、语言艺术等展示技能表演	现场展示法、谈话法、情感激励法	1. 了解“流动少年宫”不同课程特点； 2. 乐于和敢于表达自我； 3. 知道兴趣课程学习的意义	0.5
	作品展示	美术、书法、陶艺等展示作品	现场展示法、谈话法、观察法	1. 了解“流动少年宫”不同课程特点； 2. 能感受艺术作品的美； 3. 知道兴趣课程学习的意义	0.5
	项目展示	体育项目、最新科技项目、特色文化等展示	现场展示法、谈话法、观察法、对比法	1. 知道“流动少年宫”课程丰富多彩； 2. 乐于和敢于表达自我； 3. 能向他人分享自我感受	0.5~1

4. 欣赏类课程教学方案

欣赏类课程适合幼儿园大班、小学和初中学生。全校学生可以全部参与，地点通常在有舞台的大操场进行。

单元	模块	教学内容	教学方法	教学标准	课时
欣赏类课程	科技表演	机器人、无人机、火箭发射等表演	演示法、观赏法、对比法、讨论法	认识和感受科技的神奇和强大	0.1
	文艺表演	舞蹈、音乐、相声、话剧、武术等节目表演	观赏法、情景教学法、启发法	了解和感受艺术的魅力和美丽	1~2
	特技特色表演	根据节日和学校实际安排相关特技（特技飞行或风筝）舞狮、舞龙等特色表演	观赏法、情景教学法、启发法	了解和感受特技、特色项目和文化的神秘和魅力	0.1

第五节 “流动少年宫”活动课程评价

一. 评价程序

学生自评→学生互评→教师评价

二. 评价内容

因“流动少年宫”活动课程的实施每次都是面对不同学校的学生群体，不可能进行连续系统的评价，且有时候受时间和多方因素的影响，也不可能凭一次活动课程对学生进行全面评价，但针对教师的课程设计则拟定了如下页的评价指标。

评价维度	评价标准		分值	评分
	美术、科技、多元文化类	舞蹈、音乐、语言艺术、体育类		
活动创意	能结合学科特点挖掘资源，在项目名称、材料选择、资源利用、智能训练等方面或某一方面有所创新，体现学科活动的特色性、特殊性、新颖性、独创性	能结合学科特点挖掘资源，在项目名称、材料选择、资源利用、智能训练等方面或某一方面有所创新，体现学科活动的特色性、特殊性、新颖性、独创性	20	
内容设计	能遵循科学育人规律设计切合学生年龄特点的活动内容，学习目标清楚，活动内容充实。学生既有知识、技能、方法的掌握，又能在情感、态度与价值观方面得到发展	能遵循科学育人规律设计切合学生年龄特点的活动内容，学习目标清楚，活动内容充实。学生既有知识、技能、方法的掌握，又能在情感、态度与价值观方面得到发展	20	
组织形式	教学媒体（材料）选用适当、操作熟练，讲练结合，示范到位，指导学法正确，活动过程合理科学有序，有利于学生参与实践，注重引导和评价。教师讲解示范和学生独自学习活动的时间适当	教学媒体（材料）选用适当、操作熟练，讲练结合，示范到位，指导学法正确，活动过程合理科学有序，有利于学生参与实践，注重引导和评价。教师讲解示范与学生练习技能的时间科学合理	20	
课堂调控	尊重学生，面向全体学生，能创设民主、和谐的师生关系，以“体验一次、学会一点、快乐一回”为宗旨，并能结合学生实际情况和天气变化及时调整活动内容和组织形式，灵活处理学习活动中出现的问题和信息	尊重学生，面向全体学生，能创设民主、和谐的师生关系，以“体验一次、学会一点、快乐一回”为宗旨，并能结合学生实际情况和天气变化及时调整活动内容和组织形式，灵活处理学习活动中出现的问题和信息	20	
整体效果	学习活动兴趣浓，热情高，思维活跃，能积极自主地参与活动全过程，体验到学习活动的成功和愉悦。尤其是兴趣和学科专业技能得到一定提高。有具体的活动成果或作品展示	学习活动兴趣浓，热情高，思维活跃，能积极自主地参与活动全过程，体验到学习活动的成功和愉悦。尤其是兴趣和学科专业技能得到一定提高。能轻松自然地展示某种技能技巧或表演一段曲目	20	
综合评价	等级标准：85~100分“优秀”；75~84分“良好”；60~74分“合格”；60分以下“还需努力”		总分	

第六节 “流动少年宫”活动课程实施建议

一、教学建议

1. 认知活动教学建议

因为每个学生的理解能力和知识层次不同，每个课程内容都不宜太难。要根据学生的年龄特点、认知水平、天气情况、场地条件等及时调整知识点和技能难易度。用有趣味性的元素激发学生的认知好奇心。

2. 实践活动教学建议

在实践活动时，因为学生的年龄不同，分组时学生年龄和学习程度要相近。要创设环境和机会，合理布局实践活动。在实践活动中要注重引导学生自主学习，积极参与，更大化地激发和释放学生潜能，提升活动效果。

3. 交流活动教学建议

鼓励学生将自己的想法和见解表达出来，面对一些不想表达的学生，可适当鼓励，但不可强迫。让学生在最大程度上感受到通过交流活动所得的收获，在交流实践中培养“学会反思、彼此欣赏、乐于分享”的品质，提高实践能力。

4. 展示活动教学建议

展示环节要贴合学生的个性，体现课程特色和内容，而且展示的过程中尽量照顾每个学生的情绪，促进个性发展。展示活动形式可以根据天气和学校实际情况而定。既要有融合性，也要有独立性；既有多元的合作展示，也有单一的独立展示。要让学生在展示的过程中提升自信心和综合表现力。

二、课程类别选择和实施建议

由于“流动少年宫”送教活动每次去到的学校会不同，且每所学校的场地和学生情况也不一样，因此课程设置和实施除了要根据学生年龄特点和认知水平外，还要根据学校学生人数、当日天气情况，有时候还要根据学校实际需求而定。为此，根据“流动少年宫”的活动目标和课程类别特点，可以设定主题式的送教活动以满足不同学校的需求。如开展科技节活动的学校可以安排“科普大篷车”，开展艺术节活动的学校可以安排“文艺大舞台”等。有意义的节日或人数较多的外来务工人员子弟学校可以安排“快乐大篷车”等。具体见下页表。

活动主题	组织部门及参与人员	课程类别	适合范围 活动对象及人数	活动场地	备注
快乐大篷车	主任室、全宫教师	技能类、体验类、展示类、欣赏类	人数较多的小学800~1500人	课室、有舞台的操场	雨天主要选择技能类课程、有舞台的学校才选择展示类课程
科普大篷车	科技学科教师	体验类、欣赏类	开展科技节的中小学校300~1200人	空旷走道或操场	雨天需要有防雨的架空层，且只选择体验类课程
科体大篷车	科体部教师	体验类、欣赏类	开展科技节、运动会的中小学500~1500人	空旷走道或操场	雨天需要有防雨的架空层，且只选择体验类课程
文艺大舞台	文艺部教师	技能类、展示类	开展艺术节活动的幼儿园大班、小学400~600人	课室、有舞台的操场或体育馆	有舞台的学校才选择展示类课程
岭南风•广州情：多元、美术大篷车	多元教学部、美术部教师	技能类、体验类	人数较少的农村小学300~400人	空旷走道或操场	雨天需要有防雨的架空层

后记

2021年，广州市番禺区星海青少年宫（以下简称“星宫”）迎来建宫办学十五周年，我不禁想起2011年开启的长达十年的“流动少年宫”送教下乡活动。星宫送教的“大篷车”装满知识和智慧，承载着星宫人的爱与责任，快乐地驰骋在乡间小路，穿梭在村落校园间，风雨无阻。今天，星宫人的教育真情和理想依旧热烈、豪情不减。十五年岁月，星宫人没有静待流年，而是以教育者的情怀和担当，以初生牛犊不怕虎的勇气，在校外教育的天地里描绘了一幅幅绚丽的蓝图，实现了一个个目标和愿望。特别是在开展青少年校外教育教学研究和活动课程创新中不遗余力，在活动课程开发与实践应用方面取得丰硕的成果。《青少年校外教育项目活动课程实施指南》的诞生验证了星宫人十五年的奋斗历程。在树立教育品牌要用质量来说话的今天，星宫人凭借众人的智慧和工作激情成功地实现了自身的转型和升级，使教学质量、管理质量、活动质量、环境质量、团队质量有了质的飞跃，兑现了“公益立宫、质量兴宫”的承诺，得到了领导肯定、同行认可、家长支持和孩子们的喜欢。

在此特别感谢中国青少年宫协会、中国教育学会少年儿童校外教育分会、中华文化促进会少年宫专业委员会、广东省青少年宫协会、广东省中小学校外教育协会、广东省教育厅、广州市教育局、广州市番禺区教育局以及各校外教育同行领导、星海青少年宫全体专家顾问等社会各界人士，感谢你们对星宫成长给予的关心和帮助，感谢你们对《青少年校外教育项目活动课程实施指南》创作的支持和指导。本书的出版更离不开广东教育出版社高效且专业的工作付出，在此深表感谢！

校外教育活动课程建设永远在前行的路上，《青少年校外教育项目活动课程实施指南》还存在一些不足，敬请各界人士批评指正。星宫还将出版《青少年校外教育项目活动课程实施指南》续篇，紧跟新时代教育发展的步伐，积极作为，我们愿与有志于校外教育活动课程研究的同仁一起努力，把有益于青少年健康成长的校外教育活动课程奉献给更多的青少年儿童。祝愿青少年校外教育的明天更加辉煌！

陈敏

2021年9月